한국 행정학의 반성

-한국행정의 정치적 맥락-

김 영 민

도서출판 대영문화사

필자가 지금 행정학 교수로서 이 글을 쓰고 있는 것은 전적으로 1880년대 미국의 특수한 정치 상황과 이에 착안한 윌슨(Wilson)의 독특한 문제의식의 결과에 불과하다. 따라서 필자의 의지와는 전혀 관계없는 100여 년 전의 미국 상황이 지금에 와서 필자의 생계수단과 의식세계를 결정하고 있는 셈이다(김영민, 1996).

“어떤 사람(실증론자)들은 인간의 역사를 자연(사)적인 과정으로 오인하고 있다. 이러한 오해로부터 벗어나는 길은 오로지 자기 반성을 통해서이다. 자기 반성을 통하여 우리는 인간의 행동과 역사의 의미를 재해석하고 그 의미가 왜곡되었다는 것을 알 수 있으며, 자신에게 부과된 장애물을 식별할 수 있다. 역사 속에서의 자신의 존재에 대한 끊임없는 자각을 통해서만 자기 인식을 가로막고 있는 자승자박으로부터 해방되며 결과적으로 자신에 관한 환상으로부터 벗어날 수 있다”(Habermas, J., 1982).

행정학의 성립은 …… “단적으로 행정의 문제가 입법, 즉 정치의 문제로서만 이해된다든지 또는 행정이 법의 함수로서의 성격만을 가진다고 하여 현대행정이 이해될 수 없다는 데 근거한다고 할 수 있는 것이다.” 그러나 행정학은 현대 행정의 특징인 “행정권의 확대, 강화에 기초함으로써만 성립되는 것이 아니라, 이와 같은 현대행정의 일반적 특징과 결부한 미국에 있어서의 특수 조건이 도리어 이 학문이 성립할 수 있는 학문적 실천의식과 그 방법론을 규정함으로써 행정학으로서 성립하는 것이다”(정인흥, 1960).

“200년 전의 행정은 국민의 증오의 대상이었고, 100년 전의 행정은 필요악으로서 최소한에 그쳐야 하는 것이었다. 그러나 현대행정은 국민의 신뢰의 대상으로 존재하여야 한다”(White, L. D., 1955).

다시 책을 내면서

게으름을 피우다 긴 망설임 끝에 10년이 훌쩍 지나 다시 책을 내게 되었다. 네 편의 논문만을 새로 추가하고 지난 책의 오자를 수정하는 정도여서 새 책이라고 하기 민망할 따름이다. 게으름도 게으름이지만 나이 들면서 세속적인 욕심을 좇아 한 동안 여기 저기 한눈을 팔기도 하였다. 이제 다시 제 자리로 돌아오는 심정으로 더 늦기 전에 '수정증보판'을 내기로 결심하였다. 새로 추가한 논문 내용이 부분적으로 기존 논문 내용과 중복되어 고민하였으나 한편 한편의 논문으로서의 완결성을 위하여 그대로 두기로 하였다. 초판과 마찬가지로 새로 추가한 논문들의 문제의식을 소개하는 것으로 서문을 대신하려고 한다.

민주주의 국가에서 행정은 헌법 내에서 작동한다. 1987년 개정된 지금 헌법은 시간의 흐름을 반영하지 못하여 이미 시대착오적인 것이 되었다. 일종의 상징규범으로서의 의미만 지니고 있던 헌법이 민주주의의 진전으로 현실규범으로서의 역할을 수행할 수 있게 되자 규범과 현실의 괴리를 메우는 일이 시급해졌다. 그 동안 헌법 개정 논의는 정부형태를 포함한 권력구조 변화를 중심으로 이루어져왔으나 최근 논의는 헌법 전문에서 기본권과 경제 조항에 이르기까지 매우 광범위하고 포괄적이다. 정부 관련 조항만 하더라도, 대통령제 정부형태가 그대로 유지된다 하더라도, 대통령의 중임 제한, 국무총리제도의 존치 문제, 부총리제도의 위헌 여부, 대통령 자문기구 정리, 감사원 소속 변경 등 해결해야 될 굵직굵직한 문제들이 산적해 있다(**제9장 헌법 개정 논의와 행정 그리고 정부.** 「21세기 헌정주의와 민주주의」, 인간사랑. 2007).

10년 전과 비교하여 한국 사회의 큰 변화 중 하나는 복지 문제가 가장 중요한 논쟁거리가 되었다는 점이다. 선거철에는 말할 것도 없고 오래 전부터 공무원연금제도와 국민연금제도의 개편을 둘러싸고 여야는 물론 사회 각계각층에서 활발한 논의를 전개하여 왔다. 실천에 옮겨지지는 않고 있지만 최소한 담론 수준에서는 한국 사회에서도 복지가 성장보다 우위를 차지하게 된 것 같다. 선진 복지국가에 비하여 턱없이 늦었지만 이른바 '복지정치'가 정치의 중심이 되고 전체 행정에서 복지행정의 비중이 커지는 것은 필연적이고도 반가운 일이다. 한국도 이제 복지국가로의 도약을 모색하여야 할 시점에 와 있는데, 그 전에 한국이 복지국가로 발달하기 위해서 어떤 전제조건들을 갖추어야 하는지를 논의해보아야 한다(**제10장 한국 복지국가 발달의 전제 조건**, 「국정관리연구」, 7(2). 2012).

관료제는 행정학의 가장 중요한 연구대상 중 하나이다. 관료제를 어떻게 정의하느냐에 따라 연구범위가 결정되겠지만 행정학 연구 초기에서는 '행정 연구는 곧 관료제에 관한 연구'여서 행정과 관료제를 혼용해서 쓰기도 하였다. 사회과학에서 거시(巨視)이론보다는 미시(微視)이론에 관심이 증가하면서 관료제와 같은 넓은 범위의 개념에 대한 연구가 현저히 줄었지만, 현대 사회에서 관료제가 갖는 중요한 함의는, 이미 막스 베버에 의해서 제기된 이후, 여전히 사회과학의 중심 주제가 될 수밖에 없다. 이러한 전통에 따른다면 현대 행정의 문제는 곧 현대 관료제의 문제이기 때문에 한국 현대 관료제의 형성과정과 특징을 살펴보는 것은 의미 있는 일이라 하겠다(**제11장 한국현대관료제의 형성과 특징**. 「황해문화」, 79. 2013).

한국 현대 행정을 거시적인 관점에서 고찰하는 것은 한국 행정학자가 마땅히 해야 할 일이다. 특정 분야에 관한 깊이 있는 미시이론도 필요하지만, 미시이론이 거시적 맥락에서 차지하는 위치를 확인해야 비로소 그 의미를 정확하게 이해할 수 있기 때문이다. 그렇다면 거시적인 관점에서 한국 현대행정을 고찰한다는 것은 무슨 의미일까? 해방 이후 한국 현대 행정의 변천과정을 어떻게 정리할 것인가? 한국 현대 행정에서 행정의 범위는 어디까지 잡을 것이며 어떤 방법으로 접근할 수 있을 것인가? 해방 이후 무수히 많은 행정 분야에 미국 행정이론을 도입하여 적용하였지만 과연 한국행정이 미국과 얼마나 유사하게 변화되었는가? 미국 현대 행정학과 이를 수입한 한국 행정학이 갖고 있는 근본적인 질문들을 되짚어 보는 이유는 여기에 있다(**제12장 한국행정 60년, 연구 대상과 방법.** 접근방법. 「한국행정 60년, 1948-2008 1. 배경과 맥락」, 법문사. 2008).

되돌아보면 내 의지와는 관계없이 행정학과에 입학하여 석사와 박사를 거쳐 대학에 자리 잡아 학생들을 가르치는 일을 업으로 삼아 살아 온 것은 전적으로 우연의 산물이라는 생각이 든다. 만약 미국에서 현대 행정학이 새로운 학문으로 독립하지 않았거나 한국에 행정학이 사회과학의 한 분야로 도입되지 않았다면 나는 행정학으로 밥벌이를 하지 못했을 것이다. 공부를 계속할 수 있는 경제적 여건이 허락되지 않았다면 나는 지금 다른 인생을 살고 있을 터인데, 이는 전적으로 부모님을 잘 만난 덕이다. 따라서 이 책은 나를 둘러싼 모든 연기(緣起)의 결과물이라 할 수 있겠다.

2016년 8월

지루한 여름날에

책을 내면서

이 책은 필자가 그 동안 쓴 논문들을 급하게 모은 것이다. 학문적 열의보다는 현실적 필요에 따라 책을 한권 내야만 하는 입장에 처하게 되었고, 그 세속적인 약속을 기간 내에 지키기 위해 서둘러 이 책을 세상에 내놓게 되었다. 따라서 이 책은, 전체적인 일관성이 없을 뿐 아니라 시대에 뒤떨어진 내용도 일부 포함하고 있어서, 오로지 그 동안 써놓았던 필자의 논문들을 한데 묶었다는 의미만 있다고 할 수 있다. 필자는 20여년을 행정학이라는 학문 주위를 맴돌았다. 그러나 아직도 행정학이 무엇인지는 고사하고, 학문을 한다는 것이 무엇인지 알 수가 없다. 스스로 생각하기에 행정학의 어느 한 분야에도 특출한 전문성을 갖고 있는 것 같지도 않다. 남의 흉내만 내면서 책 읽고 글 쓰다가 대학 교수 자리를 꿰차고 어영부영 지금까지 온 것이다.

열심히 하는 교수든 게으른 교수든 대학교수는 말 그대로 자의반 타의반 논문이라는 것을 써야 한다. 열심히 하는 교수는 자의에 의해서, 게으른 교수는 타의에 의해서 주로 논문을 쓸 터인데, 문제는 자의와 타의의 경계가 어디까지인지가 명확하지 않다는 점이다. 기존의 학문 분류에서 벗어날 수 없는 대부분의 교수들은 타인들이 이미 만들어 놓은 테두리 내에서 연구 주제를 선택해야만 하고 그 학문 공동체에서 인정받은 연구방법에 의지할 수밖에 없다. 더구나 학문의 대외적 종속이 극심했던 우리나라 사회과학 분야의 경우 논문을 쓰는 데 있어서 교수들의 자의가 개입할 여지가 그 만큼 적을 수밖에 없다.

흔히 자신의 문제의식에 따라 연구 주제를 선택하여 평생 그 문제에만 매달려,

그 주제에 관한 한 타의 추종을 불허하는 교수를 훌륭한 교수라고들 한다. 필자는 이런 면에서는 교수로서의 명함을 감히 내밀 수 없다. 필자는 행정현상에 관한 학문적 문제의식이 이미 다른 나라 사람에 의해 제기되어 연구의 주제와 방법을 그들이 독점한 상태에서 행정학에 입문하였다. 따라서 필자의 학문적 문제의식은 물론이고 연구 주제와 방법을 선택하는 데 있어서, 이미 그들에 의해서 한계가 명확하게 그어질 수밖에 없었다. 문제는 그 한계를 인식하고 있느냐 없느냐의 차이인데 필자는 그 한계를 누구보다도 잘 인식하고 있으며, 이 책은 이와 같은 한계를 염두에 두고 쓴 논문들로 주로 구성되어 있다. 여기에서는 이와 같은 한계 내에서 필자의 문제의식을 회고적으로 재구성하여 변명하는 것으로 머리말에 대신하려고 한다. 이 책을 통하여 독자들이 필자가 여기 실린 글들은 쓸 당시에 어떤 문제의식을 갖고 있었으며, 더 나아가 필자가 한국에서 행정학을 한다는 사실을 어떻게 받아들이고 있는지를 이해할 수 있었으면 좋겠다.

우리가 지금 대학에서 가르치는 현대 행정학은 미국에서 출발하였다. 다른 사회과학과 마찬가지로 행정학의 출발도 전적으로 출발 당시의 사회 상황의 산물이다. 당시 미국은 극심하게 부패한 정치로부터 행정을 보호할 필요가 절실하였는 데, 그 방편의 하나로 행정은 정치와 다른 것이기 때문에 행정을 정치로부터 분리해야 하며 그 분야를 따로 연구해야 한다고 주장하기에 이른 것이다. 이렇게 볼 때 행정학은 출발부터 "특수 미국적 성격"을 지닌 학문이라 할 수 있으며, 그 이론을 바로 우리나라에 적용하기에는 태생적으로 많은 한계가 있는 것이었다(제1장 **한국 행정학의 반성.** 「한국행정학의 회고와 전망」, 한국행정학회 창립 40주년 기념 학술대회. 1996).

미국에서 출발한 현대 행정학이 우리나라에 들어온 지도 어언 반세기가 흘렀다. 도대체 선배 행정학자들은 무슨 생각으로 우리나라에 행정학을 도입하려 했을까? 행정학의 특수 미국적 성격을 뛰어넘는 보편적인 이론을 찾으려 하였을까? 보편적인 이론이 있다면 그것을 한국 상황에 그대로 적용시킬 수 있을 것인가? 사회과학이론에 있어서 보편과 특수의 관계는 무엇인가? 행정학이 하나의 학문으로 존립하기 위해서는 행정학자들이 합의할 수 있는 연구 주제가 있어야 하는 것 아닌가? 국가와 관료제가 행정학의 가장 중심적인 연구 주제가 아닌가(**제2장 한국 최초**

의 현대 행정학자 정인흥의 행정사상: 국가와 관료제 이론을 중심으로. 「한국행정학보」, 26(3), 1992).

행정학의 출발이 당시의 미국 정치 상황과 관련이 깊다면, 우리나라에서의 행정학도 우선 정치와 행정과의 관련성을 찾아보는 것에서부터 시작되어야 할 것이다. 정치와 행정을 어떻게 이해하느냐에 따라 논란의 여지가 있지만, 필자가 보기에 우리의 경우 행정이 정치로부터 분리될 수 있는 조건을 갖춘 것은 최근의 일이다. 미국의 경우 현대 행정학의 성립은 민주주의, 특히 정당 중심의 정치가 어느 정도 확립된 이후에나 가능한 것이었다. 그러나 우리의 경우 군부독재체제가 장기간 지속됨으로써 정당 중심의 민주주의가 발붙일 여지가 없었다. 행정이 정치로부터 분리되어 있던 미국과는 달리 한국 행정은 정치로부터 독자성을 갖지 못하고 정치변동에 따라 부침을 거듭하였던 것이다(**제3장 한국의 정치변동과 관료제, 1945-72: 연구의 경향과 방향.** 「논문집」, 16. 인하대학교 사회과학연구소. 1998).

현대 행정학은 민주주의의 발달을 전제로 한다. 민주주의가 확립되지 않은 상태에서의 행정은 그것이 아무리 잘 하는 행정이라 할지라도 현대 행정학의 대상이라 할 수 없다. 미국 행정학의 출발이 미국 정당정치의 발달과 이에 따른 부작용의 산물인 것에서 알 수 있는 바와 같이, 민주주의에서 정당정치와 행정의 역할은 밀접한 관련을 갖는다. 본질적으로 민주주의는 정당을 통한 국민대표성과 정부를 통한 행정 효율성을 어떻게 조화시킬 것인지의 문제이기 때문이다. 미국 초기 행정학자들은 정부와 정당 관계에 대한 고민 끝에 정부를 정당으로부터 분리하려는 시도의 하나로 현대 행정학의 필요성을 주장하게 된 것이라 할 수 있다. 정당정치가 발달하지 못한 우리나라의 경우 행정학자들이 정부 자체에 대한 관심 못지않게 정부와 정당 관계에도 많은 관심을 가져야 한다(**제4장 정부와 정당 관계에 대한 시론적 연구: 개념, 유형 및 결정 요인.** 「한국사회와 행정연구」, 11(2), 2000).

정당은 의회를 통하여 정부에게 영향력을 행사한다. 민주주의에서 의회의 역할과 기능의 중요성에대해서는 더 말할 필요가 없으나, 유감스럽게도 우리나라 의회는 민주주의에서 기대하는 역할과 기능에 충실하지 못했다. 물론 그 책임의 대부분은 우리나라 정치의 후진성에 있었지만 의회 자체의 책임이 완전히 면제되는 것은 아니다. 정부 독주의 정치체제가 오래 지속되었지만, 민주주의 국가에서 의회는 정치적 상황을 탓하고만 있기에는 국민들에게 너무 중요한 기관이다. 그 동안 우리

의회가 제 역할과 기능을 수행하지 못한 이유 중의 하나로 전문 관료들이 다수 포진하고 있는 행정부를 견제하기에는 의회의 전문성이 너무 떨어진다는 점을 들 수 있다. 의회가 정책과정에서 중심적 역할을 수행하고 있는 선진국의 경우 이미 오래 전부터 의회의 전문성을 보완하기 위하여 전문가들로 구성된 다양한 형태의 입법 보조기관들을 가지고 있었다. 다행히 최근 우리 국회에도 예산정책처가 만들어지는 등 의회의 전문성을 보완하는 제도적 장치들이 마련되고 있는데, 필자는 오래 전부터 의회정치를 활성화시키기 위한 중요한 전제조건의 하나는 의회의 입법보조기관을 강화하는 것이라고 생각해왔다(**제5장 입법보조기관(legislative staff) 비교연구: 연구조사 기능을 중심으로.** 「논문집」, 12. 인하대학교 사회과학연구소. 1994).

정당, 의회, 정부의 관계는 정부형태에 따라 그 양상이 달라진다. 그리고 정부형태에 따라 정치와 행정의 관계는 물론이고 고위 수준에서의 정책결정과정이 달라진다. 필자의 정부형태에 대한 관심은 이런 맥락에서 이루어졌다. 그 동안 우리나라에서 정부형태에 관한 논의는 주로 헌법학자와 정치학자들에 의해 주도되어왔다. 그래서 정부형태와 밀접히 관련된 제도적 요인들을 — 정당제도, 선거제도, 의회제도, 공무원제도 등 — 전체적으로 다루지 못하고, 정부형태의 특정한 측면만을 부각시키는 한계를 보이고 있다. 거시적인 수준에서 정부형태가 행정에 영향을 준다면, 행정학자들도 이 문제에 대한 고민이 있어야 할 것이다(**제6장 정부형태와 관련된 제도적 요인들.** 「한국행정연구」, 8(4). 2000)

행정학의 연구 대상을 현대로 한정한다면 현대 행정학은 베버의 관료제 이론에서부터 출발한다고 볼 수 있다. 베버는 이미 현대 민주주의에 있어 의회의 무능과 엘리트 정치의 불가피성을 지적하면서 관료제의 발달이 민주주의 정치 원리를 훼손시킬 가능성에 대해 우려한 바 있다. 베버의 문제의식을 받아들인다면 정부조직의 문제는 현대 행정학의 가장 중심적인 연구 주제이다. 그리고 현대 행정학에서 문제삼는 정부조직은 당연히 민주주의의 작동 원리 내에서 그 기능을 수행하는 것으로 기대되고 있다. 민주주의 확립되지 않은 상태에서 정부조직이 아무리 그 기능을 충실하게 수행한다 한들 그것은 현대 행정학의 대상이 될 수 없다. 우리나라의 경우 문민정부에 들어와서야 형식적으로나마 민주주의 원리가 다시 작동되기 시작하였다고 볼 수 있으며, 필자가 문민정부 정부조직 개편에 관심을 갖게 된 것은 이러한 이유 때문이다(**제7장 정부조직 개편의 내용과 과제: 문민정부의 경우**, 「논문집」, 17. 인하대학교 사회과학연구소. 1999).

참여정부의 출현은 우리를 환호하게 만들기도 하였지만 당혹스럽게 하는 측면이 확실히 있는 것 같다. 이른바 국민의 정부까지는, 군부 종식, 형식적 민주주의로의 이행, 민주주의의 공고화로 진행되는, 군부통치를 경험한 국가들에서 일반적으로 나타나는, 따라서 사회과학적 인식의 테두리 내에서 어느 정도 이해할 수 있는 일이었다. 그러나 국민의 정부와 참여정부 사이에 무언가 빠진 듯한 느낌을 지울 수 없다. 참여정부의 갑작스런 출현은 일종의 역사적 불연속으로 볼 수 있는데, 참여정부의 출현이 우리 사회에 정착된 제도화된 참여에 의해서 이루어진 것이 아니라, '붉은 악마' 식의 즉흥적이고 폭발적이고 반발적인 참여의 산물인 측면이 분명히 있기 때문이다. 참여정부의 앞날에 대해 일말의 불안감을 떨쳐버릴 수 없는 이유는 여기에 있다. 이 불안감을 해소하기 위해서는 이런 식의 참여가 이루어질 수밖에 없었던 우리 사회의 축적된 원인과, 그 참여가 우리 사회의 장기적 발전에 미치는 영향을 고민하는 것 못지않게, 이 기회에 그것을 어떻게 안정적이고 일상적인 참여제도로 연결시킬 수 있을 것인지에 행정학자들의 일차적 관심이 모아져야 할 것이다(**제8장 정책에의 시민참여제도 연구: OECD 국가들을 중심으로**, 「논문집」, 19. 인하대학교 사회과학연구소. 2003).

이 보잘 것 없는 책을 세상에 내놓기까지 여러 사람의 은혜를 입었다. 좋은 연구환경과 연구비를 제공해주고 출판까지 허락해준 인하대학교 관계자 여러분에게 우선 감사드린다. 대학에서 학문의 말석이나마 차지할 수 있게 해준 대학과 대학원 시절의 은사님, 인하대학교에서 한솥밥을 먹는 선배, 동료, 후배 교수님의 관심과 배려도 잊을 수 없다. 무엇보다도 강의실에서 항상 초롱초롱한 눈망울로 주시하는 제자들이 없었다면 지금의 나는 존재하지 못했을 것이다. 자식의 역할이 무언지도 모르는 필자에게 변함없는 사랑을 주시는 부모님, 해준 것도 없는데 알아서 훌쩍 커버린 자식들, 그리고 나이에 맞지 않게 여전히 천진난만한 나의 영원한 친구에게……

2004년 2월
새 봄을 기다리며

차 례

제 1 장

한국 행정학의 반성

행정학이 실천적인 학문이라는 점에는 누구나 동의할 것이다. 그러나 그 동안 한국 행정학은 한국의 행정발전에 기여한 점도 많지만 많은 부작용을 초래하였다. 행정학의 급격한 양적 성장에도 불구하고, 실천을 본질로 하는 행정학의 성격에 비추어 볼 때, 행정학은 아직도 학문적으로 반성의 여지를 많이 가지고 있다. 이 글에서 필자는 그 이유로서 크게 세 가지를 문제 삼았다. 첫째는 우리나라 행정학이 행정의 개념과 범위를 처음부터 잘못 잡았다는 것이고, 둘째는 행정학자들이 행정학의 학문적 성격과 사회과학의 본질에 대한 편견 또는 오해에서 기인하는 것이다. 셋째는 이러한 두 요인 때문에 결국 한국 행정학은 우리 경험과 역사에서 유리된 공허한 개념과 이론에 안주하는 경우가 많았다는 것이다. 따라서 이 글에서는 한국 행정학이 한국 행정을 실질적으로 개선시킬 수 있는 실천적인 학문이 되기 위해서는, 행정 개념을 재정의하여 우리 현실에 맞는 적실성 있는 연구 대상을 설정하여야 하며, 무엇보다도 우리의 역사적 경험에 학문적 근거를 두어야 한다고 주장하였다.

1 머리말

1955년 정인흥 선생의 『행정학』이 출간된 이후 우리나라 행정학은 급격한 양적 팽창을 거듭하였다. 4년제 대학만 보더라도 1995년 현재 자치행정학, 보건행정학, 경찰행정학 등 유사 학과 18개를 포함하여 99개 대학에 행정학 관련학과가 설치되어 있으며, 전국 대학의 행정학과 학부 학생수는 26,312명에 달하여 경영, 무역, 경제, 법학과에 이어 다섯 번째를 차지하고 있다.[1] 이 중 석사과정을 설치하고 있는 대학이 90개, 박사과정을 설치하고 있는 대학이 37개에 이르고 있어서 대학원과정 설치학과 수는 경영학과에 이어서 2위를 차지하고 있다(교육통계연보 1996). 1956년에 창립되어 올해로 40주년을 맞이하고 있는 한국행정학회에 소속된 행정학자의 수는 이미 1,200여명을 넘어서고 있다.

행정학의 이러한 양적 팽창은 이 기간 동안의 우리나라 고등교육의 양적 팽창을 감안하더라도 가히 폭발적이라고 할 수 있다. 또한 이러한 현상은 미국, 일본 등 다른 나라 대학에서의 행정학과 설치 현황 및 행정학 전공자의 수와 비교하면 우리나라에서만 나타나는 독특하고도 기형적인 현상이라고 해도 과언이 아니다.

그렇다면 우리나라 행정학은 이러한 양적 팽창에 걸맞는 질적 향상을 이룩하였는가? 이러한 류의 물음에 대한 답변은 항상 논자에 따라 서로 다른 평가가 가능하기 때문에 그렇게 간단하지가 않다. 기본적으로 학문의 질적 향상이 무엇을 의미하는지에 대해서는 의견이 분분할 수밖에 없기 때문이다. 실제로 행정학계에서도 주기적으로 우리나라 행정학의 발전 정도를 평가하는 기회를 가진 바 있으나 평가자의 관점에 따라 다양한 의견을 보이고 있다.[2] 학문의 질적 향상이 과연 무엇을 의

1) 우리나라 각 대학 학부에 행정학과가 본격적으로 생기기 시작한 것은 1970년대 초반부터인데, '70년 24개, '75년 34개, '80년 66개, '85년 72개교에 행정학과가 개설되었다. 이때가 3선 개헌과 유신으로 이어지는 시기였음을 감안할 때, 정부는 행정학이 공무원 양성에 필요할 뿐 아니라 행정학 교수들이 정부에 비판적이 아니며 행정학과 학생들은 데모를 덜할 것이라고 보아 인가하였다고 한다(김윤상, 1996).

2) 대표적인 것만 추려도 강신택(1987; 1996), 김광웅(1979), 박동서(1967; 1978), 백완기(1978; 1987), 안병영(1979; 1983), 이종범(1977; 1979), 이한빈(1970), 조석준(1989) 등이 있으며, 많지는 않지만 Kang(1970), Cha(1981; 1985), Jun(1983), Lee & Kang(1982), Glen(1961) 등과 같이 영문으로 된

미하는지를 밝히기 전에 우선 결론부터 말한다면 이 물음에 대한 필자의 답변은 유감스럽게도 회의적이다. 이 글에서는 왜 이러한 답변이 나올 수밖에 없는지를 논의하려고 한다.

필자는 이 글의 제목을 '한국 행정학의 반성'으로 잡았다. 그런데 이런 류의 논제는 가능한 한 엄밀하게 논의를 진전시킬 필요가 있을 뿐 아니라 자칫하면 불필요한 오해를 살 우려가 있다. 따라서 필자는 우선 이 글에서 사용되는 용어에 대한 정의와 함께 이러한 용어가 논의를 전개하는 데 어떻게 사용될 것인가의 문제, 즉 논의의 방식에 대하여 언급할 필요를 느낀다.

'한국 행정학'이라는 용어는 두 가지 의미로 해석될 수 있겠다. '한국에서의 행정학(Public Administration in Korea)'이 그 하나며, '한국행정에 대한 학(Korean Public Administration)'이 다른 하나다. 띄어쓰기에 유념한다면 앞의 것은 '한국 행정학'으로, 뒤의 것은 '한국행정 학'으로 표기할 수 있을 것이다. 즉 앞의 것은 '행정학'에, 뒤의 것은 '한국행정'에 그 강조점이 주어져 있다. 필자가 이 논문에서 검토하려고 하는 것은 물론 '한국에서의 행정학'이다.

그러나 이러한 구별에 대하여 즉각적인 반론이 제기될 것이다. '미국에서의 행정학'이 주로 '미국행정에 대한 학'이듯이, '한국에서의 행정학(한국 행정학)'도 주로 '한국행정에 대한 학(한국행정 학)'이라는 것이다. 그러나 대단히 유감스럽게도 한국 행정학의 경우에는 이 두 가지가 일치하지 않는다는 것이 필자의 주장이다. 그 동안 한국에서의 행정학은 한국행정에 대한 학이 아니었다는 것이다. 이러한 주장의 근거는 무엇이며 왜 이러한 괴리가 발생하였는가? 이러한 질문에 해답을 모색해보는 것이 이 논문의 주요 내용이 될 것이다.

위와 같은 질문에 답하기 위하여 필자는 필자의 논제를 분해해서 검토할 필요성을 느낀다. 즉 필자의 논제를 한국, 행정, 학으로 나누어 각각의 단어에 숨겨 있는 방법론적인 문제영역을 추출하고, 이것을 근거로 한국에서의 행정학을 반성적으로 고찰하고자 한다. 따라서 필자는, 얼마간 무리라는 것을 인정하면서도 약간의 상상력을 동원하여, '한국'이라는 용어와 관련해서는 현대 한국행정의 성격의 문제

논문들도 눈에 띈다. 가장 최근에는 작년(1995) 한국행정학회 동계연례학술대회에서 조직론(김병섭), 지방행정(이달곤), 정책집행(김행범), 인사행정(하태권) 등 분야별 연구 경향을 통계적으로 보고하는 의미가 강한 한국 행정학의 연구 경향에 관한 실증적 연구들이 제출되었다.

를, '행정'과 관련해서는 행정의 개념 정의 문제를, '학'과 관련해서는 행정연구의 대상과 방법의 문제를 각각 다루어보려고 한다.3)

그러나 이 글은 사회과학 방법론의 근본적인 문제라 할 수 있는 개념 정의와 이론 구성 문제 그리고 사회과학 보편성과 특수성 또는 지식의 사회적 생산 문제들에 관한 사회과학 이론에 대한 이론들을 자세히 소개하고, (주로 서구에서 개발된) 이 이론들에 근거하여 한국 행정학을 반성적으로 고찰하려는 것이 아니다. 다만 그 동안 한국 행정학의 연구 경향에 대한 필자의 다분히 주관적인 인상에 근거하여, 한국 행정학을 반성적으로 재론하는 하나의 방편으로 위와 같은 논의 전개 방식을 따르려고 하는 것에 불과하다. 이렇게 함으로써 한국 행정학의 연구대상과 연구방법 그리고 행정 연구의 특수성과 보편성의 문제를 함께 다룰 수 있을 것이기 때문이다.

2 '행정'의 개념 정의 문제

주지하는 바와 같이 현대적 의미의 행정학은 독일 관방학에 그 뿌리를 두고 있다. 따라서 현대 행정학이 연구 대상으로 상정하고 있는 행정의 범위를 알아보기 위해서는 우선 관방학에서 행정의 개념을 어떻게 정의하고 있는지를 살펴보는 것이 순서일 것이다.

관방학은 관방관리(Kammeralist)들에게 국가 통치에 필요한 행정기술과 지식을 제공한다는 목적으로 17세기 프로이센에서 출발하여 약 3세기 동안 지속된 학문분야이다(정인흥, 1960: 65-73). 전기 관방학은 국가활동의 모든 분야를 연구 대상으로 하였기 때문에 관방관리들에게 현실적으로 필요한 경제이론, 경제정책, 재정학, 사경제, 기술공예학 등 당시의 모든 실제적인 학문들을 모두 포함하고 있었는데, 특히 관방경제의 부강을 위한 재정문제를 연구하는 재정학이 가장 중요시되었다.4)

3) 물론 이와 같은 문제들은 서로 밀접히 맞물려 있는 문제들이기 때문에 엄격하게 분리해서 논의할 수 있는 성질의 주제들은 아니다. 이 글에서는 순전히 논의 전개의 편의성 때문에 따로 다루어보려는 것이며, 겹치는 부분은 논의의 전개 과정에서 자연스럽게 드러날 것이다.

4) 관방학은 1927년 프로이센의 두 대학(Hale와 Frankfurt am Order)에서 관방학 강좌를 개설한 시

전기 관방학을 체계화시켜 하나의 학문으로서의 가능성을 열어놓은 것은 흔히 행정학의 비조(鼻祖)로 일컬어지는 유스티(Justi)에 의해서였다. 그는 관방학을, 국민경제적 분야를 연구하는 경제학, 순재정적 분야를 연구하는 협의의 관방학, 국가재산의 유지와 증식을 연구하는 포리짜이학(Polizei-wissenschaft)으로 나누고, 국가재산의 유지와 증식에 관련되는 농업, 상업, 교육, 토목 등 모든 국가활동을 포함하는 '포리짜이'에 관한 학문이 성립되어야 한다고 주장하였던 것이다.[5] 따라서 포리짜이학은 이러한 '국가재산의 유지증식을 위한 국가작용의 전체'를 연구하는 학문이며, 이러한 맥락에서 관방학을 체계화시킨 사람의 하나인 존넨펠스(Sonnenfels)도 관방학의 본질은 결국 국가학(國家學)에 있다고 주장하였던 것이다(정인흥, 1960: 70). 그는 전기 관방학에서 강조하던 재정학과 포리짜이학을 분리하여, 재정학은 국가재산의 사용에 관한 학으로, 포리짜이학은 국가재산의 유지와 증진에 관한 학으로 재정의하였던 것이다.

슈타인(Stein)은 행정의 개념을 보다 명백히 하여 관방학을 행정학으로 집대성하였다. 이른바 '국가유기체설'의 신봉자였던 슈타인에 의하면 하나의 유기체로서의 국가에도 다른 유기체와 마찬가지로 국가의 조직된 의사와 그 의사에 입각하여 작용하는 국가의 활동이 존재하는데, 국가의 의사가 헌정이며 국가의 활동이 곧 행정이다. 그러나 슈타인은 행정을 국가의사를 실현시키는 단순한 수단으로만 간주하지는 않았다. 그에 의하면 국가활동으로서의 행정이 실현하는 구체적 내용은 국가의사로부터 자동적으로 주어지는 것이 아니라 행정에 의해서 창조되는 것이며, 따라서 국가의사의 표현인 법규의 초안 작성, 즉 입법의 발안도 행정에 포함되는 것이다. 바로 이 점이 행정학이 국가의사의 표현이라 할 수 있는 헌법을 비롯한 각종 법규를 실현시키는 수단을 강구하는 학문으로서의 행정법학과 밀접한 관련을 지니면서도 차이가 나는 점이다. 즉 슈타인은 헌정과 행정의 밀접한 관계를 인식하면서도 헌정과 행정을 구별하여 행정의 독자성을 주장하고 국가활동의 학으로서의 행정학의 성립을 주장하였던 것이다(장지호, 1986: 18).

이와 같이 관방학의 전통에 뿌리를 두고 있는 독일 행정학에서의 행정 개념은

점을 전후로 전기 관방학과 후기 관방학으로 나누어진다(정인흥, 1960: 67).

5) 국가의 재산(Vermogen) 속에는 국민과 국가가 소유하고 있는 모든 동산과 부동산은 물론이고 국민들의 모든 능력과 기능까지를 포함한다(최영출 옮김, 1991: 15-16).

국가의 거의 모든 활동을 포괄하는 매우 광범위한 것이었다. 이는 전기 관방학의 경우, 다른 유럽 국가들에 비하여 정치경제적으로 후진국의 상태를 벗어나지 못하고 있던 독일에서 국가권력의 강화를 통한 국부의 증가를 도모하기 위한 것이어서, 현실적으로 절대군주의 군주권 강화를 위한 모든 국가활동이 포함될 수밖에 없었기 때문이다. 국가활동의 분화에 대한 인식과 함께 그 내용이 더 세분화되고 체계화된 후기 관방학도, 슈타인의 예에서 보는 바와 같이 행정은 국가의사를 실현하는 단순한 수단이 아니라 국가의사의 창조까지를 포함하는 매우 광범위한 영역을 포괄하는 것이었다.[6)]

우리가 지금 대부분의 대학에서 강의하고 연구하는 현대적 의미의 행정학은 미국에서 출발되었다. 미국 행정학의 성립 배경을 이 자리에서 상세하게 검토할 필요도 없이, 미국에서 당시 행정학이 대두되기 시작한 것도 미국의 특수한 정치상황을 반영하고 있다. 부패한 정당정치로부터 행정을 독립시킬 필요성과 함께, 엄격한 삼권분립체제를 완화하여 행정에 권력을 통합시킬 — 또는 입법부 우위의 정치체제에서 행정부 우위의 정치체제로 전환시킬 — 필요성이 증가한 것을 반영하고 있다. 그러나 이 대목에서 강조되어야 할 것은 입법부 우위의 정치체제에서 행정부 우위의 정치체제로의 전환은 역설적으로 미국 민주주의의 발달을 전제로 하고 있다는 점이다. 즉 미국에서의 행정학의 성립은 한편으로는 정당정치에 기반한 민주주의 전통을 파괴하지 않고 그대로 유지하면서, 다른 한편으로는 행정권을 확대하고 강화하여 정치의 극대화를 초래하지 않는 방법을 안출하기 위한 것이었다(정인흥, 1969: 355). 당시 미국 상황에서의 정치로부터의 행정의 독립과 행정권의 강화는 어디까지나 민주주의가 어느 정도 진전된 상태에서나 가능한 것이며, 이러한 전제 아래에서만 행정의 독자성이 인정될 수 있는 것이었기 때문이다.

독일 관방학과 비교할 때 미국 행정학의 가장 큰 특징은 행정학이 국가의 존재를 전제로 하고 있지 않다는 점이다.[7)] 독일 관방학이 국가의 모든 활동을 연구 대

6) 그러나 이후 독일에서의 행정 연구는 행정학에 의해서 주도되지 못하고 행정법학에 의해서 주도되게 되는데, 이는 물론 독일의 특수한 정치 상황과 관련이 있다(정인흥, 1960: 82–84).

7) 이미 미국은 건국 초기부터 의도적으로 유럽 국가들과는 전혀 다른 형태의 국가(또는 국가행정)를 계획하고 있었다. 미국 헌법에는 의회에 관해서 상세한 기술을 담고 있는 반면, 대통령에게 행정권(executive power)이 있다고 하고 있을 뿐 행정제도와 조직, 예산, 관리, 기획, 공무원 등 행정(administration)과 관련된 용어는 전혀 찾아볼 수 없다고 한다(정용덕, 1996: 4).

상으로 삼는 데 반하여 미국 행정학은 적어도 초기에는 국가의 활동과는 아무런 관련이 없었다. 오히려 미국에서 행정학의 출발은 행정을 국가의 활동으로부터 분리하려는 시도로서의 성격을 지니고 있었다. 즉 부패한 국가(권력)로부터 행정을 보호하고 행정의 전문성과 계속성을 유지하려는 것이 행정학을 독립 학문으로 출발시키는 가장 큰 이유였다.

출발 당시의 미국 행정학은 국가 또는 공공 행정과 기업 행정을 구별하지 않고 연구 대상으로서의 행정의 범위를 공사 조직의 관리의 문제로 한정하는 경향이 있었다. 초기 미국 행정학을 이른바 '정치행정 이원론' 또는 '기술적 행정학'으로 부르는 것이나, 현재 미국 행정학이 연구방법은 매우 세련되어 있는 데 반하여, 연구의 대상과 범위라는 측면에서 모호한 상태로 남아 있는 것은 이러한 이유 때문일 것이다. 이러한 경향은 특히 조직이론 분야에 뚜렷한데, 미국 행정학에서의 조직이론은 그 대부분이 민간 조직을 대상으로 발달한 이론들을 행정 조직에 원용한 것에 불과한 것이었다.[8)]

독일과 미국의 예에서 보는 바와 같이 각국의 역사적 경험과 정치적 상황에 따라 행정에 대한 개념 정의가 각각 달라진다고 할 수 있다. 독일 관방학의 연구 대상은 국가 활동 전체를 포괄하는 매우 광범위한 것인 데 반하여, 미국 행정학에서는 국가 자체를 배제하고 공사 조직의 관리 문제에 그 연구대상을 한정하고 있었다. 따라서 미국 행정학을 받아들여 답습한 바 있는 한국 행정학은 행정의 개념을 정의하는 데 있어서 적어도 다음과 같은 두 가지 점에서 오류를 범해왔다고 할 수 있다.

우선 미국 행정학에서의 행정의 정의는 처음부터 국가(또는 공공)행정과는 거리가 멀었다는 점이다. 우리와 같이 강력한 국가로서의 전통을 지니고 있는 경우 공행정과 사행정은 목표와 제도, 운영방식들이 명백히 다를 수밖에 없는 데 반하여, 국가를 배제하고 있는 미국 행정학의 경우에는 공(公)과 사(私)의 구별에 의미를 두기보다는 행정(관리)에 중요한 의미를 부여하고 있는 것이다.[9)] 또한 미국 행

8) 따라서 미국 행정학과에서 강의하는 조직이론을 우리나라 행정학과에서 그대로 번역하여 강의하는 것은 매우 심각한 문제이다. 미국 조직이론은 본질적으로 민간 조직에 대한 이론인 데, 우리와 같이 조직의 운영에 있어서 공공 조직과 민간 조직이 판이하게 다른 경우 민간 조직에 대한 이론을 공공조직에 그대로 적용할 수 없기 때문이다.

9) 이 문제와 관련하여 강신택(1996: 2-3)의 지적은 정곡을 찌르고 있다. 즉 "미국 (행정학) 교과서

정학은 정당정치와 민주주의가 어느 정도 진전된 바탕 위에서만 성립할 수 있는 것이었다는 점이 지적되어야 한다. 행정이념과 관련하여 미국 행정학은 행정의 효율성만을 추구하고 있다는 비판을 받아왔다. 그러나 민주주의가 발달된 상태에서의 행정의 효율성 추구는 행정의 민주성의 원리에도 부합되는 것이다. 민주주의를 제대로 실시되지 않고 있는 국가들에 있어서 행정의 효율성 추구는 오히려 그 사회를 민주주의에서 멀어지게 하는 결과를 낳을 수밖에 없는 것이다.

3 행정 연구의 대상과 방법

어떤 학문 분야의 연구대상이나 범위는 누군가가 미리 규정하거나 명령을 내릴 수 있는 성질의 것은 아니다. 행정학 분야에서 학문적 훈련(academic discipline)을 쌓은 학자가 관심을 가진 문제라면 모두 행정학의 연구대상이 될 수 있다(강신택, 1996: 5). 그러나 그 학문적 훈련이 특정한 국가에서 특정한 상황에서 출발한 특정한 방법에 지나치게 의존하고 있다면 문제가 될 수밖에 없다. 더구나 그 특정한 국가의 상황이라는 것이 우리의 상황과 전혀 다른 경우에는 문제가 더욱 심각해진다. 우리가 대학과 대학원에서 배워온 무수한 행정이론들이 객관적이고 보편적인 이론이라기보다는 미국이라는 특정한 사회에서 특정한 시대적 조건에 맞추어 발전된 하나의 방법론에 불과할 수도 있기 때문이다.

여기서 우리는 연구대상의 객관적 존재하는 것과 그 대상을 연구하려고 하는 주관적 필요성을 구분해서 생각해볼 필요가 있다. 어느 나라나 행정 현상이 존재하는 한 행정학의 연구대상은 객관적으로 항상 존재하고 있다. 그러나 그 대상이 있다고 해서 바로 행정학이 성립하는 것은 아니다. 그 대상을 연구할 주관적 필요성이 있을 때에만 행정학이 성립하는 데, 특히 행정학과 같은 실천적 성격의 학문은 연구대상이 객관적으로 존재한다는 조건보다는 왜 특정한 시기에 그 대상을 연구하려 하는지에 따라서 연구의 범위가 결정된다(정인흥, 1960: 55). 예컨대 독일의

에서는 'administration'이라는 용어 앞에다가 'public'을 붙이거나 'business'를 붙임으로써 우리가 말하는 '행정'과 '경영'을 구별하려고 하는데, 우리는 이것마저 도입하여 '행정'을 '경영'과 구별하기 위하여 '공공행정'이라는 용어를 사용하기도 하는 데 이는 매우 어색하다"는 것이다.

관방학은 유능한 관리를 양성하여 후진국에서 탈피하고 부강한 국가를 건설한다는 목적에서, 미국의 행정학은 부패한 정치의 영향으로부터 행정을 독립시켜 행정의 효율성을 추구한다는 목적에서 각각 출발하였기 때문에 행정에 대한 개념 정의가 달라질 수밖에 없었던 것이다. 즉 행정 연구의 필요성은 특정 국가와 특정 시대에 따라 다를 수밖에 없으며, 결국 행정이라는 개념은 역사적으로 구성되고 재구성되는 개념에 불과한 것이다.

그렇다면 우리와는 상황이 전혀 다른 미국 행정학에서의 행정 개념을 전면적으로 거부할 것인가? 아니면 미국에서 출발한 행정학이 그것의 '특수 미국적' 성격을 뛰어 넘는 어떤 보편적인 원칙들과 이론들을 가지고 있는가? 결론부터 말한다면 현대행정학의 성립이 전적으로 당시의 미국 정치 상황의 산물이라고 한다면, 미국과는 전혀 다른 정치 상황을 갖고 있는 우리나라에서의 행정연구는 정치를 주어진 여건으로 전제하고 그 전제에서 행정 연구를 할 것이 아니라, 먼저 정치와 행정 간의 '특수 한국적' 관련성을 규명하는 노력을 했어야 했다(김영민, 1992: 993).

우리나라의 거의 모든 행정학 개론서에는 정치와 행정의 관계에 대해서 미국에서 논의된 바 있는 정치행정이원론, 일원론, 신이원론, 신일원론 등을 아무런 여과 없이 그대로 소개하고 있다. 그러나 이런 식의 소개는 번역 자체도 매우 어색하거니와 정치와 행정의 관계 변화는 어디까지나 미국 정치상황의 변화와 밀접한 관련이 있다는 점을 간과하고 있다. 행정이 추구해야 하는 최종적인 목표로 '행정이념'이라는 제목으로 소개되는 합리성, 효과성, 민주성, 능률성, 합법성 등의 개념들도, 이것들을 병렬적으로 나열하여 사전적인 의미 해설 정도로 간단히 언급할 것이 아니라 이러한 개념들을 행정이념으로 강조하게 된 역사적 배경을 충분히 설명해야 할 것이다. 이러한 이념들이 한국의 현실에서 자생적으로 형성된 것이라기보다는 서구 민주주의의 전개과정과 행정에 대한 관점의 변화를 반영하는 것이기 때문에, 우리 상황에서는 이러한 이념들 간의 관련성을 재음미해볼 필요가 있기 때문이다.10)

이러한 문제들은 행정학 또는 행정이론의 특수성과 보편성 문제와 밀접히 관련

10) 단순논리로 말한다면, 문민정부 출범 초기에 많은 행정학자들이 이제 우리도 민주주의가 어느 정도 달성되었기 때문에 '행정의 민주화'가 행정학의 가장 중요한 관심사가 되어야 한다고 주장하였는 데, 우리 사회가 민주화되었다는 전제에 동의한다면 지금부터 행정학의 관심은 '행정의 민주화'가 아니라 오히려 '행정의 능률화'에 모아져야 할 것이다.

되어 있다. 행정학의 개별성과 보편성의 논의와 관련하여 1970년대 후반 우리 행정학계에서 제기된 행정학의 토착화 운동은 한국 행정학의 발달에 있어서 매우 의미 있는 일이라 할 수 있다. 행정학의 토착화 논의는 '수입된 행정이론은 한국 행정 현실에 적실성이 없기 때문에 그 이론을 한국에 적용하기 위해서는 이론의 수정이 불가피하다'라고 요약될 수 있다. 행정학도 이제 외국 이론을 무비판적으로 도입하여 소개할 것이 아니라 그 이론을 우리 현실에 적응시켜 도입하여 소개함으로써 우리 현실에 맞게 도입된 이론을 적응, 조정시켜야 한다는 것이다(이종범, 1986: 1-2).

그러나 이러한 주장은 외국이론의 보편성을 미리 전제하고 있다는 비판을 피할 수 없다. 논리적으로 토착화는 외국의 이론이나 제도의 존재를 전제로 하고 있어서 애초부터 '우리의 것 만을' 찾을 때에는 토착화란 개념은 성립되지 않는다(백완기, 1978: 86). 이런 입장에서는 만일 행정이론이 극히 한국적이어서 보편화가 불가능한 상태라면 그것은 이론이 아닐지도 모른다(강신택, 1971: 142)라는 주장이 가능하다. 위에서 요약한 문장에서 보는 바와 같이 어디까지나 주어는 수입된 행정이론이다. 따라서 이런 식의 토착화는 수입된 행정이론의 발달은 가능하게 할지 몰라도 한국의 행정 현실을 개선시키는 데에는 아무런 도움을 주지 못한다. 이 글의 문제의식에 비추어 표현한다면 이런 식의 토착화는 한국에서의 행정학 발달에는 기여할지는 몰라도 한국행정에 대한 학의 발달에는 기여하지 못할 것이다.[11] 한국행정에서 나타나는 독특한 현상들은 연구의 대상에서 처음부터 제외시키거나, 대상과 이론 간의 실천적 관련성을 파악하지 못하게 함으로써, 결국 한국 행정학자들 사이에 연구대상에 대한 최소한의 합의도 불가능하게 만들었다.

위와 같은 한국 행정학의 연구 대상의 모호성은 행정학 종사자의 내적 응집력의 결핍을 초래하게 하였으며, 다른 사회과학자들에게 행정학의 학문으로서의 권위를 설득하는 데 많은 어려움을 겪게 하였다. 더구나 행정학이 현실 행정에 실제로 쓸모 있는 지식을 제공하지 못하자 이러한 상황은 더욱 악화되었다. 앞에서 언급한 바와 같이 행정학과 같은 실천 지향적인 학문의 경우 그 학문이 현실을 개선시키는 데 얼마나 도움을 줄 수 있느냐가 학문의 발전을 평가하는 가장 중요한 기

11) 다른 식으로 표현한다면, 한국 '행정학'학의 발달에는 기여할 수 있을지 몰라도 한국 '행정'학의 발달에는 기여하지 못한다.

준이 될 수밖에 없기 때문이다. 따라서 실천 위주의 기술성과 처방성을 내세웠던 한국 행정학은 실제에 있어서 처방능력을 제대로 발휘하지도 못했을 뿐만 아니라 학문으로서의 행정학(public administration as discipline)의 위치마저 격하시켰다고 볼 수 있다(백완기, 1978: 74).

토착화 논의와 관련하여, 행정이론 중에는 관리과학, 조직설계, 정책과학 등 어느 나라 행정에나 적용될 수 있는 보편성이 높고 불변 이론적인 것이 있을 수 있다는 주장은 충분한 일리가 있다(이종범, 1986: 9). 그러나 불변 이론적인 것이라 할지라도 그 이론을 정확히 이해하고 사용하기 위해서는, 왜 그 사회에서 그 이론이 개발되었는지에 대한 이해가 선행되어야 한다. 즉 이론 자체만을 도입할 것이 아니라 그 이론의 사회적 맥락 또는 배경적 가정(background assumption)까지를 함께 들여와 한국 사회와의 의미 관련성 여부를 먼저 검토해야만 한다.

사실 보편적 불변이론이 있느냐 없느냐의 문제는 사회과학 뿐 아니라 자연과학에서도 방법론적으로 쟁점이 되고 있는 문제이다. 이 자리에서 일종의 지식이론에 관한 난해한 논쟁들을 소개하는 것은 필자의 능력도 부족하지만 적절하지도 않다. 다만 앞의 논의에서 '행정' 개념의 역사성과 이론의 사회적 맥락을 강조한 것에서 암시된 바와 같이 필자는 사회과학에서 보편적 이론이 존재한다는 것을 부인하는 입장에 가깝다. 그렇다고 사회에 보편적인 현상이 존재하지 않는다고 주장하는 것은 아니다. 어떤 현상이 보편적이냐 아니냐는 그 현상 자체에서 얻어지는 판단이 아니라 연구자가 보편과 특수를 어떻게 해석하느냐에 달려 있는 문제이며, 이때 연구자의 판단은 그 사회의 역사적이고 사회적인 상황에 의해서 결정된다. 따라서 사회과학 지식의 본질과 그것을 획득하는 방법에 관한 철학적 논의를 할 때에는 항상 그것이 생겨난 역사적 상황을 염두에 두어야 한다(안상헌 옮김, 1984: 34). 그래서 어떤 행정학자가 어떤 현상을 한국 행정에서만 나타나는 특수한 현상이라고 판단하였다면 그 판단 속에는 이미 행정 현상의 보편성에 대한 해석이 전제되어 있다고 말할 수 있다. 보편성에 대한 인식이 전제되어야 특수성을 인식할 수 있고, 특수성에 근거를 두어야 보편성을 발견할 수 있기 때문이다.

보편성과 특수성의 문제는 이론과 사실(또는 경험)의 관계를 어떻게 볼 것인지의 문제와 밀접한 관련이 있다. 이른바 실증주의자들은 이론과 사실을 명백히 분리된 것으로 간주하고 경험으로부터 이론을 구성하고 그 이론을 다시 경험에 비추어

보는 귀납과 연역의 과정을 정상적인 과학 활동으로 정의한다(강신택, 1995: 24-23). 그러나 이 문제에 관해서도 무수히 많은 논쟁이 가능하다. 어떤 사실을 경험했다는 것은 이미 그가 사실을 자기 식으로 재구성했다는 것이고, 그는 이미 과거의 이론을 전제하여 사실을 경험했거나 새로운 이론을 구성했다는 말이 된다. 따라서 내 경험을 아무리 구체적으로 설명해주어도 듣는 사람의 입장에서는 매우 추상적인 내용으로 들리는 데, 내 경험 속에는 내 이론적 전제가 같이 있기 때문이다. 이렇게 되면 이론과 경험은 분리되는 것이 아니라 같이 존재하는 것이며, 과학 활동은 이론과 경험의 문제가 아니라 두 가지를 포함한 지식과 과학자가 생활하고 있는 실재 세계와의 관련성이 문제되는 것이다.12)

예컨대, 정당성 없는 군사정부 아래에서의 공무원 집단이 겪은 딜레마는 지난 30년 동안의 우리나라 행정(또는 공무원 집단)이 당면하고 있던 가장 어려운 문제 중의 하나였음에도 불구하고, 발전행정론에 심취한 한국의 행정학자들은 공무원 집단을 발전의 역군으로만 간주하였을 뿐 이 문제에 대해서는 전혀 문제 제기조차 없었다. 개발년대에 정부에서 고위직을 지낸 한 퇴직 공무원에 의하면 자신은 공직 생활 후반의 대부분을 이러한 고민 속에서 지내왔으며 자신과 같은 고민을 하는 사람들이 주위에도 꽤 많았는 데, 자신이 접할 수 있었던 한국의 행정학자들은 이 문제에 대해서 전혀 생각조차 하지 않는 것 같다고 술회하고 있다. 아마도 이것은 한국 행정학자들의 문제의식이 수입된 이론인 발전행정론의 테두리 안에 머물러 이 이론을 어떻게 한국에 적용할 수 있을 지에만 몰두했기 때문일 것이다.

1970년대 후반부터 무작정 도입되어 현재 한국 행정학에서 주류를 형성하고 있는 관리과학과 정책과학의 경우에도 우리의 행정과정처럼 역사적인 요인이 많이 개입되고 예상할 수 없는 변수가 많은 경우, 이들 새로운 연구 경향이 우리나라의 행정문제를 해결하는 데 얼마나 도움을 주었는지에 대해서는 의심스러울 수밖에 없다(안병영, 1983: 156). 따라서 보편성이 높고 불변 이론적이라 것이라 하더라도 더 이상 미국에서 어떤 이론이 유행한다고 해서 우리나라에서도 같은 이론이 유행하는 후진성을 반복할 필요는 없을 것이다. 우리 사회처럼 짧은 시간에 급격한 정

12) 물론 이러한 주장도 서구에서 제기된 과학을 보는 하나의 관점에 불과하다. 그러나 이러한 관점이, 특히 행정학처럼 실천적 측면을 강조하는 학문의 경우, 그 학문의 성격을 이해하는 데 실증주의적 과학관보다 더 유용하다고 판단된다.

치사회적 변동을 경험한 경우 이러한 과정에서의 행정의 본질은 절대적으로 관리과학이나 정책과학으로 해명될 성질이 아니기 때문이다.

보편성과 특수성의 문제와 관련하여 현재 한국의 행정학자들은 이중의 구속을 받고 있는 것 같다. 우리가 미국 행정학의 보편성을 아무런 의심 없이 받아들인다면 미국 행정학 이론의 전제들이 우리를 아예 배제하거나 위상을 매우 낮게 설정하고 있다는 점을 확인할 수 있게 될 것이다. 또한 우리가 미국 행정학의 보편성을 무시하려고만 든다면 우리는 정치적으로나 지적으로 우리 학계 내에서 아무런 역할을 발견할 수 없으며, 행정 현실을 개선시킬 수 있는 기회를 원천적으로 봉쇄당하는 결과에 순응할 수밖에 없다.

4 한국행정의 역사적 성격

역사적으로 볼 때 한국행정은 대체적으로 크게 다음의 요인들에 의해서 영향을 받아왔다고 해석할 수 있다. 우선 공무원들의 권위주의적인 의식과 행태는 유교적인 관존민비 사상의 영향에서 완전히 벗어났다고 할 수 없다. 관과 민이 평등하다는 생각이 관념적으로는 받아들여지고 있으나, 아직도 일반 국민들은 관공서에 가면 아무런 이유 없이 위축되며 공무원들은 근거 없는 우월감을 갖고 있다. 한국 사회의 민주화의 진전과 국민들의 정치의식의 향상으로 민 우위의 행정이 아무리 강조되어도, 이러한 우월감은 공무원 집단의 내부 사회화 과정을 통하여 신입 공무원들에게 지속적으로 전승되고 있는 것 같다.

여기에다 국내외 모든 문제에 대한 상황 정의를 정부가 독점하고 있던 개발년대의 경험은 공무원들의 권위주의적인 의식과 행태를 더욱 강화해주었을 것이다. 필자의 피상적인 관찰로는 중앙공무원보다는 지방공무원이, 고위직 공무원보다는 하위직 공무원들이 더 권위주의적인 것으로 보이는데, 이는 아마도 이들이 일반 시민들과 접촉할 기회가 상대적으로 많고 따라서 공무원으로서의 자기 신분을 수시로 부각시켜야 하기 때문인지도 모르겠다.

행정조직의 구성과 구체적인 운영 관행은 일제 식민지 시대의 유제를 답습하거나 현재 일본의 조직 형태와 운영 원리를 모방하는 경우가 대부분이다. 해방 후 조선총독부 조직이 그대로 부활한 것이나, 정부 수립 이후 우리나라 최초로 정부조직을 구성하는 데 있어서도 미군정 시대에 도입된 새로운 제도들을 무시하고 조선총독부와 일본 정부조직에 전적으로 의존하여 구성한 것 등이 이러한 예에 속한다(조석준, 1969: 420-421).

정부조직 뿐 아니라 우리나라 전체 공무원들의 인사행정의 근거가 되는 국가공무원법도 몇 군데의 자구 수정을 제외하고는 일본의 법규를 그대로 번역하여 사용하기 시작하였으며, 이후에도 정부조직의 개편 또는 공무원제도의 변화가 있을 때마다 미국보다는 일본의 경우를 참조하는 경우가 많았다. 우리나라 행정기관의 가장 전형적인 의사결정 방식으로 행정업무 처리의 표준적인 절차가 되고 있는 결재제도 역시 일본의 품의제도를 그대로 모방한 것이라 할 수 있다.

행정이 표방하는 이념 또는 추구하는 가치와 추상(형식)적인 운영 원리는 미국의 압도적인 영향을 받아왔다. 해방 이후 미국식 민주주의의 형식적 도입과 함께 한국행정은, 5·16 직후 한때 '행정적 민주주의'라는 본말이 전도된 구호가 등장한 것을 제외하고는, 한번도 행정 민주화 또는 민주적 행정을 구호로 내세우지 않은 적이 없었다. 그러나 문민정부에 들어서 행정기관에서 유행하는 용어로 표현한다면 한국 행정학은 국민들을 '행정의 주체'로서 다룬 적이 한번도 없었다. 그들은 언제나 행정지도의 대상에 불과하였다. 한국 행정학의 사회에 대한 인식 수준은 계속 낮아 이들 논의가 가치 비판적 차원에서 본격화되지 못하였으며, 특히 행정 고객에 대한 정향성의 결핍(안병영, 1983: 156-160) 때문에 고객 중심의 행정이라는 구호는 있었으나 고객 중심의 행정학은 한 번도 없었다. 한국 행정학은 민주성에 대한 가치 결손 때문에 행정 고객이 연구 대상에서 처음부터 탈락하는 경우가 허다하였던 것이다. 이러한 상황에서 기존의 행정학은 미국식 가치와 행정관을 열심히 전파함으로써 여기에 접근할 수 있는 일부 학자, 공무원, 지배계층들에게 지적인 허영심 또는 허위의식만을 심어 주었던 것이다.

민주성이라는 행정이념 뿐 아니라 무수히 많은 미국식의 행정제도와 기법들이 한국 행정에 소개되어왔다.[13] 그러나 오늘날 한국행정이 과연 얼마나 미국의 행정

---

13) 엄밀하게 말하면 미국 행정학이 도입되기 전부터 미국식 행정관리제도들이 먼저 도입되기 시작하였다고 할 수 있다. 이미 미군정 시절에 미국식 중앙인사행정기관을 모방한 '인사행정처'가 설치되었으며, 공무원 임용 원칙과 공무원 근무규정이 마련되었다. 현재 운영되고 있는 미국식 직위분류제도와 근무성적평정제도도 이때 도입되었다. 당시에도 이 제도들이 우리 실정에 전혀 맞

과 유사하게 되었는가는 여전히 의문으로 남는다. 과연 미국에서 도입된 행정관리의 효율성을 증진시키기 위한 관리기법들이나 행정조직의 민주성을 증진시키기 위한 개념들이 한국행정에 얼마나 수용되었는가에 대해서 부정적으로 평가할 수밖에 없기 때문이다. 미국의 행정제도나 관리기법들을 의식적으로 계획하여 도입하는 경우에도 그 제도들이 지닌 본래의 의의나 도입의 취지와는 다른 형태로 운영되는 경우가 적지 않았다. 미국행정의 무리한 도입이 때로는 한국행정에 형식주의를 증가시키는 요인으로 작용하는 측면들도 적지 않았다(정용덕, 1996: 2).

요약컨대, 그 간의 한국행정은 우리 역사가 경험한 서로 융합될 수 없는 매우 이질적인 요인들에 의해서 영향받아 왔다. 그래서 어떤 특정한 사회과학 연구방법이 전제하고 있는 배경적 가정(일종의 이데올로기라고해도 좋다)에 대한 비판 없이, 특정한 개념이나 이론에 의해서 한국행정을 분석하려든다면, 이러한 연구들에서는 기껏해야 한국행정에 대한 부분적이고 피상적인 현상 설명에 그칠 수밖에 없다. 그렇다고 이러한 연구들이 전혀 쓸모가 없다는 것은 아니다. 이러한 연구에서 얻어진 사실적 자료들을 한국 행정사라는 거시적 맥락에 위치시켜 재해석함으로써, 즉 기존의 연구들을 사회과학적 연구 결과라기보다는 역사적 사료의 하나로 간주함으로써, 한국행정의 실체를 이해하는 데 많은 도움이 될 것이다. 주기만이 문제될 뿐 장기적으로 보면 모든 사회과학의 연구 결과는 어차피 사료화되기 마련이며, 이런 과정을 통하여 개별 기술적(idiographic)인 역사학과 법칙 정립적(nomothetic)인 사회과학이 서로 접합하고 순환적으로 결합하는 것이기 때문이다.

어쩌면 한국행정은 우리가 알고 있는 기존의 사회과학적 지식체계 안에 포섭될 수 없는 것인지도 모른다. 따라서 필자의 판단으로는 현 단계에서 한국 행정학은 우리의 행정 현실을 규정하고 있는 '특수 한국적'인 역사적 요인들을 사실적으로 기술하는 일이 무엇보다도 중요하다고 생각한다. 한국 행정학은 한국 행정사에 대한 연구로부터 출발하여야 한다는 것이다.

사실 행정학에서 사용하는 개념과 방법 뿐 아니라 사회과학에서 사용하는 거의 모든 개념과 방법들은 역사적 배경을 갖고 있는 일종의 역사적 구성물(historical constructs)이다. 따라서 누가 무슨 목적으로 어떤 대상에 초점을 맞추어 어떤 방법

지 않았기 때문에 제대로 운영되지 못하였으며, 운영되더라도 매우 형식적으로 운영되어 행정에 많은 혼란을 초래하였다(박동서, 1961: 112).

을 사용하여 역사를 구성하는지에 따라서 사회과학의 내용은 판이하게 달라질 수 밖에 없다. 보이지 않는 역사를 보이게 하기까지에는 역사학자(집단)는 물론이고 무수히 많은 사람들의 동기와 의도 등 사회적인 요인이 개입된다(Stanford, 1986). 역사학과 사회과학의 관계에 대한 난해한 논의를 계속할 필요 없이, 여기에서는 서구에서 사회과학과 역사학 사이의 경계를 어떻게 구분하고 있으며, 최근에 이 경계를 사이에 두고 어떤 일들이 일어나고 있는지를 간단히 언급하려고 한다.

서구 사회과학의 전통에 의하면 서구 학문체계는 다음의 세 가지로 명확히 분류될 수 있었다(이수훈 옮김, 1996: 56-69). 즉 근대 문명세계의 연구(역사학과 세 가지 법칙 정립적 사회과학)와 비근대세계의 연구(인류학과 동양학), 근대 문명세계의 연구 중에서 과거에 대한 연구(역사학)와 현재에 대한 연구(사회과학), 사회과학 중에서 시장 연구(경제학), 국가 연구(정치학), 시민사회 연구(사회학)가 그것이다. 그런데 연구 대상이나 연구 방법에 있어서 학문들 간의 경계를 찾을 수 없는 상황에 이르자 사회과학 간의 경계가 허물어지면서, 새로운 '학문 간(interdisciplinary)' 명칭을 고안하는 시도가 이루어지기 시작하였는 데, 신문방송학, 행동과학과 함께 행정학도 그러한 시도 중의 하나로서 등장하였다. 역사학과 사회과학과의 경계 허물기는 양쪽의 동시적인 필요에 의해서 진전되었다. 역사학자들은 역사 속의 사건, 개인적 동기, 제도들에 대해서는 잘 알고 있었으나, 비교적 장기적인 역사 속에 감추어진 과정과 구조를 분석하는 데는 사회과학의 도움이 필수적이었다. 역사학자들은 사회과학에서 개발된 개념인 사회변동, 계급, 역할 기대와 같은 개념을 사용하거나 사회과학의 세련된 계량적 방법을 동원할 때 역사를 더 잘 분석할 수 있었던 것이다(social science history).

한편 사회과학 진영에서는 사회과학이 역사를 강조하던 사회과학 초기의 훌륭한 전통을 상실했다고 비판하면서, 과학주의적 사회과학보다는 역사주의적 사회과학(historical social science)을 제창하였다. 역사적 사회과학들의 주된 연구 목적은 법칙을 검증하고 수정하고 재구성하는 데 있지 않았다. 도리어 이들은 복잡하고 유동적인 현상들을 설명하기 위해서 일반적 규칙들을 사용하거나, 아니면 그러한 일반적인 규칙에 비추어 그 현상을 해석하였다. 따라서 이들도 비역사적인 사회과학이 서구에서 개발된 개념과 이론들을 서구와는 전혀 다른 현상과 문화들을 분석하는 데 적용하는, 순진하고 오만한 자기 확신을 보였다고 비판하고 있는 것이다.

5 맺음말

미국에서 출발한 현대적 의미의 행정학이 우리나라에 도입된 지도 벌써 40여 년이 지났다. 그러나 행정학이 도입된 이후 우리나라의 대학과 대학원에서 배워온 무수한 행정이론들은 객관적이고 보편적이라는 이름 아래 미국이라는 특정한 사회에서 특정한 시대적 조건에 맞추어 개발된 이론들이 대부분을 차지하고 있다. 기존의 한국 행정학은 한국 행정을 대상으로 한 한국행정에 대한 지식(경험과 이론이 포함된)을 문제 삼기보다는 미국 행정을 대상으로 한 미국 행정이론을 전제하고 한국행정은 미국 행정이론의 적용 대상으로만 간주해왔다. 특히 행정학이라는 학문의 실천적 성격을 감안할 때, 한국 행정학은 언제나 한국의 행정 현실이 가장 최우선적인 지식의 원천이 되어야 하며, 이러한 현실과 실천적인 긴장관계를 유지하면서 발전했어야 하는 것임에도 불구하고.

그 동안 우리 행정학계에서도 지속적으로 미국 이론과 한국 현실의 괴리에 대한 반성이 있어왔다. 필자가 보기에는 이러한 반성은 역설적으로 그 만큼 괴리가 컸다는 것을 반증하는 것이며 행정학자들도 이 사실을 충분히 인식하고 있었던 것 같다. 그러나 이러한 반성은 행정학의 실천적 성격과 행정이론의 한국 사회에서의 맥락에 대한 근본적인 질문에 도달하지 못하고 언제나 흐지부지되곤 하였는 데, 그 가장 큰 이유는 잘못 이해된 행정관과 어쩔 수 없다는 체념, 그리고 초기의 행정학자들이 학문 외적인 일로 지나치게 바빴기 때문이다. 한 행정학자는 당시의 이런 상황을 "숫자상으로 교수 직원이 급증한 것은 다행이나 그 반면에 준비기간이 짧았는데도 특히 1961년 후에는 정부로부터 수요가 많아 더욱 이들의 학문적인 성숙을 이룩할 시간적인 여유가 부족하여 많은 문제점을 제기하고 있다"(박동서, 1967: 119)고 평가하고 있다.

이 글에서 필자의 주장은 아주 단순하다. 행정학이 실천적인 학문이라는 점에는 누구나 동의할 것이다. 그러나 그 동안 한국 행정학은 한국의 행정발전에 별로 기여하지 못하였다. 물론 한국의 행정이 발전되지 않았다는 것은 아니다. 우리나라 행정(제도) 중에는 다른 나라에서 배워갈 만큼 선진화된 부분도 많이 있을 것이다.

다만 이러한 발전에 행정학의 기여가 적었다는 것이고, 행정학의 급격한 양적 성장에도 불구하고 실천을 본질로 하는 행정학의 성격에 비추어 볼 때, 행정학은 아직도 후진적인 상태에 머물러 있다는 것이다.

필자는 그 이유로서 크게 세 가지를 문제 삼았다. 하나는 우리나라 행정학자들이 행정의 개념과 범위를 처음부터 잘못 잡은 것이고, 다른 하나는 행정학과 사회과학의 본질에 대한 편견 또는 오해에서 기인하는 것이다. 또다른 하나는 이러한 두 가지 요인 때문에 결국 한국 행정학자들은 우리 역사와 유리된 공허한 개념과 이론에 안주하고 말았으며, 때로는 그 개념과 이론을 무기로 우리의 행정 현실을 연구자의 편의대로 재단하기도 하였던 것이다. 따라서 한국 행정학이 행정 개념을 재정의하고 보다 적실성 있는 연구 대상을 설정하여 한국행정을 실질적으로 개선시킬 수 있는 실천적인 방안을 제시하기 위해서는, 무엇보다도 행정학이 우리의 역사적 경험과 우리의 행정 현실에 그 근거를 두어야 한다고 주장하였다.

그러나 이 글을 쓰는 순간에도 필자는, 근본적으로 한국 사회에서 사회과학을 한다는 것이 도대체 무엇을 의미하는지, 그리고 실천적 성격을 지녔다고 하는 행정학을 하는 사람으로서 행정 현실과 어떤 관련을 맺어야 할지, 현실은 무시하고 연구실에서 책이나 보면서 자기도취에 빠져 있어도 되는 것인지, 책만 본다 하더라도 어떤 책을 어떤 방식으로 읽어나가야 할지 알지 못한다. 조선왕조실록과 목민심서를 먼저 독파해야 할지, 한국행정에 영향을 준 일제시대 조선총독부나 현재 일본 행정에 관련된 자료들을 검토해야 할지, 또는 신제도주의에 근거한 새로운 행정이론이나 포스트모던 행정이론에 대한 양서들을 읽어야 할지 갈피를 잡지 못하고 있다. 또 이 책들을 다 읽는다 해도 이 내용들을 체계적으로 엮어 정리해낼 수 있을지에 대해서는 여전히 회의적이라고 할 수밖에 없다.

제 2 장 한국 최초의 현대 행정학자 정인흥의 행정사상 – 국가와 관료제 이론을 중심으로 –

정인흥 선생은 우리나라에서 최초로 행정학 교과서를 발간하였고 대학에서 전임교수로서는 처음으로 행정학 강의를 시작하는 등 우리나라에서 행정학을 도입하는 데 선도적인 역할을 담당하였다. 이 글은 선생의 글 중에서 평소에 필자가 관심을 갖고 있었던 주제인 국가와 관료제에 관련된 글들을 중심으로 선생이 제시하는 서구의 행정과 행정학의 역사적 전개과정을 살펴봄으로써 선생의 행정사상을 더듬어보기 위한 것이다.

이 글은 모두 6개의 절로 구성되어 있다. 본문에 들어가기 전에 이 글의 앞부분에서는 필자가 선생에게 관심을 갖게 되고 선생의 행정사상에 대한 글을 쓰게 되기까지 경위에 대해서 좀 자세히 설명하였다. 이 부분은 필자가 평소에 행정학이라는 학문에 대해서 갖고 있는 일단의 견해와 이러한 필자의 견해가 선생의 행정사상 또는 행정학적 문제의식에 도달하는 과정을 보여주기 위한 것이다. 이 글의 마지막 부분에서는 이 글에서 인용된 것을 포함하여 선생이 남긴 글들을 주제별로 정리함으로써 선생에 대한 후학들의 관심을 환기시키고 선생에 대한 후속 연구에 도움이 되고자 하였다.

이 글의 본문에 해당하는 2절부터 6절까지의 주요 내용은 다음과 같다. 첫째, 고대와 중세에도 국가와 관료제가 하나의 사실로서 존재하고 있었는 데도 불구하고 왜 정치학, 법학, 윤리학 등과는 달리 행정학은 학문으로서 존립할 수 없었는가? 둘째, 행정학의 출발이라 할 수 있는 '관방학(官房學)'이 독일에서 성립하게 된 배경은 무엇이고 그 대체적인 내용은 무엇인가? 셋째, 입법국가의 '법치행정의 원리'에 의하면 관료제가 어떤 정치적 합의(合意)를 지니고 있는가? 넷째, 입법국가와 비교할 때 '행정국가'의 특징은 무엇인가? 행정국가에서 관료제가 국가권력의 실질적인 담당자로 대두될 수밖에 없는 이유는 무엇인가? 다섯째, 현대 행정과 민주주의는 조화될 수 있는 것인가? 이를 위하여 행정학이 어떤 기여를 할 수 있을 것인가?

1 머리말: 다시 정인흥을 읽으며

필자는 대학 시절(1979) 정인흥 선생님으로부터 인사행정론 강의를 들었다. 학생들 사이에 난해하기로 정평이 나있던, 관방학에서 시작하여 관방학으로 끝나는 강의 내용도 내용이지만, 깡마른 체구에 까만 두루마기를 즐겨 입으시던 선생님의 외모가 퍽이나 인상적이었다. 당시에도 선생님께서는 건강이 좋지 않으셨던지 매우 작은 목소리로 끊어질듯 말듯 강의를 이어가셨으나 여간해서는 휴강하시는 일이 없어서 선생님의 강의에 대한 열정과 제자들에 대한 애착은 대단하셨던 것으로 기억된다. 대학을 졸업할 무렵 선생님이 지병으로 입원하셨다는 소식을 듣고 가깝게 지내던 친우 몇 명과 함께 병상에 계신 선생님을 뵙게 된 것을 마지막으로 선생님과의 이승에서의 짧은 인연은 끝이 났다. 그 후 필자의 대학원 재학 시절 선생님이 작고하셨다는 소식을 전해 들었으나 이미 선생님에 대한 필자의 기억은 멀어져 간 후였다.

선생님에 대한 기억이 되살아난 것은 필자가 학위 논문을 준비하는 과정에서 선생님이 남기신 몇몇 글들을 다시 접하게 되면서부터이다. 특히 선생님이 1965년 『정경연구』에 기고하신 「한국 관료제의 특질」은 관료제의 변천과정에 대한 짤막하면서도 함축적인 역사의 개관과 함께 이러한 역사적 맥락 속에서 해방 이후 한국 관료제의 특질을 조명하고 있어서 필자에게 많은 시사를 주었다. 그러나 필자의 선생님에 대한 관심을 더욱 부추긴 것은 선생님이 쓴 한편 한편의 논문이 아니라 선생님이 우리나라에 행정학을 도입한 최초의 학자였다는 사실에 있었다.

필자는 박사과정에서 입학한 후에 한 동안 소위 '학문의 길'로 접어들었다는 사실에 스스로 당혹해 하였으며 당시 우리가 처한 암울한 환경 속에서 사회과학의 사회적 효용성에 대하여 강한 의문을 품기 시작하였다. 특히 본질적으로 실천을 전제로 하여 출발하였던 행정학이 당시의 필자에게는 가장 비현실적인 학문으로 비추어지자 학문으로서의 행정학의 성격에 섣부른 회의감을 갖기 시작하였다.[1)]

---

1) 선생님은 행정학의 이러한 성격을 다음과 같이 표현하고 있다. '행정학은 현실로서의 행정과 그것에 촉발(觸發)된 실천적 과제와의 결합에서 성립한다 하겠고……' (1961: 25).

학위 논문을 작성하면서부터 필자는 이러한 회의감과 함께 행정학의 연구 대상과 연구 방법에 대한 기본적인 의문에 사로잡히게 되었다.[2] 필자는 논문의 구상과 집필 과정에서, '필자의 논문 주제가 행정학의 연구 주제가 될 수 있는 것인지?' 또는 '행정학이 포괄하는 학문적인 범위가 어디까지인지?' 그리고 '선택한 주제를 어떻게 접근하는 것이 소위 '행정학적 접근'인지?' 또한 '다른 사회과학과 구별되는 행정학만의 독특한 어떤 연구방법이 있는 것인지?……' 등등의 문제로 고민하게 되었다.

이러한 의문은 당연히 현대 행정학의 출발지라 할 수 있는 미국에서 어떠한 문제의식에서 독립된 학문으로서 행정학의 필요성을 절감하게 되었는지에 대한 관심으로 이어져, 미국에서의 현대 행정학의 성립은 당시의 미국 정치상황과 밀접한 관련이 있다는 사실을 다시 한번 확인하게 되었다.[3] 또한 이와 같이 현대 행정학의 성립이 전적으로 당시의 미국 정치상황의 산물이라고 한다면, 미국과는 전혀 다른 정치상황을 가지고 있는 우리나라에서의 행정연구는, 정치를 주어진 여건으로 전제하고 그 위에서 행정을 연구대상으로 할 것이 아니라 행정과 정치의 '특수 한국적' 관련성이 우선적으로 규명되어야 한다는 점을 확인하게 되었다.[4]

그렇다면 미국과는 정치적 맥락이 전혀 다른 우리나라에 행정학이 도입되는 계기는 무엇인가? 위와 같이 전적으로 미국 정치 상황의 산물인 행정학을 우리나라에 도입할 필요성은 어디에 있었는가? 미국에서 출발한 행정학이 그것의 '특수 미국적' 성격을 뛰어넘는 어떤 보편적인 원칙과 이론들을 가지고 있는가? 당연히 필자에게

2) 선생님이 생각하는 행정학의 연구대상과 연구방법에 대해서는 선생님의 성균관대학교 박사학위 논문인 「행정학의 방법론적 연구」(1968) 참조.

3) 선생님도 성립 당시 행정학의 '특수 미국적' 성격을 강조하고 있다. 즉 행정학의 성립은 "정치의 사회화를 추구함으로써 '잭슨'적 민주주의의 전통을 파괴함이 없이 유지하면서도 행정권의 확대 강화를 계획하면서도 정치의 극대화를 초래하지 않는 방법을 안출"하기 위한 것이다(1969b: 355). '잭슨'적 민주주의(Jacksonian Democracy)는 잭슨이 대통령에 당선된 1825년부터 남북전쟁에 이르기까지 30여 년 동안 미국정치를 지배한 정치 사조로서 자본주의 신장에 따른 계급간의 대립과 이에 기초한 지역간의 대립을 불식시키고 프론티어 정신에 충만한 서부의 자영농민을 기반으로 자유, 평등, 독립을 이상으로 하는 국민주의적 민주주의(national democracy)를 의미한다(1975: 594－595). 한편 잭슨은 대통령에 취임한 이후 이러한 자신의 정치적 신조에 근거하여 부패한 귀족주의적인 직업정치가들을 제거하기 위해서 엽관제를 전면적으로 도입하여 자신의 지지자들로 자리를 채웠다. 당시의 엽관제의 도입은 "국민의 강력한 관료제에 반대하는 여론에 적응하는 것으로 민주주의적 신념에 알맞은 것으로 환영을 받았다"(1961: 355).

4) 선생님의 이러한 요지의 주장은 (1969b) 참조.

는 이와 같은 의문이 계속 제기되었으며 이러한 의문의 한 가운 데에 선생님이 있었다. 선생님께서는 우리나라에서 최초로 행정학 교과서를 발간하였고 대학에서 전임교수로서 처음으로 행정학 강의를 시작하였으며 우리나라에 행정학을 도입하는 데 선도적인 역할을 담당하였기 때문이다(유훈, 1982: 6-7).[5]

이러한 문제의식을 가지고 필자는 박사학위가 끝난 직후부터 선생님에 대한 본격적인 연구를 시작해보아야 하겠다고 결심하고 우선 선생님이 남긴 글들은 모아서 읽기 시작하였다. 그러나 얼마 못가서 필자는 곧 당혹감에 빠져 버렸다. 전혀 예측하지 못한 것은 아니었지만 선생님이 남기신 글들의 주제는 정치사상(1955a; 1956b; 1972a; 1976; 1981)에서 지방자치(1961)에 이르기까지 매우 광범위한 것이었다. 특히 고대에서 근대에 이르는 정치사상에 대한 선생님의 글들을 필자로서는 상당한 시간을 투자하더라도 단기간에는 도저히 소화할 수 없을 만큼 그 내용이 방대하고 심오한 것이었다.[6]

따라서 필자 혼자만으로는 필자가 처음에 의도하였던 선생님의 사상에 대한 일종의 평론 성격의 종합적인 연구는 불가능하다고 결론짓고 우선 선생님이 남기신 글 중에서 행정학과 직접적으로 관련된다고 판단되는 글들만을 골라 무작정 읽어나갔다. 이러던 중 올 연초에 행정학회에서 선생님의 제10주기 추모행사를 기획하고 있다는 소식을 들었으며 이 기회에 선생님에 대한 글을 한 편 발표하기로 작정하고, 우선 부족하나마 선생님의 글 중에서 평소에 필자가 관심을 갖고 있었던 주제인 국가와 관료제에 관련된 글들을 중심으로 선생님이 제시하는 서구의 행정과 행정학의 역사적 전개과정을 살펴봄으로써 선생님의 행정사상을 더듬어보기로 하였던 것이다.[7][8]

---

5) 유훈 교수의 이 글은 필자가 아는 한 선생님의 생애와 사상을 다루고 있는 유일한 글이다. 필자는 이 글로 인하여 선생님에게 본격적인 관심을 갖게 되고 선생님을 보다 깊이 이해하게 되었으며 선생님에 대한 글을 써보아야 하겠다고 결심하게 되었다. 이 글에서 유훈 교수께서도 "앞으로 정인흥 교수의 인품과 학문적 업적을 소개하는 글이 많이 나오기를 간절히 바라마지 않는다"고 원망(遠望)하고 있다.

6) 예컨대 1976년 출간된 『정치사상가평전』에 이어서 선생이 작고하기 1년 전인 1981년 새로 출간된 『정치사상가평전』에는 플라톤에서 밀에 이르는 대표적인 정치사상가 11명을 선정하여 이들의 생애, 저작, 정치철학, 평가 등의 순서로 이들의 정치사상에 대한 종합적인 접근을 시도하고 있는데, 이러한 성격의 책은 국내에서 유일할 뿐만 아니라 외국에서도 그리 흔치 않은 역작이라 할 수 있겠다.

7) 물론 선생님의 행정사상을 다루는 데 있어서 국내외의 다른 학자들과 비교하여 선생님의 특별한

2 고대 및 중세국가에서의 행정

고대국가에 있어서도 국가가 존재하는 한 행정이 존재하고 있었고 행정이 존재하는 한 일정한 규모의 관료제가 존재하고 있었다.[9] 특히 강력한 중앙집권적인 전제정치를 채택하고 있었던 중국을 비롯한 동양의 여러 고대 국가들은 군주를 정점으로 하는 거대한 관료제와 군대제로서 국가가 유지되었다. 그러나 행정과 관료제가 하나의 사실로서 존재한다고 해서 이들에 대한 체계적인 연구를 보장해주는 것은 아니었다. 고대국가에서의 행정은 본질적으로 정치와 분화되지 않은 상태에 머물러 있었으며 각 국가의 형편에 따라서 윤리나 종교 또는 법률의 일부로서, 또는 이들의 혼합물로서 간주되었던 것이다.

주장을 밝혀내거나 선생님의 주장이 현재의 우리나라 행정현실에서 어떤 의미를 지닐 수 있는가의 문제를 따져보는 것이, 필자의 글과 같이 특정한 주제에 대한 선생님의 주장만을 소개하는 것보다는 더 큰 의미를 지니고 있으며 보다 깊이 있는 지적 작업을 요구한다고 하겠다. 그러나 우리나라 최초의 행정학자임에도 불구하고 우리 학계에 선생님에 대한 연구가 거의 없는 상황에서 단숨에 이러한 작업이 이루어질 수는 없는 것이며, 지금으로서는 이러한 작업의 예비 단계로서 자신의 관심 분야에 대한 선생님의 생각을 정리해 보는 것만으로도 어느 정도의 의미는 있다고 하겠다.

8) 이상의 이유가 필자가 선생님에게 다시 관심을 갖게 되고 결국 이 글을 쓰게 된 개인적인 동기이다. 그러나 모든 일들이 그러하듯이 이 글도 필자의 개인적인 동기에 의해서만 출발된 것은 아니다. 필자의 박사학위 논문 심사가 끝나갈 무렵 당시 논문의 심사위원장이었던 박동서 교수께서는 "이제 논문을 마치면 어떤 연구를 할 것이냐?"고 물었고 이에 대하여 필자가 막연히 "정인흥 선생님에 대한 연구를 해보려고 합니다"라고 응답하자 교수께서는 제자에 대한 애틋한 사랑을 내용으로 하는 선생님에 대한 회고담을 들려주었으며, 그 후에도 자주 뵙지는 못했지만 뵐 기회가 있을 때마다 선생의 학문과 생활에 대한 주변 이야기들을 들려주면서 '필자의 선생님에 대한 관심'에 많은 관심을 보였다. 논문지도 교수였던 김광웅 교수께서도 후학(後學)들의 선생님(과 선생님의 이론)에 대한 무관심을 안타까와 하면서 후학들이 외국 학자들의 이론을 흡수하는 것도 중요하지만 선생님을 비롯한 우리나라 선학(先學)들에 대한 연구에도 관심을 기울여야 한다는 점을 상기시켜 주었다. 또한 인하대학교에 출강하면서 뵙게 된 장지호 교수께서는 필자가 선생님에 대한 글을 준비하고 있다고 말씀드리자 선생님의 독특한 인품과 학문에 대한 진지함 그리고 제자들과의 관계 등에 얽힌 일화를 들려주었다. 이러한 격려에 힘입어 필자는 선생님에게 계속 관심을 갖게 되었으며 결국 이 글을 쓰기에 이른 것이다.

9) 선생님의 표현에 의하면 "……행정의 사실로서의 존재는 국가의 성립과 동시적인 것이라 할 수 있는 것이며, 따라서 행정의 존재는 고대국가의 성립과 동시에 시인(是認)된다 하겠다"(1961: 56).

예컨대 고대 중국의 경우에는 국가의 목적이 덕(德)의 실현에 있었으며 덕의 근원이 효(孝)에 존재한다고 하여 정치와 행정이 윤리적 측면에서 설명됨으로써 행정이론이 유교의 일부로서만 그 모습을 드러내고 있으며, 그리스의 도시국가들과 로마의 경우에는 정치와 행정이 미분화된 상태에서 그것이 이상국가의 실현이라는 윤리적인 문제와 결합되어 있어서 정치(윤리)학을 성립시키는 데 불과하였던 것이다. 한편 중앙집권적인 행정조직과 거대한 관료제를 형성하고 있었던 로마제국은 자신이 정복한 이질적인 여러 민족들을 제국으로 통합시키기 위해서 무엇보다도 국가 전체적인 법률적 질서의 구축이 급선무였기 때문에 행정의 가치가 법률(따라서 그때까지는 정치)에 매몰되어 있었다(1961: 57-59).

국가와 군주가 인격적으로 동일한 것으로 간주되는 가산적(家産的) 국가로 특징지워질 수 있는 중세국가에서도 행정의 고유성에 대한 인식의 기초가 마련되지 않았다는 점에서는 고대국가와 다름이 없었다. 중세국가에서도 군주는 그의 사유재산으로서의 국가를 관리함에 있어서 가장 중요한 관리수단이라 할 수 있는 관료를 어느 정도 필요로 하고 있었다. 그러나 중세국가에 있어서의 관료는 '봉건적 가신(feudal tenant)' 성격을 지니고 있었으며 그 신분도 특권적이며 세습적인 것이었다.

중세는 본질적으로 정치권력이 분산되어 있던 시대였기 때문에 군주의 가장 중요한 관심은 행정에 의한 내치보다는 다른 정치권력과의 충돌에 대비한 무력 확장에 있었다. 따라서 중세국가에 있어서 정치는 주로 기사계급을 중심으로 이루어졌으며 행정은 군주 개인의 가산관리의 성격을 한 치도 벗어나지 못하였다. 더구나 중세국가의 기독교적 성격으로 말미암아 교회가 국가의 영역을 그 만큼 위축시키고 있었기 때문에 행정의 국가 관리적 기능은 보잘 것 없는 것이었다(1961: 60).

따라서 중세국가에 있어서도 객관적 사실로서의 행정과 관료제가 존재하고는 있었으나 중세국가가 지니고 있는 본질적인 특성으로 인하여 그 역할과 기능이 최소한도에 그쳤기 때문에 이를 독립적으로 그리고 체계적으로 인식하여야 할 필요성을 느끼지 못하고 있었으며 법률, 정치, 종교 등의 분야와는 달리 행정을 대상으로 하는 독립적인 학문이 성립된 조건을 갖추지 못하였던 것이다.

3 절대군주국가의 관료제와 관방학

1) 절대군주국가의 관료제

행정의 발달이 가능하기 위해서는 행정이 정치의 일부분을 이루고 있다는 점에서 무엇보다도 국가의 정치적 통일이 이루어져야 하며, 정치에 의하여 결정되어지는 목적을 실현하기 위한 행정조직(관료제)이 완비되고 행정관료가 존재하여야 하며 이들에 의하여 수행되는 행정기술에 대한 새로운 요청이 있어야 한다. 그런데 이러한 행정의 발달에 필요한 조건들은 중세국가를 타파하고 성립하는 절대군주국가에서 와서야 비로소 갖추어진다(1961: 63).

절대군주국가를 중세국가와 비교하는 경우 가장 뚜렷한 차이점은 중세국가에서 개인의 생활이 주로 공동사회에 의존하는 데 반하여 절대군주국가에서는 개인이 그의 생활을 영위하는 데 있어서 국가에의 의존도가 매우 높아졌다는 점이다(1962: 161). 즉 절대군주국가에 있어서는 중세의 교회를 중심으로 한 공동사회가 담당하던 행정기능을 국가가 담당하게 됨으로써 공동사회가 해체되고 국가의 행정이 직접 개개인에 미치게 되었다. 절대군주국가에 있어서 국가와 개인의 이러한 직접적인 맞닥뜨림은 물론 다음과 같은 역사적 사실에 근거하고 있다.

절대군주국가는 강력한 상비군과 중앙집권적 관료제의 기반 없이는 성립할 수 없는 것이었다. 왜냐하면 절대군주국가는 중세 봉건 영주들이 지니고 있던 분열된 정치권력이 절대군주의 단일지배체제 아래로 편입되어 가는 과정을 거쳐서 성립하는 것이고, 이 과정은 국왕 또는 강력한 봉건 영주가 다른 영주들을 무력으로 굴복시키고 이들의 사적 재산을 절대군주의 소유로 흡수하는 과정이기 때문이다. 또한 이 과정은 중세 농업 중심의 분산적이고 봉건적인 자연경제가 해체되고 집중적이고 자본주의적인 화폐경제가 대두되어가는 과정이기도 하다. 따라서 정치권력의 통일성을 유지할 수 있는 강력한 상비군과 함께 중앙집권적인 관료제는 중세 봉건 영주들의 분권적 지배를 타파하여 절대군주국가를 형성하고 그것을 유지해가는 데 있어서 군주의 가장 중요한 정치적 수단이 되었다. 이러한 절대주의 시대의 정치적, 경제적 성격에 기초하여 절대군주국가에 와서야 근대적 의미의 관료제가 성립하게 되는 계기가 마련되었던 것이다(1955: 249-250).

그러나 절대군주국가의 관료들이 봉건 영주들의 다원화된 지배력을 절대군주의 전제적인 지배체제로 변화시키는 과정에서 확고한 정치적 지위를 획득하였다고 해서 절대군주국가에서 근대적 의미의 관료제가 정착하였다는 것을 의미하지는 않는다. 절대군주국가의 관료들은 절대군주를 정점으로 하는 중앙집권적인 계층제를 형성하고는 있었으나 절대군주와의 관계에 있어서 중세국가의 봉건적 가신(家臣)들과 마찬가지로 군주의 개인적 은총에 의한 신분적이고 인격적인 복종관계를 유지하고 있었다. 또한 일반 국민(당시의 臣民)들과의 관계에 있어서는 절대적이고 초월적인 지위에 있으면서 특권 계급으로서의 신분을 보장받았던 것이다(1955: 250).

절대군주국가의 국가정책은 중상주의(重商主義)로 특징지어진다. 중상주의는 화폐경제의 등장을 전제로 한 자본의 원시적 축적기의 경제정책을 뒷받침하는 경제사상으로, 절대군주의 보호 아래 국내 산업자본을 육성하기 위한 강력한 보호무역주의를 그 특색으로 하고 있다(1975: 704). 중상주의의 이러한 성격은 절대군주가 자신의 권한을 강화하기 위해서 거대한 규모의 관료제와 상비군을 유지하여야만 하고 이를 위하여 막대한 양의 화폐를 필요로 하는 절대군주국가의 정치적 현실을 반영하고 있는 것이기도 하였다.

따라서 절대군주국가에 있어서는 국가가 국내적으로는 국민 개개인의 모든 생활영역을 엄격히 규제하기 시작하였으며 대외적으로는 보호무역주의와 식민주의 정책을 강력히 추진해 나갔던 것이다. 이 과정에서 국가재정을 비롯한 치안, 국방, 군사, 상공업, 노동, 물가 등의 분야에 전국적인 규모의 행정을 필요로 하게 되었으며, 중세의 가산관리(家産管理)와 같은 단순한 행정기술로서는 이러한 급격히 확대된 새로운 행정수요를 도저히 감당할 수 없게 되었다(1961: 63-65). 특히 중상주의를 성공적으로 추진할 수 있는 국가재정에 대한 전문적인 지식은 가장 시급한 과제가 되었는 데, 국가재정의 확충을 위한 행정기술의 하나로서의 관방학(官房學)의 성립은 이러한 상황을 배경으로 하고 있는 것이다.

2) 독일 관방학과 행정학

관방학이 전형적인 절대군주국가라 할 수 있는 영국, 프랑스, 스페인 등에서가 아니라 절대주의의 후발국인 프로이센과 오스트리아를 중심으로 성립하게 되는 것은 그럴 만한 이유가 있었다. 프로이센과 오스트리아는 서구 선진국가들과는 달리 중세적 성격의 농업 중심의 자연경제가 오랜 동안 지속되었기 때문에 절대군주국가의 성립에 전제조건이 되는 화폐경제로의 전환과 정치권력의 통합이 순조롭지 못하였다. 즉 서구 선진국가들과 비교할 때 이들 국가들에 있어서의 절대군주국가의 성립과정은 더 조작적(操作的)이고 계획적일 수밖에 없었으며 중앙집권적 관료제를 비롯한 절대군주국가 건설에 필요한 여러 가지 제도들도 보다 목적의식적으로 만들 수밖에 없었다. 따라서 이들 제도의 창설과 운영을 맡을 많은 수의 직업적 관료들을 필요로 하였으며 이들에게는 특별한 훈련과 지식이 요구되었던 것이다.

관방학은 이들 국가들에 있어서 군주의 권한을 강화하여 절대군주국가를 완성시키기 위하여 '관방관료(kammeralist)'들에게 관방재정(국가재정)의 부강을 위한 행정기술과 지식을 제공하기 위한 목적을 가지고 출발하였다(1961: 65－66).[10] 즉 고대국가 이래로 행정이 존재하고 있었고 특히 절대군주국가에서 들어서는 관료제가 국가 존립의 기초로서 부각은 되었으나 그 때까지는 행정과 관료제의 문제를 정치로부터 분리하여 독립적으로 연구할 필요성을 느끼지 못하고 있었다. 그러나 관방학에 와서는 국가재정의 부강을 통한 절대군주국가의 건설과 이를 위한 행정기술과 지식의 제공이라는 실천적 필요성을 충분히 인식하고 있었기 때문에 하나의 학문으로서의 관방학의 성립이 가능하였던 것이다.

위와 같은 현실적 배경을 가지고 출발한 관방학은 1727년 프로이센과 두 대학(Hale와 Frankfurt am Oder)에서 관방학 강좌가 개설된 시점을 전후로 하여 전기 관방학과 후기 관방학으로 나누어지는데, 이러한 구분은 물론 프로이센과 오스트리아의 정치적, 경제적 변화와 밀접한 관련이 있다(1961: 66－73). 절대군주국가의 건설이 지체되고 있던 이들 국가에 있어서는 식민지 획득을 목표로 하는 서구 선진국가의 중상주의정책을 그대로 답습하기는 현실적으로 불가능한 것이었다. 따라

10) 따라서 관방학에 있어서 비로소 행정이 독립된 분야로 연구되기 시작하였다고 말할 수 있다. 왜냐하면 "……하나의 학문이 성립하고 그 학문이 발전하는 데 있어서는 그 학문이 연구하고자 하는 대상이 존재하여야 하는 것이나, 그러나 대상의 존재만으로는 불가능한 것이다. 또 하나의 조건으로서 그 학문의 대상이 현저하게 나타남으로써 그것을 현실적 기초로 함과 동시에 그것에 대한 연구가 인간의 실천적 과제로서 제기되어 연구자의 주관적, 실천적 노력이 거기에 적극적으로 참여함으로써 가능한 것"이기 때문이다(1961: 55).

서 이들 국가들은 해외의 식민지 획득보다는 국내의 자원개발을 통한 국부(國富)의 증대에 중점을 두는 일종의 '변형된 중상주의 또는 중상주의의 독일 판'으로서의 '관방주의(kammeralismus)'를 추구할 수밖에 없었다.

전기 관방학은 이러한 정책을 추구함에 있어서 관방관료들에게 현실적으로 필요한 경제이론, 경제정책, 재정학, 사경제, 기술공예학 등 당시의 모든 실제적인 학문들을 미분화된 상태로 포괄하고 있었다. 즉 전기 관방학은 국가재정과 군주재정의 구별이 없는 현실이 반영되어 국가론과 경제학이 혼합되어 있었으며, 현실 문제를 해결하기 위한 기술적인 성격이 강조된 나머지 행정에 대한 체계적인 인식에까지는 이르지 못하였다.

후기 관방학은 국부를 증대시킨다는 전기 관방학의 일반적 성격을 그대로 가지고 있으면서 전기 관방학에 비하여 보다 체계화되었으며 나름대로의 이론이 개발되어 하나의 학문으로의 가능성을 보이기 시작하였다. 예컨대 관방학을 체계화시켰으며 행정학의 비조(鼻祖)로 일컬어지는 유스티(Justi, 1702~70)는 관방학을 국민경제적 분야를 연구하는 경제학과 순재정적 분야를 연구하는 협의의 관방학, 그리고 국가재산의 유지와 증식을 연구하는 '포리짜이학(Polizeiwissenschaft)'으로 나누고, 국가재산의 유지와 증식에 관련되는 농업, 상업, 교육, 토목 등 모든 국가활동을 포함하는 '포리짜이'에 관한 학문이 성립되어야 한다고 주장하였다.[11]

'행정'의 개념을 명백히 하여 관방학을 행정학으로 집대성시킨 사람으로는 슈타인(Stein, 1815~90)을 들 수 있다.[12] 국가유기체설의 신봉자였던 슈타인에 의하면 하나의 유기체로서의 국가에는 국가의 조직된 의사와 그 의사에 입각하여 작용하는 국가의 활동이 존재하는 데, 국가의 의사가 '헌정(Verfassung)'이며 국가의 활동이 곧 '행정(Verwaltung)'이다. 따라서 행정은 국가의사인 헌정의 표현이라고 할 수 있는 헌법을 비롯한 각종 법규를 실현시키는 수단으로서 행정법학과 밀접한 관련을 지니고 있는 것이다.[13]

---

11) '포리짜이(polisei)'를 우리말로 직역하면 경찰이라는 뜻이 된다. 그러나 우리말의 경찰이라는 개념이 가지고 있는 의미와는 거리가 멀기 때문에 그냥 '포리짜이'로 표기하였다. 굳이 우리말로 의역한다면 '국가 재산의 유지와 증식을 위한 국가 작용의 전체'가 될 것이다. 이러한 맥락에서 관방학을 체계화시킨 사람 중의 하나인 존넨펠스(Sonnenfels, 1733~1817)도 관방학의 본질이 국가학(國家學)에 있다고 하였다(1961: 70).

12) 슈타인 행정학'에 대한 보다 자세한 내용은 장지호(1986) 참조.

13) 슈타인의 이러한 생각은 이후 독일에서의 행정 연구가 행정학이 아니라 행정법학에 의해서 주도

그러나 슈타인은 행정을 국가의사를 실현시키는 단순한 수단으로만 간주하지는 않았다. 그에 의하면 국가활동으로서의 행정이 실현하는 구체적 내용은 국가 의사로부터 자명적으로 주어지는 것이 아니라 행정에 의하여 창조되는 것이며 따라서 국가 의사의 표현인 법규의 초안 작성, 즉 입법의 발안도 행정에 포함되는 것이기 때문이다(장지호, 1985: 72). 즉 슈타인은 헌정과 행정의 밀접한 관계를 인식하면서도 헌정과 행정을 구별하여 행정(국가활동)의 독자성을 주장하였으며, 국가활동의 학(學)으로서의 행정학의 성립을 주장하였던 것이다.

4 입법국가의 출현과 근대 관료제

1) 입법국가의 출현과 행정

비록 독일에서 '국가활동의 학'으로서의 행정학이 성립되었다고는 하지만 그것은 위에서 언급한 바와 같이 전적으로 독일적 특수성을 반영하고 있는 것이었다. 따라서 독일과 전혀 다른 정치적인 배경을 가지고 있는 영국의 경우에는 전혀 다른 형태의 행정이 전개되고 있었다. 독일에서 절대주의가 기승을 부리고 관방학이 정립되어 갈 무렵에 이미 영국에서는 절대주의가 타파되고 의회주의가 어느 정도 성숙되어 있었다. 영국에서는 이미 명예혁명 이후 의회의 세력이 정치적으로 국왕을 압도하기 시작하여 국왕은 부르죠아를 주축으로 한 의회의 다수 세력의 의견을 무시할 수 없게 되었으며 의회 내에 이들을 중심으로 한 정당이 발생하게 되었던 것이다.

영국에서의 의회주의의 발달은 개인주의를 근간으로 하는 근대 입법국가의 출현을 예고하는 것이었다. 당시 영국의 의회는 국왕의 세력인 특권적 독점상인, 세속화한 영국 국교적 대영주 및 봉건적 지주층과 그들에 대항하는 근대화한 지주, 상공업 자본가 그리고 신교도들의 정치적 집결체로서의 성격을 지니고 있었다(1971: 209). 그런데 영국에서 고개를 들고 있던 개인주의는 봉건제의 붕괴에 이어지는 초기 자본주의의 성립과 발전, 그리고 이에 따른 중소자본가의 증가와 농업

되게 되는 하나의 계기가 되었다(1961: 72).

및 공업 노동자 등의 출현 등, 시민계층의 급속한 성장을 반영하는 것이었다. 이들 시민계층에게 있어서는 절대주의국가에서와 같은 행정의 자의(恣意)에 의한 개인의 자유와 권리의 침해는 더 이상 용납될 수 없는 것이었다. 따라서 이들이 의회를 장악하게 되자 국가의 사회에 대한 개입으로서의 행정의 영역이 축소되고 사회의 국가에 대한 견제로서의 입법의 영역이 확대됨으로써 '입법부 우위의 국가'가 성립하게 되었던 것이다.

입법국가는 국가와 사회의 이원적 대립을 그 구조적 특성으로 하고 있다. 그런데 이와 같은 대립은 현실적으로 절대군주국가를 타파하고 개인으로 구성되는 시민사회를 기초로 한 근대국가가 성립되는 과정에서 국가와 사회가 뚜렷이 구별되고 서로 대립한다는 원리를 정식화한 것이다(1961: 26).[14] 이러한 정식화에 의하면 근대국가의 성립과정은 시민사회에 의한 국가의 극복 과정으로서의 국가의 사회화 과정이며 국가의 사회화 과정은 구체적으로 입법의 형태로 나타나는 것이다.[15] 즉 근대국가에 있어서는 절대군주국가에서 극대화되었던 국가의 기능이 축소되고 사회의 국가에 대한 우위, 즉 입법권(사회)의 행정권(국가)에 대한 상대적 우월성이 특징적으로 나타나는 것이며, 근대국가를 입법우위의 국가라고 하는 근거는 여기에 있는 것이다.

---

14) '국가와 사회(개인)의 이원적 대립'은 '행정' 개념의 역사적인 진화과정과 각 시대별 행정의 본질적 속성을 이해하는 데 있어서 매우 유용한 도식이라 할 수 있다(이 그림은 (1972)를 참고하여 작성).

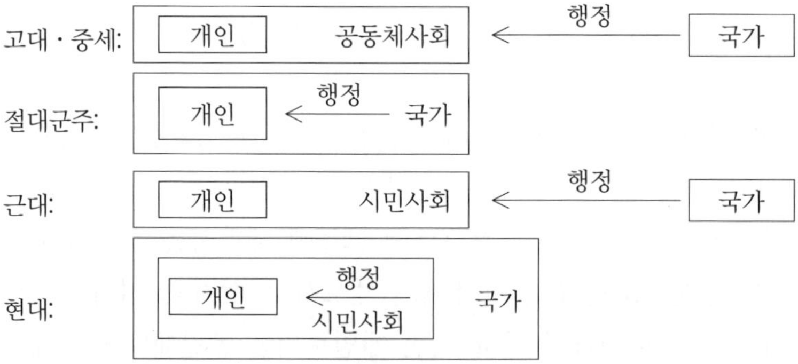

15) 그러나 시민사회는 고대와 중세국가에서 개인에 우선하여 실재하면서 각종 행정적 역할을 수행하던 공동체사회와는 그 성격을 달리하는 것이다. 왜냐하면 근대국가에서 "사회는 개인과 자동시되는 것이며 시민사회(의 질서)는 개인들의 상호관계에 의하여 결과적으로 초래되는 예정조화적인 성격을 가지고 있는 것이다"(1961: 27).

위와 같은 논리를 극단화하면 근대국가에서는 입법권의 우위가 현실적으로 확보됨으로써 행정이 존립할 여지가 전혀 없게 된다. 즉 국가의 사회화가 극단으로 전개되는 경우, 행정은 입법의 구체적 표현이라고 할 수 있는 법률 또는 정치의 하위개념으로 입법에 귀속됨으로써 행정의 고유성이 상실되고 다만 법률의 자동적이고 예측 가능한 집행만이 존재하는 것이다. 따라서 근대국가에 있어서는 국가와 사회의 분리를 전제로, 국가(와 정치)를 대상으로 정치의사(政治意思)의 형성과정인 입법과정에 대해 연구하는 근대 정치학과, 사회(와 개인)을 대상으로 시민사회의 구조와 그 순환과정을 연구하는 근대 경제학만이 존재하였으며 정치의사의 구체적 수행이라고 할 수 있는 행정에 대한 별도의 연구의 필요성을 느끼지 못하였다(1961: 35-37). 즉 입법국가에 있어서는 권력분립의 원리에 따라서 행정학을 대상으로서의 행정의 존재가 부정되지 않고 정치와 행정이 구별되어 있었으나 그것을 연구할 주관적, 실천적 요구가 없었기 때문에 행정학이 하나의 독립적인 학문으로서 성립할 수 없었던 것이다.

2) 법치행정의 원리

입법국가에서의 행정은 법치행정으로 특징지어진다. 위에서 언급한 바와 같이 입법국가의 출현은 절대군주국가를 타파하여 군주의 권력을 제한하고 개인의 자유를 극대화하고자 하는 욕구로부터 비롯되었다. 그런데 개인의 자유를 극대화하려면 군주 주권에 대신하여 국민 주권이 인정되어야 하고 권력분립에 의하여 군주의 자의적인 권력행사를 방지할 필요가 있었다. 또한 개인의 자유에 대한 제한이 불가피한 경우에는 국민 자신에 의한 자기 제한에 대한 자율적 복종이 요구되어지며 이러한 요구는 국민의 참여를 제도화한 의회주의의 형태로 나타나게 되는 것이다. 따라서 입법국가는 국가와 사회의 대립 원리에 기초한 '개인주의'를 전제로 하고 있으며 정치의 원칙으로서의 '국민주권주의'와 '권력분립주의', 그리고 이러한 원칙들의 제도적인 표현으로서의 '의회주의'에 입각하고 있는 것이다(1961: 74).

위와 같은 이유로 입법국가에서는, 절대군주국가의 군주의 권력에 그 뿌리를 두고 있는 행정은 본질적으로 입법의 하위 개념에 불과한 것이다. 절대군주국가의 잔재인 입헌군주국과 같이 과도기적으로 군주권이 허용되는 경우라 하더라도 군주권과 행정권은 입법권에 종속될 수밖에 없는 것이다. 따라서 입법국가에서의 행정은 전적으로 법에 의한 행정, 즉 '법치행정'으로 나타나는 것이며, 입법과정에서 의회를 통하여 국민의 참여가 보장되고 입법 내용이 국가의 권력을 제한하는 성격을 띠고 있는 한에 있어서 행정은 논리적으로 법률의 기계적 적용에 불과하므로 국민의 자유를 보호하는 기능을 수행하게 되는 것이다.

그러나 입법국가에 있어서도 행정은 그 속성상 국민의 자유를 침해할 가능성을 항상 가지고 있었다(1961: 77). 행정에 의한 국민의 자유 침해는 행정이 자의적(恣意的)으로 법률을 위반하는 경우와 법률 자체에 결함이 있는 경우로 나누어질 수 있다. 그러나 입법국가에 있어서는 각각의 경우에 행정에 대한 사법적 통제와 입법적 통제에 의하여 국민의 자유가 보호될 수 있었다. 따라서 입법국가에 있어서의 권력분립주의는 본질적으로 국민의 자유를 침해할 가능성이 있는 행정에 대한 통제로서의 의미를 지니고 있는 것이다.

절대군주국가에서 입법국가로에의 전환이 순조롭게 진행되지 못하여 의회제도가 충분히 발달하지 못한 독일에서의 법치행정은 위에서 논의한 입법국가에서의 법치행정의 원리와는 전혀 다른 모습을 지니게 된다. 독일의 경우에도 입법국가에서의 국가와 사회의 이원적 대립의 표현으로서의 의회의 외형(外形)이 도입되기는 하였으나 강력한 군주의 권한이 엄존하고 있는 정치적 현실 때문에 의회가 제 기능을 발휘할 수 없었다. 따라서 독일에서는 입법국가에서와 같은 입법에 의한 행정의 통제가 불가능하여 행정의 자의에 의한 국민의 자유에 대한 침해가 현실로 나타났기 때문에 국민의 자유를 보호하기 위해서 입법국가에서의 의회주의와는 다른 방법이 강구될 수밖에 없었다. 즉 독일에서는 현실 정치에서 정치와 행정에 권력성이 존재한다는 전제 아래 국민의 자유를 확보하는 방법이 요구되었는 데, 이러한 요구가 행정법에 의한 법치행정으로 나타나는 것이다(1961: 78-79).

이 점에 있어서는 앞 절에서 언급한 바와 같이 독일에서 관방학으로 출발한 행정학이 충분히 발달하지 못하고 행정 연구가 행정법학에 의해서 주도되는 것과 밀접한 관련이 있다. 즉 근대국가로의 발전이 지체되고 절대군주국가가 오랜 동안 지속된 독일의 경우에는 국가의 사회화가 철저하게 진행되지 못하였기 때문에, 국가에 의한(절대군주국가의 경우에는 군주에 의한) 개인의 자유 보장을 위하여 국가와 개인 간에 사법(私法) 관계와는 다른 특별한 권력관계를 설정하고 양자를 모두 규제하는 법으로서 행정법이 필요하게 되었던 것이다. 따라서 이 경우에 행정은 단순히 법의 함수(函數)로서만 존재할 수 있는 것이었다(1957b: 53).

그러나 국가의 사회화가 철저히 진행되어 의회주의가 확립된 입법국가의 경우에는 법률이 기본적으로 국가로부터(영국의 경우에는 국왕으로부터) 개인의 자유를 보장하기 위한 것이었기 때문에 일반적인 법률과 구별되어 국가와 개인 간의 관계만을 규제하는 별도의 행정법이 필요하지 않았다. 따라서 독일 행정법에서의 행정의 원리와 입법국가에서의 행정의 원리가 '법치행정'이라는 동일한 용어로 표현되고는 있지만 두 경우의 현실적 기초는 전혀 다르다고 할 수 있으며, 그것은 각각이 존립하는 정치적 조건의 차이에 기인하는 것이라 할 수 있다(1961: 79). 독일에서 관방학 이후 '법치국가(Rechtsstaat)'의 이론이 전개되는 반면에 영국에서 '법의 지배의 원리(rule of law)'가 확립되어 가는 것은 이러한 정치적 배경을 가지고 있었던 것이다.

3) 근대 관료제의 성립

입법국가에서의 관료제는 기본적으로 의회의 부속물로서의 성격을 지니고 있었다. 위에서 논의한 바와 같이 입법국가에서의 의회주의의 발달과정은 정치의 주도권이 군주로부터 의회로 전이되는 과정이었기 때문에 입법권, 조세권 등과 함께 관료 임명권에 있어서도 의회의 우위가 확립되어갔다. 그러나 절대군주국가에서 군주가 행사하던 관료의 임명권이 의회에 의해서 장악되는 과정도 물론 각 국가의 정치적 상황에 따라서 많은 차이를 보이고 있다(1955: 255－267).

영국의 경우에는 의회제도가 도입된 이후에도 한 동안 군주가 의회에 대하여 관직과 연금을 부여할 수 있는 권한을 계속 행사함으로써 의회를 회유할 수 있는 수단을 지니고 있었다. 그러나 입법국가의 성격이 공고화되고 군주에 대한 의회의 권한이 강화되는 과정에서 관료의 임명권도 군주로부터 의회로 넘어올 수밖에 없었다. 영국에서 관직을 둘러싼 군주와 의회 사이의 이러한 대립은 명예혁명이 발발한 17세기 초반에서 시작하여 의회에 의한 관료의 정실임명제가 확립된 19세기 중반까지 지속되었다. 따라서 영국에 있어서 관직은 의회와 군주 사이의 권력 투쟁에 있어서의 저당물의 성격을 가지고 있었다(1961: 352).

미국에서 관료의 정실임명제가 확립되어가는 과정은 영국에서와는 전혀 다른 양상을 띠고 있다. 건국 초기부터 확고한 국민주권주의에 입각한 정치제도를 지향하고 있던 미국에서는 국민의 자유를 제한하는 어떠한 제도도 거부되었다. 따라서 건국 초기부터 대부분의 관료를 임명하기보다는 국민의 직접선거에 의하여 선출하는 것을 원칙으로 하였다. 1820년의 '관료임기법(Tenure Office Act)'에서 보는 바와 같이 관료의 임기도 최단기간으로 제한하였다. 그러나 정당정치의 활성화와 함께 대표적인 두 정당인 연방주의파와 분권주의파가 대립하게 되면서 관직의 엽관제화가 나타나기 시작하였으며, 이러한 대립이 극심하여 관료의 임명권이 당세 확장의 중요한 도구로 기능함에 따라 소위 '엽관제 관료제'가 정착하게 되었던 것이다.

절대군주국가가 오랜 동안 지속되어 20세기 초반까지 관료의 특권적 신분과 관료제의 독립성이 유지되어 오던 독일의 경우에도 바이마르 공화국 이후 정당에 의한 관료의 정실임명제가 도입되기 시작하였다. 절대군주국가 이후 전통적으로 강력한 정치세력을 형성하고 있던 독일의 관료제는 바이마르 공화국이 의원내각제를 채택하여 정치의 주도권이 의회로 넘어가게 되자 의회에 대한 관계에 있어서 심각한 딜레마에 빠지게 되었다. 이러한 관료제와 의회 사이의 권력구조에 있어서의 모순적 관계는 결국 독일에서도 관료제를 의회의 지배 아래, 따라서 의회를 장악하고 있던 정당의 지배 아래 둠으로써 해결할 수밖에 없었다.

그러나 각 국가의 이러한 차이에도 불구하고 입법국가에서의 관료제는 위에서 논의한 법치행정의 원리를 기초로 이를 구현하기 위한 '의회, 정당, 관료제의 동질성 확보'를 그 본질로 하고 있다는 점에서는 일치하고 있다. 즉 입법국가에서의 관료제는 국민의 자유로운 선거에 의하여 의회가 구성되고 새로운 정당이 다수당을 차지하게 되면 관료도 대폭 교체되는 '정당적 관료제'로서의 성격을 지니고 있는 것이었다. 따라서 입법국가에서의 관료는 절대군주국가에서의 관료의 특권적 신분이 철폐되고 관직이 국민의 직접적인 통제 아래 놓이게 됨으로써 실질적인 국민의 공복(公僕; civil servant)으로서 성격을 지니게 되는 것이다. 여기에 민주적인 관료제로서의 공무원제도(civil service)가 확립되는 중대한 계기가 마련되는 한편 이러한 공무원제도의 확립을 전제로 하는 근대 관료제가 성립되는 것이다.

그러나 근대 관료제는 위와 같은 엽관주의에 입각한 정당적 관료제를 부인함으로써 비로소 성립하는 것이다. 정당적 관료제의 성립 이후 근대사회의 급격한 변화에 따라 행정의 양적 확대와 질적 변화로 표현되는 국가기능의 확대 강화 현상이 나타나기 시작하는 데, 특히 국가가 복지기능과 같은 새로 추가된 기능들을 성공적으로 수행하기 위해서 행정의 전문화를 위한 고도의 행정기술이 요구되었다. 그러나 정당정치가 활발하게 전개되어 정당의 규모가 확대됨에 따라 정당의 과두지배의 현상이 나타나게 되고, 정당이 금권과 결합하여 소수 지배자의 사적인 이익을 추구하는 수단으로 전락하게 되었으며, 이 과정에서 정당에 의한 관직 임명이 남용되어 행정의 절대적 낭비와 비능률 현상을 초래하게 되었다(1965: 18-19). 따라서 정당적 관료제가 전제하던 의회, 정당, 관료제의 동질성이 훼손되고 엽관제의 폐해가 극대화 되면서 행정에 대한 의회의 상대적 위축, 정당의 대규모화에 따른 정당 자체의 변질 그리고 관료제 내부의 전문화와 분업화의 필요성 등의 요인들이 결합하여 근대 관료제의 실적주의적 경향을 강화시켜갔던 것이다.[16)]

'실적제적 관료제'의 등장은 근대 관료제의 확립을 의미하는 것이었다. 실적제적 관료제는 정치적으로는 입법국가에서의 행정의 기본원리라 할 수 있는 법치행정을 지향하면서도 관료제 내부에서는 '권한분배의 원칙'과 '전문직업화의 원칙'이 철저하게 적용되는 것을 그 특질로 하고 있다. 이러한 의미에서 근대 이전의 관료제를 다루는 데 있어서는 주로 정치적인 의미에서의 '국민에 대한 관료적 지배'를 문제 삼는 데 반하여, 근대 관료제를 다루는 데 있어서는 민주주의의 법치행정이 확립된 것을 전제로 '합리적인 기구로서의 관료제'를 모색하게 되는 것이다.

이와 같이 실적제적 관료제는 근대 입법국가의 성립과 그 때를 같이하는 것이 아니라 입법국가가 완전하게 정착하여 민주주의가 확립되었다는 전제 아래에서만 그 성립이 가능한 것이었다(1959: 32). 따라서 관료제의 규모가 아무리 확대된다 하더라도 합리적인 기구로서의 성격이 유지되는 한 근대 관료제는 민주주의와의 사이에 아무런 모순이 생기지 않는다. 합리적 도구로서의 실적제적 관료제에서의 능률성의 추구는 궁극에 있어서 행정의 민주화와 합치되는 것이며, 베버(Max Weber)가 '형식적 합리성'을 관철시키는 도구로서 제시하는 관료제의 이념형은 이러한 성

16) 근대 관료제의 실적주의적인 경향이 처음으로 제도화된 것은 1855년 영국에서 추밀원령에 의해 인사위원회(Civil Service Commssion)가 설치된 것을 들 수 있다. 인사위원회의 권한은 관료 지망자의 지식, 연령, 건강, 성격 등을 심사하여 합격자에게 합격증서를 수여하는 것이었는 데, 이는 공개경쟁시험과 직위분류제를 골자로 하는 '관료제도 재조직에 관한 보고서'에 기초하고 있는 것이었다. 한편 미국에서 실적주의의 기초가 마련된 것은 1880년 '펜들턴법(Pendleton Act)'의 제정을 들 수 있다. 이 법에 따라서 정당으로부터 중립적인 인사위원회제도가 수립되고 정실주의를 배제하기 위하여 법률에 따른 시험제가 확립되었으며 관료의 정당자금 제공 등의 정치활동이 금지되었다(1955: 264~265).

격의 근대 관료제를 염두에 두고 있는 것이었다.17)

5 행정국가의 대두와 현대 관료제

1) 행정국가의 대두

행정국가는 국가활동 가운데 행정기능과 그 기능을 수행하는 관료제가 19세기적인 고전적 민주주의 국가보다 그 비중이 상대적으로 증대하였다는 데 그 특징이 있다(1972: 157). 이는 서구 각국에서 19세기 말에서 20세기 초에 복지국가와 병영국가(兵營國家)의 결합의 형태로 나타나는 하나의 중요한 정치적 사실로서의 국가기능의 확대에 따른 행정기능의 증대를 의미하는 것이다. 국가의 측면에서 파악한다면 이와 같은 국가기능의 확대와 강화는 사회의 모든 부분의 국가화 또는 정치화로서 이해되는 것이며, 따라서 국가는 무색투명한 중립적 장치로서가 아니라 실체적인 가치적 존재로서 대두하는 것이다(1958: 49).

그러나 국가기능이 확대하였다고 해서 행정기능이 자동적으로 증대하는 것은 아니다. 국가기능의 확대에 따라 입법의 대상을 같이 확대하거나 또는 새로운 형태의 입법 형식을 강구함으로써 입법부가 스스로 국가기능의 확대에 적응하는 방안을 모색할 수도 있기 때문이다(1958: 58). 즉 국가기능의 확대가 정치적 사실로서 나타난다 하더라도 입법기능을 강화시켜 입법국가적 형태로서 국가기능의 확대에 대응할 수도 있는 것이며, 이와 같은 점에서는 굳이 행정국가가 출현할 이유가 없는 것이다.

현대국가에 있어서 국가기능의 확대는 행정수요의 폭발적 증가와 함께 필연적으로 행정의 양적 확대(행정권의 확대)와 질적 변화(행정권의 강화)를 수반하게 된다. 행정의 양적 확대는 행정조직의 양적인 거대화와 그것을 운영하는 공무원 수의 증가 그리고 거기에 소요되는 행정 경비의 증대와 같은 현상들이 나타나는 것을

---

17) 따라서 "(근대)관료제의 이와 같은 '형식적 합리성'이 관철됨에 있어서는 정치적으로 일정의 단계를 거쳐서 가능하게 되는 것이라는 점이 지적되어야 한다"(1958: 44). 즉 "행정조직에 있어서 형식적 합리성이 관철됨에 있어서는 (사회의 근대화와 더불어) 정치적으로는 민주제가 성립된다는 것이 그 하나의 조건이 된다 하겠다"(1963: 93).

의미한다(1971: 262). 그러나 현대국가에 있어서 행정의 양적 확대는 행정국가의 출현에 필요조건을 제공하는 것이기는 하였지만 충분조건을 제공하는 것이 아니었다. 행정의 양적 확대가 입법국가에서의 법치행정과 원리를 훼손하지 않는 것이라면 그것은 입법국가에 있어서도 충분히 있을 수 있는 현상이기 때문이다.

행정의 양적 확대는 현대국가에 있어서 국가의 기능이 입법국가에서의 보안국가(police state)적 기능에서 행정국가에서의 직능국가(service state)적 기능으로 변해간 것과 밀접한 관련이 있다. 따라서 행정국가를 이러한 국가기능의 변화와 관련지어 직능국가적 성격을 그 본질로 하고 있다고 간주되기도 한다. 그러나 국가의 성격이 직능국가화 하였다고 해서 그것이 곧 행정국가의 대두를 의미하는 것은 아니다. 직능국가는 국가의 목적에 관한 개념인 데 반하여 입법국가나 행정국가는 국가의 목적을 염두에 두고 있지 않는 개념이며, 따라서 직능국가는 입법국가 또는 행정국가와 모두 양립될 수 있기 때문이다(1971: 267).

현대국가의 기능 확대의 필연적인 결과로서의 '관리국가(管理國家)' 또는 '기술국가(技術國家)'의 출현을 행정국가의 대두로 이해하려는 입장도 있다. 이와 같은 행정국가론에 있어서는 행정과 정치를 구별하여 본질적으로 행정을 정치와 대립하는 것으로 간주하고, 정치의 문제가 존재하지 않고 다만 관리로서의 행정의 문제만이 존재하는 국가가 출현함으로써 행정국가가 나타난다고 주장한다. 그러나 현대사회의 전면적 '테크놀로지화'를 근거로 현대 행정국가의 대두를 이러한 입장에서 이해하는 경우, 현대 복지국가의 예에서 뚜렷이 보는 바와 같이 현대국가에 있어서 국가기능의 확대가 본질적으로 정치적 조건과 결부되어 있고, 따라서 국가기능을 수행하는 행정도 정치적 성격을 지닐 수밖에 없다는 점이 무시되고 있다(1971: 267-268). 더구나 입법국가가 소극적 규제 중심의 질서유지기능을 주로 담당하는 데 그쳤다면 현대국가는 다양한 사회세력 간의 갈등의 적극적으로 조정하는 활동도 함께 담당하여야 하기 때문에 현대국가의 정치적 성격이 그 만큼 강조될 수밖에 없는 것이다.

따라서 행정국가는 무엇보다도 현대국가에서의 행정의 질적 변화, 특히 입법권에 대한 행정권의 상대적 강화를 그 본질로 하고 있다고 할 수 있다. 현대국가에서의 행정국가 문제가 제기되는 것은 근대 입법국가의 법치행정의 원리로서는 현대국가의 행정을 이해할 수 없다는 문제의식에 기초하고 있기 때문이다. 즉 행정국가는 입법국가와 대립되는 의미에서 성립하는 것이며 입법국가에서의 행정이 입법의 우위를 전제로 한 권력분립에 기초하고 있는 데 반하여 행정국가에서의 행정은 행정권의 강화에 따른 권력집중을 그 본질로 하고 있는 것이다.

행정국가에 있어서 행정의 질적 변화에 따른 권력분립에 있어서 행정권의 상대적 우위는, 입법국가(또는 사법국가)에서도 입법권(또는 사법권)의 상대적 우위로 인하여 엄격한 의미에서의 권력분립의 원칙에 위배된다는 점에서는 마찬가지이다. 그러나 입법국가에서 입법권 우위는 엄격한 의미의 권력분립의 원칙에 위배되는 것이기는 하지만 행정권과 사법권의 독립적인 존재 가치를 부정하는 데에까지 발전되는 것은 아니었다(1971: 270). 그러나 행정국가에서는 행정권이 입법권을 흡수하는 양상을 띠면서 권력분립의 본질을 침해할 정도로까지 강화되어 간다는 점에서 행정국가의 특수성과 문제의 심각성이 존재하는 것이다.

2) 현대 관료제의 문제점

행정국가의 출현은 '합리적 기구로서의 근대관료제'가 퇴색하고 '국가권력의 담당자로서의 현대 관료제'가 대두하는 것을 의미하는 것이다. 즉 행정국가의 출현에 따라 입법국가에서 주동적(主動的) 정치기관으로 존재하던 의회의 지위가 저하되었으며, 따라서 입법국가에서 의회주의에 기초하고 있던 근대 관료제는 현대 관료제의 전이(轉移)가 불가피하게 되었다.

현대 관료제에 있어서 가장 눈에 띄는 변화 중 하나는 국가의 활동영역이 확대되고 이에 따른 새로운 행정수요가 증대함에 따라서 관료의 수가 급격하게 증가하였다는 점이다. 그러나 행정이 양적으로 확대되었다고 해서 행정국가가 출현하는 것이 아니듯이 관료의 수적 증가가 현대 관료제의 본질이 될 수 없다. 관료의 수가 아무리 증가하더라도 실적주의가 확립된 합리적 기구로서의 관료제의 성격이 그대로 유지되고 관료에 대한 의회의 통제가 확보되어 있다면 현대 관료제도 그 본질에 있어서는 근대 관료제와 아무런 차이가 없다. 다만 이 경우에는 관료조직의 대규모화에 따른 조직구성원의 기계화와 비인간화, 조직 전체의 통일성 확보 곤란, 상급자와 하급자 간의 계층적 단절 심화 등 관료제 내부의 병폐만이 문제될 따름이다(1963: 98－100).

관료제 내부의 이러한 변화들은 관료제와 외부의 관계, 즉 관료제와 국민과의 관계에 있어서의 변화를 재촉하는 요인 중의 하나로 작용하기도 한다. 즉 관료조직이 대규모화함에 따라서 관료제는 조직구성원의 의사와는 관계없는 조직 자체의 독자적 존재성을 지니게 되어 관료 개개인에 대하여 초월적으로 군림하게 되는 동시에 조직 외부의 일반 국민들에 대해서도 지배력을 발휘하게 되어 국민들을 압도하게 되었다는 것이다(1961: 359-361).

그러나 현대 관료제의 중요한 특징들은 이러한 관료조직 내부의 변화로부터 비롯되기보다는 행정권의 강화, 즉 행정의 질적 변화를 수반하는 행정국가의 등장과 이에 따른 국가권력구조의 변화로부터 야기되는 것들이다. 즉 행정국가가 등장함에 따라 입법국가의 법치행정의 원리가 훼손되고 관료의 자유재량권이 대폭 확대되어 의회보다는 관료제가 국가권력의 담당자로 등장할 가능성이 커졌다는 것이다. 관료의 자유재량권 확대는 행정에 있어서의 창의성의 증대를 의미하는 것이고 그것은 본질적으로 행정과 정치의 융합을 의미하는 것이기 때문에 관료제가 의회가 만들어준 법률만을 집행하는 합리적 기구로서만 기능할 수는 없는 것이다(1961: 362).

행정권의 강화에 따른 국가권력구조의 변화는 국가기능의 질적 변화의 문제와 밀접한 관련이 있다. 위에서도 언급한 바와 같이 행정국가에서는 입법국가에서의 보안적(保安的) 기능이 감소하고 사회복지와 관련된 조정적(調整的) 기능이 확대되는 데, 조정적 기능은 국민들 사이의 이해관계 조절이라는 점에서 본질적으로 정치적 결단을 포함하고 있기 때문에 이러한 기능을 담당하는 관료제는 현실적으로 행정의 영역을 넘어설 수밖에 없다. 따라서 근대 관료제가 전제하고 있던 행정의 정치로부터 분리와 이에 따른 관료제의 정치적 중립성이라는 이상이 파괴되고 오히려 관료제가 국민과의 관계에 있어서 독립적인 존재로서 정치 세력화할 가능성이 있는 것이다(1961: 363).

관료제의 정치세력화에 대한 현대 관료제의 반응은 두 가지 형태로 나타난다(1961: 364). 그 하나는 가능한 한 관료제의 정치화를 방지하기 위하여 정치와 관련되는 사람들을 관료제에서 배제하는 방법으로, 정치적 역할을 수행하는 고급관료들을 특별직으로 분류하여 일반 직업관료와 구별하는 것이다. 현대 관료제의 특징 중 하나로 지적되는 소위 '신엽관제'는 이러한 특별직 공무원의 확대 현상을 의미하고 있다고 하겠다. 관료제의 정치세력화에 대한 현대 관료제의 또 하나의 반응은 각종 행정위원회제도의 채택을 들 수 있다. 행정위원회제도는 관료제가 본질적으로 정치적인 성격을 지니고 있는 조정적 기능을 수행하는 데 있어서 가능한 한 많은 이해관계자들을 참여시켜 합의제 형태로 운영하여 국민의 대표성을 어느 정도 확보함으로써 관료제의 정치적 독단을 방지하기 위한 것이다.

이와 같이 현대 관료제의 특징은 입법국가의 근대 관료제와는 달리 그것이 국가권력의 유일한 담당자로 나타날 가능성이 있다는 점에서 비롯되어진다. 현대 관료제가 국가권력의 유일한 담당자로 나타나는 경우 그것은 외형에 있어서는 절대군주제적 관료제와 유사한 형태를 지니게 된다. 특히 민주주의가 충분히 발달하지 못하여 법치행정의 원리가 관철되지 못하고 있는 국가들에서는 현대 관료제가 절대군주제적 관료제와 마찬가지로 국민으로부터 초월적 지위를 가지면서 특권을 유지할 정치적 위험성을 내포하게 된다(1961: 373). 그러나 현대 관료제는 본질적으로 절대군주제적 관료제의 특권적 초월성을 입법국가의 정당적 관료제에 의하여 박탈하여 관료제의 민주성이 확보되었다는 전제 위에서 성립하는 것이기 때문에 이러한 경우에는 엄밀한 의미에서 관료제라고 지칭할 수 없는 것이다(1961: 374).

그러나 많은 국가들에 있어서 이미 관료제가 실질적인 국가권력의 유일한 담당자가 된 것이 엄연한 정치적 현실이며 따라서 현대 관료제에 있어서는 관료제의 국민에 대한 책임성의 확보가 가장 중요한 문제로 제기되고 있다. 그런데 현대 관료제는 본질적으로 의회의 무능(無能)을 전제로 하고 있기 때문에 의회에 의한 외재적 책임의 확보보다는 관료제 자체의 내재적 책임, 즉 관료의 윤리성 또는 전문성을 강조하고 있는 것이다(1961: 375-376). 그러나 현대 관료제의 내재적 책임에 대한 지나친 강조는 자칫하면 관료의 자의성을 광범위하게 인정하는 결과를 초래하며, 입법국가에서 확립된 법치행정의 원리를 정면으로 부인하게 됨으로써 민주주의 자체에 대한 중대한 위협으로 작용할 수도 있다. 따라서 현대 관료제의 특징인 윤리성과 전문성을 근거로 관료제가 의회를 대신하여 국가권력을 실질적으로 행사하게 되었다는 사실은 국가권력구조에 중대한 변화가 생겼다는 것을 의미하는데, 이러한 변화는 현대 관료제와 관련된 문제이기도 하면서 현대행정과 민주주의의 관계에 대한 보다 본질적인 의문을 제기하고 있다.

6 맺음말: 현대 행정과 민주주의

행정권의 확대와 강화는 현대 국가의 정치적 사실로서 어느 국가에서나 보편적으로 인식되는 것이기 때문에 '행정국가'라는 개념은 하나의 일반적인 개념으로서 국가의 체제나 이념과 관계없이 성립될 수 있다(1971: 258). 그러나 소위 '국가이성론(國家理性論)'에 기초하여 민주주의를 부정하는 전체주의나 근대 민주주의 정치원리가 부르죠아의 이익을 도모하기 위한 것이라고 주장하는 공산주의를 추종하는 국가들에 있어서의 행정권의 확대와 강화는, 법치행정의 원리를 전제로 하는 민주주의 국가에서의 행정권의 확대와 강화와는 그 성격을 달리하고 있다는 점이 우선 지적되어야 한다.

전체주의 국가는 국가의 정당성의 기반을 행정권의 확대와 강화에 두고 민주주의에서 전체주의에로의 이행을 합리화함으로써 민주주의 역사를 단절시키고 있으며, 공산주의 국가는 국민들로부터 유리된 채로 진행되고 있는 행정권의 확대와 강화를 잠정적이라는 핑계로 아무런 제한 없이 방치하고 있는 것이다. 따라서 이들 국가들에 있어서의 행정권의 확대와 강화는 근대 민주주의의 정치원칙들과 갈등을 일으키는 것이 아니라 하나의 유토피아적 이상에 근거하여 근대 민주주의의 정치원칙들을 정면으로 부인하고 있는 것이라고 할 수 있다(1971: 258).

행정권의 확대와 강화로 특징지어지는 현대 행정이 민주주의와 관련하여 문제가 되는 것은 국민주권주의와 권력분립주의 그리고 이것의 행정적 표현으로서 법치행정의 원리가 제도적으로 확립되었던 근대 입법국가가 현대 행정국가로 변질되는 과정에서 제기되는 것이다. 그러나 앞에서도 언급한 바와 같이 행정의 양적 확대를 의미하는 행정권의 확대는 그것이 국가의 사회화가 충분히 진행되고 행정의 정치로부터의 분리를 원칙으로 하는 입법국가를 전제로 하고 있다면 그 자체만으로는 민주주의와 전혀 모순되지 않는다(1961: 42). 따라서 이 경우에는 위에서도 언급한 바와 같이 행정국가의 문제가 제기되지 않는다.

현대 행정과 민주주의의 관계는 행정권의 확대와 관련되어 있는 것이 아니라 행정권의 강화의 문제에서 비롯되어진다. 즉 행정권의 강화에 따라 입법국가와 대립하면서 대두되기 시작한 행정국가에서는 입법국가의 정치원칙인 국민주권주의와 권력분립주의에 중대한 변화가 발생하게 되고, 따라서 입법국가의 법치행정의 원리에 있어서도 변화가 불가피하다는 점에 그 문제의 핵심이 있는 것이다.

현대 행정과 민주주의의 부조화는 무엇보다도 행정국가에서는 민주주의의 정치원칙인 국민주권주의가 충실하게 관철되고 있지 못하다는 사실에 기인한다. 즉 현대 행정국가에서는 국민주권주의를 제도화한 의회의 기능이 현저하게 축소됨으로써 국민의 권리와 의무에 영향을 미치는 중대한 결정들이 국민의 대표성을 가지고 있지 않은 직업공무원들에 의하여 이루어지고 있는 것이다. 이에 따라 입법국가에서 국민의 자유를 보장하기 위해서 입법권의 상대적인 우월성을 인정하던 권력분립주의에 있어서의 변화도 불가피해졌다. 또한 현대 행정에 있어서 행정권의 강화를 의미하는 구체적 사실인 위임입법의 증가에 따른 행정의 자유재량의 증가는 입법국가의 법치행정의 원리를 정면으로 부인하고 있는 것이라고 할 수 있다(1971: 272–275).

현대 행정과 민주주의의 부조화는 행정 현실과 법규범의 괴리로서 나타나기도 한다. 각국 헌법 규범에서는 여전히 정치적 사실로서의 행정권의 강화를 인정하지 않고 입법기관을 국권의 최고기관으로 규정하고 있다. 이와 같은 점은 역설적이게도 독재주의를 유지하면서도 민주주의의 지향을 표방하는 신생독립국가 또는 민주주의가 유린된 경험을 가지고 있어서 독재주의를 방지하고 민주주의를 새로 정립하려는 국가에서 보다 현저하게 나타나고 있다(1971: 257). 이는 각 국가의 법규범이 전통적으로 행정권에 대한 불신감으로 인하여 행정권을 제약하는 데 관심을 두어왔으며 특히 독재(또는 독재를 경험한)국가의 경우에는 행정권의 강화에 따른 부작용을 이미 경험하였기 때문에 엄연한 정치적 사실로서의 행정권의 강화 현상을 의식적으로 외면하고 싶기 때문이다.

이와 같이 현대 행정은 민주주의적 정치원칙들과 역행하는듯이 보여진다. 그렇다면 현대 행정과 민주주의를 조화시킬 방법은 없는 것인가? 이에 대한 답변은 크게 두 가지로 나누어질 수 있다. 하나는 전통적인 방법으로 입법기능을 강화하는 것이다(1971: 253). 즉 현대국가에서 행정권의 강화를 사실로서 인정하고 이에 상응하게 입법기능을 강화시킴으로써 행정에 대한 입법의 우위를 계속 유지시킬 수 있다. 현대국가의 특징 중의 하나로 지적되는 의회의 무능과 위축이 의회에 대한 완전한 불신을 주장하는 '의회무용론(議會無用論)'으로까지 비약할 필요는 없다. 베버가 제안하는 바와 같이 의회에 행정적 기능이 일부를 부여하여 의회가 행정을 감시할 수 있도록 하는 '행동적 의회(arbeitendes Parliament)'를 실현함으로써 의회를 강화할 수 있다는 것이다(1955: 295-296).

현대 행정과 민주주의를 조화시키는 또 하나의 방법은 행정기관에 국민이 참여하는 방안을 보다 적극적으로 모색하는 것이다. 행정기관의 운영을 독임제(獨任制)에서 합의제로 바꾸거나 각종 행정위원회제도를 채택하여 행정과정에 국민의 참여를 제도적으로 보장함으로써 국민 대표성을 확보할 수 있다는 것이다(1971: 273). 즉 민주주의에서 국민의 정치참여는 국민의 자유 실현과 표리의 관계를 지니고 있으므로, 지금까지 의회에 한정되어 있는 국민의 정치참여의 범위를 행정의 영역으로 확대하는 방안을 적극적으로 강구하여야 한다는 것이다.

그러나 이러한 방법들은 본질적으로 많은 한계를 지니고 있다. 행정국가가 출현하는 배경에서 언급하였듯이 행정국가에서의 입법기능의 위축은 의회 자체의 문제가 아니라, 현대국가가 직면하고 있는 '사회의 국가화'에 따른 의회의 무능 현상을 반영하고 있다. 따라서 이 문제는 본질적으로 '국가의 사회화'를 반영하고 있는 기관인 의회의 능력을 강화함으로써 해결될 성격의 문제가 아니라, 국가 자체의 성격 변화와 이에 따른 국가권력구조의 근본적인 재편성의 문제까지도 포괄하고 있는 것이다. 즉 행정국가에서의 행정은 입법국가에서 의회가 주도하던 정치를 행정이 포섭함으로써 국가권력구조의 근본적인 변화를 초래하고 있으며, 여기에 현대 행정의 '현대성'의 본질이 존재하고 있기 때문이다(1957b: 61).

행정에 국민참여를 확대시키는 방안도 역시 현대행정이 고도의 전문성과 능률성을 요구하고 있어서 참여의 범위가 극히 제한적일 수밖에 없다는 점에서 뚜렷한 한계를 지니고 있다. 이 경우에 행정의 민주성 확보는 결국 행정 자체의 문제로 귀결될 수밖에 없으며 최근 현대 행정에 있어서 행정의 내부적 책임이 강조되는 것은 이러한 이유 때문이다.[18] 그러나 앞에서도 언급하였듯이 행정의 내부적 책임에 대한 지나친 강조는, 특히 민주주의가 충분히 발달되지 못한 국가들의 경우, 행정의 자의성(恣意性)을 지나치게 확대하는 결과를 초래하여 민주주의를 훼손시킬 가능성이 있다. 더구나 현재로서는 행정 자체의 내부적 책임만으로 민주주의를 확보

18) 현대 행정에 있어서 행정의 내부적 책임의 정치적 의미에 대해서는 (1969a) 참조.

할 수 있다는 아무런 이론적, 경험적 근거가 없다는 데 문제의 심각성이 있다.

따라서 현대 행정과 민주주의의 조화 문제는 근본적으로 근대 민주주의 이론의 수정 또는 재구성을 요구하고 있다고 하겠다. 이 경우에 새로운 민주주의 이론은 근대 민주주의 정치원리들을 전면적으로 폐기할 것이 아니라, 그것을 전적으로 부정하지 않으면서도 행정국가의 출현으로 근대 민주주의 정치원리들이 작동할 수 있는 현실 정치적 기반을 상실하였다는 점을 인정해야 할 것이다.[19] 여기에 현대 행정과 민주주의의 딜레마가 있는 것이며 현대 행정학의 학문적 진지성과 실천성의 요구가 존재하는 것이다.

---

19) 선생님의 표현을 그대로 인용하면 ".....입법국가적인 민주주의와의 연속성이 문제로서 제기되는 것인 동시에 비연속성이 또한 행정국가에 있어서의 본질적인 것이다. 환언한다면 민주주의와 연속하면서도 그것이 비연속적인 이론으로 구성해야 하는 것이다....."(1972: 272). 따라서 ".....행정학은 이와 같은 현대정치의 제상황의 현대적 출현을 현실적 기초로 하여 성립하는 것이며, 그것은 새로운 행정이론의 추구와 정치이론의 전개를 내용으로 하는 것이라 하겠다"(1961: 53).

제 3 장 한국의 정치변동과 관료제, 1945~1972
– 연구 경향과 과제 –

최근 한국 현대사에 대한 관심이 높아지면서 이 시기를 해명하려는 연구들이 산발적으로 시도되고 있다. 이러한 시도들은 연구자의 관심 분야에 따라서 다양하게 전개되고 있으나 하나의 뚜렷한 공통점이 존재하는 데, 국가관료제가 한국 사회의 변화과정에서 가장 중요한 역할을 수행하였다는 점이다.

이 글은 1945년부터 1972년까지 한국 현대 관료제의 변천과정을 논의하는 데 필요한 기초 지식을 제공하되, 이 기간 동안 한국의 정치변동이 관료제에 어떤 영향을 미쳤는지에 그 초점을 맞추려 한다. 필자가 특별히 이 기간에 주목하는 이유는 행정학도의 입장에서 볼 때 한국 현대사는, 해방 3년 기간을 제외하고는, 1961년을 기점으로 '행정적으로 방임된 시대'와 '행정적으로 관리된 시대'로 나누어지는데, 이 기간을 전후한 관료제의 변천과정을 살펴봄으로써, 현대 한국 관료제의 성격을 극명하게 부각시킬 수 있다고 판단되기 때문이다.

이 글은 이러한 문제의식에 기초하여, 우선 한국 현대 관료제에 관한 기존의 연구들을 살펴본 후(2절), 비교론적 관점에서 한국 현대 관료제의 특징을 이해할 수 있는 단서를 찾아보기 위해서 정치변동과 관료제에 관한 서구의 이론들을 개관하였다(3절). 한국 현대 관료제에 관한 기존의 연구와 정치변동과 관료제에 관한 서구의 이론들을 바탕으로 우리나라 관료제의 변천과정을 일별한 후(4절), 우리나라 관료제에 관한 향후 연구과제를 제시하는 것으로 결론에 대신하였다(5절). 이 연구는 우리나라 관료제에 관한 향후 연구에 대한 총론적인 성격을 지니고 있으며, 특정한 관점(perspective)에 따른 우리나라 관료제에 관한 세부적인 연구는 차후의 과제로 미룬다.

1 머리말

이 글은 1945년부터 1972년까지 한국 현대 관료제의 변천과정을 개괄적으로 논의하되, 이 기간 동안 한국의 정치변동이 관료제에 어떤 영향을 미쳤는지에 초점을 맞추려 한다. 필자가 특별히 이 기간에 주목하는 이유는 행정학도의 입장에서 볼 때 한국 현대사는, 해방 3년 기간을 제외하고는, 1961년을 기점으로 '행정적으로 방임된 시대'와 '행정적으로 관리된 시대'로 나누어지는 데(이한빈, 1967), 이 기간을 전후한 관료제의 변천과정을 살펴봄으로써, 현대 한국 관료제의 성격을 극명하게 부각시킬 수 있다고 판단되기 때문이다. 해방 3년은 우리나라 현대 관료제의 골격이 갖추어지는 기간으로, 말 그대로 첫 단추가 잘못 끼워져 이후 우리나라 관료제의 발전에 부담으로 작용하는 기간이기도 하다.

1945년 해방 이후 한국 사회는 급격한 변화를 경험하였다. 국제정치의 부산물로서의 해방과, 그것의 반영으로서의 분단, 동족상쟁으로 이어지는 외생적 혼란과 이러한 혼란에 대응하는 4·19 혁명, 5·16 군사 쿠데타, 유신 등의 내생적 몸부림으로 점철된 시기였다. 길지 않은 40여년 동안 세계 역사상 유례를 찾아 볼 수 없는 우리만의 독특한 경험 — 남북 분단, 한국전쟁 — 과 대부분의 신생국들이 공유하고 있는 심각한 문제들 — 탈식민화, 군부의 정치 개입, 근대화 및 종속 — 을 압축적으로 경험하였다.

사회과학도의 입장에서 볼 때 이러한 경험들은 한국의 학자들만이 가질 수 있는 특권일지도 모른다. 이데올로기 문제, 민족 문제, 발전과 종속 문제들이 뒤엉켜서 전개되어온 한국 현대사는 무궁무진한 학문적 소재를 제공해 주고 있다. 그러나 이 시기를 해명하려는 사회과학적 연구들은 학문공동체 내부의 의식적, 무의식적 회피와 학문공동체 외부에서 가해지는 유형, 무형의 압력으로 인하여 상당히 위축된 상태였다.

최근 한국 현대사에 대한 관심이 높아지면서 이 시기를 해명하려는 연구들이 산발적으로 시도되고 있다. 이러한 시도들은 연구자의 관심 분야에 따라서 다양하게 전개되고 있으나 하나의 뚜렷한 공통점이 존재하는데, 국가관료제가 한국 사회의 변화과정에서 가장 중요한 역할을 수행하였다는 점이다. 이러한 사실은 관료자본주의(박동서, 1978: 28; 박현채, 1986: 25-29), 관료적 발전주의(김광웅, 1986a: 21-31), 관료적 권위주의(강민, 1983: 341-362), 과대성장국가(최장집, 1985: 190), 국가 코포라티즘(박종주, 1986), 관료화된 보나파트티즘(임현진, 1987: 357) 등으로 표현된다.

한국 사회의 변화에 있어서 관료제가 가장 중요한 역할을 하였다는 합의에도 불구하고 이에 대한 연구는 만족스럽게 이루어지지 않고 있다. 지금까지의 연구 현황을 보면 관료의 성분, 가치관, 행태, 역할 등을 개인적인 수준에서 다루거나, 조직이론에서 발전되어온 이론들을 원용하여 관료조직을 설명하려는 시도가 대부분을 차지하고 있다. 최근 활발하게 논의되고 있는 국가이론의 경우에는 관료를 국가기구의 관리자로 보고 국가의 성격과 관료의 역할을 연결시킴으로써 국가관료제와 사회변화와의 관계를 보다 거시적이고 구조적으로 다룬다는 장점에도 불구하고, 관료집단의 성격과 관료조직 내부의 복잡성을 무시하는 경향이 있다.

이 연구는 이러한 문제의식에 기초하여, 우선 한국 현대 관료제에 관한 기존의 연구들을 살펴본 후(2절), 비교론적 관점에서 한국 현대 관료제의 특징을 이해할 수 있는 단서를 찾아보기 위해서 정치변동과 관료제에 관한 서구의 이론들을 개관하였다(3절). 한국 현대 관료제에 관한 기존의 연구와 정치변동과 관료제에 관한 서구의 이론들을 바탕으로 우리나라 관료제의 변천과정을 일별한 후(4절), 우리나라 관료제에 관한 향후 연구과제를 제시하는 것으로 결론에 대신하였다(5절). 이 연구는 우리나라 관료제에 관한 향후 연구에 대한 총론적인 성격을 지니고 있으며, 특정한 관점(perspective)에 따른 우리나라 관료제에 관한 세부적인 연구는 차후의 과제로 미룬다.

2 한국 현대 관료제에 관한 기존의 연구

한국의 국가관료제에 대한 연구는 주로 행정학자들에 의해서 주도되었다. 관료 또는 관료제의 문제가 행정학의 가장 핵심적인 주제 중의 하나이고 밀접한 관련이 있기 때문이다. 이 논문의 내용과 직접적으로 관련있는 기존의 연구들을 보다 체계적으로 검토하고 그 연구들이 지니고 있는 문제점을 알아내기 위해서는 연구의 주제와 논의의 수준의 두 가지 측면에서 살펴보는 것이 도움이 될 것이다. 기존의 연구들이 한국의 현대 관료제의 특징을 해명하는 데 있어서 나름대로의 의의를 지니고 있으나 여러 가지 한계점들을 지니고 있는데, 이러한 한계점들은 관료제에 대한 연구의 주제와 그것을 논의하는 수준 — 개인, 조직, 국가 — 의 문제와 깊이 관련되어 있는 것 같기 때문이다.

한국의 현대 관료제에 대한 많은 연구가 관료의 성분의 문제를 다루고 있다. 관료의 성분을 주제로 하고 있는 연구는 다시 두 가지 부류로 나누어지는 데, 그 중 하나는 관료의 개인적, 사회적 배경이 시기별, 직급별, 부처별로 어떻게 변하고 있는가에 관심을 갖는다(유훈, 1966; 김운태, 1966; 박동서, 1973). 이러한 연구들은 주로 고급관료를 연구대상으로 하고 있으며, 특히 장·차관을 포함한 최고급관료의 경우는, 정치 엘리트에 대한 연구의 일부로서 또는 국무위원의 충원에 관한 연구에서 다루어지고 있다(손정웅, 1976; 권인준, 1978; 안병만, 1987).

관료의 성분을 주제로 하는 두 번째 부류의 연구는 관료의 성분 변화보다는 관료의 의식과 행태를 예측하기 위하여 그들의 출생지, 출생 연도, 교육 정도, 경력 등을 분석하는 경우이다(박동서, 1968; Bark Dong Suh & Chae Jin Lee, 1976; 노정현, 1980; 이규태, 1986). 관료의 의식 및 행태를 관료의 성분만으로 설명하는 것은 불충분하다. 성분과 의식 또는 행태 사이의 인과관계를 경험적으로 입증할 수 없을 뿐 아니라 관료가 속한 부처에 따라서 그의 출신 배경과는 관련 없이 의식과 태도가 결정될 수 있기 때문이다.

관료의 성분과 관련시키지 않고 주로 설문조사에 의해서 관료의 의식과 행태를 규명하려는 연구도 있다(김광웅, 1986b; Yoon Woo Kon, 1982). 이러한 연구들은 의식과 행태에 대한 일반관념이론에 입각하여 정교한 분석의 틀을 사용한다는 점에서 진일보한 것이나, 설문조사가 지니고 있는 기본적인 문제점들을 그대로 지니고 있다.

관료의 행태에 관한 다른 많은 연구들은 전통 문화적인 요인을 가장 중요한 설명 변수로 삼고 있다(김해동, 1974, 1978; 이광종, 1981; 백완기, 1982). 흔히 권위주의, 형식주의, 가족주의, 분파주의 등으로 표현되는 우리의 전통문화가 관료의 행태에 어떻게 작용하는가에 관심을 갖는다. 이러한 연구들은 문화에 대한 개념 정의가 분명하지 않을 뿐 아니라 지나치게 문화결정론적인 설명방식에 의존하고 있는 것 같다. 특히 관료의 역기능적 행태를 문화적 요인으로 설명하는 경우에는 구체적으로 어떤 상황에서 어떻게 역기능적인가를 밝히기보다는 이상적인 행태를 미리 가정해 놓고, 그것과 괴리되는 경우에는 역기능적이라는 식의 도식적인 설명에 그치고 있다. 관료의 역기능적 행태 중에서 특히 관료의 부패를 문제 삼는 연구들도 부패의 원인을 주로 문화적인 요인으로 설명하고 있어서 위와 같은 문제점이 지적될 수 있다(김해동, 1974; 전수일, 1984). 최근에 부패의 원인을 문화적 요인보다는 식민지 경험이나 급속한 근대화, 정경유착 등 사회경제적인 요인과 관련시켜 설명하려는 시도가 이루어지고 있다(Kim Young Jong, 1986).

조직이론에 의지하여 관료조직의 특성을 밝히려는 연구들은 주로 조석준(1967, 1970, 1973, 1975a, 1975b, 1977)에 의해서 시도되었다. 그는 의사결정론에 입각하여 관료제 내부의 일반적인 의사결정 과정, 조직의 규모, 조직의 형태, 조직 간 상호작용 등을 실증적으로 분석하고 있다. 이러한 연구들은 한국의 관료조직을 이해하는 데 많은 기여를 하고 있으나 조직 내부의 문제에 관심을 한정시킴으로써 관료조직 외부에서 가해지는 영향력을 간과하고 있는 것 같다.

관료의 역할에 대한 논의는 그 주제의 중요성에도 불구하고 별로 시도되지 않고 있다. 다만 장관, 차관 등 최고관리자와 국·과장급인 중간관리자가 수행하여야만 하는 당위론적인 역할이 제시되고 있다(박동서, 1980). 관료가 수행한 실질적인 역할에 대해서는 최근에 개발된 행정사례 또는 정책사례 등에 산발적으로 암시되어 있을 뿐이다.

관료 개개인의 역할이 아니라 관료제가 한국의 사회변동 과정에서 어떤 역할을 수행하였는가 하는 문제도 많은 논란의 대상이 되어왔다(김영평, 1985; 박동서, 1977; 이한빈, 1967, 1968; 황인정, 1970; Song Dong Kun, 1980). 이러한 논의들의 대체적인 결론은 '한국 관료제의 발전 지향성과 문제해결 능력은 지속적으로 성장하여 경제발전에는 많은 기여를 하였으나, 관료권이 지나치게 비대해져서 정치발전에는 부정적인 영향을 주었다'로 요약될 수 있다. 즉 한국현대사의 뚜렷한 특징인 권위주의의 심화와 급속한 산업화의 주역이 바로 관료제라는 주장이다.

관료제가 한국 사회에 끼친 부정적 영향은 최근 활발히 논의되고 있는 국가론에 근거하여 관료제를 국가기구로 보는 시각에서 한층 뚜렷이 부각된다(김견,

1986; 이성형, 1985; 한상진 외, 1985; 최장집, 1988). 이 경우에 한국 관료제는 종속, 권위주의, 사회통제, 자본집중 등 한국 사회가 당면하고 있는 심각한 문제들을 야기시킨 주범으로 간주된다. 이 밖에도 군부관료의 문제(권종국, 1982), 관료의 이동(안용식, 1978; 임도빈, 1985), 관료에 대한 통제(유광호, 1985; 이광종, 1986) 등에 대한 연구들이 있다.

위에서 개괄한 연구들은 논의의 수준이라는 측면에서 크게 세 가지로 나눌 수 있다. 첫 번째가 개인 수준에서의 논의이다. 특히 관료의 의식 및 태도에 대한 연구들의 경우에는 거의 모든 연구가 관료 개인을 분석단위로 한 설문조사에 의존하여 진행되고 있다. 이러한 경향을 행태주의의 영향 때문인 것으로 추측되는 데 이러한 추측이 옳은 것이라면 연구주제에 적합한 연구기법이 사용된 것이 아니라 연구기법이 연구주제를 결정하는 방법론적 편의주의라는 비판을 면하지 못 할 것이다.

두 번째 부류의 연구들은 조직 수준에서의 논의이다. 조직 수준의 논의는 다시 두 가지로 나누어 질 수 있는데, 하나는 대통령 비서실이나 국무회의, 경제장관회의와 같은 하나의 조직 또는 기관을 분석단위로 하는 경우이고(배명구, 1988; 정정길, 1987, 1988), 다른 하나는 관료조직 전체를 분석단위로 하는 경우이다. 위에서 제시한 몇 가지 예외를 제외하고는 한국 관료조직에 대한 대부분의 연구는 후자의 경우에 해당된다.

조직의 형태, 성장, 개편, 조직 간 관계 등에 관심을 갖는 이러한 연구들은 한국 관료조직의 특성을 밝히는 데에는 일정한 기여를 하였으나 관료조직이 위치하고 있는 역사적 맥락과 사회경제적 상황을 간과함으로써 결국 하나의 관리이론(management theory)의 범주를 넘어서지 못하고 있다. 이러한 문제점은 관료조직에 대한 논의들이 의존하고 있는 조직이론이 주로 미국의 사조직을 대상으로 한 관찰로부터 일반화된 것들이라는 점과 관련되는 것 같다.

국가 수준의 논의의 경우 국가와 관료제에 대한 개념 정의가 관점에 따라 다양함에도 불구하고 관료제의 국가기구적 성격을 중시하여 관료제와 사회 각 부분 간의 관계가 구조적으로 파악될 수 있다는 장점이 있다. 즉 국가와 세계체제, 자본, 시민사회 등과의 관계는 물론이고 국가의 성격에 따른 관료제의 특징을 부각시킬 수 있다. 그러나 앞에서 지적한 바와 같이 국가 수준의 논의의 경우는 국가관료제 내부의 관료의 구성이나 조직의 성격에 따른 구성적 이질성을 놓쳐 버리기 쉽다.

이렇게 볼 때 위의 어느 한 가지 수준에서의 논의만으로는 한국의 국가관료제에 대한 이해가 불충분하다고 할 수 있다.

3 정치변동과 관료제의 유형

이 글에서는 한국의 현대 관료제의 변천과정을 다루되 특히 정치변동과의 관련성에 주목하여 정치변동이 관료제에 미친 영향을 중심으로 살펴보고자 한다. 한국의 현대 관료제의 변천과정을 구체적으로 알아보기 전에 정치변동과 관료제에 대한 기존의 연구들을 먼저 살펴보자.

막스 베버가 국가관료제를 지배를 정당화하는 권위의 속성변화에 따라 가산적 관료제(patrimonial bureaucracy), 카리스마적 관료제(charismatic bureaucracy), 합법적 관료제(legal bureaucracy)로 구분한 이래 많은 학자들에 의해서 정치변동과 관련하여 관료제를 몇 가지 형태로 유형화하고 있다. 해방 이후 정치변동과 관련하여 한국 관료제에 나타난 특징들을 살펴보기 전에, 여기에서는 이들의 이론을 개괄적으로 검토하고자 한다. 이렇게 함으로써 한국 현대 관료제의 특징적 측면들이 보다 선명하게 부각될 수 있을 것이다.

우선 정인흥(1965)은 거시적인 사회변동 중 특히 정치변동에 따라서 관료제를 가산적 관료제, 절대군주제적 관료제, 정당적 관료제(party bureaucracy), 실적제적 관료제(merits bureaucracy)로 나누고 있다. 가산적 관료제는 엄격한 신분적 차별을 전제로 하는 봉건제 하에 있어서 군사와 재판 등 국가의 모든 행정이 공사의 구별 없이 가산 관리적으로 운영되는 형태를 의미한다. 절대군주제적 관료제는 국가의 자치능력의 결여와 관료의 능력상의 우월을 근거로 한 후견의 원리에 기초하여 군주를 정점으로 하는 실권적 계층제를 형성하고 엄격한 군대적 규율의 상하관계를 유지하고 있었다. 관료제의 존립근거는 절대군주의 권력 강화에 있었고 따라서 관료에게 요구되는 능력도 주로 통치기술에 관한 것이었는 데, 이는 중세의 분열을 극복하고 국가의 통일을 이룩하려는 당시의 정치적 상황을 반영하고 있다.

정치적으로 의회민주주의가 성립함에 따라 관료의 특권적 지위가 박탈되고 정권 교체에 따라 관료 또한 교체되는 정치적 정실제적 관료제(political patronage bureaucracy) 또는 엽관제적 관료제(spoils bureaucracy)로 진화하게 된다. 정당적 관료제에서는 관료에 대한 국민의 통제가 가장 강조되고 관직에 대한 일반 국민의 참여의 기회가 균등하게 개방되어 문자 그대로 공무원제(civil service)가 정착된다. 결국 정당제적 관료제는 무엇보다도 민주성을 확보하기 장치로서 국민의사의 형성이 정당을 통하여 이루어지는 것이 민주주의에 있어서 유일한 방법이라는 데 근거하고 있다.

그러나 사회의 분화, 전문화, 이질화가 촉진되고 국가기능이 확대됨에 따라 정당제적 관료제의 실적제적 관료제로의 진화가 불가피하게 된다. 실적제적 관료제의 등장도 정당제적 관료제가 가지고 있는 내부적 결점보다는 사회의 변화와 정당기능의 상실에 대응하는 데 있어서의 행정의 전문화의 필요성에 의해서 대두된 것으로 행정의 민주성을 전제하면서 능률성의 극대화를 모색하고 있는 것이다. 따라서 실적제적 관료제는 공개시험에 의한 채용, 과학적 직위분류제, 실적주의 인사제도, 공무원의 정치적 중립과 신분보장, 직업공무원제 등을 골자로 한 합리적이며 과학적인 직무의 체계를 요구하고 있다.

맑스(Marx, 1961)는 역사의 변동과정에서 관료제가 지니고 있는 정치적 특성에 따라 후견적 관료제(guardian bureaucracy), 신분적 관료제(caste bureaucracy), 정실제적 관료제(patronage bureaucracy), 실적제적 관료제(merits bureaucracy)로 나누고 있다. 후견적 관료제는 고대 중국과 프러시아에 나타났던 유형으로 관료제가 정치적 이념을 대변하고 그 이념에 헌신하며 관료들은 특권적 지위를 갖고 국가에 대하여 자비로운 반면에 권위적이었으며 외부의 비판에 대해서는 무감각하다. 신분적 관료제는 사회적 신분에 따라 관료의 직위가 부여됨으로써 관료제가 기존의 정치질서에 밀착되어 있으며 관료가 소수의 특권적 집단을 형성하여 정치 권력자와 자신들의 이익만을 도모하는 유형이다. 정실제적 관료제와 실적제적 관료제는 정인흥이 제시한 정당제적 관료제와 실적제적 관료제와 같은 성격을 지니고 있다.

아이젠슈타트(Eisenstadt, 1963)도 역사적으로 나타난 국가관료제의 유형을 관료제의 정치성향과 행동유형에 따라서 봉사 지향적 관료제(service-oriented bureaucracy), 통치자에게 예속된 관료제(subjugation of the bureaucracy by the rulers), 독립적이고 자기 지향적 관료제(tendency to autonomy and self-orientation of the bureaucracy), 자기 지향적이고 체제 유지적 관료제(self-oriented of the bureaucracy combined with service orientation to the polity)로 나누고 있다. 아이젠슈타트의 이와 같은 유형 분류는 과거의 역사적 사실에 근거하여, 관료제가 통치자의 지배도구로서 기능하느냐 아니면 특정한 지위 계층의 이익에 봉사하느냐 또는 관료 자신들의 이익을 추구하느냐의 문제에 관심이 있었다고 할 수 있다.

위에서 살펴본 관료제의 유형론은 인류의 전 역사에 걸쳐서 나타난 관료제의 형태를 추상화시켜 놓은 것이다. 따라서 한국의 현대 관료제의 특징에 대한 부분적이고 맥락적인 시사를 얻을 수는 있으나 위의 유형과 한국 관료제를 직접적으로 비교하기는 불가능하다. 다만 조선조의 유교적 관료제에서 일제의 식민지 통치기구 그리고 해방 이후 미국의 영향 아래에서의 관료제의 변천을 감안할 때 일정한 기간 동안 특정한 지역에서 나타난 위와 같은 관료제의 유형들이 가지고 있는 특징들이 동시에 나타났다고 할 수 있다. 이는 특히 해방 이후 행정의 민주성을 추구하는 정실제적 관료제와 능률성을 추구하는 실적제적 관료제가 서구에서처럼 사회변동에 적응하는 과정에서 자연스럽게 대두된 것이 아니라 한국 관료제가 동시적으로 해결하여야 할 상호 밀착된 하나의 목표로서 제기되었다는 사실에서 잘 드러나고 있다(정인흥, 1965).

현대 관료제를 정치변동과 관련시켜서 유형화 한 대표적인 예는 페인소드(Fainsod, 1963)의 논의에서 찾을 수 있다. 그는 관료제와 정치권력과의 관계를 기준으로 국가관료제를 대표적 관료제(representative bureaucracy), 당·국가관료제(party state bureaucracy), 군부 우위의 관료제(military-dominated bureaucracy), 통치자 우위의 관료제(ruler-dominated bureaucracy), 지배자적 관료제(ruling bureaucracy) 등으로 나누고 있다. 대표적 관료제와 당·국가 관료제는 각각 민주주의와 전체주의 체제에서 나타나는 유형이며, 군부 우위의 관료제는 많은 개발도상국가에 있어서 군부의 정권 장악 결과로 등장하며 군 출신 관료가 주요 요직을 차지하고 엄격한 계층제와 군대식 규율을 통하여 관료제를 운영해나가는 경우이다. 군부 우위의 관료제에서는 군부에 의해 흡수된 민간인 출신의 전문관료들의 영향력이 군부가 정권을 장악하기 전보다 오히려 강화되는 데 이는 이들의 도움이 없이는 군부체제가 유지될 수 없기 때문이다. 통치자 우위의 관료제는 관료제가 독재자의 개인적인 통치도구로서 기능하여 국민들에게 통치자의 의도를 강요하며 그들을 통제하는 역할을 수행한다. 관료 중에서 통치자의 신임을 받는 몇몇 측근들만이 상당한 정도의 영향력을 행사할 뿐 관료제 자체 내에서 관료제를 쇄신시키려는 움직임이 전혀 없다.

지배자적 관료제는 맑스의 후견적 관료제 또는 아이젠슈타트의 자기 지향적 관료제와 유사한 형태로 관료제 자체가 정치체제의 지배자적 위치를 차지하고 있는 경우이다. 이러한 대표적인 예는 식민지 지배하의 경우인데 식민지에 파견된 관료들은 본국 정부의 최소한의 명령에 근거하여 식민지 국민들에게 절대적인 권한을 행사한다. 페인소드는 이 밖에도 관료제가 담당하는 기능의 범위, 내부 구성상의 합리성의 정도, 근대화의 수행자로서의 역할의 정도 등에 따라서 관료제를 유형화하고 있다(Fainsod, 1963: 237-238).

대표적인 비교행정론자인 헤디(Heady, 1984)는 정치체제를 관료 우위의(bureaucratic-prominent) 정치체제와 정당 우위의(party-prominent) 정치체제로 나누고, 관료 우위의 정치체제를 다시 전통적 엘리트 체제(traditional elite system), 개인적 관료 엘리트 체제(personalist bureaucratic elite system), 집합적 관료 엘리트 체제(collegial bureaucratic elite system) 등으로 나누고 있다. 관료 우위의 정치체제 중 전통적 엘리트 체제는 사우디, 이란, 예멘 등 중동지역의 국가들에서 왕족들이 고위 관료직을 독차지하고 있어서 개혁 주도 세력들의 관료제에 대한 영향력이 미미한 경우이다. 그러나 이러한 국가들에서도 요르단, 모로코, 이란 등과 같이 최근에 유럽에 유학파와 전통적 체제의 권력의 핵심에서 제외된 사람들을 중심으로 새로운 관료 세력이 등장하고 있는데 헤디는 이를 신전통적 엘리트 체제라고 부르고 있다.

관료 엘리트 체제는 마르코스 통치하의 필리핀과 같은 몇 가지 예외를 빼 놓고는 그것이 개인적이든 집합적이든 군부의 정치 개입의 부산물이다. 개인적 관료 엘리트 체제에서의 관료제의 기능은 페인소드의 통치자 우위의 관료제와 유사하며 관료의 전문성보다는 개인적 충성도와 정직성, 청렴성 등이 강조된다. 집합적 관료 엘리트 체제의 대표적인 예로 헤디는 우리나라의 제3공화국을 들고 있다. 이 체제는 기본적으로 군부관료 과두제의 성격을 띠고 있어서 군 출신 관료와 이들이 흡수한 민간인 출신 전문관료들에 의해서 관료제가 주도되어 간다. 그러나 집단적 관료 엘리트 체제에서의 이러한 군민간의 연합관계는 군 출신의 지도자와 관료들이 어느 정도의 자신감을 획득한 후 언제든지 와해될 가능성을 지니고 있으면서 개인

표 3-1 정치변동과 관료제의 성격

		정치적 통제의 정도	
		(강함) ←	→ (약함)
정치체제의 특성	(통합적)	방어적 관료제 (defensive bureaucracy)	독단적 관료제 (assertive bureaucracy)
	(분산적)	정치적 다원주의 (political pluralism)	관료적 다원주의 (bureaucratic pluralism)

Self, 1985: 145.

주의적 관료 엘리트 체제로 변화되기도 한다.

정치변동과 국가관료제와의 관계를 정치체제의 특성과 정치적 통제의 정도를 두 개의 축을 중심으로 하여 살펴볼 수도 있다(Self, 1985). 즉 정치체제의 특성이 통합적이나 분산적이냐 그리고 관료제에 대한 정치적 통제가 강하냐 그렇지 않느냐에 따라서 관료제의 권한과 정치체제에서의 역할이 각각 다르기 때문에 정치변동의 방향이 어느 쪽으로 진행되느냐에 따라서 관료제의 성격이 규정될 수가 있다. 셀프는 이러한 기준에 따라서 관료제의 성격을 아래와 같이 유형화하고 있는데, 정치체제가 보다 분산적이며 정치적 통제가 강한 경우를 제외하고 각각 방어적 관료제, 독단적 관료제, 관료적 다원주의로 구별하고 있다.

4 한국의 정치변동과 관료제

한국 현대 관료제는 일제 식민통치로부터 해방된 1945년부터 출발한다. 해방 이후 '과도행정기구'를 설치하는 등 조선총독부를 인수하여 해체하려는 민족적인 시도가 있었음에도 불구하고 미군정이 실시됨으로써 억압적 성격의 일제 관료기구가 그대로 승계된다. 일본이 패망함으로써 당연히 해체되어야만 하는 관료기구가 그대로 온존하였을 뿐 아니라 여전히 우리 국민과는 관계없는 초월적 지위를 유지하였으며, 잠시이긴 하지만 심지어 일제시대 관료들이 그대로 그 자리를 차지하고 있었다. 해방과 동시에 가장 먼저 제기된 문제가 행정권의 이양 문제였다. 해방 전에 이미 분열되어 있던 독립운동 세력들은 행정권의 이양 문제에 합의도 보지 못한채 좌익세력에 의하여 건국준비위원회라는 '과도행정기구'가 성립된다. 해방 후 최초의 준 관료기구라 할 수 있는 건국준비위원회는 몇 차례의 기구 개편과 인적 구성의 변화를 거쳐서 조선인민공화국의 성립으로 이어진다. 그러나 미군정에 의해서 당연히 해체되어야 할 지배자적 관료제(ruling bureaucracy) 성격의 식민지 관료기구가 그대로 부활된다. 이어서 주로 우익 인사들을 중심으로 관료를 구성하여 남조선과도정부를 성립시킨다. 그러나 미군정에 의해서 충원된 관료들은 특정 정치세력을 대변하는 인사들로서 충원되었기 때문에 관료제의 대표성이라는 측면에서도 많은 문제가 있었다.

이와 함께 미군정은 사회복지와 같은 당시의 행정수요를 충족시키기 위한 관료기구의 부분적인 개편을 계속하였으나 전체적으로 조선총독부 조직의 골격을 크게 벗어나지 못하였다. 또한 직위분류제와 같은 미국식의 행정관리제도를 도입하려고 노력하였으나 실제의 행정관리에 있어서는 조선총독부의 관례대로 이루어지는 경우가 많았기 때문에 기대하였던 효과를 발휘하지 못하고 행정의 혼란을 가중시켰다. 서구의 합리적 관료제와는 달리 아시아적 관인지배(mandarinmus)의 전통을 가지고 있는 한국 관료제의 토양에 미국식 관리제도의 갑작스런 이식은 많은 부작용을 초래하였던 것이다.

대한민국 정부 수립과 동시에 관료기구를 개편할 수 있는 기회를 다시 한번 맞이하였다. 새로운 헌법이 제정되고 정부가 수립됨으로써 정부조직 등 관료제를 새롭게 제도화 할 수 있는 기회가 온 것이다. 그러나 국회에서 정부조직을 심의하는 과정에서 몇 가지 논란을 제외하고는 조선총독부 조직을 약간 변형한 미군정시대의 남조선과도정부 조직을 답습함으로써 결국 식민지 관료기구의 골격에서 탈피하지 못하였다. 권력구조에 집착한 정치권의 무관심과 관료기구의 중요성에 대한 인식의 결여, 그리고 무엇보다도 시간적 촉박성 등의 이유로 충분한 검토 없이 관료기구를 재조직하였다. 다만 국회의 심의과정에서 내무부 등 몇몇 부서 조직에 대한 논란이 있었으나 전반적으로 남조선과도정부의 기구를 답습할 수밖에 없었다. 이러한 골격의 관료기구는 국 수준의 약간의 변화를 제외하고는 한국전쟁 이후까지 계속 유지된다.

제1공화국 초기의 관료제의 운영은 개인적 관료 엘리트 체제 하의 엘리뜨 우위의 관료제의 양상을 띠는 것이었다. 고위 관료의 대부분은 독립운동가, 교육자 등

행정경험이 전혀 없는 정치관료(policrats)의 성격을 지니고 있었으며 전적으로 엘리뜨의 개인적 신임도에 의해서 선발되었다. 또한 대부분의 정책결정이 대통령에 의해서 직접 이루어졌으므로 관료제의 역할이 극도로 위축되어 고도로 통합된 정치체제에서 강한 정치적 통제를 받는 방어적 관료제(defensive bureaucracy)의 성격을 지니고 있었다. 관료제의 운영에 있어서도 독재자 개인의 지배도구로서 기능하도록 강요되어 관료제가 정권도구로서의 역할만을 수행하였다.

한국전쟁은 한국 관료제를 변신시키는 하나의 계기로 작용하였다. 전쟁 피해를 복구해야만 하는 현실적 필요성도 절박했지만 이미 한계에 도달한 체제위기를 극복하기 위하여도 관료제의 변신은 필연적인 것으로 받아들여졌다. 전쟁피해 복구를 위하여 경제 관련 조직을 강화하는 관료기구 개편을 실시하는 한편 정치관료보다는 전문관료를 기용하는 등 관료제를 쇄신시키려는 기운이 일어났다. 건국 이후 처음으로 관련된 여러 부처에서 경제 복구를 위한 중장기계획들이 마련되었으며 몇몇 계획들은 비교적 높은 성과를 나타내기도 하였다. 내각의 구성에 있어서도 일제 때 실무 경험이 있는 인물들이 다시 기용되었으며 경제 복구를 위한 중요한 결정들이 이들의 손에 의해서 이루어졌다. 부흥부를 신설하는 등 경제부처를 강화하기 위한 관료기구의 개편이 이루어지기도 하였다. 즉 한국전쟁 이후 전쟁 피해의 시급한 복구와 특히 경제개발의 절박성으로 관료제를 쇄신시키려는 산발적인 노력이 있었다. 그러나 관료제가 이번에는 전쟁이 아니라 정쟁(政爭)에 휘말려 오로지 정권연장과 권력의 재생산에만 관심이 있는 관료출신 정치인들의 정치도구로 전락하게 된다. 이들은 고위관료의 선발과 승진에 막대한 영향력을 발휘하였으며 심지어 장관들의 임명에 있어서도 이들의 추천 없이 이루어지는 경우가 거의 없었다. 제1공화국 후기의 정치적 격동으로 말미암아 대통령 주위의 몇몇 과두 정치가들 손에 의해서 관료제가 전횡되는 일종의 과두 관료정치가 횡횡하게 되는 것이다.

관료제의 쇄신을 가로막는 정치적 혼란은 제1공화국 몰락, 제2공화국 성립과 붕괴로 이어지면서 관료제의 정상적인 발전을 가로막는다. 4·19 의거, 자유당 정권의 몰락, 과도정부 성립에 이어 제2공화국의 탄생과 붕괴 등 한국 관료제의 불우한 정치적 환경은 계속되었던 것이다. 그러나 민주주의의 기치 아래 탄생된 제2 공화국 시기에 관료제에 몇 가지 중대한 변화가 있었다. 단명으로 끝난 민주당 정부하에서도 민주주의와 경제제일주의를 반영하는 의욕적인 관료제 개편안이 마련되었으며, 직업공무원제를 확립하고 공무원의 정치적 중립성을 보장하기 위한 여러 가지 시도가 이루어졌다. 우선 권력구조의 변화에 따른 대대적인 기구개편이 있었는 데 중요한 점은 개편의 내용보다도 개편과정에서 민간인 대표들을 참여시키는 등, 민주적 절차가 존중되었다는 점이다.

민주주의와 함께 경제제일주의는 제2공화국 관료제가 지향하여야 할 또 하나의 중요한 목표였다. 이를 달성하기 위하여 경제기획원의 창설을 구상하는 등, 관료기구의 개편은 물론 경제개발계획과 함께 대규모의 공공사업이 추진되었다. 장관을 비롯한 고위관료직에도 권력 지향적이기보다는 과업 지향적 성격의 인물들이 대거 기용되었으며 보다 유능한 관료를 채용하기 위하여 관료제 하부계급의 일부를 개방하였다. 그러나 제1공화국이 남긴 정치적 유산의 처리, 민주당 신구파의 대립, 극도의 정치사회적 혼란 등 정치적 격동은 관료제로 하여금 자신들에게 기대되는 시대적 역할과 자신들을 에워싼 불우한 정치적 환경 사이에서 심각한 딜레마에 빠지게 하였다. 결국 관료제를 쇄신시키려는 이러한 시도들은 극도의 정치사회적 혼란, 민주당의 내분과 분열 그리고 무엇보다도 제1공화국이 남긴 정치적 유산의 처리 문제 등 관료제를 둘러싼 불행한 정치적 환경 속에서 좌절될 수밖에 없었던 것이다.

그러나 민주당 정부의 위와 같은 시도를 좌절시킨 직접적인 원인이 5·16 군사 쿠데타라는 것은 두말할 필요가 없다. 소수의 군 장교들에 의해서 주도된 5·16 군사 쿠데타는 이미 예정된 것이었다. 전쟁을 치루면서 이미 비대해질 대로 비대해진 군 조직은 약간의 자극만 주어진다면 언제든지 폭발할 만반의 준비를 갖추고 있었다. 예상된 폭발이 현실화되자 그 탄환은 관료제에 집중적으로 퍼부어졌다. 5·16 군사 쿠데타는 해방 이후 한국 관료제의 변신을 강요하는 가장 충격적인 사건이었다. 관료제를 포함한 모든 국가기구를 장악한 군부에 의하여 헌법이 개정되고 십여 차례 관료기구의 개편이 이루어졌다. 이와 함께 다수의 군 출신자들이 고위 관료로 진출하였으며 군부가 정한 숙정기준에 의한 공무원들의 대대적인 파면, 군에서 실시하던 기획제도의 행정부에로의 도입, 관련법의 개폐에 따른 인사행정제도의 개혁 등 혁명적 조치들이 잇달아 취하여졌다.

특히 국가관료제의 개편과정에서 제1·2 공화국 때에는 존재하지 않았던 초거대조직들이 출현하여 제3공화국의 전 기간에 걸쳐서 정권의 유지와 체제의 목표달성을 위하여 정치적 권력과 행정적 권한을 독점하였다. 중앙정보부는 정치적 억압기구로, 경제기획원은 정치적으로 주어진 목표달성기구로 대통령비서실은 행정각부를 포함한 국가관료제의 전반적인 조정기구로서의 성격을 지니고 있었다. 초거대조직의 내부구성은 중앙정보부는 군 출신자(또는 현역군인)에 의해서 장악되었고 경제기획원은 민간인 기술관료(technocrats)의 산실이었으며 대통령비서실은 군 출신과 기술관료들이 혼합되어 있었다. 이들 세 개의 초거대조직들은 대통령의 강력한 지원 아래 정치, 경제, 사회, 문화 등 국가의 중요한 정책결정에 막강한 영향력을 행사하였으며 국가관료제 전체를 조정・통제하는 역할을 수행하였다.

5・16이 관료제에 준 가장 큰 충격은 무엇보다도 해방 이후 처음으로 군 출신 관료들이 대거 등장하였다는 사실이다. 2년 6개월 동안 지속된 군정기간은 물론이고 이후 제3공화국의 전 기간에 걸쳐서 장・차관 등 정무직과 국・과장과 같은 고위관직에 다수의 군 출신자가 충원되었다. 그러나 다른 제3세계 군부통치국가들과 마찬가지로 5・16 이후의 우리나라 군부체제도 민간인 기술관료의 협조 없이는 기능할 수 없는 것이었다. 특히 체제의 정당성을 보완하기 위하여 경제성장을 가장 우선적인 발전목표로 삼았기 때문에 기술관료들의 적극적인 활용은 필수적인 것이었다. 기술관료들의 입장에서는 비록 정권의 정당성에 대해서는 회의적이었지만 정치적 실권자들의 지원 아래 자신들의 능력을 발휘할 수 있는 절호의 기회를 맞이한 셈이었다. 실제로 제1・2 공화국 때와는 달리 전문성을 지닌 직업관료 출신이 장관으로 보다 많이 기용되었고 전문성이 인정된 일단의 기술관료군이 형성되었으며 군 출신 관료와의 적정한 역할 분담 아래 군부관료체제(military bureaucratic regime)가 성립된다.

군 출신 관료와 민간인 기술관료들의 연합으로 특징지어질 수 있는 군부관료체제는 취약한 정치적 정당성을 보전하기 위하여 국가관료 주도의 경제성장 전략인 이른바 관료적 발전주의(bureaucratic developmentalism)를 추구하게 된다. 이는 우리나라를 포함한 많은 제3세계 국가에서 만연되기 시작한 군부의 신직업주의와 특히 5・16 주도세력이 표방한 행정적 민주주의에서 그 단초를 발견할 수 있는데, 이에 의하면 사명감과 전문성을 겸비한 군부와 관료만이 국가 발전의 담당자가 될 수 있으며 발전의 유일한 목표는 체제의 효율성을 과시하기 위한 급속한 경제성장이다. 실제로 호의적인 국제환경에 편승하여 제3공화국의 군부관료체제는 연평균 성장률 9%를 넘는 놀라운 수량적 경제성장을 이룩하였다.

놀라운 경제성장의 달성은 국가관료제의 발전관리 능력에 대한 과신과 함께 특히 초거대조직을 정점으로 한 관료제의 일사불란한 운영방식이 성공적인 것으로 받아들여졌다. 이러한 상황에서 모든 정치적 권력을 자신에게 집중시킨 상태에서 관료제를 장악하고 있던 박정희는 관료제가 유신이라는 정치적 충격을 흡수할 수 있는 충분한 능력을 보유하고 있다고 확신할 수 있었으며 실제로 유신체제를 우리 역사상 가장 철저한 기술관료적 정치체제로 만들어 놓았다. 이 과정에서 한국 관료제는 다시 한번 통치자를 위한 정치적 담보물의 기능을 충실히 수행하게 된다.

5 맺음말: 연구 과제

이 연구는 전적으로 한국 관료제에 대한 기존의 연구들이 의존하고 있다. 따라서 설문조사, 면접, 내용분석 등 고도의 조사기법을 동원하여 새로운 사실들을 밝히기보다는 각각 분리되어 있는 기존의 연구들을 필자의 문제의식에 따라 전체적으로 재구성하는 데 그쳤다. 논문의 이러한 성격은 한국 관료제에 대해서 기존의 연구들이 밝혀낸 개개의 사실들을 역사적인 맥락에 위치시킴으로써 새로운 의미가 부여될 수 있다는 이 논문의 의도와 부합되고는 있지만 한국 관료제를 변화시킨 보다 심층적인 요인들을 밝혀내지 못하고 있다는 한계를 지니고 있다.

특히 한국 관료제의 변천과정을 다루는 데 있어서 사회경제적 요인에 대한 검토가 미흡하여 한국 관료제의 앞으로의 변화 방향에 대한 시사점을 제공하지 못하고 있다. 그러나 정치변동이 한국 관료제의 변화과정에 결정적인 영향을 미쳤음에도 불구하고 이에 대한 체계적인 연구가 거의 없었다는 점을 감안할 때 이 논문의 이러한 한계들이 상쇄될 수 있을 것이다.

본문에서 제시한 정치변동에 따른 관료제의 유형은 현실을 추상화·일반화시킨 글자 그대로 하나의 유형에 불과하다. 현실로 존재하는 각국 관료제의 실제 모습은 위의 어느 유형에도 똑 같이 부합되지는 않는다. 따라서 어느 한 유형에 집착하여 그 유형을 뒷받침하는 증거들을 정리하는 연구들은 현실을 지나치게 단순화시킬 위험성을 항상 가지고 있다. 이러한 지적은 이 글과 관련하여 중요한 의미를 지니고 있는데, 이 글은 각국에서 나타나는 정치변동과 관료제의 다양하고도 역동적인 관계는 역사적인 맥락 속에서의 관료제의 변천과정을 검토함으로써 보다 잘 이해될 수 있다는 점을 전제로, 한국 현대 관료제의 변천과정을 정치변동과의 관련성을 중심으로 살펴봄으로써 한국 관료제의 특징에 대한 이해를 증진시키려는 목적을 지니고 있었기 때문이다.

해방 이후 한국의 현대 관료제는 변신을 거듭하였다. 이러한 변신에 결정적인 계기로 작용한 것은 역시 관료제를 둘러싼 정치상황의 변동이었다. 한국의 관료제는 정치적 변동이 있을 때마다 관료기구와 제도, 운영방식 그리고 그 구성원에 있어서 많은 변화를 강요당하였다. 해방 이후 전개된 한국 정치변동과정의 파행성은 정치적 격동기 때마다 관료제에게 새로운 역할들을 부여함으로써 관료제의 성격을 변화시켜왔던 것이다. 그러나 관료제의 변신이 항상 정치적 상황의 종속변수로서 머물러 있었던 것만은 아니었다. 때에 따라서는 관료제 내부의 자체적 충전에 의하여 스스로의 변신에의 모색도 이루어졌으며 더 나아가 정치변동에 일정한 영향력을 행사하기도 하였던 것이다.

제 4 장

정부와 정당 관계에 관한 시론적 연구
-개념, 유형 및 결정요인-

민주정치는 정부와 정당 사이의 효율적인 접합을 전제로 한다. 정당과 정부는 현대 민주주의를 지탱하는 가장 중요한 정치기구들이며, 두 기구 사이의 관계는 민주주의를 작동시키는 가장 기본적인 메카니즘 중의 하나이기 때문이다. 특히 민주주의 국가에서의 정책은 두 정치기구의 상호작용의 산물일 수밖에 없기 때문에, 정책과정을 이해하기 위해서도 당정 관계에 대한 이해는 필수적이다. 보는 관점에 따라 민주주의에 대한 정의는 다양할 수 있지만, 민주주의는 결국 정당의 대표성과 정부의 효율성을 얼마나 잘 조화시킬 수 있을지의 문제로 압축될 수 있다. 따라서 당정 관계가 효과적으로 작동하는지의 여부는 한 나라의 민주주의 발전의 척도라 할 수 있다. 그러나 놀랍게도 당정 관계에 대한 체계적인 연구는 대단히 미흡한 실정이다.

이 글의 일차적 목적은 당정 관계를 일반화시킬 수 있는 개념과 이론을 탐색하는 데 있다. 이를 위하여 우선 당정 관계에 대한 이론적 논의들을 본격적으로 진행시키기 전에 위에서 언급한 당정 관계와 관련된 몇 가지 기본적인 개념들에 대해 정리하였다(2절). 당정 관계의 양상과 그것에 영향을 미치는 요인들은 나라마다 다를 수밖에 없기 때문에, 각국의 당정 관계를 모두 포괄하여 설명할 수 있는 당정 관계의 유형을 모색해보았다(3절). 정치제도, 정당의 체계 특성, 정치지도자들의 성향 등, 당정 관계의 유형을 결정하는 정치적 요인들은 논의한 후, 정책 분야에 따라 정책과정에서 당정 관계의 양상이 어떻게 나타날 수 있을 것인지도 간단히 검토하였다(4절). 위의 논의들을 참고하여 우리나라의 당정 관계의 양상을 개괄적으로 살펴보았는 데, 우리나라의 경우는 차후의 연구과제로 남겨 놓을 수밖에 없었다(6절).

1 머리말

민주정치는 정부와 정당 사이의 효율적인 접합을 전제로 한다. 정당과 정부는 현대 민주주의를 지탱하는 가장 중요한 정치기구들이며, 두 기구 사이의 관계는 민주주의를 작동시키는 가장 기본적인 메카니즘 중의 하나이기 때문이다. 특히 민주주의 국가에서의 정책은 두 정치기구의 상호작용의 산물일 수밖에 없기 때문에, 정책과정을 이해하기 위해서도 당정 관계에 대한 이해는 필수적이다. 보는 관점에 따라 민주주의에 대한 정의는 다양할 수 있지만, 민주주의는 결국 정당의 대표성과 정부의 효율성을 얼마나 잘 조화시킬 수 있을지의 문제로 압축될 수 있다. 따라서 당정 관계가 효과적으로 작동하는지의 여부는 한 나라의 민주주의 발전의 척도라 할 수 있다.

그러나 놀랍게도 당정 관계에 대한 체계적인 연구는 대단히 미흡한 실정이다 (Bondel, 1995: 127). 실증적인 연구는 물론이고 개념적인 연구도 거의 찾아볼 수 없다. 이른바 '정당정부(party government)'에 대한 개념 정의조차 제대로 되어 있지 않은 상태이다. 당정 관계를 논의하기 위해서 필수적인 개념인 '지지정당(supporting party)'과 그 정당의 의사결정이 민주정치에서 무엇을 의미하는지에 대한 논의조차 이루어지지 않고 있다. 다양한 수준에서 당정 관계를 결정하는 변수들과, 이 변수들에 영향을 미치는 요인들에 대한 검토 또한 찾아볼 수 없다. 이 연구의 문제제기는 일차적으로 여기에서 비롯된다고 하겠다.

물론 당정 관계의 양상과 그것에 영향을 미치는 요인들은 나라마다 다를 수밖에 없다. 정부와 정당이 독립적인지 의존적인지 그리고 어느 쪽에 더 의존적인지는 정치 상황에 따라 그리고 정책 분야에 따라 모두 다를 것이기 때문이다. 정부와 정당이 서로 아무런 영향을 주고받지 않고 완전하게 독립되어 있거나, 한 쪽이 다른 쪽에 완전하게 의존하는 경우는 현실적으로 존재하지 않을 것이다. 현대 민주주의에 있어서 정당의 역할이 쇠퇴하고 있다고는 하지만, 정당의 존재를 전제로 하지 않는 민주주의(이론)가(이) 새로 출현하지 않는 한, 의회와 정부에 대한 정당의 영향력은 정도의 차이만 있을 뿐 여전히 남아 있을 것이다.

이렇게 보면 당정 관계는 정부에게 정당이 얼마나 큰 영향력을 행사할 수 있을지의 문제가 핵심을 이룬다. 일반적으로 정부에 대한 정당의 영향력은 개인적, 조직적, 정책적 수준으로 나누어 살펴볼 수 있겠다. 개인적 수준의 영향력은 정당지도자 개인의 정부에 대한 영향력 행사이며, 조직적 수준의 영향력은 정당이라는 조직 자체가 갖고 있는 권한에 근거하여 정부에 미칠 수 있는 영향력이다. 개인이든 조직이든 정부에 대한 영향력은 구체적인 정책에 대한 영향력으로 나타나기 때문에 정책내용과 과정에 따라 정당의 영향력이 어떻게 나타나는지를 별도로 살펴볼 필요가 있다는 의미에서 정책적 수준의 영향력은 별도로 검토할 필요가 있다.

그러나 위와 같은 분류는 너무 포괄적이어서 현실을 제대로 설명할 수 없을 뿐 아니라 경험적 연구에도 별 도움이 되지 않는다. 더구나 정당과 마찬가지로 정부도 단일한 구성체가 아니어서 다양한 수준과 여러 종류의 정부기관이 존재한다. 정당의 체계와 정당 내부의 특성과 같은 당정 관계에 영향을 미치는 정당과 관련된 요인 못지않게, 정부형태와 내각 구성과 같은 정부와 관련되는 요인도 당정 관계에 많은 영향을 미친다. 정당과 정부를 이끌고 있는 정치지도자들의 정치적 신념 또는 태도 역시 당정 관계에 영향을 줄 수밖에 없을 것이다. 따라서 당정 관계를 논의하는 데 있어서 정당과 정부를 단일구성체로 간주하고 마치 일 대 일의 관계로 보는 것은 현실을 지나치게 단순화시키는 것이다.

그렇다면 당정 관계를 일반화시킬 수 이론적 논의는 불가능한 것인가. 이 연구의 목적은 당정 관계를 일반화시킬 수 있는 개념과 이론을 탐색하는 데 있다. 이를 위하여 우선 각국의 당정 관계를 포괄하여 설명할 수 있는 당정 관계의 유형을 모색해본 후, 정치제도, 정당의 체계 특성, 정치지도자들의 성향 등, 당정 관계의 유형을 결정하는 정치적 요인들은 개괄적으로 살펴보려고 한다. 정책 분야에 따라 당정 관계의 양상이 다르게 나타날 것이기 때문에 정책과정에서 당정 관계의 양상이 어떻게 나타날 수 있을 것인지도 간단히 검토하려고 한다. 당정 관계에 대한 이론적 논의들을 본격적으로 진행시키기 전에 위에서 언급한 당정 관계와 관련된 몇 가지 기본적인 개념들에 대한 정리가 필요할 것 같다.

2 개념의 정돈

정당정부는 주요한 정부의 의사결정이 정당의 노선에 따라 수행된 선거에서 선출된 사람 또는 이런 사람들에 의해 임명되고 이들에게 책임을 지는 사람들에 의해 이루어지는 정부를 의미한다(Katz, 1986: 42-43). 정책은 단일(정당)정부의 경우에는 정당정부 내에서, 연립정부의 경우에는 정당들 사이의 협상에 의해서 결정되어야 한다. 각료와 수상과 같은 고위직은 소속 정당에서 선출되어야 하며, 그들은 정당을 통하여 국민들에서 책임을 져야 한다. 그러나 정당정부에 대한 위의 정의는 일종의 이념형(ideal type)으로, 현실적으로는 위의 정의에 꼭 들어맞는 형태는 존재할 수 없을 것이다.

당정 관계를 살펴보기 위해서는 무엇보다도 정당에 대한 개념 정의를 명확히 할 필요가 있다. 정당을 전통적인 방식대로, 정권 획득을 목적으로 하는 국민들의 자발적 조직체라는 정의는 당정 관계를 고찰하는 데 별 도움이 되지 않는다. 정당을 국민들의 요구를 수렴하는 장치로, 정부는 정당에 의해 수렴된 국민들의 요구를 집행하는 장치로 간주한다면 당정 관계를 제대로 검토할 수 없다. 위의 정의에 근거하여 정당의 구성이 전국적인지 지역적인지, 정당구조가 어떻게 되어 있는지를 알아내어, 예컨대 어떤 정당은 다른 정당에 비해 더 중앙집중적이다 라는 결론 정도는 이끌어낼 수는 있을 것이다. 정당에 대한 위의 정의는 개념적으로는 비교적 명확할지는 모르나, 현실에서 나타나는 당정 관계를 실증적으로 연구하는 데에는 크게 유용하지 않다고 하겠다.

물론 위의 정의도 틀린 것은 아니다. 그러나 정당을 대중적 조직체라는 측면보다는 의사결정의 주체라는 측면에서 보는 것이 당정 관계를 살펴보는 데 더 도움이 된다(Bondel, 1995: 128-129). 정당을 의사결정의 주체로 간주하는 데에도 문제점이 없는 것은 아니다. 과거 일부 사회주의 국가들에서의 정당처럼 의사결정이 중앙에서 거의 만장일치로 이루어질 수 있는 경우에는 문제가 비교적 간단하다. 그러나 이런 극단적인 경우를 제외하고는 도대체 무엇을 정당의 결정으로 보아야 하는지 명확하지가 않다.

정당이 고도로 분권화되어 있으며, 정당 내에 이념, 지도자, 지역들에 따른 계파가 복잡하게 얽혀 있을수록 어떤 결정을 정당의 결정으로 보아야 할지를 판단할 수 없을 것이다. 예컨대, 분열이 아주 심한 정당의 경우에는, 정당 내에 지도자를 중심으로 조직화된 계파들이 존재하여 여러 가지 서로 다른 견해들이 제시될 수 있기 때문에, 어떤 견해가 당의 공식적인 또는 권위 있는 견해인지 알 수가 없다. 더구나 고도로 분권화된 정당의 경우에는 명확하고 자세한 당의 공식적인 결정이 아예 없을 가능성이 있다. 미국의 예에서 보는 바와 같이 당 수준에서 공식적인 결정을 채택하지 않을 수도 있는데, 이 경우 정책은 전적으로 대통령과 의회 사이에서 결정된다.

결국 정책 아이디어 중 꽤 많은 부분이 정당에서 나온다 하더라도, 정당에서 '공식적으로 승인된 결정'으로 아이디어를 내는 경우는 거의 없다고 할 수 있다. 이런 상황에서 아이디어가 정당에서 나온다고 정당의 영향력이 크다거나, 정당의 공식적 결정이 아니라고 정당의 영향력이 작다고 할 수는 없을 것이다. 따라서 이를 근거로 정부가 정당으로부터 자율성이 있다거나 없다고 말할 수는 더욱 없을 것이다. 이처럼 정당의 의사결정이라는 것이 과연 어떤 의미를 지니는 것인지를 명확히 할 수 없기 때문에, 정당이 얼마나 권위적으로 의사결정을 하는지를 살펴볼 필요가 있겠다.

한 쪽 극단은 정당의 의사결정이 적어도 외관상으로라도 만장일치 또는 만장일치에 가까운 형태로 이루어지는 권위적인 의사결정이 있을 수 있다. 다른 쪽 극단은 정당의 의사결정이 정당의 어느 부분에서 이루어지지만, 고도로 분권화된 정당의 경우에는 정당 전체의 입장을 결정하는 공식적인 메카니즘이 없기 때문에, 정당 전체의 의사결정은 없다고 할 수 있다. 경우에 따라서는 결정해야 될 문제가 너무 논쟁적이어서 정당 내에서 공식적인 투표에 회부할 수 없기 때문에, 정당 전체 수준에서 공식적으로 이를 받아들이거나 거부하지 않을 수도 있다. 위의 두 경우 모두 비권위적 의사결정이라 할 수 있을 것이다. 이 사이에 다양한 형태의 의사결정이 있을 수 있는데, 결국 그 의사결정이 정당 내에서 얼마나 많은 지지를 받느냐에 따라서 의사결정의 권위성이 결정된다고 하겠다. 정당 내의 아주 소수에 의해 지지받는 의사결정도, 정부에 의해서 채택될 가능성이 있으며 사실 그래 왔기 때문에, 당연히 고려되어야 한다. 이 경우 정책에 대한 정부의 자율성은 그 만큼 더 클 것이다.

이 연구의 목적은 정당이 정부의 정책에 얼마나 영향을 주고 있으며, 정부는 정당으로부터 얼마나 자율적이며, 거꾸로 정부가 정당의 정책에 얼마나 영향을 주고 있는지를 검토하는 것이기 때문에, 정부에 반대하는 당보다는 지지하는 정당이 연구대상이 된다. 그러나 '지지 정당'이라는 개념도 그 의미가 명확하게 정의되고 있지 않다. 지지 정당과 반대 정당은, 유력한 정당의 수가 적고 정당들이 규율화되어 있는 상황에서 정부가 다수의 지지를 받고 있을 때에만, 명백하게 구분될 수 있다. 현실 속에는 이런 예외적인 상황을 벗어나는 경우가 너무 많기 때문에, 위의 요건을 모두 충족시키는 경우를 제외하고는 지지 정당이 무엇을 의미하는지 명확하지 않다.

우선 정당 규율이 엄격하지 않다는 데 문제가 있을 수 있다. 어떤 정당의 정부에 대한 지지 정도는, 의회 내에서는 물론 전국적인 수준에도, 정당 규율이 얼마나 엄격한지에 달려 있다. 정당 규율이 엄격하지 않은 경우 어떤 정당이 정부 지지를 표방한다 하더라도 소속 의원 또는 당원들이 정부를 지지하지 않을 수도 있다. 정당 규율은 정당의 내부 응집력과 관련되어 있기 때문에, 위에서 언급한 바 있는 정당의 의사결정에 정당 내부의 지지가 얼마나 되는지와 같은 성격의 문제를 야기한다.

한 정당이 의회 내에서 다수를 차지하지 못하거나, 다수지만 실질적으로 정부를 통제하지 못할 때, '외부 지지'의 문제가 제기된다. 내각제에서의 소수 정부 또는 대통령제에서의 여소 야대 상황과 같이, 지지 정당이 다수일 경우에 시간이 지나면서 지지 정당들의 연대 그대로 유지될 수 있을지도 문제시된다. 연립정부의 경우, 그렇지 않으면 내각이 붕괴되기 때문에, 연립정부에 참여하는 정당들이 내각을 지지하는 것이 일반적이지만, 이것도 모든 경우에 해당되는 것은 아니다. 내각에 참여하는 정당들이 내각을 지지하는 것은, 이 정당들과 정부 사이에 특별한 협약이 없는 한, 끝까지 신뢰할 수는 없다.

더구나 정부에 반대하는 입장을 표명하는 정당들도 항상 정부에 반대하는 표를 던지지는 않는다. 외교문제라든지 국가비상사태에 대한 문제에 대해서는 이들도 정부를 지지한다. 사실 반대당들도 규율이 엄격하지 않다면 소속 의원들이 정부의 제안에 찬성할 수도 있는 일이다. 정부도 정책을 가능한 정치권의 넓은 동의 아래 추진하기를 원하기 때문에 지지 정당은 물론 반대당하고도 협상을 하기도 하며, 때로는 정부가 양보하여 반대당의 의견을 수용하기도 한다. 반대당들도 제한적이기는 하지만 정부의 정책과정에 관여하고 있으며, 이것이 꼭 중요하지 않은 문제에만 한정되는 것은 아니다.

따라서 지지 정당이라는 개념을 지지냐 아니냐 식의 이분법적으로 이해하는 것은 옳지 않다. 모든 정당들이 전폭적인 것은 아니라도 정부 자체와 정부정책을 어느 정도 지지할 수도 있는 문제이므로 지지 정당이냐 아니냐는 정도 상의 문제이다. 어떤 정당이 정부를 전면적으로 지지 또는 반대하는 것은 오히려 드문 경우이고, 대부분의 경우에는 그 중간쯤의 어떤 입장을 취한다. 정당들의 규율이 엄격하지 않으며, 연립정부에 참여하는 정당들의 수가 많으며, 소수정부일 경우의 당정관계는, 지지 정당이라는 개념보다는 '부분적인 지지(partial support)'라는 개념으로 이해하는 것이 더 정확할 것이다.

3 당정 관계의 유형

당정 관계는 정부와 정당의 요직 임명(appointments), 정책형성(policy making)에서의 영향력, 상호 후원(patronage) 여부 등 크게 세 가지 수준에서 검토할 수 있다(Blondel, 1995: 130-131). 임명은 정당 또는 정부가 정부 또는 정당의 고위직(정부 각료, 정당지도자) 선출에 어느 정도 영향력을 행사하는지의 문제이다. 정부는 정부 각료 임명에 영향을 미치나 각료는 정당지도자 임명에 영향을 미치지 못하면 '정당 우위'로 반대의 경우에는 '정부 우위'로 간주할 수 있다. 정책은 정책의제와 구체적 정책내용을 누가 제시하는지의 문제이다. 그러나 정책은 분야에 따라 정당 또는 정부의 영향력의 정도가 각각 다르기 때문에 임명의 경우처럼 전체적인 정부 정책에 대해서 정부 우위 또는 정당 우위로 유형화할 수 없다. 일반적으로 국내 정책보다는 외교정책이 국내 정책 중에서도 사회정책보다는 경제정책이 정당보다는 정부의 영향력이 더 크다고 할 수 있을 정도이다.

후원의 경우에는, 그 중요성에도 불구하고, 후원이라는 이름 아래 정당과 정부 사이에 어떤 일들이 일어나는지 구체적으로 확인할 수 없다는 문제점이 있다. 후원이 성격상 은밀하게 이루어질 수밖에 없기도 하지만 개념적으로도 후원과 정책 사이의 구별이 쉽지 않기 때문이다. 어떤 정책이 정당의 후원과 관계없이 정부에서 결정되었지만 그 정책의 집행과정에서 정당이 영향력을 행사할 수도 있으며 그 반대의 경우도 가능하다. 그래서 정책과 후원을 명백히 구별하기는 쉽지 않으며 보는 사람의 관점에 따라, 즉 정부를 지지하는 당이냐 반대하는 당이냐에 따라 다른 주장을 할 가능성이 많다. 결국 후원의 문제와 관련해서는 정부와 정당이 포괄적으로 상호 의존하고 있다는 정도로 이해할 수밖에 없을 것이다.

위의 세 가지 요인에 근거하여 정부와 정당이 독립적이냐 의존적이냐, 의존적이라면 정부 우위냐 정당 우위냐에 따라 [그림 4-1]과 같은 유형화가 가능하다. 물론 정부와 정당이 독립적인지 의존적인지 그리고 어느 쪽에 더 의존적인지는 나라에 따라, 정치 상황에 따라 그리고 정책 분야에 따라 각각 다를 것이다. 또한 정부와 정당이 서로 아무런 영향을 주고받지 않고 완전하게 독립되어 있거나, 한 쪽이 다른 쪽에 완전하게 의존하는 경우는 현실적으로 존재하지 않는다.

정부 구성에 정당이 영향력을 행사하거나 정당(지도부) 구성에 정부가 영향력을 행사하는지의 여부는 정부와 정당이 독립적인지 의존적인지, 의존적이라면 어

그림 4-1 당정 관계의 유형

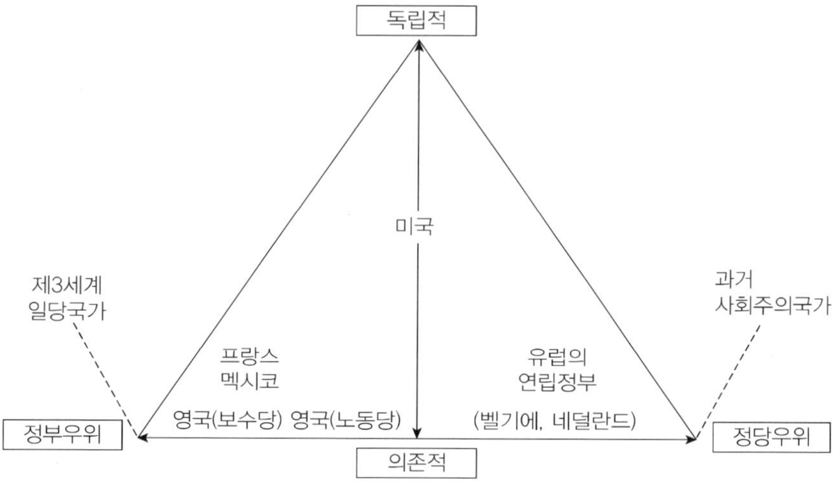

Bondel, 1995: 132

느 쪽에 더 의존적인지를 구별하는 가장 중요한 기준이 된다. 정부직 임명이 정당과 관계없이 이루어지고 정부도 정당 구성에 간섭하지 않는 경우, 최소한 요직 임명에 영향력을 행사하지 않는다는 측면에서는, 정부와 정당이 서로 독립적이라 할 수 있다. 정당에서 각료를 임명하는 데 영향력을 행사하는 데 반하여 각료들은 정당 구성에 영향력을 행사하지 못하는 경우 정당 우위라 할 수 있으며, 그 반대의 경우는 정부 우위라 할 수 있을 것이다.

정책에 대한 영향력과 특혜 제공은 정부와 정당 관계를 결정짓는 중요한 요인임에도 불구하고 그 실체를 확인하기가 쉽지 않다. 새로운 정책이 입안되는 경우에도 그 정책의 필요성에 대해서는 과거로부터 계속 문제제기가 되어왔을 가능성이 크기 때문에 그 정책의 최초 제기자가 누구인지를 확인하기가 쉽지 않은 경우가 대부분이다. 더구나 위에서 언급한대로 정책 분야에 따라 여러 가지 다양한 요인들이 개입하기 때문에, 모든 정책에 대해서 정부와 정당이 독립적이거나 어느 쪽이 더 영향력이 크다고 단언할 수는 없다.

은밀한 특혜 제공과 관련되는 후원의 경우에는 아예 자료를 구할 수 없거나, 자료를 구하더라도 그것이 특혜인지, 정상적인 정책과정에서 발생한 일인지, 어느 정도 영향을 받은 것인지 등을 판단하기가 쉽지 않을 것이다. 정부가 정당에게 특혜를 준 것이 명백한 경우라도 반드시 반대급부가 있었을 것이기 때문에, 정부가 일방적으로 정당에 의존하고 있다고 말할 수 없는 문제이다. 따라서 정부가 정당에게 특혜를 주지 않을 수 없는 경우 정당에 의존하고 있다고 할 수 있으나, 정당에서도 반드시 보상을 해야 하므로 정당도 정부에 의존하고 있다고 할 수 있는 것이다.

이제 위 논의를 근거로 당정 관계를 유형화시켜 보자. [그림 4-1]의 꼭지점에 해당하는 완전독립형은 정부와 정당이 완전히 분리된 경우이다(독립형 또는 분리형). 절대군주 국가와 19세기 중부 유럽 국가들 중 일부에서 나타난 바 있는 이 유형은, 쿠데타 직후 정부는 군이 장악하였지만 정당이 아직 해산되지 않은 예외적인 상황을 제외하고는 현대 국가에서 그 예를 찾아볼 수 없다. 정당에 대한 정부의 상대적 자율성은 내각제에서보다는, 의회와 함께 대통령에게도 국민적 정통성이 부여되는 대통령제 국가에서 더 현저하게 나타난다(Linz & Valenzuela, 1994). 미국이 이러한 예에 해당되는데, 미국의 경우에도 정부와 정당이 완전히 독립적이지는 않다.

당정 관계의 두 번째 극단적인 모형은 삼각형의 왼쪽 꼭지점에 위치하는, 정당이 정부에 완전하게 의존하는 유형이다(정부 우위형). 군주국가에서 이러한 유형이 나타날 수 있는데, 이 경우 각료는 군주 측근의 군인 또는 관료가 임명된다. 현대 국가들의 경우 정치발전이 이루어지지 않은 단일정당국가에서 정당이 국민들을 동원하고 통제하는 장치로서만 활용하는 경우에 이런 유형이 나타날 수 있다. 그러나 멕시코의 예에서 보는 바 같이 이 경우에도 시간이 지나가면 정당의 정부에 대한 영향력도 어느 정도 갖추게 된다(Casar, 1995: 183-184).

사실 어느 국가든지 당정 관계는 시대에 따라 변하기 마련이다. 영국은 특히 보수당이 집권하는 경우 — 노동당은 보수당보다는 정부에 대한 정당의 영향력이 강하다 — 정부 우위를 유지하고 있으나, 18세기 정부 절대 우위 국가에서 현대로 오면서 정당의 영향력이 조금씩 확대되어왔다. 위에서 언급한 멕시코의 경우에도 정당 구성에서 정부가 전적으로 영향력을 행사하고는 있지만, 시간이 지나면서 정당도 각료 임명에 어느 정도 영향력을 행사하게 되었다. 극단적인 정부 우위형에서의 정책결정은 정부의 소수 집단에 의해 이루어지며, 정당의 영향력이 미미하기 때문에 정부가 정당에게 특혜를 줄 필요성을 갖지 않는다고 하겠다.

위 그림의 오른 쪽 꼭지점은 전통적인 사회주의 국가들에서 나타난 바 있는, 정부가 정당에게 완전하게 의존하는 유형이다(정당 우위형). 이 유형에서는 정당 지도부가 대부분의 정책을 결정하고, 하위직까지를 포함한 많은 정부직을 임명한다(노멘클라투라). 물론 극단적인 경우를 제외하고는 정부도 정당에 영향력을 행사할 수 있는데, 이 경우에도 정부에 도움을 주기보다는 정당에 도움을 주기 위한 것이다. 사회주의 국가들처럼 극단적이지는 않지만 연립내각을 구성하고 있는 내각제 국가들의 경우에도 정당 우위형이 나타날 가능성이 크다.

이들 국가들의 경우 각료의 선출과 정책결정에 있어서, 내각에 참여하고 있는 정당 지도부들의 영향력이 크다고 할 수 있으며 이 정당들에 대한 정부의 특혜 또한 클 가능성이 있다. 사회주의 국가들과 이들 국가들의 차이는, 크지는 않지만 각료들이 정책에 대하여 정당에 영향력을 행사할 수 있어서 정당에 대한 정부의 상대적 자율성이 어느 정도 있다는 점이다. 또한 일부 국가에서는 물론 정당 구성에 각료들이 영향을 주지는 못하지만, 정당 밖에서 각료를 선출할 수 있는 여지가 있다는 점에서 차이를 보이고 있다.

당정 사이의 의존 관계가 정확하게 균형을 이루고 있는, 위 삼각형 밑변 중앙에 위치하는 나라를 찾는 것은 쉬운 일이 아니다. 일부 스칸디나비아 국가들과 특히 스웨덴 사민당 정부가 이와 유사한 예라 할 수 있는데, 이들 나라들은 제휴와 타협을 중시하는 이른바 '협의제 민주주의(associative democracy)'를 추구하고 있기 때문인 것으로 여겨진다(Hirst, 1994). 정당과 정부 어느 쪽이든지 우위는 있을 수 있지만 양자가 독립과 의존 사이에서 정확한 균형을 이루기가 매우 어렵기 때문에 삼각형의 정 중앙에 위치하는 국가는 있을 수 없다. 이 점과 관련하여 정부에 대한 정당 우위를 극복하려는 뚜렷한 목적을 갖고 드골에 의해 출발된 프랑스 제5공화국 정부에서 양자의 균형을 시도한 점은 주목할 만하다(Linz & Valenzuela, 1994). 위에서 언급한 영국 보수당 정부와는 달리, 프랑스 제5공화국은 정부 우위에서 출발하였으나 시간이 지나면서 정당의 영향력이 점차 확대되어 꼭지점에서 멀어져 갔으며, 1980년대 사회당 정부에서는 정부 우위와 스웨덴 사회당 정부의 중간 지점에 위치한 영국 노동당 정부의 유형에 근접하였다.

4 당정 관계에 영향을 주는 요인들

당정 관계에 영향을 미치는 정치적 요인들은 크게 두 가지로 나누어질 수 있다. 그 첫째는 정치제도, 정당체제, 지지 정당의 성격, 정부와 정당지도자들의 행태 등, 넓은 의미의 정치체제와 관련되는 요인들이다. 둘째는 외교정책, 경제정책, 사회정책 등 정책 분야에 따라 당정의 영향력 관계가 다르게 나타난다는 의미에서 정책과 관련되는 요인들이라 할 수 있는 것들이다. 정책과 관련되는 요인들은 뒤에서 논의하기로 하고 여기에서는 우선 당정 관계에 영향을 미치는 정치적 요인들을 살

표 4-1 당정 관계에 영향을 주는 요인들

정치제도	정부형태(대통령제/내각제), (헌법상의) 정당제도, 중앙/지방 관계
정당체계	양당제/다당제, 단일(정당)정부/연립정부(다수 정부/소수 정부)
정당의 특성	정당의 이념, 정당의 내부 구조, 정당의 규율, 정당의지지 기반
정치지도자의 역할	정당지도자의 역할, 정부지도자의 역할, 정당/정부지도자의 관계
정책과정	정책의 유형과 성격(정책 인지, 대안모색, 채택, 집행단계)

펴보기로 하자. 각각의 요인들을 구체적으로 논의하기 전에 이해의 편의를 위하여 위의 요인들은 요약하면 <표 4-1>과 같다.

1) 정치제도

당정 사이의 형식적 관계는 헌법에 규정된 그 나라의 기본적인 정치제도에 의해서 결정된다(Morlino, 1995: 145-146). 그러나 이것보다 더 중요한 요인은 정당이 국민들의 자발성에 기초하여 아래로부터 만들어진 것인지 아니면 동원을 목적으로 정부에 의해서 위로부터 만들어진 것인지의 여부이다. 위와 아래의 중간 형태도 있을 수 있는데, 이 경우 당정은 매우 긴밀한 관계를 유지할 것이다. 그러나 대통령제 국가들에서 보는 바와 같이 헌법에서 행정부와 입법부에 각각 정당성을 부여한다면 당과 정은 어느 정도 분리된다. 대통령제 국가들에 비해서 행정부의 독자적인 정당성이 인정되지 않는 내각제 국가에서는 당정이 더 의존적이 될 수밖에 없다(Stepan & Skach, 1993: 3-4).

중앙과 지방 사이의 수직적인 권력 배분도 당정 관계에 간접적인 영향을 준다. 미국, 카나다, 스위스 등과 같은 분권화된 정치제도 하에서는 분권화된 정당체제가 나타난다. 그러나 오스트리아, 아르헨티나, 베네수엘라의 예에서 보는 바와 같이 연방제라 해서 반드시 정당체제가 분권화되는 것은 아니며, 이 경우 헌법이 당정 관계에 미치는 영향은 제한적이라 할 수 있다.

당정 관계를 결정하는 세 가지 수준인 정부와 정당의 요직 임명, 정책형성에서의 영향력, 상호 후원 여부 등도 헌법에 의해서 영향을 받는다. 정부가 상대적으로 정당으로부터 독립되어 있다고 할 수 있는 대통령제에서는 내각제에서보다 정책과정을 정부가 주도할 가능성이 더 크며, 정부와 정당 구성에 있어서도 서로 간섭하지 않을 가능성이 있다. 반면에 권위주의적 대통령제와 내각제에서는 정책형성과 요직 임명이 당정 관계의 유형에 의해서 영향을 받는다. 대체로 권위주의적 대통령제에서는 정부 우위가 나타나며, 내각제에서는 정당체계와 정당의 특성에 따라 다양한 형태가 나타날 수 있다. 거의 모든 정치체제에 존재하는 상호 후원의 경우에도 대통령제에서 더 만연될 가능성이 있으며 내각제에서는 정당체계와 정당구조에 따라 다양한 형태가 나타날 수 있다. 그러나 대통령제와 내각제 내에서도 정치제도에 따라 매우 다양한 형태로 나타나기 때문에, 같은 정부형태 내에서도 이런 양상들을 획일적으로 일반화시키는 곤란하다고 하겠다(Weaver & Rockman, 1993: 19-23).

2) 정당체계

정당체계가 당정 관계에 미치는 영향은 대단히 크지만, 단일정당정부냐 연립정부냐, 다수정당이냐 소수정당이냐에 따라 각각 다르기 때문에 일반화시키기 곤란하다(Bondel, 1995: 137-138). 단일정당정부와 지배정당 중심의 연립정부에서는 정부의 성격상 본질적으로 정부의 영향력을 어느 정도 확보하고 있다고 할 수 있는데, 시간이 지나면서 영향력이 더 커지는 경향을 보인다. 정책이라는 측면에서 보면 이런 정부는 정당(또는 정당연합)에서 채택된 정형화된 프로그램을 갖고 출발할 가능성이 크다. 그리고 그 프로그램을 해석하고 후속 프로그램을 만드는 데 있어서 정부의 영향력이 더 커질 수 있다.

요직 임명에 있어서도 비슷한 상황이 발생한다. 집권 초기에 각료는 정당 고위직 중에서 선출되기 때문에 정당의 영향력이 더 큰 것처럼 보인다. 그러나 정당에서 온 정부의 지도자가 정당 고위직을 임명하는 데 영향력을 행사하기 때문에 일종의 융합 현상이 나타나는데, 시간이 지날수록 정부에서의 영향력이 더 커지는 경향을 보인다. 마지막으로 후원이라는 측면에서 보면 단일정당정부의 경우, 정당의 응집력이 강하고 선거의 전국적 성격 때문에 개인적 연계에 기초하는 당정 간의 상호 후원은 상대적으로 매우 낮은 수준을 보일 가능성이 있다. 이 경우 정당 간부들의 불만이 표출될 가능성이 있으며, 이것이 때로는 정부의 붕괴 또는 정당 지도자의 교체로 이어지기도 할 것이다.

소수당끼리의 연립정부의 경우에는 반대 상황이 연출될 가능성이 있다. 정부는 정당 구성에 발언권이 없는 반면, 각료들을 정부 밖 정당 지도자들이 선출하여 새 수상에게 통보하는 식으로, 정부 구성은 전적으로 정당에서 결정된다. 연립정부가 유지되기 위해서 정부에서 지지자들에게 여러 가지 이익을 제공해야 할 필요성이 있기 때문에, 당정 사이의 상호 후원이 연립정당 내부의 권력 관계에 따라 광범위하게 이루어지는 경향이 있다. 연립정당은 정부의 정책에도 막강한 영향력을 행사하며, 이런 영향력은 세세한 정책 내용까지를 규정한 정부 협약의 형태로 공식화되기도 하는데, 경우에 따라서는 여기서 한 걸음 더 나아가 정당이 대부분의 사회적 쟁점에 대한 정부의 정책노선을 결정하기도 한다. 따라서 정부로서는 이 협약에서 제외되었거나, 정당이 사후에 승인 또는 묵인해 줄 만한 정책만을 다루려고 할 것이다. 전체적으로 연립정부에서는 정당이, 정부가 일을 하지 못하는 소극적인 의미에서건 특정한 방향으로 정부의 행동을 유도하는 적극적인 의미에서건, 막강한 영향력을 행사하고 있다고 볼 수 있다.

소수정부는 위 두 가지 경우의 중간에 위치한다. 정부에 참여하는 정당 또는 정당들만이 정부 구성에서 일정한 역할을 수행하기 때문에 정부 요직 임명에 있어서 정당은 부분적인 영향력만을 행사한다. 정책에 대해서는 정부 밖에서 정부를 지원하는 정당까지를 포함하여, 정당 우위에서 출발하나 대통령제에서와 마찬가지로 시간이 지남에 따라 정부 주도로 바뀔 가능성이 있다. 정부는 어떤 정책제안을 먼저 하고 나중에 연립 파트너들 사이의 반응을 탐색하기도 하기 때문에 정당의 영향력은 부분적이어서, 정당과 정부가 일정한 거리를 유지하고 있는 형국이다. 지지정당들에 대한 정부의 지위가 애매하기 때문에 당정 사이의 상호 후원의 수준은 대체적으로 낮다고 할 수 있다.

위와 같이 다수정부냐 연립정부냐 또는 소수정부냐에 따라서 당정 관계의 성격이 결정된다고 할 수 있다. 그런데 이런 정부 구성은 더 근원적으로는 그 나라의 정당체계와 관련되며, 따라서 정당체계가 간접적이지만 당정 관계에 중요한 영향을 준다고 할 수 있다. 다수 정부의 경우는 정부 구성 초기보다는 시간이 지남에 따라 정부에서 그 나라의 모든 정치 상황을 지배하는 데 반하여, 연립정부는 세 가지 수준 모두에서 당정에 영향력을 행사할 수 있는 정당지도자들의 전적인 보호 아래 유지된다. 또한 상황이 불안정한 소수정부는 그 상황이 얼마나 지속될지는 모르지만 당정이 서로 자율성을 유지하면서 부분적으로만 의존하고 있는 절묘한 균형 상태를 유지하고 있는 것이다.

3) 정당의 특성

정당들의 내부적 특성들도 당정 관계에 영향을 미친다(Bondel, 1995: 139－140). 우선 좌익 정당들이 우익 정당들보다 정부에 — 특히 정부구성과 정책형성에 — 더 많이 개입하려는 경향이 있는데, 이들은 이런 개입을 통하여 민주주의와 참여가 더 신장될 수 있다고 생각한다. 후원 또는 특혜 제공에 대해서는 공식적으로는 강한 거부감을 갖고 있으나, 정당의 단합을 위하여 때로 필요한 것으로 간주되기도 한다. 정당이 표방하는 이념이 당정 관계에 영향을 미치는 것은 명백하지만, 최근 영국 노동당의 예에서 보는 바와 같이, 정당 사이의 이념 차이가 퇴색됨에 따라 그 중요성이 떨어지고 있는 것도 사실이다.

정당의 사회적 지지 기반이 있는지 없는지의 여부도 당정 관계에 영향을 미친다. 광범위한 사회적 지지 기반을 갖고 있는 '대표성 있는 정당들(representative parties)'이 몇몇 정치지도자들에 의해 위로부터 만들어진 '권위주의적 정당들(authoritarian parties)'보다 정부에 더 많은 영향력을 행사하려고 할 것이다. 그러나 현실적으로 대표성 있는 정당은, 미국의 예에서 보는 바와 같이, 그렇지 않은 정당보다 더 분권화 되어 있기 때문에 정부에 영향력을 행사하지 못하는 측면이 있다. 한편 아주 광범위한 사회적 지지 기반을 유지하고 있는 정당은 정부 구성에 있어서의 영향력보다는 정책과 관련된 후원 제공에 더 큰 영향력을 행사하려고 할 것이다.

정당의 내부적으로 응집력이 있는지 없는지의 여부, 즉 정당의 내부구조도 당정 관계에 많은 영향을 줄 것이다. 정당의 내부구조와 관련하여, 정당지도자에게 결정 권한이 집중되어 있는 응집력이 강한 정당, 당명만 유지하고 있는 모래알 같은 정당, 그리고 그 중간쯤에 계파, 지역, 언어, 인종, 종교, 계급 등에 따른 당내 계파가 존재하는 정당들을 생각해볼 수 있겠다. 일반적으로 응집력이 낮으면 낮을수록 정당의 영향력도 낮고, 정당에 대한 정부의 영향력도 낮아지는 데, 극단적인 모래알 정당은 정당의 실체가 없기 때문에, 정당 우위냐 또는 정부 우위냐를 논의할 수조차 없을 것이다. 이런 극단적 경우는 현실적으로 존재하지 않는데, 특히 내각제에서는 정당이 없으면 정부가 있을 수 없으므로 이런 상황은 — 마치 프랑스 제4공화국과 유사한 상황 — 초래되지 않을 것이다.

정당 응집력의 정도는 대통령제에서보다 내각제에서 훨씬 중요한 의미를 갖는다. 내각제에서 응집력이 강한 정당이 있다 하더라도, 정당 내에 안정된 계파가 있는 경우와 원내 집단과 정당으로 권력이 분산되어 있는 경우를 특별히 주목할 필요가 있다. 정당 내에 안정된 계파가 있는 경우는 마치 정당 내에 연립내각을 갖고 있는 것과 유사하여, 정당이 정부 구성에 큰 영향력을 행사할 것이다. 정책에 대해서도 어느 정도 영향력을 행사하지만 정부의 자율성도 어느 정도 유지될 수 있을 것이다. 일본과 이탈리아의 예에서 보듯이 계파를 유지하기 위한 후원과 특혜 제공이 만연할 것이다(Crepso, 1995: 199－200). 소속 의원들과 정당이 정당 내 권력을 분점하고 있는 경우에는 양측이 의견 일치를 볼 수 있다면 정당의 영향력이 강해지지만, 갈등이 생기면 정부가 그 틈새를 활용하려들 것이다. 이 경우 정당의 응집력이 기본적으로 강하기 때문에, 후원의 문제는 심각하지 않을 것이다. 결국 여러 방식을 통하여 정당 내부의 특성들이, 정부 우위냐 정당 우위냐를 결정하는 꽤 많은 영향을 주고 있는 것이다.

4) 정치지도자의 역할

정치지도자들의 역할을 지금까지 논의한 당정 관계에 영향을 미치는 요인들에 의해서 확대될 수도 있고 축소될 수도 있기 때문에, 이 문제에 대해서는 많은 논쟁이 있어 왔다. 일반적으로 내각제보다는 대통령제 하의 내각수반은 정부를 독립적으로 이끌기 때문에 그 역할이 막중하다. 내각제에서도 단일정당정부 또는 응집력이 강한 집권화된 정당들이 집권하는 경우에는 강한 정치지도자가 나타날 수 있다. 정치지도자가 정치제도가 자신들에게 부여하는 권한 이상을 행사한다면, 정치지도력이 당정 관계에 영향을 주는 독립변수로 작용한다고 할 수 있을 것이다.

정치지도자의 유형은, 정부(내에서만 영향력이 있는) 지도자, 정당(내에서만 영향력이 있는) 지도자, 정당과 정부(모두에서 영향력이 있는) 지도자로 분류해볼 수 있다(Bondel 1995, 140－141). 정부지도자는 정당의 지원보다는 대중들의 지지에 의해서 집권한 대통령과 대통령이 임명한 정부 고위직, 그리고 연립정부를 이끄는 내각제의 수상을 말한다. 이들은, 흔히 국민적 대동단결이 필요하다거나, 정부의 관리적 또는 기술적 역할을 강조하면서, 정당보다는 정부를 더 강화시키기를 원한다. 그들은 당정 관계를 상호의존형에서 정부독립형 쪽으로 움직이려고 시도하는데, 물론 이러한 시도는 내각제에서보다는 대통령제에서 더 성공할 가능성이 크다.

정당지도자는 그 반대의 목표를 갖고 있다. 이들은 정당의 이익을 위해서 정부와 정당의 상호 의존 관계를 극대화하려고 시도한다. 이들에게 가장 바람직한 상황은, 정부가 세력이 대등한 정당들로 구성되어 있으며 어떤 정당의 지도자도 정부에 참여하지 않고 있는, 그런 상황이다. 그러나 이런 상황에서조차도 정당지도자들의 영향력은 한계가 있을 수밖에 없는데, 연립정당의 다른 정당지도자들도 그 만큼의 영향력을 행사하려고 하고 수상의 역할도 무시할 수 없기 때문이다.

정부와 정당지도자는 정당 내의 영향력도 활용할 수 있고 국가 전체적인 이익을 내세울 수도 있기 때문에, 일견 강력한 권력 자원을 갖고 있는 것처럼 보인다. 그러나 사실 이들은, 정당의 불만을 무릅쓰고 정부 우위의 당정 관계를 추구하거나, 정당의 정치적 요구와 정부의 기술(관리)적 요구 사이의 균형을 맞추어 대등한 당정 관계를 유지하거나, 둘 중의 하나를 선택할 수밖에 없다. 후자의 전략을 선택하는 것이 더 효과적이나 그 만큼 달성하기가 더 어렵기도 하다.

정확히 측정하거나 기록된 것은 없지만 지도자들의 역할도 시간이 흐름에 따라 변한다. 새로 선출된 지도자들은, 설령 그들이 원한다 하더라도, 정당의 요구를 무시하기가 쉽지 않을 것이지만, 시간이 흐를수록 정당의 정책과 인선에 더 큰 영향력을 행사할 수 있을 것이다. 그러다가 다른 새 지도자가 나타나면 결국 그들의 영향력도 사라질 것이다. 정치지도자들에 대한 위 논의는 다분히 인상적인 것이지만, 대체적으로 볼 때, 그들이 정당 내에 영향력이 있건 없건, 정부지도자들이 정당지도자들보다 당정 관계를 결정하는 데 더 큰 영향력이 있는 것 같다.

5) 정책과정에서의 당정 관계

정책에 대한 정의는 다양하다. 정책을 '정부의 행동체계(a government system of action)'로 정의한다면, 정부가 어떻게 운영되며, 왜 특정한 문제만 정책으로 삼는지를 알아야 한다. 이를 위하여 정책을 행위자들의 체계, 행위 그리고 과정 등으로 나누어 살펴볼 필요가 있다. 우선 행위자들의 체계에는, 물론 정책과 관련하여 정부 당국을 대표하는 사람들이 주를 이루지만, 정당과 이익집단과 같이 정책의 준비와 실행 단계에서 정책에 영향을 주는 정부 밖 행위자들도 포함된다.

정책은 정부의 '일련의 행위 또는 비행위(a set of acts or non-acts)'를 포함하기 때문에, 정책과 관련한 정부의 다양한 유형의 행태 또는 행동을 검토하여야 하며, 경우에 따라서는 정부가 왜 정책을 만들지 않는지 — 이른바 정부의 '비행동(inactivity)' — 까지를 고려하여야 한다. 어떤 정책들은 상징적인 의미만 지니고 있기 때문에 정책의 실체가 구체적으로 드러나지 않는데, 이에 따라 정책들은 정부가 그 문제에 관심이 있다는 사실만을 알려주는 데 그친다. 정책과정과 관련해서는 정부의 행위가 시간적으로 순서를 두고 배분된다는 사실을 강조할 필요가 있다. 정책과정은 대체적으로, 문제인지, 대안모색, 정책채택, 정책집행으로 나누어질 수 있는데, 이런 각 단계마다 정부 당국을 비롯한 정책 관련자들의 행위가 이루어진다(Jones, 1977: 27－32).

정책 분야에 따라 당정 관계가 다르게 나타난다는 것은 위에서 언급하였다. 이런 차이는 정책 내용이 가지고 있는 특성에 기인하는 면도 있지만, 정책 분야에 따라 정책과정이 달라지기 때문이기도 하다(Ripley & Franklin, 1980: 22－23). 그러나 더 본질적인 문제는, 필연적으로 정책형성에 대한 정당과 정부의 접근방법이 다를 수밖에 없다는 점이다. 정당은 속성상 이념과 관련된 아주 포괄적인 문제나 지역적이거나 개인적인 아주 구체적인 문제에 관심을 갖는 데 반하여, 정책집행 수단을 강구해야 하며 정책과 관련된 예상치 못한 사태에 대비해야만 하는 정부는 기본적으로 이런 극단적인 문제보다는 중간 수준의 무난한 문제에 관심을 두는 경향이 있다. 어느 나라든지 정부가 정당보다 외교문제와 경제문제에 더 관심을 갖는 것도 이러한 이유 때문이기도 하다. 따라서 이 분야에 관한 한 어느 정부든지 자율성을 갖고 있다고 할 수 있다.

경우에 따라서는 정부가 힘 안 들이고 정당으로부터 자율성을 행사할 수도 있다. 경제분야 정책 중 조세 인상과 같이 정당이 그들의 지지자들을 의식하여 관여하지 않으려고 하거나, 사회적 서비스의 재조정 문제와 같이 정치적 모험이 수반되는 문제들에 대해서는 정부가 자율성을 누릴 수 있다. 모든 나라들에서 대체적으로, 다른 분야에 비해서 외교문제나 경제문제에 대해서 정부가 더 큰 자율성을 누릴 수 있다고 할 수 있으나, 각 나라의 구체적인 상황과, 특히 정책과 관련된 쟁점의 구체적인 성격에 따라서 많은 차이가 나타날 수 있다고 할 수 있다.

정책에 대한 위와 같은 관점에 근거하여 정책과정에서 당정 관계의 양상이 어떻게 나타나는지를 살펴볼 예정인 데, 특히 정당이 정책과정에서 어느 정도 영향력을 미칠 수 있는지에 초점을 맞추려고 한다(Casino, 1995: 173－175). 우선 정당 프로그램(정강)이 이미 집행된 정책에 어느 정도 반영되어 있는지만을 확인해서는 정당의 영향력을 판단할 수 없다는 점을 지적할 필요가 있다. 정책형성에는 매우 복잡한 요인들이 개입되기 때문에 정강에 드러난 것만을 보아서는 그 영향력의 실체를 알 수 없기 때문이다. 더구나 정강은 '선거 시장(electoral markets)'에서 유권자들의 요구를 반영시킬 수밖에 없어서, 정당이 진짜 추구하는 이념적 목표와 어긋날 가능성이 있기도 하다.

정책과정에서 정당의 영향력을 파악하기 위해서는, 정강과 정책을 비교하기보다는, 문제인지에서 집행단계에 이르기까지의 과정에서 정당 간부가 부정적이든 긍정적이든 정책내용과 과정에 영향력을 미칠 수 있는 능력이 있는지를 더 구체적으로 보아야 한다. 정당이 정책과정에서 어떤 형태로든 정부에 영향을 행사한다는 것은 명확한 일이기 때문에, 당정 관계는 정부에서 집행된 모든 정책에 대해서 정당이 어떻게 관여하였는지를 모두 검토한 다음에야 결정될 수 있는 문제이다. 현실적으로 이것이 불가능하므로 일부 정책들만을 검토할 수밖에 없는데, 따라서 이 방법에 의한 당정 관계에 대한 추론은 매우 조심스럽게 이루어져야 한다.

먼저 정책 문제의 인지단계에서, 문제가 정당에 의해서 먼저 제기되어, 제기된 문제가 큰 수정 없이 정책의제로 채택되는 경우, 당연히 정부에 대한 정당의 영향력이 크다고 할 수 있다. 문제가 정부에 의해 제기되더라도 정당의 반대에 부딪혀 문제를 근본적으로 다시 정의해야 되는 경우에도 정당의 영향력이 크다고 할 수 있다. 반대로 정부에 의해서 제기된 문제가, 정당의 전폭적인 지지를 받지는 못하지만, 문제의 본질이 바뀌지 않은 상태에서 정책 당국으로 넘어가는 경우 정부의 영향력이 크다고 할 수 있겠다. 정당의 개입 없이 순전히 정부 스스로 문제가 제기되는 경우 정부의 영향력이 큰 것은 말할 것도 없다.

대안모색과정에서 정당이 그 문제와 관련된 위원회에 참여하며, 그 위원회의 결정이 구속력이 있을 때 정당의 영향력은 커진다. 구속력 있는 위원회에 참여하고 있지는 않지만 정부가 제기한 정책이 정당의 이해관계와 상충되는 경우에는 정당이 그 정책을 중지시키거나 본질적인 부분에 수정을 가할 수도 있다. 그러나 어떤 정책에 대해 정당 내에 이견이 존재하여 부분적인 수정에 그치거나 정당이 전혀 개입하지 못한다면 정부의 영향력이 크다고 할 수 있다.

정책채택의 단계에서 정부에 의해 채택된 안이 정당의 요구를 그대로 받아들였거나, 요구를 받아들이지 않았다는 이유로 채택되지 않았을 경우 정당의 영향력이 크다고 할 수 있다. 반대로 채택된 안에 정당의 요구가 전혀 반영되지 않았거나, 정당의 개입 없이 정책이 채택되는 경우 정부의 영향력이 크다고 할 수 있을 것이다. 정책집행의 내용과 속도가 의회나 정당의 감독 아래 있거나, 직접적인 감독은 하지 않지만 정책이 수정될 경우 의회나 정당이 관여할 수 있을 경우 정당의 영향력이 크다. 의회나 정당이 정부의 정책집행에 관여할 여지가 거의 없거나 정책 수정이 정부 임의대로 가능한 경우에는 정책집행과정에 정당의 영향력이 약하다고 할 수 있다(Arnold, 1979: 87－89).

위와 같은 가정에 근거하여 정당의 영향력을 유형화하면, 어떤 정책과정에서 정당의 영향력이 아주 높은 경우에서부터 전혀 없는 경우까지를 예상할 수 있다. 모든 정책을 다 검토할 수 있다면 당정 관계에 대한 뚜렷한 윤곽과 정책유형에 따른 차이를 밝혀낼 수 있을 것이다. 실증적 연구를 위해서는 특히 정당이 참여하는 정책과 관련된 위원회의 존재 여부, 구성 방식, 권한, 정책에 대한 정당 지도자의 찬성 또는 반대 표명 여부, 정부에 압력을 넣기 위한 의회의 토론 내용 등을 확인할 필요가 있다. 정책에 관여하였던 정부와 정당의 주요 행위자들에 대한 심층면접을 시도할 수도 있으며, 정책문제와 관련된 기사, 정부와 정당의 문서, 연구보고서 등 2차 자료들을 검토할 수도 있을 것이다.

5 우리나라의 경우

맺음말에 앞서 위의 이론적 논의들에 근거하여 우리나라의 경우를 잠깐 살펴보자. 우리나라에 대한 아래의 논의는 다분히 인상적인 것으로서, 더 구체적인 논의는 당정 관계에 영향을 미치는 각각의 요인에 대한 경험적인 연구가 축적된 이후에나 가능할 것이다. 그러나 앞으로의 연구 과제를 제시한다는 의미에서 정부와 정당의 자율성, 정당의 체계와 역할, 정부와 정당의 요직 인선, 후원 제공 등에 있어서 당정 관계가 어떻게 나타나고 있는지 만을 간단히 언급하려고 한다. 큰 의미는 없겠지만 정책과정에서 나타나는 당정 관계의 양상에 대해서도 간단히 스케치하려고 한다.

우선, 우리의 경우 정당에 비해서 언제나 정부의 역할이 압도적이었기 때문에 서구적 의미에서 정부 또는 정당이 자율성을 가져본 적이 없다. 당정 관계의 유형에서 정부와 정당이 독립적이냐 상호 의존적이냐는, 각 기관이 의사결정의 주체로서의 자율성을 갖고 있다는 점을 전제로 하는데, 우리나라 정당들은 애초부터 정책정당과는 거리가 멀었으므로, 특히 정당의 자율성이라는 측면에서 결함을 지니고 있었다. 서구적 의미의 정부 자율성도 결국 정당 자율성을 전제로 하므로 정당 자율성이 없는 상태에서 정부 자율성은 있을 수 없다. 이 경우의 정부 자율성은 자율성이 아니라 정부의 독주라 할 수 있다.

최근의 예외적인 상황들을 제외하고는 우리나라 정당들은 대체적으로 양당체제를 유지하여 왔다. 그리고 이런 양당체제는 정치적인 쟁점은 물론이고 정책적인 문제에 대해서도 항상 극한적인 대립을 낳아 왔다. 우리나라 정당체계를 결정하는 것은 이념이나 정책의 차이가 아니라 전적으로, 흔히 대권주자로 불리는, 정당 지도자들의 판단에 의해서이다. 대통령 후보를 둘러싸고 야기된 반대당들의 분열과 통합, 대통령 당선을 위한 지지당들의 연합은 그러한 예를 단적으로 보여준다. 이런 정당체제에서 정부와의 관계는 이중적인 양상을 띠게 된다. 정부와 정당의 고위층에서는 정당 우위가, 상대적으로 하위층에서는 정부 우위가 나타날 가능성이 있다. 따라서 정부의 고위 관료들이 승진하거나 더 좋은 자리로 가기 위해서는 정당에 선을 댈 필요가 있을 것이다. 그러나 정당이 정부가 제공하는 규모가 크지 않은 후원 또는 특혜 제공의 혜택을 받기 위해서 정부의 고위 관료들만 접촉하는 것은 아니다.

대부분 정치 후진국과 마찬가지로 우리나라 정당들은 보다 큰 이슈에만 관심을 가져왔다. 구체적 정책과 같은 작은 이슈들은 큰 이슈를 다룰 때 협상용으로만 의미가 있을 뿐 정책 내용에 대해서는 별 관심이 없다. 심지어 예산을 다룰 때에도 다른 정치적 이슈를 합의해 준다는 대가로 통과시키는 일이 왕왕 있어 왔다. 이른바 '당정협의회'를 운영하고는 있으나. 정당의 정부에 대한 영향력 행사는 아주 포괄적인 수준에서 이루어지며 정치적 상징성만을 띠고 있는 경우가 대부분이었다.

이에 반하여 정부와 정당 사이의 후원 또는 특혜 제공은 매우 광범위하게 일어난 것으로 추측할 수 있다. 기본적으로 당비를 내지 않는 당원들로 구성된 정당이 그 명맥을 계속 유지할 수 있었던 것은 이익집단, 의회, 정부 사이에서 일어나는 검은 거래에 정당도 끼어 있었다는 것을 어렵지 않게 짐작할 수 있다. 이 과정에서 현직 의원들은 말할 것도 없고 간부 당원들도 여건과 능력에 따라 한 몫씩 거들었을 것이다. 최근 의원 개인에 대한 후원회가 활성화되고 있으며, 정치자금의 공개를 의무화하고는 있지만, 이 문제는 근본적으로 정당에 대한 국고지원 확대와 당비를 내는 당원수의 증가에 의해 해결될 문제이다. 그러나 정당에 대한 우리 국민들의 정서상 그 실현이 요원하다는 데 문제의 심각성이 있다.

개인적인 후원과 특혜 제공은 눈에 잘 드러나지 않는 데 반하여, 이른바 지지당에 대한 정부의 후원은 선심성 예산배분이라는 형태로 나타나기도 한다. 어느 나라나 선거를 앞두고 팽창 예산이 편성되는 경향이 있다고는 하지만, 우리처럼 전국적 또는 지역적으로 예산배분이 왜곡되는 예는 흔치 않을 것이다. 예산 삭감을 임무로 하는 의원들이 선거 때만 되면 예산 증액을 요구하는 사태는 민주주의를 하고 있다는 나라에서 그 예를 찾아보기 힘들 것이다.

정부와 정당의 요직 인선에 있어서도 정부 우위가 명백한데, 많지는 않지만 국회의원이 장관이 되는 경우는 있지만, 정당 관료를 지내다가 정부관료로 변신하는 일은 거의 없다. 과거의 일부 사회주의 국가들을 제외하고는, 어느 나라나 정당 관료들에 비해서 정부 관료가 직업적 안정성과 사회적 평판이 더 높기 때문에 정당 관료들이 정부로 이동하기를 바라는 경향이 있다(Casino, 1995b: 177). 그러나 우리나라 정당 관료들은 일정한 봉급과 임무가 주어지는 관료가 바라는 의회에 진출하려는 정치 지망생들이 대부분이어서, 특별한 경우를 제외하고는 정당 관료와 정부관료 상호 이동을 생각할 여지가 전혀 없다. 심지어 우리나라 정당 관료 중에서는 정치적으로 성공하기 전까지는 일종의 브로커 역할을 자신들의 주요 임무로 착각하고 실제로 그 역할을 충실히 수행하는 경우도 적지 않을 정도이다.

정책과정에서도 정책 문제의 인지단계는 전적으로 정부에 의해서 지배되고 조작된다. 그 문제에 대한 어떤 개인이나 집단 또는 정당의 반응이 고려되는 경우도 있지만, 대부분의 문제들은 관료들에 의해 정의되고 관료들에 의해 정책의제화된다. 경우에 따라서는 정책이 아니라 정치적 쟁점의 주도권 조차도 이익집단이나 정당에게 있는 것이 아니라 정부의 관료가 갖고 있을 수도 있다. 그 정치적 쟁점을 해결하고 위기에 대처하는 일까지도 이른바 기술관료라 불리는 소수 공무원 집단이 주도한다.

정책채택단계에서도 의회가 중요한 역할을 하는 것이 아니라 거의 모든 조치들이 정부 내 관련 부서에서 이루어진다. 이 단계에서 사안에 따라 — 특히 정치시장에 영향을 주는 문제인 경우 — 집권당이 나서기도 하는데, 이 경우에도 구체적이기보다는 포괄적인 개입에 그친다. 정책집행단계에서도, 중요한 이권이 걸려 있는 예외적인 경우를 제외하고는, 다른 나라에 비해서 정부 전체가 고도로 중앙집권화되어 있기 때문에 정당이 개입할 여지가 그 만큼 적다고 할 수 있다. 그러나 위에서 언급한대로 정치적 의미를 지닌 중요한 정책에 대해서는 정당 또는 정당 지도자의 영향력을 행사하려고 할 것이다.

6 맺음말

당정 관계의 문제는 현대 민주주의의 가장 중요한 테마 중 하나임에도 불구하고 거의 연구가 되어 있지 않다. 정당에서 일부 정책을 제시하거나 정부에서 제안한 정책의 일부를 수정하고 정부에서 정책을 집행한다는, 또는 집행하는 것이 바람직하다는 상식적인 수준의 주장만 있어왔다. 정당에서 실질적인 의미에서 정책을 제시하는지, 정부에서 정책을 제안하여 정당에 보내는지, 정당이 전혀 관여하지 않는 문제에 정부가 어느 정도 독자적으로 개입하는지, 정당이 관여하지 않는 이유는 무엇인지 등에 대한 검토가 이루어져야 한다, 특정한 정부와 정당을 대상으로, 정부와 정당의 요직 임명, 정책에 대한 영향력, 상호 후원 여부 등에 있어서, 당정이 독립적인지 의존적인지, 의존적이라면 의존 관계에 특별한 패턴은 없는지 등에 대한 더 정밀한 분석이 필요하다.

그 다음에 정치적 요인을 비롯하여 당정 관계에 영향을 미치는 요인들을 검토하여야 한다. 헌법상의 정치제도, 정당체제, 정당의 내부적 구조, 정치지도자들의 역할과 행태, 정당과 정부가 관심을 기울이고 있는 문제의 성격 등이 당정 관계에 영향을 준다. 이처럼 당정 관계에 개입하는 정치적 요인들이 너무 다양하기 때문에 어쩌면 당정 관계에 일반이론을 구축할 수 없을지도 모르겠다. 그러나 이런 요인들에 대한 면밀한 검토가 끝난 후에야, 가장 중요한 문제인 민주주의 정치체제의 복지 실현, 즉 정치체제의 효율성과 대표성 양자를 다 얻기 위하여 정부와 정당이 어떤 관련을 맺어야 하는지를 강구할 수 있을 것이다.

정책 분야에 따라 정책과정에서 당정 관계의 양상이 달라지지 때문에 정책과정에 대한 연구도 필요하다. 나라에 따라 다르겠지만 정부와 정당의 영향력이 구체적으로 나타나는 것은 정책을 통해서이며, 정부와 정당의 요직 인선과 상호 후원 또는 특혜 제공도 결국 정책에 대한 영향력 행사라는 형태를 통하여 그 실체가 드러날 가능성이 있기 때문이다. 그런데 정책에 대한 영향력 행사는, 지지당은 정당에서 직접적인 영향력 행사가 가능한 데 비해 반대당은 주로 의회를 통한 간접적인 영향력 행사가 가능하다는 점에서, 지지당과 반대당을 구별해서 살펴볼 필요가 있다. 또한 이런 영향력 행사는 정책과정의 각 단계에서 매우 다양한 형태로 나타날 것이기 때문에, 정책 분야에 따른 구체적인 사례 연구가 축적되어야 할 것이다.

제 5 장 입법보조기관(legislative staff) 비교 연구 – 연구조사 기능을 중심으로 –

이른바 '문민정부' 출범 이후 의회정치를 활성화하여야 한다는 논의가 활발하게 전개된 바 있다. 이는 우리 현대 정치사에 있어서, 제2공화국의 짧은 경험을 제외하고는, 행정부의 지나친 독주 때문에 의회가 정치의 핵심에서 벗어나 있었다는 문제제기에서 비롯된 것이다. 물론 이와 같은 우리 의회의 침체는 30여 년 동안 지속된 군부통치와 그들의 통치방식에 그 직접적인 원인이 있었을 것이다. 그러나 의회의 위축 현상은 비단 우리나라에서만이 아니라, 정도의 차이는 있지만 흔히 행정국가로 표현되는 현대의 모든 국가들에 있어서 나타나는, 어느 정도 보편적인 정치 현실이기도 하다.

선진 의회민주주의 국가들은 국민들의 의사를 민주적으로 수렴하여 행정부의 독주를 효과적으로 견제하기 위한 의회개혁 방안을 꾸준히 강구하여 왔다. 그런데 이 문제는 본질적으로 의회정치가 기반으로 하는 '대중성'과 현대사회의 복잡한 사회문제를 해결하는 데 필요한 '전문성'을 어떻게 조화시킬 수 있는지의 문제로 압축된다. 즉 입법부가 행정부의 독주를 견제하지 못하는 가장 중요한 이유 중의 하나로 입법부의 전문성 부족과 이에 따른 의회의 무능이 꼽아지고 있으며, 따라서 의원들의 의정활동을 효과적으로 보좌하여 입법부의 전문성을 증진시키기 위한 입법보조기관의 강화의 문제가 제기되고 있는 것이다.

이 글은 의회정치가 활성화되기 위해서는 입법보조기관의 강화가 필수적이라는 전제 아래, 상대적으로 의회민주주의가 제대로 작동하고 있다고 간주되는 미국, 영국, 프랑스, 일본 등의 입법보조기관의 실태를 서로 비교하는 것을 그 목적으로 하고 있다. 그런데 각국의 입법보조기관의 실태는 그 국가의 정치적 전통, 정치 상황과 특히 각국 의회의 운영방식의 차이에 따라서 다양한 양상을 띠고 있기 때문에 특정한 기준에 따라서 일률적으로 비교하기는 불가능하다. 이 연구에서는 입법보조기관의 유형을, 모든 국가에 적용이 가능한, 의원 개인에 대한 보조기관, 위원회와 같은 특정한 의원 집단에 대한 보조기관, 의원 전체에 대한 보조기관 등으로 나누어 비교하되, 이러한 기관들이 수행하는 업무 중에서 최근에 가장 강조되고 있는 연구조사 기능을 중심으로 살펴보려고 한다.

1 머리말

이른바 '문민정부'의 출범 이후 의회정치를 활성화하여야 한다는 논의가 활발하게 전개된 바 있다. 이는 우리 현대 정치사에 있어서, 제2공화국의 짧은 경험을 제외하고는, 행정부의 지나친 독주 때문에 의회가 정치의 핵심에서 벗어나 있었다는 문제제기에서 비롯된 것이다. 물론 이와 같은 우리 의회의 침체는 30여 년 동안 지속된 군부통치와 그들의 통치방식에 그 직접적인 원인이 있었을 것이다. 그러나 의회의 위축 현상은 비단 우리나라에서만이 아니라, 정도의 차이는 있지만 흔히 행정국가로 표현되는 현대의 모든 국가들에 있어서 행정기능이 확대 강화됨에 따라 상대적으로 입법기능이 축소 약화되고 있는, 어느 정도 보편적인 정치현실이 반영된 것이기도 하다.

현대국가들에 있어서의 이와 같은 입법기능의 위축은, 단순히 행정부로의 정책결정권의 집중의 문제에 그치는 것이 아니라 근대국가 이후 당연시되어온 삼권(또는 이권)분립의 원리와 이에 입각한 국가 권력구조의 근본적인 재편의 문제를 제기한다. 따라서 현대 행정국가에 있어서는 의회주의(Parliamentalism)에 의존하고 있는 자유민주주의 이론의 재검토가 불가피하며, 이 과정에서 의회정치 위기론에서 한 걸음 더 나아가 극단적인 '의회무용론(議會無用論)'이 주장되기도 한다. 그러나 국민들의 의사를 수렴할 수 있는 더 나은 대안이 발견되지 않고 있는 현 시점에서는, 이러한 극단론보다는 일단 정치과정에서 의회의 존재의의를 인정하고 이를 바탕으로 의회의 기능과 역할을 강화시킬 수 있는 방안을 모색하는 것이 보다 현실적일 것이다.

실제로 선진 의회민주주의 국가들은 국민들의 의사를 민주적으로 수렴하여 행정부의 독주를 효과적으로 견제하기 위한 의회개혁 방안을 꾸준히 강구하여 왔다. 그런데 이 문제는 본질적으로 의회정치가 기반으로 하는 '대중성'과 현대사회의 복잡한 사회문제를 해결하는 데 필요한 '전문성'을 어떻게 조화시킬 수 있는지의 문제로 압축된다. 즉 입법부가 행정부의 독주를 견제하지 못하는 가장 중요한 이유 중의 하나로 입법부의 전문성 부족과 이에 따른 의회의 무능이 꼽아지고 있으며,

따라서 의원들의 의정활동을 효과적으로 보좌하여 입법부의 전문성을 증진시키기 위한 입법보조기관의 강화의 문제가 제기되고 있는 것이다.

이 연구는 이러한 문제의식에서 의회정치가 활성화되기 위해서는 입법보조기관의 강화가 필수적이라는 전제 아래, 상대적으로 의회민주주의가 제대로 작동하고 있다고 간주되는 미국, 영국, 프랑스, 일본 등의 입법보조기관의 실태를 서로 비교하는 것을 그 목적으로 하고 있다. 이렇게 함으로써 우리나라 입법보조기관의 전문성을 향상시킬 수 있는 방안들을 탐색해보고, 이를 위한 우리나라 국회사무처의 조직 개편의 필요성과 그 방향을 암시해줄 수 있을 것이다. 따라서 이 연구는 그 동안 군사정부 아래에서 극도로 위축되어 있던 입법부의 기능강화 방안을 모색하는 데 하나의 참고자료를 제공함으로써 우리나라 의회정치의 활성화에 어느 정도 기여할 수 있을 것이다.

2 연구의 범위, 방법 및 한계

넓은 의미의 입법보조활동은 의회 안에서 의원들의 입법활동을 지원하는 각종의 행정업무와 조사업무는 물론이고 의회 밖에서 간접적으로 의원들의 활동을 지원하는 정당, 이익집단, 연구단체, 개인후원회들의 입법관련활동이 모두 포함된다.

그런데 의회 밖에서의 입법보조 활동은 의원 개인의 관심과 역량, 이익집단을 비롯한 각종 단체들의 요구와 지지, 각 정당들의 정책개발 의지와 능력, 그리고 정치과정에서 의회가 차지하는 비중 등의 요인에 따라서 천차만별의 양상을 지니고 있다. 이 연구는 각국 의회의 사무처 조직을 중심으로 의회 안에서 이루어지는 입법보조 활동의 실태를 비교하되, 이러한 활동을 수행하는 입법보조기관의 구성과 그 기능에 초점을 두고 있다.

의원들의 입법활동을 지원하는 의회 사무처의 기능은 크게 조직유지 기능, 의사진행 기능, 연구조사 기능 등으로 나누는 것이 일반적이다(Worthley, 1975: 170－176; 박동서, 1980: 301－302). 의회 사무처가 수행하는 위의 기능 중에서 최근에 가장 강조되고 있는 기능은 연구조사 기능이라 할 수 있다. 이는 의원들의 효과적인 의정활동을 위해서는 의원들이 행정부에 버금가는 많은 정보와 지식을 필요로 하다는 상식적인 이유 외에도, 정보의 폭증 사태가 초래되고 있는 최근에는 무수히 많은 정보 중에서 가치 있는 정보를 선별하고 분석하여 의원들에게 제공함으로써 의원들의 전문성을 보완해 주어야 한다는 문제의식에 따른 것이다. 따라서 선진 각국의 입법보조기관들은 의정활동에 필요하다고 판단되는 정보를 선정하고 그 정보가 지니고 있는 의미를 분석하는 등 보다 전문적인 입법보조활동을 전개하고 있는 것이다(곽경희, 1991: 102－103).

이 연구에서는 의회 민주주의의 선진국이라 할 수 있는 미국, 영국, 프랑스, 일본 등의 입법보조기관의 구성, 기능, 활동 등을 비교하고자 한다. 그런데 각국의 입법보조기관의 실태는 그 국가의 정치적 전통, 정치 상황과 특히 각국 의회의 운영 방식의 차이에 따라서 다양한 양상을 띠고 있기 때문에 특정한 기준에 따라서 일률적으로 비교하기는 불가능하다.[1] 따라서 이 연구에서는 입법보조기관의 유형을, 라일(Ryle, 1981: 488)의 분류에 따라, 모든 국가에 적용이 가능한, 의원 개인에 대한 보조기관, 위원회와 같은 특정한 의원 집단에 대한 보조기관, 의원 전체에 대한 보조기관 등으로 나누어 비교하되, 이러한 기관들이 수행하는 업무 중에서 최근에 가장 강조되고 있는 연구조사 업무를 중심으로 살펴보고자 한다.

이 연구는 연구 제목에 이미 드러나 있는 바와 같이 비교 방법을 사용하고 있다. 사회 현상을 연구하는 데 있어서 비교 방법의 중요성과 그 한계에 대해서는 여기서 새삼스럽게 논의할 필요는 없을 것이다. 다만 이 연구와 같은 일종의 비교 제도론적인 연구의 경우에는 형식적인 제도와 실질적인 운영 사이의 괴리를 간과할 가능성이 항상 있으며, 이러한 가능성은 연구에서의 논의의 근거를 전적으로 문헌으로 된 자료에만 의존하는 경우에 더 커진다고 할 수 있다. 이 연구도 문헌자료에 의존한 비교 제도론적 방법에 입각하고 있기 때문에 이러한 한계를 그대로 지니고 있다. 따라서 이 연구에서는 연구의 진행과정에서 의회 안에서 제도의 운영을 담당하고 있는 실무자들과의 면담을 통해서 우리나라의 실질적인 운영 실태를 파악하고 이를 근거로 외국의 사례를 살펴봄으로써 이러한 한계를 어느 정도 극복하고자

1) 극단적인 예이기는 하지만 불가리아는 1989년 현재 의회사무처를 따로 두지 않고 국무원에서 의회의 행정업무를 담당하고 있으며, 태국의 경우에도 1975년까지는 행정부 소속 공무원이 의회사무처 업무를 수행하였다. 양원제를 채택하고 있는 국가들의 경우에는 양원 모두에 각각의 사무총장을 두는 것이 일반적이지만, 일부 국가(오스트리아, 요르단, 스위스, 태국)에서는 한 명의 사무총장이 양원을 관장하는 경우도 있다(Laundy, 1989: 123－124).

한다.

3 의원 개인에 대한 보조기관

1) 미 국

미국 상하 양원의 의원들은 세계에서 가장 많은 수의 개인 비서를 두고 있다. 1989년 현재 상원의원은 평균 38명의 비서를 두고 있으며 하원의원들은 상근 비서와 시간제 비서를 포함하여 평균 17명의 비서를 두고 있다(Congressional Quarterly, 1991: 106). 우리나라와 달리 미국의 경우에는 개인 비서의 수가 의원마다 큰 차이를 보이는데, 이것은 미국의 의원들은 의회가 정한 액수의 범위 내에서 의원 개개인의 재량에 의해 자신의 비서를 고용할 수 있기 때문이다.[2)]

다만 하원의원의 경우에는 비서로 고용할 수 있는 인원이 상한을 정하고 있어서 모든 의원이 18명의 상근 직원과 4명의 시간제 직원의 범위 내에서 비서를 고용할 수 있도록 하고 있다. 그러나 상원의 경우에는 이러한 제한이 없어서 실제로 의원이 대표하는 주의 인구수에 따라 25명에서 60명까지의 비서를 고용하고 있다(Congressional Quarterly, 1991: 117).

이처럼 미국의 경우에는 비서의 수가 많기 때문에 그들이 담당하는 업무도 비교적 세분화되어 있다. 이들은 지역구 유권자들에 대한 봉사와 의원들의 입법보조활동과 같은 주요 업무 외에도 보도, 행정, 우편 업무 등을 수행하고 있다.

2) 영 국

영국의 경우에는 의회 전체의 수준에서 의원들에게 개인 비서를 제공하고 있지는 않다. 다만 의원들이 일반 사무경비, 비서 및 조사 수당 등의 명목으로 의회에서 지급하는 '사무실 운영수당(office costs allowance)'의 한도 내에서 자신의 필요에 따라 다양한 형태로 비서를 고용하고 있다. 영국의 경우에는 미국과는 달리 '비서 고용수당(clerk－hire allowance)'을 의원들에 따로 지급하지 않고 있어서 의원들

2) 1991년 현재 하원의원은 연 475,000 달러를, 상원의원은 출신주의 인구 비례에 따라 연 814,000－1,760,000달러를 받고 있다(Congressional Quarterly, 1991: 115－117).

이 비서가 필요 없다고 판단한다면 개인 비서를 전혀 고용하지 않을 수도 있다. 또한 수 명의 의원이 공동으로 비서를 고용할 수도 있으며 일반 사무에 대한 보조가 필요하면 사무비서(secretaries)를, 조사에 대한 보조가 필요하면 조사보조원(research assistants)을 각각 고용할 수 있다.

1988년 현재 각 의원이 2명 정도의 개인 비서를 두고 있는 것으로 나타나고 있는데 사무 비서를 두고 있지 않은 의원이 185명, 조사 보조원을 두고 있지 않은 의원이 310명에 달하고 있으며 이들은 동료 의원의 비서를 활용하거나 의회 외부의 인력을 활용하고 있다(Silk, 1989: 35). 고용된 비서들의 보수, 근무조건, 고용기간 등도 전적으로 의원 개인에 결정하도록 되어 있다. 따라서 비서의 업무도 의원 개인의 필요에 따라서 일반적인 사무보조에서부터 연구조사에 이르기까지 매우 다양하게 부과되고 있다(Ryle, 1981: 507-508).

3) 프랑스

프랑스의 경우에는 의회에서 지급하는 일정액의 비서 고용수당의 한도 내에서 의원 개인에 필요에 따라서 일인당 3명까지의 비서를 채용할 수 있다. 1991년 현재 의원 일인에게 월 23,028 프랑을 비서고용수당으로 지급하고 있는데, 의원들은 일반적으로 2~3명의 비서를 두고 있다(김용구, 1992: 90). 의회에서는 비서의 고용에 따르는 예산만을 지급할 뿐 비서의 수, 고용기간, 고용조건 등은 전적으로 의원 개인에게 맡기고 있다. 따라서 각 의원은 비서 1명을 고용하여 임의로 배분하여 지급할 수도 있으며 비서 고용수당을 적립하였다가 의원이 관심을 갖는 특정한 문제에 대한 연구를 위하여 한시적으로 고용한 사람들에게 지급할 수도 있다(Priou, 1983: 54).

이 밖에도 프랑스의 경우에는 의원 세비에 포함된 비서 사용 보조금으로 별도의 비서를 고용할 수 있으며 속기, 타자 등의 업무는 의회에 근무하는 단체 비서를 활용할 수도 있다. 비서들의 업무도 전적으로 의원의 필요에 의해서 부과되고 있으며 일반적으로 의원들의 입법활동에 대한 보좌보다는 유권자들의 민원처리 등 지역구 관리에 치중하고 있는 것으로 알려지고 있다(Campbell, 1981: 83).

4) 일 본

일본의 의원비서제도는 그 임용절차, 신분, 보수 등에 있어서 우리와 가장 유사하다고 할 수 있다. 일본 국회법에 의하면 의원의 직무수행의 편의를 위하여 각 의원에게 2명씩의 비서를 두게 하고 있으며 이들에게 국가공무원법상의 특별직 공무원의 신분을 부여하고 있다. 새로운 비서를 채용하거나 해직시킬 때에는 의장에게 신고하여야 하며 원칙적으로 의장의 동의를 얻어야 한다. 비서의 보수는 비서들에게 적용되는 별도의 급여표(제1비서와 제2비서로 구분)와 일반직 공무원에 준하여 지급되는 각종의 수당으로 구성되어 있다(김용구, 1992: 83).

비서가 수행하는 업무는 다른 나라와 마찬가지로 정책의 기획, 입안에서부터 의원의 개인 사무에 이르기까지 매우 다양하나 일반적으로 행정업무, 입법업무, 보도업무, 우편업무 등을 수행하고 있다.

4 의원 집단(위원회)에 대한 보조기관

1) 미 국

위원회를 중심으로 의회가 운영되는 대표적인 국가라 할 수 있는 미국은 그 만큼 위원회 보조직원의 수도 많고 그들이 맡고 있는 업무의 내용도 다양할 뿐만 아니라 의원들의 입법활동에 미치는 직원들의 영향력이 매우 크다고 할 수 있다. 미국의 위원회 보조직원은 크게 두 가지 범주로 나누어질 수 있다. 하나는 각 위원회에 직접 배치되어 그 위원회의 관련 업무만을 수행하는 위원회 소속 보조직원이며, 다른 하나는 위원회와는 별도로 관련된 위원회 업무를 보다 전문적으로 보조하기 위하여 설립된 의회 내의 독립된 연구조사기관에 소속된 보조직원들이다. 우선 각 위원회 소속 직원들의 입법보조활동을 살펴보고 위원회와는 별도로 관련된 위원회의 업무를 지원하기 위하여 설립된 대표적인 독립기구라 할 수 있는 의회예산처(Congressional Budget Office: CBO)와 기술평가처(Office of Technology Assessment: OTA)의 조직과 기능에 대하여 간단히 언급하기로 한다.[3)]

3) 미국의 경우에는 의회가 철저하게 위원회 중심으로 운영되기 때문에 연구조사업무를 담당하는

1989년 현재 미 의회의 상임위원회 수는 4개의 합동위원회를 포함하여 하원이 27개, 상원이 20개 등이며 상임위원회에 소속된 소위원회의 수는 각각 150개, 86개 등인데, 위원회 전체에 소속된 직원의 수는 하원 1,986명, 상원 1,013명을 기록하고 있다(Congressional Quarterly, 1991: 87, 106). 이 밖에도 어느 상임위원회에도 속하지 않은 사항을 심의하기 위하여 의원의 결의로 한시적으로 설치되는 특별위원회와 상·하의원 간의 의견 차이를 조정하기 위하여 설치되는 합동위원회가 있다.

이와 같이 미국의 경우에는 위원회의 수가 많기 때문에 위원회마다 그 조직과 직원의 수에 있어서 큰 차이를 보이고 있다. 1989년 현재 위원회의 직원수는 하원 소속 위원회는 11명에서 57명까지, 상원의 경우는 11명에서 29명까지로 나타나고 있다(Congressional Quarterly, 1991: 90). 각 위원회는 대체로 18인 이내의 전문직원(professional staff)과 12인 이내의 사무직원(clerical staff), 그리고 필요에 따라 수시로 고용할 수 있는 약간의 전문직원으로 구성되어 있다. 다른 나라들과는 달리 미국의 위원회 직원들은 위원회 전체가 아니라 자신이 지지하는 당을 위하여 근무하기 때문에, 직원의 임명에 있어서도 직원의 2/3는 다수당이 추천하는 사람을, 나머지 1/3은 소수당이 추천하는 사람을 각각의 위원회가 독자적으로 임명하되 위원회 재적의원 과반수 이상의 찬성을 얻도록 하고 있다.

위원회 내부 조직에 있어서도 위원회마다 각각 달라서, 첫째, 가장 일반적인 유형으로 수석전문위원(staff director)을 두지 않고 사무장(chief clerk)이 전 직원을 통할하는 형, 둘째, 수석전문위원과 사무장을 같이 두는 형, 셋째, 수석전문위원이 위원회의 전 직원을 감독하며 그 밑에 사무장을 두는 형, 넷째, 수석전문위원 겸 사무장을 두는 형 등으로 나눌 수 있다(국회사무처, 1989: 51).

위원회 직원들이 담당하고 있는 업무와 그들의 역할도 위원회마다 각각 다르다. 그러나 대체적으로 사무직원들은 위원회의 운영과 관련된 일상적인 업무와 의원 및 전문직원들을 보좌하는 업무를 수행하고 있으며 전문직원들은 위원회에서 다루어지는 각종 정책과 법안에 대한 연구조사업무를 전담하고 있다. 이 밖에도 위

모든 입법보조기관이 어떤 형태로든 위원회 활동을 보조하고 있다고 할 수 있다. 그러나 이 글에서는 설명의 편의를 위하여 미국의 대표적인 입법보조기관인 의회예산처, 기술평가처, 회계감사처, 입법조사국 중에서 위원회와 관련된 업무를 주로 하고 있는 의회예산처와 기술평가처는 특정 의원집단에 대한 보조기관으로, 위원회 업무도 수행하지만 의원 전체에 대한 보조업무를 주로 담당하고 있는 회계감사처와 입법조사국은 의원 전체에 대한 보조기관으로 간주하고자 한다.

원회 직원들은 위원회에서 논의될 의제의 설정 및 의제에 대한 사전조사, 청문회 개최와 관련된 업무, 법률 초안 및 수정안 작성, 각종 보고서 작성 등 회의 준비, 임시 양원협의회(AD HOC joint committee)와 관련된 업무, 행정부 및 이익집단과의 정보교환업무, 위원회와 관련된 홍보업무 등을 수행하고 있다(Congressional Quarterly, 1991: 109-110).

위원회를 보조하는 독립기관인 의회예산처는 주로 상하원의 예산위원회, 세출위원회, 세입위원회, 재무위원회 등을 대상으로 미국 경제의 전반적인 상황과 연방정부의 예산 및 각종 정책, 특히 예산이 국가 경제 전반에 미치는 영향에 대한 정보를 분석하여 의원들에게 제공함으로써 의원들이 예산과 관련된 정책수립을 전문적으로 보조하는 기구이다(국회사무처, 1987: 56-66). 의회예산처는 처장과 부처장 밑에 법령 및 일반 행정에 관련된 업무를 수행하는 2개의 실, 예산과 관련된 실질적인 분석업무를 담당하는 예산분석과, 재정분석과, 조세분석과, 천연자원 및 상업과, 인력 및 지역개발과, 국가안보과 등 6개의 과로 구성되어 있다.

의회예산처에서 발간하는 주요 간행물에는 매 2년마다 미국 경제의 장기적 전망을 분석하는 '경제예측', 매년 향후 5년간의 연방예산의 변화를 추정하는 '기본예산추정', 위원회에 제출된 법안이 향후 5년간 발생시킬 것으로 예상되는 비용을 산정하는 '법안비용추계', 매년 대통령이 제출한 예산을 검토 분석하는 '예산분석', 의회의 요청에 의해서 각종 정책이 예산에 미치는 영향을 분석하는 '정책분석', 예산에 대한 우선순위를 검토하는 '예산 선정에 관한 연례 보고서' 등이 있다.

위원회를 보조하는 또 하나의 독립기관인 기술평가처는 정책수립 및 입법과정에서 제기되는 과학 및 기술문제에 대한 전문적인 의견을 제출하는 연구조사기관으로, 물리학, 생명공학, 법학, 의학 등을 전공한 95명~100명 정도의 전문가로 구성되어 있다. 기술평가처의 연구조사는 처 내의 9개의 팀(에너지자원, 산업기술 및 고용, 국제증권상업, 식품재생자원, 보건, 응용생물, 커뮤니케이션정보기술, 대양환경, 과학수송 및 기술혁신)을 중심으로 운영되는 데, 대부분의 연구들에 외부의 권위 있는 전문가들을 참여시키고 있으며 경우에 따라서는 의회예산처, 입법조사국, 회계감사처 등이 참여하는 공동연구가 이루어지기도 한다.

2) 영 국

본회의를 중심으로 의회가 운영되는 대표적인 국가라 할 수 있는 영국의 경우에도 최근 위원회의 국정감시기능을 보다 강화할 필요성이 있다는 문제가 제기되고 있다. 그러나 전체적으로 볼 때 입법 및 국정 심의과정에서 위원회가 차지하는 비중이 상대적으로 매우 낮다고 할 수 있다. 영국 의회의 위원회는 그 구성방법과 기능에 따라서 전원위원회, 상임위원회, 특별위원회 등으로 나누어지는데, 전원위원회는 하원의 전체 의원으로 구성되기 때문에 특정 의원집단으로 구성되는 다른 나라의 일반적인 위원회와는 구별된다.[4)]

영국의 경우에는 미국 또는 우리나라와 같은 성격의 상임위원회를 두지 않고 있으며 필요에 따라 수시로 설치하는 특별위원회를 중심으로 위원회 제도가 운영되고 있다. 따라서 위원회 업무만을 전담하는 위원회 직원이 거의 없다고 할 수 있다. 다만 사무처 내에 상임위원회, 특별위원회, 재무위원회의 업무를 담당하는 위원회국(committee office)을 별도로 설치하여 각 위원회의 활동을 보조하도록 하고 있다. 각 위원회별 보조직원의 수는 위원회에 따라서 약간의 차이는 있으나 1988년 현재 사무장(senior committee clerk)을 포함하여 대체적으로 3명에서 6명까지로 나타나고 있다. 이 밖에도 각 위원회는 위원회 소관의 전문적인 분야에 대한 자문을 구하기 위하여 약간 명(3명에서 13명까지)의 비상임 외부전문가(specialist advisor)를 활용하고 있는데 이들의 수와 역할은 위원회의 성격에 따라 각각 다르다.

즉 전문적인 업무를 다루는 에너지위원회의 경우에는 자문을 하는 외부 전문가의 수도 많을 뿐 아니라 위원회의 운영에 있어서 이들이 차지하는 비중이 매우 큰 반면에 일반적인 업무를 처리하는 내무위원회의 경우에는 그 수도 적고 이들이 수행하는 위원회는 역할도 큰 비중을 차지하지 못하고 있다(Ryle & Richard, 1988: 171−172). 따라서 전체적으로 볼 때 영국 의회의 위원회는 위원회에 소속된 전담직원은 없으며 사무처 위원회국 소속의 직원들과 필요에 따라 일시적으로 고용하는 약간 명의 외부의 전문가들의 보조를 받고 있다고 할 수 있다.

---

4) 매 회기 초기마다 법안을 심의하기 위해 특정수의 의원으로 구성되는 상임위원회 경우에도 위원회 자체의 고유한 소관 업무를 갖지 않으며 법안 심사 후에 바로 해체되기 때문에 일종의 특별위원회로서의 성격을 지니고 있다고 할 수 있다.

3) 프랑스

미국의 위원회 중심주의와 영국의 본회의 중심주의를 절충한 형태를 띠고 있는 프랑스 의회는 상하원에 모두 6개의 상임위원회와 약간의 특별위원회, 조사감사위원회, 특수위원회 등을 두고 있다. 따라서 위원회 직원들도 상임위원회를 보조하는 직원과 비상임위원회를 보조하는 직원들로 나누어진다. 그러나 프랑스의 경우에도 영국과 마찬가지로(따라서 우리나라와 미국과 달리) 각 위원회 산하에 그 위원회를 보조하는 전담 직원을 배치하고 있는 것은 아니다. 프랑스 상・하원의 사무처는 우리와 마찬가지로 입법사무처와 행정사무처로 이원화되어 있는데, 하원 입법사무처(Services de L'assemblee Nationale) 내에 위원회국(Services des Commissions)을 설치하고 이 위원회국 직원들로 하여금 각 위원회의 업무를 담당하게 하고 있는 것이다.

프랑스의 위원회국이 영국과 다른 점은 위원회국 조직이 상임위원회별로 구성되어 있다는 점이다. 즉 프랑스 하원에는 문화・가정 및 사회위원회, 외무위원회, 국방 및 군사위원회, 재정・일반경제 및 계획위원회, 헌법・입법 및 일반행정위원회, 생산 및 교역위원회 등 6개의 상임위원회가 설치되어 있는데, 입법사무처 위원회국은 각 상임위원회를 보조하는 6개의 행정실을 주축으로 구성되어 있다. 위원회국에는 6개의 행정실 외에도 국장의 지휘 아래 위원회국의 업무를 종합하는 중앙사무실(bureau central)과 비상임위원회 행정실을 두고 있는데, 두 조직의 전체 직원은 8명에 불과하다.

1991년 3월 현재 각 상임위원회를 보조하는 행정실 직원 수는 상임위원회에 따라서 각각 다르며, 외무위원회와 국방 및 군사위원회 행정실의 경우는 9명, 재정・일반경제 및 회계위원회 행정실의 경우는 33명까지로 나타나고 있다. 각 상임위원회의 행정실에는 1~5명의 전문위원(conseiller)과 3~9명의 각 분야별 행정관(administrateur) 그리고 약간 명의 행정관보 및 비서로 구성되어 있으며 위원회와 관련된 참고자료의 수집 및 분석, 위원회의 각종 보고서와 의견서 작성, 위원회의 회의 진행 등 위원회 활동에 관계되는 모든 업무를 처리하고 있다.[5)]

5) 이상은 "프랑스 의회의 입법과정에 있어서 입법보조기관의 역할" (국회사무처 입법보조국 내부자료)을 참조하였음.

4) 일 본

일본 의회는 양원제를 채택하고 있지만 위원회 제도는 우리나라와 가장 유사한 형태를 유지하고 있다. 즉 일본 의회에는 중의원과 참의원 모두에 상임위원회와 특별위원회를 설치하고 있는데, 우리와 마찬가지로 상임위원회는 예산위원회, 예산위원회, 결산위원회, 국회운영위원회, 징벌위원회를 제외하고는 내각 각 성의 소관사무에 대응하는 형태로, 특별위원회는 의회에서 특히 필요하다고 인정되는 안건을 심사 또는 조사하기 위하여 설치된다. 1991년 현재 상임위원회는 중의원에 18개, 참의원에 16개가 설치되어 있으며 특별위원회는 중의원에 8개, 참의원에 9개가 설치되어 있다(國會議員要覽 1991).

각 상임위원회에는 상임위원회의 활동을 보조하는 기구로서 조사실을 두고 있는데, 조사실은 상임위원회가 행하는 안건(법률안, 예산, 결산, 청원, 결의안)의 심사 또는 조사에 대하여 전문적으로 보좌하는 직원들로 구성되어 있다. 또한 특별위원회의 심사 또는 조사에 관한 보좌를 위하여 각 특별위원회에도 조사실(참의원은 특별조사실)을 설치하고 있다. 상임위원회 조사실은 1명의 전문원과 10명 내외의 조사원으로 구성되어 있으며(국회법 제43조), 실장은 전문원으로 조사원을 지휘 감독하며, 조사원 중 1명은 주임조사원으로 실장을 직접 보좌한다. 전문원은 상임위원장의 신청에 의하여 사무총장이 의장의 동의 및 운영위원회의 승인을 얻어 임면하고(의원사무국법 제11조), 주임조사원은 상임위원장의 신청에 의하여(참의원에서는 조사실장의 신청에 의하여) 사무총장이 임명한다(각 상임위원회 조사실 규정 제3조 제3항).

조사실 직원들의 주요 업무는 (1) 법률안과 그 수정안의 요강 및 제안이유(취지설명)서 작성, (2) 법률안 및 국정조사 안건에 관한 문제점 등의 조사 및 참고자료 작성(질문서 작성 포함), (3) 위원회 결의의 원안 및 그 취지 설명서 작성, (4) 위원회 보고서와 위원장 보고서의 원안 작성, (5) 청원의 조서 및 그 심사보고서의 원안 작성, (6) 위원회 심의요록 작성, (7) 정기 간행물 발행(중의원에서는 '조사'(연간지), 참의원에서는 '입법고사'(격월간지)), (8) 위원 파견 수행 및 파견보고서 원안 작성 등이다(각 상임위원회 조사실 규정 제5조).

이 밖에도 일본 의회에는 중의원과 참의원 사무국 산하에 상임위원회, 특별위원회, 정치윤리심사회, 양원협의회 운영 등과 관련된 사무적인 사항을 관장하는 위원회를 두고 해당하는 각 과(중의원은 총무과, 조사과 등 11개 과, 참의원은 조정과, 의원운영과 등 10개 과)로 하여금 위원회의 업무를 보조하게 하고 있다. 따라서 일본의 위원회에 대한 보조기관은 연구조사 업무를 수행하는 각 위원회의 조사실과 행정업무를 담당하는 의회 사무국 산하의 위원부로 이원화되어 있다고 할 수 있다.

사무국 위원부는 위원장의 지휘 아래 정부의 각종 시책과 제출의안 등에 대하여 국회법과 의원법칙에 근거하여 위원회의 심사와 조사가 정확하게 이루어지도록 하기 위한 사무적이고 행정적인 업무를 수행하고 있다. 각 상임위원회의 조사실은 위원장의 명을 받아 상임위원회의 소관 사항에 대하여 조사, 연구, 분석하여 심의에 필요한 자료를 준비하고 위원회 소속의 각 위원으로부터 요구받은 자료를 수집, 분석하여 제공하는 등 보다 전문적인 업무를 수행하고 있다.[6)]

그러나 현재 일본에서는 법률안 심의에 있어서 여당 당내 기구인 정부조사회의 역할이 증대됨에 따라서 상대적으로 위원회의 역할이 축소되고 있다는 문제가 제기되고 있으며 따라서 위원회 조사실의 합리적 기구개혁과 조사원의 향상 등을 통하여 조사실 기능의 충실화 방안이 모색되고 있다(淺野一朗, 1988: 251-254).

5 의원 전체에 대한 보조기관

1) 미 국

의회도서관 내의 입법조사국(Congressional Research Service: CRS)은 미국의 가장 대표적인 입법보조기관의 하나이다. 1991년 현재 입법조사국에는 변호사, 경제학자, 교육 전문가, 공학자, 보건문제 전문가, 전문사서, 국방 및 외교문제 전문가, 정치학자, 행정학자, 물리학자, 사회문제 전문가 등 각 방면의 전문가에 종사하는 707명의 전문 인력을 포함하여 약 850여명의 직원을 보유하고 있다.

6) 위원회의 운영과 각종 의안의 심의에 있어서, 국회법과 의원규칙에 충실한 위원부는 정부와 여당의 입장에 서는 것처럼 보이고, 위원회 조사실은 소관 사항을 분석 보고하는 데 있어서 야당의 주장도 포함시키기 때문에 야당의 입장을 대변하는 것처럼 보인다고 한다.

입법조사국은 연구조사 업무와 참고봉사 및 도서관 업무 등 크게 두 가지 업무를 수행하고 있다. 입법조사국의 9개의 과(division) 중에서 연구조사 업무를 수행하고 있는 과가 7개(미국법과, 경제과, 교육 및 공공복지과, 환경 및 천연자원정책과, 외교 및 국방과, 정부과, 과학정책 조사과)이며 참고봉사 및 도서관 업무를 수행하고 있는 과가 2개(국회 참고과, 도서관 봉사과)로 연구조사 업무가 보다 강조되고 있다.

입법조사국에는 국내외의 현안 및 입법활동에 관련된 다양한 정보를 분석 제공하는 '입법조사국 보고서(CRS Report)', 회기가 끝날 때마다 그 회기 중에 처리한 각종 의안, 결의안 그리고 법안 등을 요약하여 제공하는 '의안 초록(Bill Digest)', 의원들이 관심을 가지고 있는 현안들에 대한 최신의 자료를 제공하는 '최신 정보자료(Info Packs)', 그리고 의회의 활동과 관련되는 주제에 대하여 그 내용을 간략하게 정리 제공하는 '현안 개요(Issue Brief)' 등을 발간하고 있다. 입법조사국에서는 이 밖에도 계간지인 '입법조사국 발간문 안내(Guide to CRS Report)', '입법조사국 개관(CRS Review)', '분야별 주요 입법(Major Legislation of Congress: MLC)' 등도 발간하고 있다.

연방정부의 예산과 지출의 운영을 감시하는 것을 기본적인 임무로 하고 있는 회계감사처(General Accounting Office: GAO))도 미국의 가장 대표적인 입법보조기관의 하나라고 할 수 있다. 회계감사처는 연방정부의 예산을 사용하는 모든 사업과 활동을 독립적으로 감사할 수 있는 막강한 권한을 가지고 있으며, 조직의 책임자를 의회에서 선발하는 것이 아니라 대통령이 임명한다는 점에서 다른 입법보조기관들과는 그 성격을 달리하고 있다. 이러한 의미에서 미국의 회계감사처는 우리의 감사원과 비교되기도 하며 일반적인 의미는 입법보조기관이라기보다는 연방정부에서 사용한 예산의 내용을 감사하며 보고하는, 의회와 행정부 사이의 준독립적 감사기구라 할 수 있다.

회계감사처의 이러한 특성은 그 조직 구성의 방대함에서도 잘 나타나고 있다. 처장 밑에 수명의 차장 특별보좌관과 4명의 원장보, 13개의 실, 7개의 부 그리고 4개의 해외사무소와 미국 각지의 15개의 지역 사무소들에 이르기까지 전체 연방정부의 활동범위를 포괄할 만큼의 방대한 조직을 갖추고 있다. 소속된 직원수는 약 5,200명에 이르고 있으며 이들 중 약 80%는 변호사, 회계사, 관리분석가 등 전문가들로 구성되어 있다.

회계감사처는 연방정부 소속의 각 기관의 운영 및 사업의 회계감사와 각종 지출의 효율성을 검토하여 보고서를 발간하는 일 외에도, 의원들의 입법활동에 도움이 될 것이라는 자체적인 판단으로 연구조사에 착수하거나, 의원들이 특별히 요구한 기관 또는 사업에 대한 회계감사 및 연구조사를 수행하고 있다. 그러나 위원회 및 의원들의 요구와는 관계없이 회계감사처가 독자적으로 수행하는 감사활동이 회계감사처의 전체 업무의 2/3 이상을 차지하고 있어서 회계감사처의 준독립기관으로서의 성격을 잘 드러내주고 있다(국회사무처, 1987: 51－56).

2) 영 국

의원내각제를 실시하고 있는 영국의 경우에는 의회보다는 내각 산하에 의원들이 직접 참여하는 입법보조기관을 설치하고 있다. 예컨대 내각 산하에 원내총무를 비롯한 상하원의 지도자들이 참여하는 입법위원회를 설치하고 각종 법안의 초안을 작성하며 중요한 위임입법 등 회기 동안에 처리할 입법사항들을 심사하고 있다. 의회 내에서 입법조사활동을 수행하는 가장 대표적인 조직으로 의회도서관 소속의 조사국을 들 수 있다. 조사국은 경제 문제과, 교육 및 사회봉사과, 내무 및 의회 문제과, 과학 문제 및 국방과, 통계과 등 5개의 과로 구성되어 있는데, 1986년 현재 조사국의 전체 직원수는 48명에 달하고 있다.

조사국의 주요 업무는 의원 개개인과 그들의 보좌관이 참고질의에 대한 간단한 응답(1년에 약 8,000여건)과 각 위원회가 요청한 특정한 주제에 대한 조사보고서를 작성하는 일이다. 또한 조사국에서는 입법상의 쟁점이 되고 있거나 정치적 현안에 되고 있는 문제들에 대한 ‘배경설명서’, ‘참고자료목록’, ‘조사개요’, 등을 작성하여 의원들에게 제공하고 있다(Ryle, 1981: 505).

3) 프랑스

프랑스 의회에서 전문적인 입법보좌활동을 하는 조직으로는 입법사무처 산하의 도서국과 연구자료국을 들 수 있다. 도서국에는 7명의 행정관, 3명의 부행정관을 포함한 33명의 직원들이 도서과와 정기간행물과로 나뉘어서 의원들의 입법활동을 보조하고 있다. 도서국에서는 각종 도서와 정기간행물의 수집 및 분류라는 도서국의 기본 업무 외에 다른 의회기구들과 협력하여 다음 의회에서 다룰 문제들에 대한 참고자료목록을 작성하여 의원들에게 제공하는 업무를 수행하고 있다. 또한 도서국에서는 자료의 성격과 관계없이 의원들이 입법활동에 필요하여 특별히 요구하는 자료를 그때그때 구입하여 제공하고 있다(오명경, 1987: 7-8).

연구자료국에서는 의원들의 입법 활동에 필요한 각종 정보를 수집하여 필요로 하는 의원들에게 제공하는 한편 관련 주제에 대한 의원들의 참고질의에 응답하는 업무를 주로 담당하고 있다. 특히 각 지역의 유권자들이 의원들에게 문의한 전문적인 문제에 대한 의원들의 답변을 돕기 위하여 답변의 요지 또는 참고자료를 제공하고 의원들의 각종 발의안, 개정안, 구두 또는 서면질의 등, 의원들의 의회에서의 발언에 대비한 연구조사 업무를 수행하고 있다. 연구자료국은 문화 노동 및 보건과, 사회보장과, 경제재정과, 법률 행정과 등 4개 과로 구성되어 있으며 각 과에는 1명의 책임 전문위원과 3명의 행정관 그리고 1~3명의 행정관보를 두고 있다.

이 밖에 해외자료 조사과와 국제연구 및 유럽 문제과로 구성되어 있는 입법처 해외자료국에서도 의원들의 입법활동을 보조하기 위하여 주로 외국의 자료들을 수집 분석하여 의원들에게 제공하고 있다.

4) 일 본

일본의 가장 대표적인 입법보좌기관으로는 국립국회도서관의 '조사 · 입법고사국'을 들 수 있다. 잘 알려져 있는 바와 같이 일본의 국립 국회도서관은 조사 · 입법고사국을 포함한 1국 6부(총무부, 수집부, 도서부, 축차간행물부, 전문자료부, 도서관협력부)와 행정부 및 사법부에 설치된 35개의 지부 도서관 등 방대한 조직과 인원을 갖추고 있다(1986년 현재 도서관의 전체 직원수는 약 850명). 특히 국립 국회도서관에는 의원들의 입법활동과 국정심의를 효율적으로 보조하기 위하여, 약 170명의 직원수를 갖고 있으며 13개의 실과 14개의 과로 구성된 '조사 · 입법고사국'을 설치하고 있다.

조사 · 입법고사국의 조직 구성에 있어서의 특징은 해당 분야의 전문적인 조사연구를 담당하는 실과 각 실에 소속되어 기본적인 자료 수집과 참고 업무를 담당하는 과의 이원적인 조직체계를 유지하고 있다는 점이다. 즉 조사 입법고사국의 13개의 실과 14개의 과 중에서, 종합조정실, 서무과, 조사연결과, 조사자료과를 제외하고는 12개의 조사실과 각 조사실에 대응하는 12개의 과로 구성되어 있다.(법령의회자료 조사실(과), 정치의회 조사실(과), 행정업무 조사실(과), 외교방위 조사실(과), 재정금융 조사실(과), 상공과학기술 조사실(과), 국토교통 조사실(과), 농림환경 조사실(과), 문교 조사실(과), 사회노동 조사실(과), 해외사정 조사실(과)). 조사·입법고사국의 직원은 조사업무에 종사하는 직원, 자료의 정리와 이용 업무에 종사하는 직원, 국의 업무를 조정하는 직원 등 크게 세 가지 부류로 나누어지는데, 1985년 현재 이러한 업무에 종사하는 직원의 수는 각각 97명, 34명, 21명 등으로 나타나고 있다(김부영, 1988: 62).

조사·입법고사국의 주요 업무는 요구에 의한 조사와 요구를 예측하여 행하는 조사로 나누어 질 수 있다. 요구에 의한 조사는 국회 또는 위원회의 요구에 의하여 위원회에 회부 중인 법안과 내각에서 국회에 제출된 안건을 분석 평가하고 위원회와 의원을 보좌하여 각종 의안의 초안을 작성하는 업무 등을 포함하고 있다. 요구를 예측하여 행하는 조사는 국회에서 심의 중인 안건이나 국내외에서 문제가 되고 있는 현안에 대하여 조사·입법고사국에서 자발적으로 주제를 선정하고 관련된 자료를 수집 분석하여 의원들에게 제공하는 업무를 의미한다. 이 밖에도 조사·입법고사국에서는 의원들의 입법보조를 방해하지 않는 범위 내에서 행정부와 사법부의 각 부서 또는 일반인들에게 자신들이 수집, 분석한 자료를 이용하여 할 수 있다(일본 국립국회도서관법 제15조).

조사·입법고사국에서 입법자료로서 발간하는 주요 간행물은 의원들의 요구에 따른 입법조사자료의 일부를 월간지 형태로 간행하는 '레퍼런스', 국내외의 모든 분야의 중요한 통계자료를 정리 발간하는 '국회통계제요', 주요한 외국 신문기사를 주간 또는 격주간으로 발간 소개하는 '해외 뉴스 가이드', 외국의 새로운 입법이나 중요한 입법사항을 격월간으로 발간 소개하는 '외국 입법', 연간으로 발간되는 '일본법령색인'과 '회의록 총색인', 특정 주제에 대한 분석결과 또는 외국 제도를 번역하여 보고서 형식으로 출판되는 각종 조사자료 등이 있다(김부영, 1988: 66-67).

표 5-1 입법보조기관 비교(요약)

구분	의원개인	특정의원집단	의원전체
미국	*비서의 수는 의원마다 다름(평균적으로 상원 38명, 하원 17명) *의회가 정한 액수의 범위 내에서 의원개인의 재량에 따라 고용 *비서의 수가 많기 때문에 담당업무 전문화 되어 있음	*각 위원회의 조직, 직원수는 위원회마다 큰 차이가 있으며 소속직원들을 위원회가 독자적으로 임명(11명-57명 사이) *예산위원회, 세출위원회, 세입위원회, 재무위원회의 업무를 보조하는 의회예산처(CBO) *각 위원회에 과학과 기술 분야에 관한 전문적인 의견을 제출하는 기술평가처(OTA)	*도서관 입법조사국(CRS)과 회계감사처(GAO) *입법조사국은 연구조사업무를 수행하는 7개과를 포함한 9개의 과에 707명의 전문직을 포함한 850명의 직원이 의원들이 입법활동에 필요한 각종 보고서를 발간 *회계감사처는 각 분야의 전문가들을 중심으로 한 5,200여명의 직원들이 연방정부 예산의 지출과 운영을 감사하여 의회에 보고
영국	*의원당 2명 정도의 비서를 두고 있음 *사무실 운영수당의 한도 내에서 의원 개인의 재량에 따라 고용(비서를 고용하지 않는 경우도 있음) *의원에 필요에 따라 사무보조에서 연구조사에 이르기까지 다양한 업무를 부과	*사무처 위원회국 소속 직원들을 각 위원회에 배치(각 위원회에 3명-6명) *위원회 소관의 전문적인 분야의 자문을 얻기 위하여 약간명(3명-13명)씩의 비상임 외부전문가들을 활용	*5개과 43명의 직원으로 구성된 도서관 조사국 *조사국에서는 의원과 의원비서들의 참고질의에 대한 응답과 각 위원회에서 요청한 특정한 주제에 대한 조사 보고서를 작성
프랑스	*의원당 2-3명의 비서를 두고 있음 *비서고용수당의 한도내에서 필요할 때 마다 수시로 고용 *의원의 필요에 다양한 업무를 수행하고 있으나 주로 지역구 관리를 담당하고 있음	*상임위원회별로 구성된 입법사무처 위원회국 소속의 6개의 행정실과 비상임위원회 행정실 *행정실 직원수는 위원회마다 다르나(9-33) 대체적으로1-2명의 전문위원, 3-9명의 행정관, 약간명의 행정관보와 비서로 구성	*입법사무처 도서국과 연구자료국 *도서국에서는 의회에서 다룰 주제들에 대한 참고자료 목록과 의원들이 요구한 입법 참고자료를 제공 *연구자료국에서는 의원참고질의에 대한 응답과 입법보조를 위한 각종 연구조사업무를 수행
일본	*의원당 2명의 비서를 두고 있음(국회법에 근거) *비서는 국가공무원법의 특별직공무원의 신분으로 의장의 동의를 받아서 임명 *정책의 입안에서부터 의	*연구조사업무를 주로 담당하는 각 위원회 소속의 조사실과 행정업무를 주로 하는 사무국 산하의 위원부 *위원회 조사실은 1명의 전문원과 10명 내외의 조사원으로 구	*국립국회도서관 조사・입법고사국(13개 조사실, 14개과, 직원수 170명) *의원과 위원회의 요구에 의하여 각종 법안과 안건에 대한 분석보고서와 각종 의안

	원의 개인사무에 이르기까지 매우 다양	성 *사무국 위원부는 11개과로 구성되어 있는데(하원), 총무과를 제외하고 각 과에서 1-2개의 위원회를 전담	의 초안 등을 작성하여 보고 *국내의 현안에 대한 주제를 선정하여 관련 자료를 수집, 분석하여 의원들에게 제공

6 맺음말

이른바 '의원비서'로 통칭되고 있는 의원 개개인의 각종 업무를 보조하는 직원들은 어느 국가에 있어서나 가장 중요한 입법보조기관의 하나이다. 의원비서는 가장 측근에서 의원들이 의정활동을 직접 보조한다는 점에서 다른 입법보조기관에 비하여 의원들에게 가장 큰 영향을 줄 수 있다. 각국의 의원 비서의 수, 신분, 보수 등에 있어서 큰 차이를 보이고 있으며, 의원들이 개인적으로 임명하기 때문에 그들이 담당하는 업무도 의원의 관심과 성향에 따라서 각각 다르다.

우리나라와 비교하여 비서의 신분에 있어서의 가장 큰 차이점은 우리는 일본과 마찬가지로 비서의 정원을 국회사무처에서 일괄적으로 관리하고 있으나, 대부분의 의회에서는 의원 개인에게 정원을 할당하지 않고 일정액의 사무실 운영수당(영국) 또는 고용수당(미국, 프랑스)을 지급하여 그 수당의 범위 내에서 의원의 필요에 따라 비서를 고용할 수 있게 하고 있다는 점이다. 따라서 의원들은 예산의 범위 내에서 그때그때 자신의 필요성에 따라 고용조건과 고용기간을 임의대로 정할 수 있으며, 사무보조가 필요하면 사무비서(secretaries)를, 특정 분야에 대한 전문가가 필요하면 조사비서(research assistants)를 고용하여 활용할 수 있다.

그러나 미국을 제외한 대부분의 국가들이 국고에서 보수를 지급하는 비서의 수가 2-5명에 불과하기 때문에 비서들의 업무도 전문적으로 세분화되기보다는 지역구 관리에서 전문적인 입법보조활동에 이르기까지 의원들의 일상적인 의정활동에 모두 관여하고 있다. 그러나 미국의 경우에는 의원마다 차이는 있지만(평균 하원 17명, 상원 38명) 비서의 절대수도 많을 뿐 아니라 이들의 업무도 전문적으로 세분되어 있다.

의회 내의 중요한 입법보조기관으로는 각국의 위원회 보조기관들을 들 수 있다. 어느 나라를 막론하고 각국의 의회는 의원들의 위원회 활동을 보조하는 위원회 보조기관을 두고 있는데, 의회의 운영방식에 따라 사무처의 한 부서로 하여금 위원회를 보조하게 하는 유형(영국, 프랑스)과 각 위원회에 소속 직원을 배치하여 그들로 하여금 직접 위원회 업무를 보조하게 하는 유형(미국, 한국)으로 나눌 수 있다. 그러나 일본의 경우에는 위원회 보조업무가 사무국 산하의 위원부(委員部)와 각 위원회 소속의 조사실(調査室)로 이원화되어 있어서 위의 두 가지 형태를 모두 취하고 있는 셈이다.

각국의 위원회 보조기관이 어떠한 형태를 지니고 있든지 간에 위원회별 보조직원의 숫자는 3명에서 57명에 이르기까지 매우 큰 차이를 보이고 있다. 전반적으로 의회의 운영이 각종 위원회를 중심으로 운영되는 국가(미국)는 위원회 업무를 보조하는 직원의 수가 많고 의회의 운영이 본회의를 중심으로 운영되는 국가(영국)의 경우에는 직원의 수가 비교적 적다고 할 수 있다. 위원회 직원들이 담당하고 있는 업무 역시 각국이 처하고 있는 상황에 따라 매우 다양한 양상을 보이고 있으나 일반적으로 행정적인 업무, 의사절차와 관련된 업무, 연구조사업무 등을 담당하고 있다. 따라서 위원회 소속의 직원들은 행정(사무)직과 연구직으로 나누어지는 것이 일반적이다.

행정직은 의사일정의 기록과 관리, 의사진행의 보조·문서의 접수관리, 의안의 접수와 회부 등 주로 일상적인 업무를 담당하고 있으며, 전문직은 위원회 소관 사항에 대한 연구조사, 의안에 대한 심사보고서 작성, 소관 부처에게 제출하는 보고서의 검토 등 입법과 관련된 전문적인 업무를 담당하고 있다. 각국 위원회 내부 조직도 그들이 담당하는 업무에 따라 행정직과 전문직으로 이원화되어 있는데, 특히 행정 업무가 강조되는 곳에서는 행정직 주도로, 전문적인 업무가 강조되는 곳에서는 전문직 주도로 운영되고 있다. 그러나 각국은 위원회의 전문적인 연구조사 업무를 강화하기 위한 여러 가지 제도적인 조치들을 마련하고 있다는 점에서는 일치하고 있다. 즉 필요로 하는 전문인력을 위원회에서 독자적으로 고용할 수 있는 권한을 부여한다든지(미국), 위원회 업무 중 특정 분야에 대한 전문적인 정보를 얻기 위해서 외부인사를 비상임 전문가로 활용하게 한다든지(영국), 연구조사만을 전담하는 부서를 다른 부서와는 별도로 설치한다든지(일본) 등의 방법으로 위원회의 전문성 향상을 위한 법적 또는 제도적인 장치를 갖추고 있는 것이다.

특히 위원회를 중심으로 의회가 운영되는 미국의 경우에는 위원회에 상정되는 각종 의안을 비롯한 위원회와 관련된 주제에 관하여 연구조사 및 전문지식을 제공하는 연구조사업무가 위원회의 업무 중에서 가장 중시되고 있다. 미국의 경우에는 각 위원회 소속의 보조직원 외에도 예산위원회, 세출위원회, 재무위원회 등의 경제정책 및 예산 관련 업무를 전문적으로 보조하는 방대한 규모의 의회예산처(Congressional Budget Office : CBO)와, 물리학, 생명공학, 의학 등을 전공한 전문가로 구성되어 각 위원회의 정책수립과 입법과정에서 제기되는 과학 및 기술문제에 대한 전문적인 의견을 제출하는 기술평가처(Office of Technology Assessment: OTA)를 별도의 기구로 설치하고 있다.

의원 전체를 대상으로 하고 있는 입법보조기관도 역시 각 국가의 사정에 따라 다양한 양상을 띠고 있는데, 각 국가들이 지니고 있는 공통점은, 모든 국가들이 의회도서관 또는 사무처 내에, 의회에서 다루어지는 안건들은 전문적으로 조사 연구하는 다수의 전문가 집단을 두고 있다는 점이다. 700명 이상의 전문가를 포함한 850여명의 방대한 규모를 갖고 있는 미국 의회도서관 '입법조사국(Congressional Research Service: CRS)'과 170명 규모의 일본 국립국회도서관 '조사·입법고사국(調査立法考査局)'은 위와 같은 기능을 수행하는 가장 대표적인 조직이다. 미국의 입법조사국은 변호사, 학자, 정보전문가, 사회문제전문가 등 각 분야의 최고 전문가를 고용하여 의원들에게 '입법조사국 보고서(CRS Report)'. '의안초록(Bill Digest)', '최신 정보자료(Info Packs)', '현안분석(Issue Brief)' 등과 같은 정보 서비스를 정기적으로 제공하고 있다. 또한 미국의 경우 그 기능에 있어서 우리의 감사원과 비교될 수 있어서 순수한 의미의 입법보조기관이라고 할 수 없지만, 연방정부 예산의 지출과 운영에 대한 감사를 기본적인 임무로 하는 회계감사처(General Accounting Office: GAO)를 의회 소속으로 두고 있다.

일본의 조사·입법고사국도 최고의 권위를 자랑하는 각 분야의 전문가를 고용하고 있음은 물론, 방대한 조직과 인원을 갖추고 모든 의원 및 위원회를 대상으로 연구조사업무, 참고회담 및 사서업무, 각종의 전산정보제공업무 등을 수행함으로써 의원들의 의정활동에 큰 도움을 주고 있다. 규모와 활동 면에서 미국과 일본에는 미치지는 못하지만 영국 의회도서관의 조사국(Research Division)과 프랑스 입법처의 도서국도 각 분야별 전문가들을 고용하여 이들로 하여금 의원들이 요청한 참고질의에 대한 응답은 물론 적극적인 입법보조활동을 위한 각종의 연구조사업무를 담당하게 하고 있다.

이와 같이 각국 의회는 그 규모와 내용에 있어서는 나라마다 큰 차이를 보이고 있지만 의회 내에 고도의 전문성을 지닌 입법보조기관을 두고 의원 및 의회 직원들을 위한 각종 연구조사 업무를 수행하고 있다. 따라서 의회 입법보조기관의 연구조사 기능은 모든 국가에서 점점 더 강조되어 가는 추세에 있다고 할 수 있다.

제 6 장 정부형태와 관련된 제도적 요인들

정부형태와 권력구조에 대한 논의는 주로 헌법학자와 정치학자들에 의해서 주도되어왔다. 헌법학자들의 논의는 정부형태의 유형과 이러한 유형에 따라 권력기관 간의 견제와 균형이 어떻게 이루어질 수 있는지에 대한 규범적인 논의들이 주종을 이루고 있다. 한편 정치학자들의 논의는 내각의 구성과 안정성의 문제, 정책결정과정에서의 내각의 역할, 내각과 정당과의 관계들에 관한 단편적인 논의들이 대부분을 차지하고 있다. 그래서 정부형태의 유형과 밀접히 관련된 제도적 수준—정당제도, 선거제도, 의회제도, 공무원제도 등—에서의 문제는 상대적으로 경시되어왔다.

이 글에서는 이러한 문제의식에 기초하여 권력분립의 한 형태로서의 대통령제와 내각제에 대한 일반적인 이론과 각국의 최근의 경험을 근거로, 두 제도가 다른 정치제도들과 어떤 관련이 있는지를 개괄적으로 살펴보려고 한다. 즉 정당제도, 선거제도, 의회제도, 공무원제도 등의 차이가 대통령제와 내각제에서 나타나는 정치적 상황에 어떤 영향을 줄 수 있으며, 거꾸로 대통령제와 내각제가 위의 제도들에게 주는 의미가 무엇인지를 시론적으로 논의하려고 한다. 이와 함께 민주주의 국가들이 추구하는 정치적 목표에 비추어 대통령제와 내각제를 평가하고, 정부형태의 변화에 제약요인으로 작용하는 정치문화의 문제도 간단히 언급할 것이다.

1 머리말

우리 헌정사에 있어서 정부형태에 대한 논의는 제헌국회부터 산발적으로 계속 제기되어온 비교적 낯설지 않은 논쟁 중의 하나이다(송 우, 1980). 정권 교체기를 전후해서 일부 정치인과 언론 그리고 여기에 뇌동(雷同)하는 학자들이 당시의 여러 정치적 현안들과 함께 정부형태의 변화 가능성을 슬며시 타진해 보곤했던 것이다. 그러나 이러한 논의들은 정부형태의 변화에 따른 권력구조 개편의 현실 정치적 이해관계와 그것이 미치는 현실 정치적 파급효과에만 관심을 두면서, 자신들의 이해관계에 따라서 상식적인 수준에서 두 제도의 특정한 측면만을 강조하여 부각시키는 데 불과하였다. 예컨대, 대통령제는 정치권력을 집중시키는 경향이 있으므로 더 강력하고 안정적인 정부를 유지할 수 있다는 주장이나, 내각제는 사회의 다양한 이익을 대표할 수 있어서 사회적 갈등을 해소하기에 더 유리한 제도라는 주장들이 그것이다(박창재, 1995: 128).

정부형태 또는 권력구조에 대한 논의는 주로 헌법학자와 정치학자들에 의해서 주도되어왔다. 헌법학자들의 논의는 정부형태의 유형과 이러한 유형에 따라 권력기관 간의 견제와 균형이 어떻게 이루어질 수 있는지에 대한 규범적인 논의들이 주종을 이루고 있다(김 헌, 1994; 성낙인, 1990, 1995; 안경환, 1991). 한편 정치학자들의 논의는, 내각의 구성과 안정성의 문제(박찬욱, 1992; Schofield, 1993), 정책결정과정에서의 내각의 역할(Laver & Shepsle, 1994), 내각과 정당과의 관계(Blondel, 1995; Casar, 1995; Morlino, 1995)들에 관한 단편적인 논의들이 대부분을 차지하고 있다. 그래서 정부형태와 밀접히 관련된 제도적 수준 — 정당제도, 선거제도, 의회제도, 공무원제도 등 — 에서의 문제들은 상대적으로 무시되어왔다.

이 글은 이러한 문제의식에 기초하여 권력분립의 한 형태로서의 대통령제와 내각제에 대한 일반적인 이론과 각국의 경험을 근거로, 두 제도가 다른 정치제도들과 어떤 관련이 있는지를 개괄적으로 살펴보려고 한다. 즉 정당제도, 선거제도, 의회제도, 공무원제도 등의 차이가 대통령제와 내각제에서 나타나는 정치적 상황에 어떤 영향을 줄 수 있으며, 거꾸로 대통령제와 내각제가 위의 제도들에게 주는 의미가 무엇인지를 시론적으로 논의하려고 한다. 이와 함께 민주주의 국가들이 추구하는 정치적 목표에 비추어 대통령제와 내각제를 평가한 후, 정부형태와 관련된 제도적·비제도적 요인들을 요약하여 정리하고자 한다.[1] 논의의 진행과정에서 자연스럽게 대통령제와 내각제를 채택하고 있는 국가들에서 나타나고 있는 최근의 정치적 변화의 양상이 예시적으로 언급될 것이다.

정치문화를 강조하는 사람들은 정부형태를 비롯한 정치제도들이 안정된 민주정부의 수립에 얼마나 기여할 수 있는지에 대해서 대단히 회의적이다. 대체로 라틴아메리카 지역에서는 대통령제가 지속적으로 붕괴하였고, 아시아와 아프리카 지역에서는 내각제가 실패를 계속하였는 데, 이러한 예들은 정치제도의 차이에 기인하기보다는 이들 지역에 만연한 권위주의적 정치문화에 그 원인이 있다는 것이다.[2] 사실 미국의 정치제도를 거의 그대로 모방한 라틴아메리카 국가들에서 대통령제가 제대로 작동하지 못하는 이유가 제도 자체에 있다기보다는 제도와는 독립적인 다른 요인들 — 경제, 사회, 역사, 문화 등 — 에 있다는 주장은 상당한 설득력을 지니고 있다.

특히 유교권 국가에서 민주주의가 어렵다는 주장이나, 가톨릭 국가에 비해서 기독교 국가에서 민주주의가 더 잘 발달될 수 있다는 주장들은 문화와 민주주의의 관련성을 강조하고 있다. 신생국들 가운데 비교적 민주주의가 발달한 나이지리아나 파키스탄과 같은 국가들은 하나 같이 영국의 식민통치 아래 있던 국가들이고, 벨기에, 네덜란드, 프랑스, 포르투갈, 스페인 등으로부터 식민통치를 받은 국가들은 그 어느 나라도 민주주의를 경험하지 못하고 있다는 주장 역시 정치제도보다는 정치문화의 중요성을 강조하고 있다.

그러나 정치문화는 변하기가 쉽지 않다. 정치문화를 바꾸기보다는 정체제도를

1) 피상적인 논의에 그칠 가능성을 무릅쓰고 논문의 범위를 이처럼 넓게 잡을 수밖에 없는 이유는, 위에서 언급한 것처럼 특정한 측면만을 강조하여 두 제도를 평가하는 데 따르는 오류를 최대한 피하고, 대통령제와 내각제와 관련된 제도적·비제도적인 정치양상의 상호관련성과 복잡성을 강조하기 위해서이다. 이러한 전체적인 윤곽 아래에서 두 제도가 가지고 있는 특정한 측면에 더 깊이 있는 연구가 이어져야 할 것이다.

2) 따라서 정부형태에 대해서 라틴 아메리카를 대상으로 연구하는 경우에는 내각제를 주장하게 되고 아시아와 아프리카를 대상으로 연구하는 경우에는 대통령제를 주장하게 될 가능성이 있다. 립셋(Lipset)은 린츠(Linz)가 대통령제를, 호로위츠(Horowitz)가 내각제를 각각 옹호하는 이유를 여기에서 찾고 있다(립셋, 1991: 97).

바꾸는 일이 훨씬 쉽다. 모든 제도가 문화 속에서 움직이는 것은 확실하지만 제도와 문화 사이의 관계는 직접적으로 눈에 보이는 것이 아니다. 더구나 문화와 제도 사이의 관계는 일방적이라기보다는 서로 보완적이다. 정치문화론자들은 서구적 의미의 민주주의만이 진정한 민주주의라는 확신 아래, 특정한 정치제도가 정치문화에 미치는 영향보다는 정치문화가 정치제도에 주는 (악)영향에만 관심을 기울여왔다. 이들은 주로 신생국들의 전통문화가 서구에서 도입된 정치제도의 작동을 어떻게 방해하고 있는지에 관심을 두고 있는 것이다. 그러나 이 글에서 제도와 문화의 관계에 대한 복잡하고 고전적인 논의를 반복할 필요는 없을 것이다. 다만 정치적 목표와 관련하여, 넓은 의미의 문화적 현상이라 할 수 있는 특정 사회의 이데올로기적 · 인종적 · 지역적 · 종교적 양극화 현상을 완화시키는 데 내각제와 대통령제 중에서 어떤 제도가 더 효율적인지를 간단히 언급할 것이다.

2 정부형태의 유형

본문에 들어가기 전에 우리가 흔히 이야기하는 대통령제와 내각제가 무엇을 의미하는지를 명확히 하고 정부형태의 유형과 해당 국가들을 간단히 살펴볼 필요가 있다. 각국의 정부형태는 내각제와 대통령제의 어느 하나로 구분하기가 애매한 경우가 많으며, 설령 둘 중의 하나로 구분된다 하더라도 그 내부에 수많은 변종이 존재하기 때문에, 본격적인 논의에 앞서서 우선 일정한 기준에 따라 정부형태를 분류해볼 필요가 있는 것이다. 더구나 법적 또는 제도적으로 비슷한 형태를 띠고 있더라도 각국의 정치상황에 따라서 실제 제도가 운영되는 모습은 사뭇 다를 수가 있다.

대체적으로 내각제와 대통령제는 다음 세 가지 점에서 근본적인 차이가 있는 것으로 지적되고 있다.[3] 첫째, 내각제에서는 정권의 최고책임자와 그의 내각은 의회의 신임 여부에 의존하고 있어서 의회가 불신임 결의를 하면 직책에서 물러나야 한다. 이에 반하여 대통령제에서의 대통령은, 극히 예외적으로 의회의 대통령에 대

3) 정부형태는 각국의 정치전통과 사회현실에 따라 매우 다양한 모습을 띠고 있어서 이에 대한 분류도 분류기준에 따라 매우 다양할 수밖에 없다. 그러나 일반적으로 대통령제, 의원내각제, 이원정부제, 집정부제로 4분하는 것이 가장 일반적이다. 이하에서는 대통령제와 내각제를 구분하는 레이파트(Lijphart, 1994)의 기준에 따라 정부형태를 분류하려고 한다.

한 탄핵을 통하여 대통령을 퇴직시키는 경우를 제외하고는, 대부분의 경우 헌법에 정해진 임기 동안 집권하며 집권과정에서 의회가 그의 사직을 요구할 수 없다. 둘째, 대통령제에서의 대통령은 대부분의 경우 유권자들의 직접선거에 의해서 선출되거나 드물기는 하지만 미국과 같이 선거인단의 간접선거에 의해서 선출되는 반면에 내각제에서의 총리는 의회에서 선출된다. 셋째, 대통령제는 대통령 한 사람이 중심이 되어 행정부가 운영되는 데 반해 내각제에서는 총리와 내각이 집단적으로 행정부를 운영한다. 내각제의 경우에도 내각에서의 총리의 위치에 따라서 그 운영형태가 다양할 수 있으나, 본질적으로 정책결정에 있어서 내각의 집단적인 합의가 전제된다. 그러나 대통령제에서의 각료는 단순히 대통령을 자문하거나 일방적으로 복종하는 관계에 그치는 것이다.[4)]

이 기준에 따라 정부형태를 분류하면 이론적으로 <표 6-1>의 8가지 경우를 상정할 수 있다(Lijphart, 1994: 94; 신명순·조정관, 1995: 201). 그러나 이 분류를 일단 받아들인다고 하더라도, 현재 대부분의 국가들이 채택하고 있는 대통령제와 내각제는 같은 제도 내에서도 각양각색의 형태로 나타나고 있다.

표 6-1 정부형태의 유형

	집단통치 행정부		1인통치 행정부	
	의회의 신임	신임과 무관	의회의 신임	신임과 무관
행정부가 의회에 의해 선출	순수내각제	스위스	–	레바논
행정부가 유권자에 의해 선출	–	키프로스(1960~1963), 우루과이(1952~1967)	–	순수대통령제

*순수내각제: 대부분의 서유럽 민주국가들, 오스트레일리아, 캐나다, 인도, 프랑스(1986~1988), 자메이카, 일본, 뉴우질랜드, 터키, 나이지리아(1960~1966).

**순수대통령제: 대부분의 라틴아메리카 국가들, 키프로스, 프랑스(1986~1988을 제외한 제5공화국), 나이지리아(1979~1983), 필리핀, 한국, 미국.

4) 사르토리(Sartori, 1994)는 '순수' 대통령제는 "대통령이 첫째, 국민들의 직접 또는 간접적인 선거에 의해 선출되며 둘째, 정해진 임기 중에는 의회의 불신임투표에 의해 물러나는 일이 없으며 셋째, 자신이 임명한 내각의 최고책임자가 되는 경우"에만 해당된다고 주장하고 있는데, 이는 레이파트의 분류 기준과 유사하다고 하겠다.

위에서 순수내각제로 분류되는 영국과 1986년과 1988년 사이의 프랑스는 정부형태를 규정하고 있는 헌법은 물론이고 정부의 실제적 운영에 있어서도 많은 차이를 보이고 있다.[5] 또한 1986년 미국 헌법을 모방하여 대통령제를 채택한 바 있는 아르헨티나의 경우에도 미국과 비교하여 법률적으로 상당히 다르고 실제 운영은 더욱 다르다는 지적을 받아왔다. 위의 표에서 순수대통령제로 분류되고 있는 한국의 경우에도 (내각제에서의) 내각과 유사한 국무회의를 설치하고 있으며 의회에 국무총리 임명에 대한 동의권과 국무위원에 대한 해임건의권을 부여하는 등 내각제적 요소를 가지고 있다. 그러나 일반적으로 정부의 실제 운영에 있어서는 대통령제 내에서의 차이보다는 내각제 내에서의 차이가 보다 큰 것으로 나타나고 있는데, 구체적인 내용은 아래에서 더 자세히 살펴보기로 하자.

3 정부형태와 관련된 제도적 요인들

1) 정당제도

현대 민주주의가 정당정치에 의존하고 있다는 사실을 부인하지 않는 한 정부형태의 문제는 기본적으로 정당 간의 문제이다. 일반적으로 안정된 대통령제는 양당제에 그 기반을 두고 있으며 안정된 내각제는 다당제와 친화력을 보이는 경향이 있다고 알려져 왔다. 그러나 이러한 일반론과는 달리 미국, 코스타리카, 베네수엘라, 아르헨티나, 콜롬비아 등 몇몇 나라를 제외한 남미 지역의 대통령제 국가들의 대부분은 다당제로 운영되어온 것이 사실이다. 이들 나라들의 정당들은 규율이 엉성하고, 의원들의 정당에 대한 충성도가 약하며, 정당에 대한 국민들의 불신이 심하여 선진적인 정당정치가 제대로 펼쳐지지 못하고 있는 것도 또한 사실이다.

이 대목에서 정부형태와 정당정치와의 관계가 특히 문제시된다. 결론부터 말하자면 극히 예외적인 미국의 예에 근거하여 대통령제가 양당제를 강화시키는 방향

5) 일반적으로 헌법학자들은 법해석에 근거하여 프랑스를 이원정부제(또는 중간형 대통령제)로 분류하고 있으며 대부분이 이러한 견해를 받아들이고 있으나, 일부 정치학자들은 정부가 실제 운영되는 양상을 중시하여 대통령과 총리의 역학관계에 따라서 대통령제와 내각제가 번갈아 나타나는 정부형태로 규정짓고 있다.

으로 작용한다는 주장은 다른 나라에는 잘 적용되지 않는다. 선거제도와 정치문화적 특징 등 정당제도에 영향을 미치는 다른 요인들도 함께 고려해야 하겠지만 대통령제는 오히려 내각제에 비해서 정당의 발전에 장애가 될 가능성이 더 큰 제도이다. 특히 사회 전반의 민주화의 수준이 낮아서 권위주의적 정치문화를 가지고 있는 국가들의 경우 정당은 대통령 개인의 전유물이 될 가능성이 많으며, 여당을 상대해야 하는 야당들도 같은 형태로 운영될 수밖에 없어서 이러한 가능성은 반대당에도 마찬가지이다.

대통령제를 채택하고 있는 대부분의 라틴아메리카 국가들은 정당과 의원들이 전국적인 관심보다는 지역적인 문제에 집착하는 경향이 있다. 그들은 의회 내에서의 국정활동보다는 의회 밖에서의 지역적인 활동에 치중하는 경향이 있다(Mezey, 1983: 528). 따라서 그들은 대통령의 정책을 지지하고 대통령과 공동의 책임감을 느끼기보다는 자기 지역의 이해관계에 따라서 대통령에게 반대하고 정책을 비판할 수도 있다. 대통령의 입장에서도 내각제에서와는 달리 정당이 정부 전체의 안정과 개혁에 직접적인 책임을 지는 것도 아니고 자신의 당선 또는 재선에 정당이 결정적인 역할을 하는 것은 아니기 때문에 어떤 정책을 추진할 때 정당에 의존하기보다는 국민들에게 직접 호소하는 방법을 택하는 경향이 있다. 정치에 대한 불신이 심화되어 정당에 대한 국민적 불신감이 팽배하고 있는 국가들의 경우 이러한 경향이 더욱 강화될 것이다. 즉 정책결정에의 영향력 행사나 정부 요직에의 충원에 있어서 정당이 완전히 배제되어 정부와 정당이 철저하게 분리되는 현상이 초래되는 것이다(Casino, 1995: 172). 이 경우 대통령은 정당 사이에 논란이 되고 있는 정치적 쟁점들을 정면에서 해결하려고 하기보다는 정치적 쟁점에서 한발 물러나 초당적인 위치를 견지하려고 할 것이다.

따라서 대통령은, 설령 지난 선거에서 자신이 소속한 정당의 지지가 자신의 당선에 큰 힘이 되었다 하더라도, 당선과 동시에 정당과 일정한 거리를 유지하려고 할 것이다. 정당과 의원들의 경우에도 대선과 총선의 선거운동 과정에서 제기되는 이슈는 부합하기도 하지만 서로 모순되는 경우도 있을 수 있으므로, 또한 자신이 지지한 후보가 대통령에 당선되었다고 하여서 자신의 당선이 보장되는 것은 아니므로, 대통령을 비판하는 경우가 많이 생길 것이다. 이러한 상황도 역시 국민들의 대통령에 대한 지지는 상대적으로 높은 반면에 정당에 대한 국민적 불신이 심한

경우에 더욱 강화될 것이다.[6)]

대통령제에서 대통령이 의원들에게 영향력을 행사하는 데 많이 사용되는 방법은 자신에 대한 지지의 대가로 의원의 지역구에 특별한 혜택을 주는 것이다. 더 극단적인 방법은 한국과 같이 대통령이 집권당 총재가 되어 다음 총선에서의 후보 결정권을 움켜쥐고 있는 것이다. 대통령이 의원들에게 다음 선거의 후보 공천에서 탈락시킬 수도 있다는 암시를 줌으로써 의원들의 반대를 미연에 방지할 수 있는 것이다.[7)] 이 두 가지 방법은 모두 정당의 규율을 유명무실하게 할 뿐 아니라 정당원들로 하여금 정책개발이라는 본래의 임무보다는 대통령과의 친근관계를 개선시키는 데 총력을 기울이게 만든다. 즉 정당정치의 발전에 기여하기보다는 대통령의 신임을 얻기 위해 의원들이 개별화되기 때문에 정당의 응집력이 현저하게 약화되어 모래알 정당으로 전락할 것이다. 극단적인 경우에는 대통령의 총애를 얻는 데 실패하여 다음 선거에서 공천이 불투명한 당원들이 집단적으로 탈당함으로써 분당 사태를 초래할 가능성마저도 있는 것이다.

영국과 같이 다수당이 존재하는 경우 의원과 내각의 관계는 집권당 내부의 문제로 귀착된다. 물론 야당도 그들을 지지하는 일정한 유권자가 있는 이상 내각의 정책결정에 어느 정도 영향을 미치겠지만, 다수당에 의한 단독 내각의 경우에는 의회와 내각이 같은 당에 의해서 지배되기 때문에 수상의 영향력은 대통령제 국가에서 대통령의 권한보다 오히려 더 막강할 수 있다. 특히 영국과 같이 양당제로 운영되는 경우 내각의 결집력이 강하기 때문 집권당 내부의 분열로 인하여 반란표가 생기지 않는 한 내각의 임기는 의원의 임기와 일치하게 된다. 물론 정국의 불안으로 집권당에서 조기 총선을 실시하는 것이 자신들에게 유리하다고 판단하는 경우에는 의회가 해산되고 내각도 함께 사퇴하게 된다.

다당제 국가들의 경우에는 사정이 조금 복잡해진다. 일반적으로 다당제 국가에

6) '유권자'들의 지지가 아니라 '국민'들의 지지라는 표현에 유의할 필요가 있다. 흔히 지적되는 대통령제의 병폐 중의 하나는 대통령이 선거에서 과반수에도 못미치는 소수의 지지를 받아서 당선되었다 하더라도, 당선되는 순간부터 대통령은 자신이 마치 전국민의 지지를 받고 있는 것으로 착각한다는 점이다.

7) 이렇게 되면 이것은 이미 공천(公薦)이 아니다. 공천은 정당에서 선거에 출마할 당원을 '공식적'으로 추천하는 것이지만, '공식적'이라는 측면 외에 '공중의 추천' 또는 '공정한 추천'이라는 의미가 함께 포함되어 있다. 따라서 대통령이 독점적으로 후보를 선정하는 것은 공천이 아니라 '사천'이라고 할 수밖에 없다.

서는 정당 간의 이해관계에 따른 내각 재구성이 가능하여 내각이 불안정하기 때문에 내각보다는 정당 또는 의회(지도자)의 영향력이 더욱 강하다고 할 수 있다. 내각이 여러 정당들로 구성되기 때문에 특정 정당 출신의 각료는 자신을 각료로 보내준 자기 당 당수의 의견에 따라야 하기 때문이다. 그러나 거의 과반수에 접근하는 정당이 있어서 이 당과 다른 소수당이 연립하는 경우에는 비교적 안정될 가능성이 높으며 내각이 어느 정도 영향력을 행사할 수 있다. 정당들의 내부규율이 엄격하여 의원 개개인의 활동이 정당지도자에 의해서 제약되는 경우(네덜란드)의 연립내각도 어느 정도 안정성을 확보할 수 있다. 또한 정당연립의 성격이 이념적으로 갈리어 같은 이념을 추구하는 정당끼리의 연립이 가능한 경우(스칸디나비아 국가)에도 안정된 내각을 이룰 수 있고 따라서 내각의 영향력이 더 강해질 수 있다.

따라서 내각제에서는 대통령제와 같은 상황을 상상할 수 없다. 양당제가 되었든 다당제가 되었든 정당을 떠나 있는 총리는 있을 수 없다. 또한 단독정부가 되었든 연립정부가 되었든 정당의 지도자급 인사가 내각에 참여하게 되기 때문에 내각과 정당이 밀착할 수밖에 없다. 만약 내각제에서 정당과 의원들로부터 일정한 거리를 유지하려고 하는 지도자가 있다면 아무리 많은 대중적 지지를 받고 있다 하더라도 그는 절대로 권력에 접근할 수 없다. 정당의 응집력이라는 측면에서도, 차기 의원선거에서 대통령이 강력한 권한을 행사하는 예외적인 경우를 제외하고는, 각료로 진출하기 위해서 당의 명령에 복종하여 당내에서 먼저 인정받아야 하는 내각제가 더 유리할 수 있을 것이다.

2) 선거제도

대통령제와 내각제의 가장 큰 차이점 중의 하나는 대통령은 고정된 임기를 보장받을 수 있는 데 반하여 내각제의 수상은 고정된 임기를 보장받을 수 없다는 점이다. 대통령제 국가들에 있어서도 헌법 상 대통령에 대한 탄핵제도가 있는 경우가 있지만 내각제에서의 불신임 투표에 비한다면 그 가능성은 거의 없다고 할 수 있다. 대통령은 일단 당선만 되면 큰 이변이 없는 한 다음 선거 때까지 그 자리를 지킬 수 있다. 대통령의 고정된 임기는 정치적 안정성 유지라는 측면에서는 대통령제의 가장 큰 장점으로, 그리고 정치적 경직성이라는 측면에서는 대통령제의 가장 큰 단점으로 지적되고 있다.

내각제에서는 수상의 임기 중에 정치적으로 중대한 사안이 발생하여 수상을 교체할 필요가 있을 때에는 언제든지 선거가 가능하다. 따라서 임기와 관계없이 수상이 지지하는 정책에 대하여 원내에서 의견이 갈리어 대립하는 경우에는 언제든지 국민들의 의사를 직접 물을 수 있다. 이에 반하여 대통령제는 고정된 임기에 따라 선거가 실시되기 때문에 어떤 사안에 대해서 불만이 고조되었을 경우 반대당은 원내에서 극단적인 투쟁을 전개할 수밖에 없다. 또한 집권당이 반대당의 의견을 받아들이지 않아 이러한 극단적인 투쟁이 해결될 기미가 없을 경우 국회가 장기간에 걸쳐서 공전될 가능성이 있으며, 이 경우에 야당은 원내에서 그 문제의 해결을 시도하기보다는 문제를 원외로 끌고 나와 대중집회를 통하여 국민들에게 직접 호소하는 방법을 강구할 것이다.

상황이 이렇게 전개된다면, 극단적인 의견 대립을 선거를 통하여 제도적으로 해소할 수 있는 내각제에서보다도 이러한 제도적 장치를 가지고 있지 않은 대통령제에서 오히려 정치적 혼란이 장기화될 소지가 충분히 있다. 내각제에 비해서 대통령제가 꼭 정치적 안정을 보장한다는 주장은 설득력을 잃게 되는 것이다. 이러한 상황은 야당의 어떠한 반대도 강압적으로 제압할 수 있는 권위주의 국가에서보다는 야당의 반대가 어느 정도 허용되는 민주주의로 이행하는 과정에 있는 국가에서 발생할 가능성이 더 많다. 야당의 최소한의 반대조차 허용하지 않는 독재국가에서는 원내건 원외건 반대 집단의 정치적 활동이 원천적으로 봉쇄될 것이기 때문이다.

대통령제에서의 이른바 '승자독식'의 문제도 선거제도와 관련이 있다. 대통령제를 지지하는 사람들도 권한이 분산된 내각제에서는 국민들의 지지도를 잘 반영할 수 있는 데 반하여, 대통령제에서는 국민들의 지지도에 관계없이 당선된 그 순간부터 대통령에게 너무 많은 권한이 집중되는 경향이 있다는 점을 인정하고 있다. 이러한 경향은 특히 대통령 후보가 난립하여 국민의 소수의 지지만 받아도 당선될 수 있는 다당제 대통령제에서 더욱 심각하다. 대통령제를 지지하는 사람들은 결선투표제를 실시함으로써 대통령제의 이러한 결점을 어느 정도 완화시킬 수 있다고 주장하고 있다.

그러나 대통령제에 반대하고 내각제를 지지하는 사람들은 결선투표제가 다음과 같은 문제점을 가지고 있다고 주장하고 있다(Linz, 1994: 21-22). 우선 고도로 분열된 정치체제에서는, 1차 투표에서 1, 2위를 한 후보와 3위 이하를 한 후보의 표차가 극히 적을 수 있기 때문에, 이 경우에는 — 즉, 여러 후보가 골고루 적게 득표하는 상황에서는 — 결선투표를 통해서도 국민들의 지지도가 극히 제한적일 수밖에 없다. 더구나 2차 투표에 대한 기대는 더 많은 후보를 1차 투표에 나서도록 하는 요인으로 작용하기도 하며, 당선 가능성이 없더라도 2차 투표과정에서 협상을 통하여 정치적 이득을 얻으려고 출마하는 경우도 생길 수 있을 것이다. 따라서 결선투표제에서는 후보자의 난립과 유권자들의 낮은 지지도는 서로 나쁜 쪽으로 상승 작용할 가능성이 있어서, 정당들 사이의 통합을 촉진시키기보다는 기존 정당들을 분열시키는 요인으로 작용할 것이다.

결선투표제에서는 2차 투표에서 지지 기반이나 정강정책이 매우 이질적인 세력이 연합할 가능성도 배제할 수 없다. 이 경우에는 비록 누군가가 대통령에 당선될 것이지만 정치적으로 동질적인 유권자를 대변한 것이 아니고 당선만을 위해 이질적인 세력들이 임시로 연합한 것에 불과하다. 유권자들의 입장에서는 자신이 지지하기는 커녕 반대한 정당의 후보가 대통령에 당선되는 경우가 생길 수 있으며, 당선 후에도 유권자들의 의사와는 달리 정당의 노선이 불명확해질 가능성이 있다. 또한 결선투표제에서 당선된 대통령은 자신이 1차 투표에서 소수의 지지만을 얻었다는 사실을 망각하고 2차 투표의 결과에만 집착하여 자신이 처음부터 국민 대다수의 지지를 얻어 당선된 것으로 생각하기 쉬울 것이다.

의원선거제도에 있어서는 대통령제냐 내각제냐에 관계없이 일반적으로 단순다수득표제에 기반한 소선거구제는 원내에 진출할 수 있는 정당의 수를 감소시키고, 이념 · 지역 · 종교 · 인종에 따른 사회적 양극화를 부추기는 결과를 초래할 가능성이 많은 제도로 인식되고 있다. 소선거구제의 이러한 약점은 중 · 대선거구제를 도입하거나 비례대표제를 실시하여 소수 정당이 의회에 진출할 가능성을 넓혀줌으로써 어느 정도 완화될 수 있다. 그래서 대부분의 국가에서는 비례대표제를 실시하거나 비례대표제와 다수득표제를 동시에 실시하는 혼합선거제도를 채택하고 있는 것이다.

비례대표제를 채택한다 해서 언제나 소수당에게 유리한 것은 아니다. 비례대표의 방법을 어떻게 결정하느냐에 따라 소수당에게 불리하게 적용될 여지는 얼마든지 있다. 비례대표제가 소수당에게 불리하게 적용되는 가장 단순한 예는 전국구 의원을 전국적인 유효 득표수에 따라 배분하는 것이 아니라 지역구에서 당선된 의석

수에 따라 배분하는 경우이다. 이 경우에는 다수의 지역대표를 당선시킨 다수당이 전국구에 있어서도 다수의 의석을 차지하게 되기 때문에 소수당은 이중으로 손해를 보는 셈이다. 총 유효득표 중에서 일정한 비율 이상 획득하거나(독일의 경우 5% 이상) 일정한 숫자 이상의 지역구에서 승리한 정당에게만 비례대표를 배분한다는 식으로 의석을 할당받을 수 있는 자격을 제한하고 있는 경우에도 소수당이 불리하기는 마찬가지이다.

그러나 일반적으로 비례대표제는 양당제보다는 다당제와 친화력을 가지고 있어서 소수 세력에게 유리한 제도로 인식되어 있다. 특히 내각제 하에서의 비례대표제는 다수당에게 불리하게 작용함으로써 연립정부의 구성 가능성을 높이고, 따라서 정국의 불안정을 촉진시키는 데 기여한다는 비판을 받고 있다. 위에서 언급한 최소한의 득표율과 일정수 이상의 지역구에서의 승리를 요구하는 등의 극단적인 비례대표제를 완화하는 방법들은 비례대표제의 이러한 결점들을 보완하기 위한 제도적 장치라 할 수 있다. 또한 연립정부가 단독정부에 비해서 언제나 불안한 정부인지 또 내각의 불안정이 정국의 불안정으로 바로 연결되는 것인지에 대해서는 앞에서 지적한 바와 같이 의견이 갈리고 있다.

3) 의회제도

일반적으로 내각제 국가는 양원제를 대통령제 국가는 단원제를 채택하고 있는 것으로 알려져 있다. 그러나 스웨덴과 덴마크와 같이 내각제를 가지고 있으면서도 단원제로 운영되는 국가도 있고, 미국과 같이 대통령제를 채택하고 있으면서 상대적으로 강력한 상원을 두고 있는 국가도 있어서, 내각제는 곧 양원제이고 대통령제는 곧 단원제를 의미하는 것은 아니다. 양원제 국가들의 경우 상원의 구성방법과 그 권한 또는 상원과 하원의 관계는 국가마다 매우 다른 양상을 보이고 있다. 일반적으로 상원도 국민들의 직접선거에 의해서 구성하게 되어 있으나 영국과 캐나다에서는 국왕 또는 총독이 임명하게 되어 있다.

내각제에서 양원의 관계는 상원과 하원이 동등한 권한을 누리는 국가도 있으나 일반적으로 하원 우월의 원칙이 지켜지고 있다. 특히 영국은 철저한 하원 우월의 원칙을 고수하고 있어서 상원은 상징적인 존재에 불과하다.[8] 그러나 벨기에의 경

8) 영국의 상원은 정원도 없고 임기도 없으며 귀족은 원칙적으로 모두 종신제 상원의원이 된다. '하

우에는 양원 모두 1차적인 의안심의권을 갖고 있으며, 한 원에서 부결된 의안은 다른 원에서 회부하여 심의할 수 없게 되어 있기 때문에 상대적으로 상원의 권한이 강력하다. 중의원과 참의원의 의견이 일치하지 않는 경우에 중의원이 재가결권을 행사할 수 있는 일본의 경우에는, 상원인 참의원이 영국과 벨기에의 중간쯤의 권한을 행사하고 있다고 말할 수 있다.

영국의 예에서 보는 바와 같이 상원의 존재 자체가 민주주의의 원리와 모순되는 측면을 지니고 있기 때문에, 민주주의의 발전에 있어서 상원의 역할에 대해서는 별로 연구된 것이 없다. 영국의 경우 상원은 본질적으로 민주주의로의 발전과정에서 국왕과 귀족들이 자신들의 권한의 일부를 계속 유지하려는 노력의 산물에 불과하며, 현재 양원제를 채택하고 있는 대부분의 국가들도 상징적인 국왕이 존재하는 입헌군주제의 형태를 띠고 있다. 따라서 일부 연방제 국가에서와 같이 상원이 하원의 과다한 지역 대표성을 어느 정도 보완해주는 역할을 수행한다 하더라도, 상원의 존재는 역사적 유물로서의 상징성을 제외한다면 그 제도의 복잡성에 비해서 실익이 거의 없는 제도라 할 수 있다.[9]

내각제에서의 의회제도와 관련하여 언급되어야 할 점은 의회의 운영이 상임위원회 중심이냐 본회의 중심이냐의 문제이다. 일반적으로 의회가 상임위원회 중심으로 운영되는 대표적인 국가로는 미국이, 본회의 중심으로 운영되는 대표적인 국가로는 영국이 꼽히고 있다. 그렇다고 해서 미국과 같은 대통령제에서는 상임위원회 중심이고 영국과 같은 내각제에서는 본회의 중심이라고 말할 수는 없다. 같은 내각제 국가이면서도 일본의 경우에는 의회가 철저하게 위원회 중심으로 운영되고

원은 서민을 대표하고 상원은 귀족을 대표한다'는 구시대의 유물로서 존재하고 있는 상원의원은 당적을 보유하지 않으며 정파로부터 초월하여 있다. 다만 내각 구성원 중에서 수상이 임명하는 상원의장은 대법원장을 겸임하는 정치적 지위이므로 당적을 보유하고 집권당과 운명을 같이한다.

9) 이러한 측면에서 다른 나라 "내각책임제 헌법의 대다수의 전례에 따라서 양원제를 채택한"(내각책임제 개헌안 기초 특별위원회 제안이유서: 김헌, 168) 한국의 제2공화국 헌법은 문제가 있다. 제안이유서에서 "내각책임제에 있어서의 양원제의 가부에 관한 문제는 이론에 의하여 결정될 문제가 아니라 대체로 실제상의 정치적 실익에 의하여 결정될 문제인 까닭에 그 이론에 있어서는 어떠한 결함이 있든 이상과 같은 정치적 실익을 고려하여 양원제를 채택하기로 하였다"고 명기하고 있어서 입헌군주제의 경험이 없는 한국의 경우 이론상으로 양원제를 채택할 필요가 없다는 점을 인식하고 있었던 것 같다. 같은 제안이유서에서 양원제의 정치적 실익으로 "내각책임제에서의 다수당의 전제를 막고 의결의 신중을 기"할 수 있다고 하고 있으나, 본문에서 언급한 바와 같이 양원제가 이러한 실익을 가지고 있는지에 대해서는 의문이다.

있기 때문이다. 또한 영국의 경우에도 최근 본회의보다는 위원회의 국정감사기능을 보다 강화해야 한다는 주장이 제기되고 있기도 하다(김영민, 1994: 297).

정부형태와는 관계없이 어느 나라 의회든지 위원회는 본회의에서 결정해주는 범위 내에서 의안을 선정하고 심의하는 것이 원칙이다(IPU, 1990). 그러나 최근 위원회의 권한이 강화되면서, 특히 위원회 중심으로 의회가 운영되는 국가에서는 위원회가 자체의 의안발의권에 근거하여 그 소관의 업무 범위 내에서는 어떤 문제도 의제로 다룰 수 있게 되었다. 위원회는 공무원은 물론이고 그 의제와 관련된 사람은 누구든지 소환할 수 있으며 관련 보고서와 기록의 제출을 의무화하는 등 매우 광범위한 권한을 행사하고 있다. 이들 국가들의 경우 본회의에서 위원회의 결정을 뒤집는 일이 거의 없어서 위원회의 결정이 사실상 의회의 결정으로 굳어진다. 심지어 독일이나 이스라엘에서는 위원회가 발의하는 의안은 그 심의 결과를 본회의 보고조차 하지 않아서 위원회 단독으로 심의 의결하는 경우도 있다.

본회의의 결정을 단순히 집행하는 데에 권한이 한정된 영국의 상임위원회는 이제 아주 예외적인 경우가 되었으며, 영국의 경우에도 상임위원회의 이러한 결점을 보완하기 위해서 지난 1979년부터 정부 각 부처의 지출과 정책을 심사하는 회기 동안에만 한시적인 여러 가지 특별위원회(Select Committee)를 구성하여 운영하고 있다. 따라서 일반적으로 의회의 운영에 있어서는 대통령제냐 내각제냐에 관계없이 본회의보다는 각종 위원회의 기능이 보다 강화되고 있다고 말할 수 있다.

4) 공무원제도

내각제는 정치적으로 중립성이 보장된 공무원제도의 확립을 전제로 한다. 공무원의 정치적 중립은 정부형태와 관계없이 현대 민주주의의 전제조건이 되는 것이지만, 특히 대통령제에서 보다 내각의 교체가 빈번한 내각제에서는 정부 운영의 안정성을 보장하기 위해서 공무원제도의 확립이 더욱 요구된다고 한다(김헌, 1994: 14). 내각제에서 직업공무원제가 철저하게 확립되어 있고 지방자치가 제대로 실시되는 경우 총선은 국민들의 생활에 밀접한 구체적인 정책 대결이라기보다는 어느 정도 일종의 상징적인 세력 다툼에 불과한 경우도 있기 때문이다. 이러한 주장들은 대통령제에 비해서 내각제에서 행정의 불안이 초래될 가능성이 훨씬 더 클 것이라는 점을 전제로 하고 있다.

그러나 이러한 주장은 이미 밝혀진 다음과 같은 명백한 사실을 간과하고 있다. 즉 1950년부터 1980년까지 서유럽과 미국 그리고 라틴아메리카 국가들에서 민주정치가 이루어진 기간 동안에 장관을 역임한 사람들을 조사한 결과에 의하면, 첫째, 한번 장관을 역임한 사람이 다시 장관을 역임하는 재충원 비율이 대통령제에서 보다 내각제에서 세 배나 많았으며, 둘째, 장관의 평균 재임기간은 대통령제에서 보다 내각제에서 거의 두 배나 더 길었다(Stephan & Skach, 1994: 127). 이러한 사실이 의미하는 바는 다음과 같다. 이미 장관의 경력이 있어서 경험이 풍부하고 재직기간이 긴 장관에 의해서 이끌어져 가는 공무원집단이 정책의 결정과 집행에 있어서 보다 안정적이고 자신들의 전문성을 더 잘 발휘할 수 있다. 사실 대통령제에서의 장관은 대통령에 의해서 갑자기 일방적으로 임명되기 때문에 해당 부서의 업무에 문외한일 가능성이 많다. 더구나 대통령제에서 국민들은 누가 장관이 될 지에 대해서 사전에 아무런 정보도 얻을 수 없다. 이에 반하여 내각제에서의 장관은 의회에서 해당 업무에 대한 질의와 토론의 경험이 어느 정도 축적된 상태에서 장관직으로 진출하기 때문에 전문성이라는 측면에서 대통령제에서의 장관보다 훨씬 유리하다.

의원과 내각과의 연계가 얼마나 원활하게 유지될 수 있을 것인지의 문제도 직업공무원제도와 관련해서 검토되어야 할 문제이다. 의원과 내각 사이의 관계는 의원들이 내각에 영향력을 행사하려고 할 때 장관을 통하느냐 직업공무원을 직접 상대하느냐에 따라 중개연계형과 직접연계형으로 나누어질 수 있다(Aberbach, 1981: 233-236). 중개연계형에서는 어떤 사안에 대해서 고급공무원들이 의원들에게 직접 보고하는 일이 거의 없으며 자기 부서의 장관들에게만 보고하기 때문에 의원들과 고급공무원과의 연계도 주로 장관을 통하여 이루어진다. 이 유형에서는 행정이 정치로부터 상대적으로 분리되어 있어서 공무원들의 익명성이 보장되기 때문에 장관과 내각의 책임의식이 높아지고 정당 중심의 의회정치가 활성화될 수 있다. 중개연계형은 다시 영국과 같이 의원들이 거의 장관들만 상대하는 유형과 네덜란드, 스웨덴 등과 같이 장관과 고급공무원을 동시에 상대하는 유형으로 나눌 수 있다.

직접연계형은 의원들이 장관을 거치지 않고 고급공무원을 직접 상대하는 유형이다. 의원들과 고급공무원들과의 밀착관계는 미국의 예에서 보는 바와 같이 행정부에 비해서 의회의 권한이 상대적으로 강하여 공무원들이 의원들과 좋은 관계를 유지해야 할 필요성이 있는 경우에 나타난다. 미국이 이러한 양상을 보이는 것은 의원들을 보조하는 의회 내의 참모진이 잘 갖추어져 있으며 부처 내의 권한이 분산되어 있기 때문이기도 하다. 극단적인 경우에는 의원들과 고급공무원들 사이에서 장관이 철저하게 소외되기도 한다.

이렇게 볼 때 의원과 내각 사이의 연계 또는 협조가 원활하게 이루어지는 경우에는 내각제의 치명적 약점으로 지적되고 있는 내각 불안정이 정국의 불안정을 의미할 뿐 곧 바로 행정의 불안정으로 연결되는 것은 아니다. 또한 내각제에서 의회가 해산되고 내각이 바뀌더라도 같은 인물이 장관을 계속할 수도 있으며, 연임이 아니더라도 그 장관직에 경험이 있는 사람이 다시 등용되는 경우도 많이 있다. 심지어 그 부서의 업무에 전문성을 인정받는 경우에는 여러 번의 개각에도 불구하고 한 사람이 특정 부서의 장관직을 계속 지키는 경우도 있을 수 있기 때문이다(Linz, 1994: 66).

역사적으로 그들의 능력과 헌신성 그리고 확고한 정치적 중립성이라는 측면에서 프랑스 공무원 집단이 가장 우수한 것으로 평가받아 왔다. 즉 그들은 정치 대결에서의 승패가 아니라 소속한 각 부서의 행정업무의 본질에 근거한 권한을 행사할 수 있었던 것이다. 그러나 내각제에서 대통령제로 바뀐 제5공화국 이후부터 이러한 사정은 변하기 시작하였다. 프랑스 사회의 최고 엘리트로서의 능력과 헌신성은 계속 인정받고 있지만, 정치적 중립성이 훼손되기 시작한 것이다. 내각제를 포기하고 대통령제를 채택함으로써 오늘날 프랑스는 공공 및 유사 공공분야의 고위직에 오르려는 이들이 정치정파에 가담하지 않으면 안 되게 되었다.

프랑스 공무원 집단의 정치화는 두 가지 동시 병행적 요인에 의해서 진전되었다(Suleiman, 1994: 152). 하나는 지난 35년 동안 단 하나의 정치세력이 국가기관을 계속 장악해왔다는 점이고, 다른 하나는 정치체제가 대통령제로 바뀜에 따라서 이미 중앙집권적 행정구조 위에 대통령제가 덧 씌워졌다는 점이다. 즉 정치체제의 양극화와 대통령제로 인하여 지난 30년 간 프랑스에서는 이런 양상이 가속화되었다. 이제 직업 공무원들이 선출직 공무원들을 대신하여 일할 필요도 없고, 그들에게 대항할 필요도 없게 되었다. 따라서 확고한 정치적 중립성을 자랑하던 프랑스 공무원들은 이제 정치적 역할을 전제하고 직위에 오르게 되었고, 그 결과 공무원들이 중립적으로 국가행정을 수행한다는 신화도 무너지게 되었다.

정부형태와는 관계없이 현대 민주주의 국가에서 직업공무원제의 확립과 공무원의 정치적 중립은 필수적인 요인이다. 권위주의 국가에서 볼 수 있는 바와 같이 특히 선거기간 중에 공무원들이 특정 정파를 응원한다면 민주주의는 그 출발조차 불가능할 것이다. 그런데 위에서 논의한 바와 같이 장기적으로 볼 때 내각제에서보다는 대통령제에서 공무원들이 정치적으로 중립을 지키기가 더 어렵고, 결국 직업공무원제의 질서를 훼손시킬 가능성이 더 많다. 이러한 가능성은 민주주의 역사가 짧아서 사법부를 비롯한 모든 독립된 국가기관들이 대통령의 눈치를 살피는 국가들의 경우 훨씬 더 심각할 것이다.

4 정부형태와 정치적 목표

내각제와 대통령제의 장단점에 대한 논의는 각 국가가 어떤 정치적 목표를 우선하느냐에 따라 그 논의의 초점이 달라질 것이다. 내각제건 대통령제건 두 제도 모두 궁극적으로는, 권력분립의 원칙에 근거하여 국민의 자유와 권리를 보장한다는, 민주주의의 원리를 보다 잘 구현하려는 목표를 지니고 있다. 그러나 어떤 정치제도도 이러한 이상을 완벽하게 충족시킬 수는 없다. 더구나 이러한 이상을 충족시키는 방법에 있어서도 각국의 역사적 전통과 현실정치적 상황에 따라서, 국민의 자유와 권리를 보장하기 위한 구체적인 하위 목표에 대한 강조점이 각각 다를 수 있다. 민주주의를 확립하기 위한 방법으로서의 이러한 하위 목표들은 민주주의에 대한 특정 시대의 특정한 상황에서의 정치사회적 전제조건들을 반영하고 있기 때문이다.

따라서 우리는 내각제와 대통령제가, 민주적 정통성 또는 대표성의 실현, 정치 또는 내각의 상대적 안정 또는 불안정, 효율적인 통치 또는 정책결정의 합리화, 사후적 책임정치의 구현 또는 정치에 대한 국민들의 통제 가능성(국민통제의 항상성), 국민통합 또는 사회적 양극화의 극복, 참여정치의 활성화와 같은 민주주의의 하위 가치들과 어떤 관련이 있는지를 우선 검토해보아야 한다.

일반적으로 대통령제는 정책결정 권한이 대통령에 일인에게 집중되어 있어서 정치적 안정과 효율적인 통치가 가능하고, 내각제는 그 권한이 내각에 분산되어 있어서 정치적으로 불안정하며 정책결정이 지연되는 등 비효율적이라고 말하여진다. 대통령제의 장관들은 자신을 임명한 대통령의 지시를 거역할 수 없는 데 반하여, 내각제에서의 장관은 국회의원을 겸하고 있기 때문에 수상의 지시에 순종할 필요가 없다는 것이다. 반면에 내각제 하에서 다수당이 존재하지 않아 연립정부가 구성되는 경우에는 소수당을 지지하는 유권자들의 의사가 정책결정에 더 잘 반영될 수 있어서 사회적 통합에 기여할 수 있다고 주장되고 있다. 그러나 문제가 이렇게 단순하지만은 않다.

대통령제는 대통령과 의회라는 이원적인 국민적 정통성에 근거하고 있어서, 대통령과 의회 중 어느 쪽이 국민을 (최종적으로) 대표하는 것인지를 민주적으로 결정할 수 있는 어떤 원칙도 없다는 사실은 의심할 여지가 없다(Linz, 1994: 7). 따라서 대통령과 의회가 어느 쪽이 국민적 정통성에 기반한 최종적인 권력기관인지에 대해서 반목과 대립이 지속될 가능성이 있다.[10] 특히 유권자들이 이념적・정책적 선택에 의해서 의원들이 선택되는 것이 아니라 정상배들에 의해서 선거가 좌우되어 정치와 의원들에 대한 국민적 불신이 심한 국가들의 경우, 대통령이 자신은 타락한 정치와는 무관하다는 정치 초월적인 태도를 견지하게 될 것이므로 의회와의 반목이 장기화될 가능성이 있다. 또한 이유야 어떻든 상당한 정도의 이데올로기적・문화적・인종적・지역적 갈등을 겪고 있는 국가에서는, 의회를 장악한 의원과 정당들의 정치적 견해가 대통령과 다른 경우가 많아서, 대통령과 의회의 정통성 대결이 체제 자체에 대한 위협으로까지 발전할 가능성도 있다.

내각제에서도, 특히 의회의 다수당이 없어서 연립내각을 구성하고 있는 경우 또는 드물기는 하지만 수상이 의회를 무시하고 전권을 행사하려고 하는(즉 다수당의 결집력이 약화되는) 경우, 의회와 총리가 충돌할 가능성이 있다. 그러나 내각제는 제도 내에서 이미 이러한 충돌을 예상하고 있기 때문에 총선을 통한 제도적인 해결이 가능하다. 그래서 잦은 총선에 따른 정치적 불안정이 내각제의 가장 큰 약

10) 이 문제를 가장 잘 해결하고 있는 국가는 미국이다. 그러나 미국의 대통령제는 대통령제 중에서도 아주 예외적인 경우에 속한다는 점을 강조할 필요가 있다. 미국은 다른 대통령제 국가들과는 달리 선거제도와 정당제도, 강력한 상원과 대법원의 존재, 연방제 등 매우 독특한 정치제도를 가지고 있다. 정치제도의 운영과 관련해서도 이데올로기적 경직성의 결여 또는 융통성, 약하고 느슨한 정당, 지역 중심 정치의 활성화 등의 측면에서 다른 국가들과는 매우 다른 양상을 띠고 있다(린츠, 1991: 106－107).

점으로 지적되고 있기도 하다.

그러나 내각제의 정치적 불안정은 사실보다 과장되어 있다는 점을 지적할 필요가 있다. 또한 정치 불안정이 곧 내각 또는 행정의 불안정으로 연결되는 것도 아니다. 민주주의의 안정성과 정부의 안정성을 구별할 필요가 있는 것이다(Sartori, 1994: 111-112). 안정된 민주주의가 약화되는 것은 불안정한 정부 때문이 아니라 무능한 정부나 나쁜 정부 때문에 약화되는 것이다. 정부의 안정성은 단지 정부가 얼마나 오래 집권하고 있는지를 말하는 것이며, 무능한 정부 또는 나쁜 정부가 오랜 동안 집권하는 경우도 있기 때문에, 오래 집권했기 때문에 그 정부를 효율적인 정부라고 할 수는 없으며, 민주주의가 안정되어 있다고 할 수는 더더구나 없다. 물론 연립정부를 구성하고 있는 내각제의 경우에도 정부가 아무 것도 하지 않으면서 정권의 수명만을 연장하는 경우도 있을 수 있다.

그렇다면 내각제와 대통령제 중 어떤 제도가 국민들의 의사를 더 잘 반영시킬 수 있을 것인가? 대통령제의 치명적인 약점은, 한국의 예에서 볼 수 있는 바와 같이, 임기 중에는 비록 국민의 소수로부터 지지를 받고 있는 경우에도 대통령이 모든 권력을 독점한다는 점이다.[11] 언제든지 총선이 가능한 내각제에서는 수상의 재임기간과 관계없이 수상에 대한 불신임이 가능하기 때문에 필요하다면 국민들의 의사를 직접 물을 수 있다. 그러나 대통령제에서는 대통령의 임기가 끝날 때까지 그 대통령의 정책을 지지하지 않는 국민들의 의사는 무시되는 결과가 된다. 물론 선거에서 선출된 대통령이 대통령제의 이러한 약점을 극복하기 위해서 여러 가지 정책들을 선택할 수도 있을 것이다. 그러나 이것은 어디까지나 제도적인 문제라기보다는 대통령 개인의 양식과 능력에 달린 문제이다.

내각제라고 해서 이러한 '승자독식' 현상이 일어나지 않는 것은 아니다. 내각제에서도 한 당이 의석의 절대 다수를 차지하는 경우, 특히 영국의 대처 수상의 예에서 경험한 바와 같이 수상이 각료들 위에 군림하는 경우 '승리자가 전부를 차지하는' 양상이 나타날 수도 있다. 이 경우 수상은 소속 정당이 의회에서 다수당을 차지하지 못한 대통령보다도 훨씬 더 막강한 권한을 행사할 수 있다. 즉 내각제에서도

11) 노태우 36.6%, 김영삼 42.0%. 한국 외에도 1973년 칠레의 아옌데와 1977년 스페인의 수아레즈가 각각 36.2%, 34.7%로 대통령에 당선되었다. 여기에 투표율을 고려하고 기권자를 소극적 반대자로 간주한다면 이들 대통령들은 유권자의 20-30%의 지지를 얻은 것에 불과하다.

집권 다수당에 반대하는 유권자들의 의사가 정치에 반영되지 않는 것은 마찬가지이다. 그러나 영국의 경우는 내각제 중에서도 예외에 속한다.[12] 대통령제에서 선거에서 패한 대통령 후보는 패한 그 순간부터 정치적 영향력을 완전히 상실하는 데 반하여, 대부분의 내각제에서는 선거에서 소수당으로 전락했다고 해서 정치적 영향력을 완전히 상실하는 것은 아니다. 특히 다수당이 없어서 연립내각이 구성되는 경우 소수당도 자신의 지분 만큼의 영향력을 가지고 있으며 내각 구성에 참여할 수 있는 기회를 얻을 수도 있다. 즉 자신을 지지한 유권자들의 의사를 적절하게 대표할 수 있는 것이다.

대통령제에서 대통령의 소속 정당이 의회의 다수당을 차지하지 못하는 경우 대통령제의 약점인 정통성의 이원화가 오히려 대통령의 독주를 견제할 수도 있다는 주장도 가능하다. 이 경우에 대통령과 의회의 반목이 일상화될 가능성이 있으며 대통령의 잦은 거부권 행사로 국정이 마비될 위험이 있다. 더구나 다당제가 아니라 양당제에서 조차도 유권자들이 대통령이 소속된 당에게 책임을 물어야할지 의회의 다수당에게 책임을 물어야할지 불분명한 경우가 있다. 따라서 대통령과 의회는 서로 책임을 미루려고 할 것이다. 더구나 현직 대통령이 재선 출마가 제도적으로 금지된 경우에는 현직 대통령은 그가 수행한 정책에 대한 책임에서 완전히 면제되어 있기 때문에, 권한은 행사하는 데 누구도 책임을 지지 않는 불합리한 정치체제가 유지될 가능성이 큰 것이다.

대외적으로 국가를 대표하고 대내적으로 국민통합을 이룰 수 있는 대통령의 존재가 사회적 양극화를 극복하는 데 더 적합한 제도라고 믿어 왔다. 특히 연방제 국가들의 경우에 대통령만이 지역 간 갈등과 이해관계를 조정할 수 있는 최종적인 권한을 가질 수 있을 것이다. 그러나 민주적 합의의 원칙을 중시하고 연립정부의 구성을 가능하게 하는 내각제가 대통령제에 비해서 사회의 이데올로기적·인종적·지역적·종교적 갈등을 완화시키는 데 더 유리한 제도라는 것은 일종의 통설처럼 되어 있다. 정치사회적 양극화가 극단화되어 있는 경우 대통령제의 대통령은

12) 내각제에서 수상의 지위는 첫째, 동등하지 않은 사람들 위에 있는 가장 높은 사람(a first above unequals), 둘째, 동등하지 않은 사람들 중에서 가장 높은 사람(a first among unequals), 셋째, 동등한 사람들 중에서 가장 높은 사람(a first among equals) 중의 하나다. 자신의 의사에 따라 장관을 마음대로 임명하고 해임할 수 있는 영국의 수상은 첫 번째의 전형적인 예이다(Sartori, 1994: 109−110).

필연적으로 어느 한 편에 소속될 수밖에 없는데 반하여 내각제에서는 대통령과 총리, 총리와 내각 사이에서 권력의 공유가 가능하기 때문이다.

더구나 대통령제에서 만약 임기 중에 예상치 못한 이유로 위와 같은 사회적 갈등이 일시에 폭발하는 상황이 초래될 경우에, 반대파를 일방적으로 몰아붙여 갈등을 더욱 증폭시키는 일을 제외하고는 적절한 대처방법이 없다. 극단적인 대치상황이 전개되는 경우 임기 중에 있는 대통령이 자진해서 사임하지 않는 한 대통령의 반대편에 있는 국민들은 다음 선거 때까지 기다리기보다는 더욱 극단적인 투쟁방법을 선택할 것이다. 물론 내각제에서는 위와 같은 상황이 파국으로 치닫기 전에 내각을 불신임하거나 의회를 해산하여 국민의 뜻을 다시 확인할 수 있는 제도적인 장치를 가지고 있다.

그러나 정부형태를 변화시켜 정치문화의 차이에 따른 사회적 갈등을 극복하려고 시도하는 데에는 명백한 한계가 있다(Gunther & Mughan, 1993: 287－291). 사회적 갈등은 정치제도에서 비롯된 것이 아니라 정치가와 국민들의 의식과 행태에 의해서 매개되는 것이기 때문에 정치제도에 의해서 해결되기보다는 다른 방법에 의해서 해결되어야 한다. 다수결제도, 권력분립의 원칙, 연방제와 같은 민주주의 제도들이 때로는 사회적 갈등을 증폭시키는 방향으로 작용하는 경우를 수없이 보아 왔기 때문이다.

5 맺음말

어떠한 내각제(대통령제)도 어떠한 대통령제(내각제)보다 더 민주적 안정성을 유지할 수 있으며 더 효율적으로 운영될 수 있다고 주장할 수는 결코 없다. 또한 순수한 대통령제와 순수한 내각제라는 극단적인 이분법을 전제하고 둘 중 하나의 선택을 강요할 수도 없다. 위에서 논의한 각 제도의 장단점은 어디까지나 이론적 또는 논리적 수준의 논의에 불과하다. 더구나 국가의 실질적인 통치능력(government capabilities)을 결정하는 것은 대통령제와 내각제 여부보다는 정부의 구체적인 정책결정에 영향을 미치는 체제내적 요인이라는 주장도 상당한 설득력을 지니고 있다(Arnold, 1979; Ripley & Franklin, 1980; Weaver & Rockman, 1993). 즉 대통령제냐 내각제냐의 문제보다는 의회에서의 정당의 규율, 내각에 대한 의회의 영향력, 정부 엘리뜨들의 충원과정과 결속력, 이익집단의 정부에의 접근성 등이 통치의 효율성을 좌우한다는 것이다.

결국 두 제도의 장단점은 각국의 구체적인 정치적 상황에서 제도(또는 제도개혁)가 최종적으로 목표하는 바가 무엇인지에 따라 달라질 것이다. 어떤 제도를 도입함으로써 민주주의적 대표성의 실현 또는 책임정치의 구현, 정치 또는 내각의 상대적 안정 또는 불안정, 효율적인 통치 또는 정책결정의 합리화, 사회적 통합 또는 양극화의 극복, 참여정치의 활성화 등에 어떻게 기여할 수 있을지에 대한 면밀한 검토가 필요한 것이다. 또한 이러한 정치적 목표를 달성하기 위해서 정당제도, 선거제도, 의회제도, 공무원제도들이 대통령제와 내각제에서 어떻게 상호작용할 것인지를 종합적으로 고려하여야 한다. 현실 정치적 이해관계에 따라 자신에게 유리한 쪽으로 두 제도가 지니고 있는 특정한 측면만을 강조한다면 그 제도는 얼마 못 가서 다시 개정될 운명에 놓일 수밖에 없기 때문이다. 결론에 대신하여 이상의 논의를 요약하면 <표 6-2>와 같다.

표 6-2 정부형태와 관련된 요인들

정치적 목표	* 정치적 정통성 유지 * 정치 또는 내각의 안정 * 효율적 통치와 책임정치의 구현 * 참여정치의 활성화 등
정당제도	* 양당제인가 다당제인가? * 일당 내각인가 연립내각인가? * 정당의 응집력(정당의 규율이 어느 정도 엄격한가?) * 정당의 운영이 중앙당 중심인가 지방당 중심인가?
선거제도	* 대통령의 임기와 중임 가능 여부 * 다수대표제인가 소수대표제인가? * 비례대표제의 방식과 그 비중
의회제도	* 본회의 중심인가 상임위원회 중심인가? * 단원제인가 양원제인가, 양원제이면 상대적으로 강력한 상원이 존재하는가?
공무원제도	* 장관의 임명과 재임기간 * 직업공무원제도는 확립되었는가? * 직업공무원의 정치적 중립성은 확보되었는가?

정치문화	* 권위주의적인가 민주주의적인가? * 사회적(이데올로기적) 양극화의 정도 * 지역정치의 활성화 정도(중앙집권과 지방분권) * 지역간 갈등의 정도

이제까지 우리 정치는 아래로부터 시민사회에 기반을 두고 자발적으로 조직된, 구체적이고 대비되는 정책 프로그램을 제시하고 있는 정당들 사이의 민주적 경쟁과는 거리가 멀었다. 우리의 정당들은 일종의 정치적 장식물로서 그때그때 필요에 따라 강력한 보스 중심으로 급조 또는 이합집산하였으며, 의회는 본래의 공식적인 기능과는 관계없이 이들 사이의 뒷거래를 선거라는 장치를 통하여 사전에 합리화시켜 주는 기능만을 수행해왔다. 우리는 강력한 국가와 강력한 대통령제를 중심으로 하는 '국민투표제적 민주주의(plebiscitary democracy)'는 어느 정도 발달하였을지 모르나 사회의 이익과 요구를 제대로 반영하는 정당과 의회가 중심이 된 '대의제 민주주의(representative democracy)'는 매우 뒤떨어진 상황에 있었던 것이다(최장집, 1995: 184).

이러한 와중에서 문민정부에 이어서 이른바 '국민의 정부'가 탄생하였으며 이제 대통령의 임기도 2년 가까이 지나고 있다. 권위주의와 민주주의의 과도기적 성격을 지니고 있다고 할 수밖에 없는 국민의 정부는 그 최종적인 목표를 민주주의의 제도화에 두어야 하며, 정부형태를 포함하여 명백히 불합리한 현재의 기형적인 정치제도들을 정상화해놓고 마감하여야 할 것이다. 민주주의에로의 이행기에는 무엇보다도 민주주의적 정치제도의 공고화가 중요하기 때문이다. 이론적으로도 정치제도에 대한 연구는 그 중요성에 비해서 상대적으로 경시되어 왔는 데, 최근에 민주주의의 실현은 경제적 조건이나 사회적 조건들 뿐 아니라 정치제도에 따라서 좌우되는 부분이 많이 있다는 주장들이 제기되고 있기도 하다(Remmer, 1995: 116; Shin, 1994: 145). 우리는 새로운 제도를 구상할 때 최소한 <표 6-2>에서 제시한 요인들을 함께 고려하여야 할 것이다. 여러 요인들이 서로 밀접하게 맞물려 있기 때문에 앞으로 각각의 요인들 간의 역동적인 상호작용의 패턴에 대한 보다 깊이 있는 연구가 필요한 것은 물론이다.

제 7 장 정부조직 개편의 내용과 과제
– 문민정부의 경우 –

문민정부의 조직 개편은 5·16 이후 최대 규모이다. '군사정부' 이후 최대라는 것은 정부조직 개편이 그만큼 어렵다는 사실을 말해준다. 군사정부에서나 가능했던 일을 우리의 문민정부가 전격적으로 해낸 셈이다. 그러나 지난 이 전격성이 우선 거슬린다. 어느 조직이나 조직 개편은 구성원들의 신분에 결정적인 변화를 초래하기 때문에 얼마간의 비밀을 유지할 수밖에 없다는 점을 이해하지 못하는 것은 아니다. 이들의 저항이 조직 개편에 자장 결정적인 장애요인이 되는 것도 사실이다. 그러나 문민정부의 조직 개편은 개편의 과정과 방법, 그 내용 등을 전체적으로 볼 때 앞의 정권들과 마찬가지로 졸속이라는 혐의를 두지 않을 수 없다.

이 글은 문민정부가 마감되는 시점에서 문민정부 정부조직 개편의 내용과 과정을 살펴보고(2절) 그 문제점을 간단히 지적한 후(3절), 정부조직 개편과 관련된 차기 정부의 정책 방향을 제시하는 데(4절) 그 목적이 있다. 정부조직 개편은 현실적으로 많은 저항이 따르는 매우 어려운 과제이기 때문에, 조직 개편의 전략에 대해서도 간단히 언급하였다(5절). 결론부터 말하자면, 해방 이후 한번도 정부조직에 대한 전면적인 개편의 경험이 없는 우리의 경우 차기 정부에서는 정부조직 전체에 대한 종합적인 검토가 필요하다는 것이 필자의 주장이다.

1 머리말

내용이야 어떻든 이른바 '개혁'이라는 단어는 문민정부의 일종의 '트레이드 마크'였다. 군인사개혁, 교육개혁, 사법개혁, 노사개혁, 규제개혁, 금융개혁 등 정부가 수행하는 모든 기능 뒤에다 개혁이라는 글자를 갖다 붙였다. 더구나 상식적인 사람이 보아도 일개 정권이 감당한다는 것이 도무지 말이 안 되는 '역사 바로 세우기'에게까지 개혁의 미명(美名)이 뻗쳤다. 이것은 그 동안 우리 역사가 뒤집어져 있었다는 문제의식의 소산이기도 하지만 건국 이후 최초의 민주정부라는 정치적 수사를 뒷받침하기 위한 것이기도 하였다. 개혁에는 항상 정치적 수사가 동반되기 마련이기 때문이다. 문민정부 초기의 '신한국 창조'와 중기 이후의 '세계화'라는 정치적 수사는, 문민정부에서 취해진 부분적인 개혁 조치들과의 구체적인 연관성과는 관계없이, 문민정부 내내 각종 개혁조치에 그 명분을 제공하였다.

행정개혁도 여기서 예외일 수 없다. 정권 초기 신한국 창조를 위한 행정개혁에서 중기 이후 세계화를 위한 행정개혁으로 그 구호가 바뀌었다. 그러나 행정개혁의 구체적인 내용이 어떻게 신한국 창조와 세계화에 기여한다는 것인지에 대해서는 아무런 설명이 없었다. 더구나 그 명분이라는 것이 다른 나라를 흉내낸 것이거나 어느 날 즉흥적으로 나온 것이라서 명분이 갖춰야 하는 최소한의 철학과 논리조차 갖추지 못한 것이었다. 일부 개혁조치들의 단편적이지만 의미 있는 성과에도 불구하고, 문민정부가 전체적인 국정운영에서는 실패했다고 비판받는 이유의 상당 부분은 여기에서 찾을 수 있다.

행정 분야의 경우에도 고위공직자 재산 공개, 공직자윤리법 개정, 국민고충처리위원회 설치 운영, 공공기관의 정보공개에 관한 법률 및 행정절차법 제정 등 중요한 개혁 조치들이 있었다. 그러나 이러한 조치들은 민주주의 국가의 기본 틀을 갖추는 일과 관련된 것들이지 신한국 창조 또는 세계화와 같은 화려한 정치적 수사와는 애초부터 거리가 먼 것들이다. 위의 조치들은 오랜 동안 지속된 군부관료체제 아래서 우리나라 행정이 국민을 행정의 주체라기보다는 통치의 대상으로만 간주해 오던 것을 비로소 바로 잡는다는 의미를 지니고 있다. 그래서 비정상적인 것을 정상으로 바꾸는 아주 초보적인 성격의 조치들이지 결코 새로운 것을 창조하거나 세계로 나아가기 위한 새로운 조치들은 아닌 것이다.

행정개혁의 핵심이라 할 수 있는 중앙 부처의 조직 개편도 마찬가지이다. 5·16 이후 최대의 정부조직 개편이라는 1994년 12월 3일 조직 개편의 명분도 역시 세계화였다. 출범 초기에 잠깐 논의되다가 2년여 동안 잠잠하던 조직 개편 논의가 김영삼 대통령의 이른바 '시드니 선언'으로 갑자기 현실화되었다. 그리고 그 결과는 2개의 막강한 경제 관련 부처의 출현과 관리 부처와 권력 부처의 유지, 그리고 몇몇 부처의 형식적 승격 또는 명칭 변경이 고작이었다. 이때 거둔 유일한 성과는 정부 조직의 일부 감축과 공무원 수의 약간의 감소였으나, 뒤에서 보는 바와 같이 문민정부를 통 털어서 보면 얼마 지나지 않아 이 성과도 곧 상쇄된 것으로 나타나고 있다.

이 글은 문민정부가 마감되는 시점에서 문민정부 정부조직 개편의 내용과 과정을 살펴보고(2절) 그 문제점을 간단히 지적한 후(3절), 정부조직 개편과 관련된 차기 정부의 정책방향을 제시하는 데(4절) 그 목적이 있다. 정부조직 개편은 현실적으로 많은 저항이 따르는 매우 어려운 과제이기 때문에, 조직 개편의 전략에 대해서도 간단히 언급하였다(5절). 결론부터 말하자면, 해방 이후 한 번도 정부조직에 대한 전면적인 개편의 경험이 없는 우리의 경우 차기 정부에서는 정부조직 전체에 대한 종합적인 검토가 필요하다는 것이 필자의 주장이다.

본문에 들어가기 전에 명백히 해야 할 점이 있다. 우선 어떤 조직이든지 문제를 해결하는 데 조직 개편이 만능 약은 아니라는 점이다. 흔히 조직의 운영자들은 조직체계의 결함은 자신의 책임이 아니기 때문에 조직운영상의 결함을 조직체계의 결함으로 전가시키는 경향이 있다. 정부조직에 있어서도 조직체계는 하드웨어에 불과할 뿐 더 중요한 것은 소프트웨어인 조직운영상의 절차와 방법이다. 누구나 지적하는 바와 같이 정부조직 개편은 어디까지나 중요한 것은 출발점이자 필요조건이지 결코 충분조건은 아니다. 따라서 조직 개편과 함께 조직 운영에 대한 개선방안들이 동시에 강구되어야 하며 이 부분에 대해서는 별도의 연구가 필요할 것이다.

이 글에서의 논의는 원칙적으로 정부조직법(제2조 제2항)에서 규정하고 있는 중앙행정기관인 원, 부, 처, 청 및 외국만을 그 대상으로 하였다. 그러나 어떤 부처를 없애고 어떤 부처를 통합할 것인지에 대한 구체적인 정부조직 개편방안을 제시하지는 못하였다. 정부조직 전체에 대한 구체적인 개편방안을 제시하기 위해서는 각 부처의 모든 하부조직이 수행하는 기능과 그 절차에 대한 장기간에 걸친 신중한 검토가 선행되어야 한다. 수십 명의 실무자와 관련 전문가가 달라붙어도 쉽지 않을 이러한 검토 없이, 막연히 어떤 부처를 없애거나 통합하라고 주장하는 것은 무책임하거나 경솔한 주장이 될 것이다. 따라서 이 글에서는 정부조직 전체에 대한 구체적인 개편방안을 제시하기보다는 정부조직 개편에 있어서 고려해야만 하는 몇 가지 큰 원칙과 장기적인 전략에 대해서만 간단히 언급하려고 한다.

2 정부조직 개편의 과정과 내용

정부조직 개편에 대한 논의는 지난 대통령선거 기간으로 거슬러 올라간다. 선거 기간 중 각 당의 대선 주자들은 '행정기구의 재정비' 또는 '중앙행정기관의 합리적 통폐합'을 선거공약으로 내세우며, 이를 실천에 옮기기 위한 상설기구로서 '행정쇄신추진위원회' 또는 '행정개혁위원회'를 설치할 것을 약속하였다. 이와 함께 대선 후보들은 선거운동 기간 중 '작지만 강력한 정부' 또는 '열린 정부'와 같은 수사를 동원하면서, 구체적으로 정보통신부의 설치(당시 민자당) 또는 과학기술처의 위상 제고(당시 민주당) 등을 공약사항으로 내걸었다(김현구, 1993: 155).

문민정부도 출범 직후부터, 21세기를 맞이하여 새로운 행정수요의 증가와 정보화, 국제화, 지방화 등 급격한 행정환경 변화에 능동적으로 대처하고, 간소하고 능률적인 정부를 구현해 나가기 위해서는 정부조직에 대한 전반적인 개편이 요구된다는 인식을 가지고 있었다. 그래서 대통령 취임 직후인 1993년 3월 제1차 정부조직 개편을 단행하여, 설치 당시 특수한 상황을 고려하여 설치하였으나 현재는 환경과 여건이 변화되어 존치 필요성이 감소되었으며, 그 규모나 기능면에서 부의 수준으로는 미흡한 일부 부처만을 우선적으로 통폐합하였다(1993. 2. 13. 국회에 제출된 정부조직법 개정법률안 제안 이유). 즉 국민 여가의 질적 수준 향상을 위한 생활체육의 육성과 청소년 보호육성산업의 실효성 있는 추진을 위하여 문화부와 체육청소년부를 통합하여 문화체육부를 신설하였으며, 국내 산업의 국제경쟁력을 강화하고 산업개발의 기반 확충을 위한 업무를 효율적으로 추진하기 위하여 동력자원부를 상공부와 통합하였다. 이로서 2개 부처가 폐지되고, 3실 7담당관 12과의 조직이 감축되었으며, 공무원 139명을 감소시키는 효과를 거두었다.

그러나 이 조직 개편은 이미 6공화국에서 제안된 안을 실행에 옮긴 것에 불과한 것이었다. 6공화국 초에도 정부와 민간의 역할 재정립, 중앙과 지방의 관계 재정립, 정부 부처 조직의 개편, 행정제도 및 행정행태의 개선 등을 위하여, 대통령 자문기관으로 행정개혁위원회를 한시적으로(1988. 5.－1989. 7) 설치 운영한 바 있다. 행정개혁위원회에서는 중앙정부조직의 개편과 관련하여 복수 부총리제(경제기획원, 통일원) 실시, 공보처 신설, 환경청을 환경처로 격상, 통계청, 기상청, 경찰청 설치 등을 건의하였는 데, 이 건의는 1989년 12월과 1990년 12월 정부조직 개편 때 거의 그대로 반영되었다. 문민정부 초기에 실시된 네 부처의 통폐합도 이때 건의된 것이었으나 6공화국 정부의 행정개혁 의지의 쇠퇴와 우리 행정의 고질적인 병폐인 부처 이기주의에 의한 반발로 보류되어 있다가 문민정부 성립과 동시에 실행에 옮겨진 것이다.

우선 문민정부 전후의 중앙정부 조직의 변화부터 개괄적으로 살펴보자. 문민정부 출발 전의 정부조직은 '2원 16부 6처 15청 2외국'으로 구성되어 있었다. 그런데 대통령선거를 4개월 앞둔 1997년 8월 현재 '2원 14부 5처 14청 1외국'의 정부조직을 유지하고 있으며, 큰 이변이 없는 한 이 상태로 문민정부가 마감될 것이다. 그러니까 숫자상으로 보면 문민정부 기간 동안 부 2개, 처 1개, 청 1개, 외국 1개가 준 셈이다(<표 7－1>).

이러한 수치의 변화는 출범 초기의 조직개혁에 대한 문민정부의 강력한 의지와 대대적인 홍보를 무색하게 한다. 이 정도의 변화는 개혁이 아니라 정권교체에 따른 일상적인 수준의 변화로 볼 수밖에 없다. 과거의 정부에서도 이 정도의 정부조직 개편은 여러 차례 시도하였기 때문이다. 과거와는 달리 문민정부에서는 부처의 명칭이 많이 바뀐 것이 특색이라면 특색인데, 이는 정부조직 개편 뿐 아니라 문민정부에서 추진한 대부분의 정책들의 허구성을 상징적으로 드러내주고 있다. '작은 정부'의 실현을 다짐하고 출발한 문민정부 기간 동안에 공무원 수는 오히려 6만 여명 증가한 것으로 나타나는 것에서도 잘 알 수 있다.[1)]

---

1) 참고로 문민정부에서의 공무원 수의 변화를 구체적으로 보면, 지난 5월 말 현재 우리나라 전체 공무원 수는 93만 1천 6백 15명인 데, 이는 문민정부 출범 직후인 92년 말에 비해서 5만 8천 6백

표 7-1 문민정부 전후의 중앙정부조직

(2원 16부 6처 15청 2외국)	(2원 14부 5처 14청 1외국)
경제기획원(조달청, 통계청) 재무부(국세청, 관세청)	재정경제원(조달청, 국세청, 관세청, 통계청)
문화부	문화체육부
체육청소년부	
농림수산부(농촌진흥청, 산림청, 수산청)	농림부(논총진흥청, 산림청) 해양수산부(해양경찰청)
상공부(공업진흥청, 특허청)	통상산업부(중소기업청, 특허청),
동력자원부	
건설부	건설교통부(철도청)
교통부(철도청, 해운항만청, 수로국)	
체신부	정보통신부
보건사회부	보건복지부
환경처	환경부
통일원, 총무처, 과학기술처(기상청), 공보처, 법제처, 국가보훈처, 외무부, 내무부(경찰청), 법무부(검찰청), 국방부(병무청), 교육부, 노동부, 문화재관리국	

문민정부의 대대적인 정부조직 개편은 1994년 12월에 전격적으로 단행되었다. 개편의 문제점을 지적하기 전에 그 내용을 더 구체적으로 간단히 살펴보자. 위에서 보듯이 예산과 재정 업무의 효율화를 위하여 경제기획원과 재무부를 재정경제원으

83명이 늘어난 것이다. 이 기간 동안 공무원 수 증가율은 6.1%로 5 · 6공화국과 비교하여 증가율이 조금 둔화되기는 하였으나, 같은 기간의 우리나라 순취업 증가율 5.3%를 앞지르고 있다. 연평균 공무원 수 증가율 1.3%는 같은 기간의 우리나라 연평균 인구 증가율 1.0%보다 높게 나타나고 있다. 공무원 일인당 인구는 49.4명으로 이는 영국의 118.8명에 비해 2배가 넘는 숫자이다. 한 보고서는 우리가 장기적으로 영국 수준을 목표로 공무원 수를 줄여나간다면 현재의 58.6%까지 줄일 수 있다고 주장하고 있다(한겨레신문, 조선일보, 중앙일보, 1997.6.21). 이 내용을 표로 정리하면 아래와 같다.

문민정부의 공무원 수 증가

	5 공	6 공	문민정부
전체 공무원수	700,032('87. 12)	872,932 ('92. 12)	931,615('97. 5)
공무원 일인당 인구수	60.4	52.1	49.4
공무원수 증가	103,500	172,900	58,683
	전체 공무원 증가율		6.1%
	순취업 인구 증가율		5.3%
	연평균 공무원 증가율		1.3%
	연평균 인구 증가율		1.0%

로 통합하고 상공자원부를 통상산업부로 개칭하였으며, 정보통신 사업의 추진체제를 보강하기 위하여 체신부를 정보통신부로 개칭하였다. 이와 함께 환경정책의 집행 기능을 보강하기 위하여 환경처를 환경부로 승격시켰으며 국민 복지정책 기능을 강화하기 위하여 보건사회부를 보건복지부로 개칭하였다. 사회간접자본의 시설에 대한 투자 운영의 효율적인 연계체제를 확립하기 위하여 건설부와 교통부를 건설교통부로 통합하였으며, 공정거래위원회의 독립성을 보완하기 위하여 그 소속을 경제기획원에서 국무총리실로 바꾸었다.

결국 당시 중앙정부조직의 개편은 경제기획원과 재무부의 재정경제원으로의 통합, 건설부와 교통부의 건설교통부로의 통합, 환경처의 환경부로의 격상 그리고 체신부와 보건사회부의 정보통신부와 보건복지부로의 개칭으로 요약된다. 이에 따라 개편 전과 비교할 때 1부 1처가 감축되었으며, 장·차관급 5개, 차관보급 5개, 국장 26개, 과장 115개의 직위가 축소되고 공무원 1,200여명이 줄어드는 결과를 낳았다. 중앙 부처 수준의 감축은 아니었지만 1994년 1월 각 부처가 자율적으로 실시

표 7-2 문민정부의 정부조직개편 일지

1993. 3. 6.(2원 14부 6처 15청 2외국) - 문화부와 체육청소년부, 문화체육부로 통합 - 상공부와 동력자원부, 상공자원부로 통합 - 2개 부처 축소, 3실 7담당관 12과 감축, 공무원 139명 감소
1994. 28개 부처의 자율적 조직개편 - 1실 3국 11심의관 35과 축소, 공무원 212명 감축
1994. 12. 24.(2원 13부 5처 15청 2외국) - 경제기획원과 재무부, 재정경제원으로 통합 - 상공자원부, 통상산업부로 개칭 - 체신부, 정보통신부로 개칭: 정보통신사업의 추진체제 보강 - 환경처, 환경부로 승격: 환경정책의 집행기능 보강 - 보건사회부, 보건복지부로 개칭: 국민복지정책 기능 강화 - 건설부와 교통부, 건설교통부로 통합: 사회간접자본의 시설에 대한 투자운영의 효율적 연계 체제 확립 - 공정거래위원회, 국무총리실로 소속 변경 - 1부 1처, 장·차관급 5, 차관보 5, 국장 26, 과장 115, 공무원 1,200명 감축
1996. 2. 8.(2원 14부 5처 14청 1외국) - 중소기업청 신설 - 해양수산부 신설(항만청·수산청·수로국 폐지, 해양경찰청 신설)

한 부처 내 조직개편에서 따라 1실 3국 11심의관 35과를 없애고 212명의 공무원을 감소시킨 바 있다.

이 밖에 1996년 2월 중소기업의 보호를 강화하기 위하여 공업진흥청을 확대하여 중소기업청을 설립하였으며, 1996년 8월 해양 관련 업무를 일원화하기 위하여 농림수산부(농림부로 개칭)의 수산청, 건설교통부의 해운항만청과 수로국, 내무부의 해양경찰청을 흡수하여 해양수산부를 신설하였다. 경제기획원에서 국무총리실로 소속을 바꾼 공정거래위원회 위원장을 차관급에서 장관급으로 격상시켰다. 이러한 개편과정을 거쳐서 2원 14부 5처 14청 1외국의 현재와 같은 조직을 유지하고 있는 것이다. <표 7-2>는 문민정부 정부조직 개편의 내용을 날짜별로 정리한 것이다.

3 정부조직 개편의 문제점

1) 개편과정의 문제점

문민정부 출범 전의 정부조직은 경제기획원으로 대표되는 이른바 '개발년대'의 산물이다. 경제개발의 측면만을 볼 때 상당한 효율성을 발휘한 것도 사실이다. 그러나 지구화 · 지방화 · 정보화라는 구호에서 보는 바와 같이 행정환경이 급격하게 변함에 따라 국민들의 정부에 대한 기대도 매우 복잡해졌다. 그 동안 비대해지기만 한 정부조직을 가지고는 국민들의 다양한 행정수요를 충족시킬 수 없게 된 것이다. 모든 일을 정부가 주도하던 시대의 규제 일변도의 정부조직은 오히려 민간부문의 활력을 저해하기까지에 이르렀다. 그래서 문민정부 출범 전부터 대부분의 사람들이 조직 개편의 시기와 내용에 대해서는 이견을 달면서도 개편의 필요성과 방향에 대해서는 어느 정도 합의를 보고 있었다. 그러나 위에서 언급한 바와 같이 문민정부 출범 초기에는 조직 개편이 곧 있을 것이라는 소문만 무성했을 뿐 6공화국에서 제안된 4개 부처의 통폐합 외에는 아무런 조직 개편이 없었다. 이는 물론 문민정부가 출발 전에 조직 개편에 관한 청사진을 미리 준비하지 못한 것이 근본적인 원인이지만의 정민정부 출범 후 발족한 행정쇄신위원회에서 조직 개편에 대해서 검토하고 있다는 소식이 전해지자 공무원들이 조직적이고도 매우 강력하게 반발하였기 때문이기도 하다. 공무원들이 반발한다는 여론이 일자 1993년 10월 대통령이 직접 나서서 당분간은 4개 부처 통폐합 외에 더 이상의 조직개편은 없다고 확인해주기도 하였다.

공무원들의 반발은 정부조직 개편을 어렵게 만드는 가장 큰 요인이기 때문에, 이왕 말이 나온 김에 이들이 왜 그리고 어떤 방식으로 개편에 저항하는지를 언급하고 넘어갈 필요가 있겠다. 어떻게 보면 공무원들이 조직 개편뿐만 아니라 전반적인 행정개혁에 반발하는 것은 지극히 당연하다. 어느 나라에서나 공무원들은 개인적으로는 개혁의 당위성을 역설하면서도 집단적으로 그리고 공식적으로 개혁에 저항하는 경향이 있다. 개혁의 방향이 어떻게 잡히느냐에 따라서 자신의 개인적 이해와 부처의 운명에 결정적인 영향을 주기 때문이다. 우리의 경우에도 문민정부 초기부터 우리 사회를 개혁하는 데 있어서 공무원집단이 가장 조직화된 저항세력이라는 비난을 받은 바 있다.

어떤 분야든지 행정개혁은 공무원들에게 새로운 업무가 추가되거나 기존의 업무처리 절차가 바뀌거나 또는 자신들이 누리던 권한이 축소되는 것을 의미한다. 공무원 집단은 장기간의 경험을 통하여 자신들의 집단적 이익을 침해하는 외부의 변화에 저항할 수 있는 노련하고도 독특한 수많은 방식들을 이미 개발해놓고 있다. 이른바 '관료제의 방어 메카니즘'으로 불리는 이 방식들은 공무원들 사이에서 평생의 경험을 통하여 습득되고 전수된 것이기 때문에 과객에 불과한 정치인들이 아무리 개혁을 외쳐 보았자 꿈쩍도 하지 않을 만큼 견고하다.

공무원들은 기회 있을 때마다 자신의 상관들에게 자신이 소속한 부서는 담당하는 업무에 비해서 항상 인원이 부족하다고 불평하는 데, 실제로 이러한 불평은 인원을 더 달라는 것이라기보다는 새로운 업무를 더 주지 말라는 일종의 방어전략인 경우가 많다. 업무처리 방식이 바뀌는 경우, 예컨대 이것이 행정전산화와 같이 업무환경의 기술적인 변화일 경우 공무원들은 일단 그 변화에 적응하려고 노력할 것이다. 그러나 변화에의 적응이 많은 정신적·시간적 비용을 요구하는 경우에, 공무원이라는 직업이 투자한 비용에 따라 더 많은 보상을 보장해주는 것은 아니므로, 대부분의 공무원들은 가능하다면 골치 아픈 자리에서 좀더 편안한 자리로 옮기려고 할 것이다. 즉 개혁의 와중에서 노출되지 않는 자리로 잠깐 옮겨 앉았다가 바람이 잠잠해지면 원대 복귀하자는 것이다.

그러나 든든한 후견인이 없는 한 공무원의 인사이동이 자기 마음대로 되는 것은 아니기 때문에 이러한 전략을 실제로 동원할 수 있는 공무원의 수는 그렇게 많지는 않을 것이다. 따라서 대부분의 공무원들은 이러한 전략 대신 형식주의적 업무처리 전략을 사용할 것이다. 특히 조직 개편과 같이 개혁이 자신들이 누리던 권한을 축소시킬 가능성이 있을 경우 대부분의 공무원들은 개혁에 대하여 더욱 형식주의적으로 반응할 것이다. 이들은 업무처리에 있어서 그 내용의 적절성을 판단하기보다는 형식적인 조건만을 충족시키기에 급급하는 데, 변화에 잘 적응하지 못하는 공무원일수록 그리고 자신의 권한에 비해서 업무에 대한 전문성이 부족한 공무원일수록 이러한 경향을 강화시킬 것이다. 즉 이들은 개혁과 변화가 우리 사회에서 무엇을 의미하는지를 고민하기보다는 자신들의 권한 축소만을 우려하여 문서의 형식적인 측면만을 더욱 강조하게 될 것이다.

실제로 문민정부의 출범 이후 각 관공서마다 소위 행정개혁과 관련된 내용을 담은 무수히 많은 문서들이 쌓여 있었다. 그 문서들이 형식적 완결성을 지니고 있음은 물론이다. 예컨대, 문민정부 출범 이후(1993년 3월) 서울시 한 구청이 작성한 '행정쇄신 추진계획'을 보면 행정쇄신의 기본방침, 대상분야, 체재 및 기능, 추진일정(3단계), 추진방법과 사후관리 등, 적어도 문서상으로는 그야말로 우리나라 행정이 일대 전환기를 맞이할 것 같이 완벽하다. 행정쇄신을 위하여 새롭게 구성되는 기구만 하더라도 총무실무반, 재무실무반, 시민실무반, 도시정비실무반, 건설실무반, 보건실무반 등 여섯 개나 된다.

그러나 담당자들의 반응은 놀랄 만큼 담담하다. 이런 일들은 과거에도 종종 있었던 주기적인 행사에 불과하고 과거의 경험에 의하면 '위에서도' 곧 이러다가 말 것이라는 것이다. 어차피 자신들의 최고 상관인 정치인 출신 개혁의 전도사들(정무직 공무원)은 길어야 1−2년 내에 바뀔 것이고 그들이 바뀌면 원래의 분위기로 되돌아올 것이라고 확신하고 있기 때문이다. 더구나 그들은 오랜 동안 준수해온 업무분장규정에 따라 자신들의 고유 업무가 정하여져 있기 때문에 행정개혁에 관련된 업무는 일시적이고 성가신 추가적인 업무에 불과하다고 생각한다. 구청에서 작성한 문서가 행위 주체만 시에서 구로 바뀌었을 뿐 그 내용에 있어서는 시에서 구로 보낸 문서의 복사판에 가까운 것은 이러한 이유 때문이다. 이러한 상황에서 공무원

집단에게 조직개편과 같은 개혁을 바란다는 것은 애초부터 무망한 일이라고 할 수 밖에 없다.

개편의 내용이 아니라 정부조직 개편과정과 관련된 원칙 중의 하나는 개편의 내용과 절차가 철저히 공개되어야 한다는 것이다. 가능한 구체적인 내용을 국민들에게 제시하여야 하며 국민들의 지지를 얻어야 한다. 선거 기간 중에 후보들이 공약으로 제시하여 국민들의 심판을 받는 것도 방법이 될 수 있을 것이다. 후보들이 공무원들의 표를 의식하여 조직개혁을 공공연하게 발표할 수 없을지 몰라도 공개함으로써 오히려 국민들의 지지표가 늘어날 가능성도 얼마든지 있을 수 있다. 공무원들 중에도 많은 수가 겉으로 표현은 안 해도 정부조직 개혁의 불가피성을 인정하고 있기도 하다.

개편과정의 공개와 관련하여 최근 일본과 미국의 정부조직 개편은 우리에게 많은 시사를 주고 있다. 이들 나라에서는 개편의 내용은 물론 개편의 일정까지도 국민들에게 전면적으로 공개하고 있다. 지난 해 11월 민간인을 중심으로 한 행정개혁회의를 발족시킨 일본은 올 8월에 중앙 부처 개편안을 마무리 지었다. 개편안에 의하면 국가의 기능을 크게 국가의 존속, 국부의 확보 및 확대, 국민생활보장, 교육문화계승으로 나누고 이 기능들을 수행하기 위하여 현재의 1부 21성의 정부체제를 1부 12성으로 대폭 축소하기로 되어 있다. 일본은 이 개편안은 손질하여 올 11월에 최종안을 마련하여 내년 초 정기국회에서 심의 통과시킬 예정인데, 통과된 안은 정부 기능의 혼란을 피하기 위하여 곧바로 시행하지 않고 2001년 1월부터 새로운 정부체제를 출범시킬 예정에 있다.

정부조직과 기능의 재정비에 관한 미국의 접근은 보다 실용적이고도 전략적이다(유일호, 1995: 217－250). 미국이 1993년 통과시킨 정부기능수행법(GPRA)에 의하면 각 부처는 1988년까지 업무 수행에 대한 전략기획을 수립하고, 1999년 이후에는 업무수행 목표달성을 위한 연차계획을 마련하며, 2000년도부터는 업무 수행목표 외 실적성과를 비교하는 연차보고서를 작성해야 한다. 또한 공화당이 지배하고 있는 미국 의회는 1996년도 의회 예산안에서 기존 상무부를 5년 이내에 폐지하고 교육부, 에너지부의 기능도 대폭 축소하는 등 정부개혁안보다 훨씬 급진적인 제안을 하고 있다. 클린턴 대통령의 거부권 행사로 이 안이 통과되지는 못했지만 향후 협상과정에서 이러한 입장이 어느 정도 반영될지 주목되고 있다. 또한 미국공무원의 인력 감축은 1994년 의회에서 연방인력재배치법이 제정됨으로써 본격화되었으며, 이 법에 의하면 1999년까지 연방공무원 27만 2,900명을 감축하여 1963년 이래 최소 규모로 유지하는 것으로 되어 있다.

사실 정부조직 개편에 있어서 어느 부처에나 적용될 수 있는 통일된 기준은 있을 수 없다. 따라서 특정 부서의 몇몇 사람이 주도하는 기존의 개편방식은 재고할 필요가 있다. 일본과 미국의 예에서 보는 바와 같이 공개적으로 여러 사람이 참여하는 가운데 구속력 있는 장기적인 개편방안이 마련되어야 한다. 특히 미국의 행정개혁이 지방정부로부터 시작된 상향식 개편이라는 데 유의하여 직접 업무를 담당하는 각 부처 실무자들의 참여를 늘려야 한다. 행정과 같은 현실적인 분야의 경우 제도개혁의 성공적인 아이디어는 이론보다는 현장에서의 지식에 기초하고 있다는 점을 명심할 필요가 있다(삼성경제연구소, 1996: 18-19). 조직 개편의 경우에도 정부 주도의 일방적이고 하향적 방식보다는 정부와 민간단체 그리고 특히 국민 대표기관인 국회가 같이 참여하는 위원회를 구성하는 방식이 되어야 하며, 여기에 실질적인 권한을 부여하여야 할 것이다.

2) 개편 내용의 문제점

이제 좀더 문민정부 정부조직 개편 내용의 문제점들을 구체적으로 살펴보자. 정부조직 개편에서 우리가 주목해야 할 부분은 조직 개편에 따른 정부기능의 변화이다. 경제기능을 담당할 두 개의 거대조직인 재정경제원과 건설교통부가 등장하였다. 특히 일본 대장성을 모방한 인상이 짙은 재정경제원은 우리나라의 예산, 조세, 금융에 대한 모든 권한을 행사할 수 있는 개편 전 경제기획원보다 더 막강한 조직이 되었다. 반면에 사회복지분야에는 환경처의 승격과 보건사회부의 개명을 제외하고는 별 변화가 없다. 권한은 그대로 둔 채 단순한 승격과 개칭으로 환경과 복지문제가 해결될 리는 만무하다.

기대에는 못 미치지만 정보통신 분야와 국제통상 분야는 그 동안 개편의 필요성이 계속 제기되어왔기 때문에 늦은 감은 있지만 반가운 일이다. 그러나 국 수준에서 약간의 감축은 있었지만 관리기능을 담당하는 내무부, 총무처, 공보처, 국가보훈처 등은 여전히 건재하다. 외교국방과 교육문화 분야도 국내 외의 여건 변화에 따라 다른 부서와의 기능조정이 필요함에도 불구하고 부서 자체 내의 조직 감축에 그치고 있다. 아래에서는 정부조직 개편에서 쟁점이 되었던, 국가의 전체적인 정책 조정의 문제, 경제 관련 부처의 문제 그리고 비경제 부처 중 특히 비대화한 관리부처의 문제를 중심으로 문민정부 정부조직의 문제점을 살펴보자.

정책조정과 관련하여 문민정부 조직 개편의 특색은 국무총리실을 강화한 것이다. 우선 부처 수준의 개편은 아니지만 경제기획원에 수행하던 정부 전반에 대한 기획조정기능과 심사평가기능을 국무총리 행정조정실로 이관하였다. 구속력이 없었기 때문에 과거 경제기획원의 기획과 심사 기능이 형식적으로 이루어져왔다는 지적을 받아왔는 데 이를 시정하기 위한 것이다. 그러나 이것보다는 과거 경제기획원 차관이 주재하던 차관회의를 국무총리 행정조정실장이 의장이 되어 주재하게 한 것이 정책조정이라는 측면에서 더 큰 의미가 있다(정용덕, 1995: 71). 차관회의 의장을 행정조정실장이 맡는 것이 의미 있는 것은 우리나라 정책결정과정에서 대부분의 중요한 결정들이 형식에 그치는 국무회의보다는 차관회의에서 실질적으로 논의되기 때문이다. 경제기획원 소속이던 공정거래위원회도 총리실로 이관하고 위원장을 차관급에서 장관급으로 격상시킨 것도 적어도 외관상으로는 정책조정에 있어서 국무총리의 기능을 강화해준 것으로 평가되고 있다.

국무총리실을 강화했음에도 불구하고 그 효과에 대해서는 단정적으로 말할 수 없다. 주지하는 바와 같이 우리나라 국무총리는 그 법적 권한이 매우 애매하게 되어 있다. 정책조정과 관련해서도 국무총리가 행정 각부에 대한 통할권을 갖고는 있지만 통할의 범위와 권한이 어디까지인지 명백하지 않다. 그리고 각 부처를 분할하여 담당하는 국무총리 행정조정실 내부의 업무 분업은 대통령 비서실의 업무 분업과 유사하다. 업무의 한계가 명확하지 않기 때문에 어떤 정책조정에 대해서 대통령 비서실이 직접 나서면 국무총리실은 할 일이 없어진다. 국무총리는 대통령(비서실)과 각부 장관 사이에서 '있어도 그만 없어도 그만'인 존재로 전락할 가능성이 많다. 경제정책의 경우에는 경제장관회의의 의장인 부총리 겸 재정경제원 장관이 정책조정에 대한 실질적인 권한을 행사하고 있다. 더구나 재정경제원이 예산권을 쥐고 있기 때문에 부처 장관들은 국무총리보다는 재정경제원 장관에게 더 의존해야 한다. 그래서 지난 정부조직 개편 때 일부에서 예산실을 국무총리 소속으로 하자는 의견도 있었으나 채택이 되지 않았다

이런 상태에서는 국무총리실을 아무리 강화해도 국무총리의 실질적인 위상은

변하지 않는다. 아마도 현재로서는 국무총리의 가장 중요한 역할은 대통령을 대신해서 책임을 지고 물러나는 일이다. 대통령은 권한을 행사하되 책임은 지지 않고, 국무총리는 권한은 없되 책임은 져야 하는 것이다. 이런 권한과 책임의 불일치 현상이 때로는 대통령의 독주를 조장하고 있다(조석준, 1997: 129). 그러나 국민들의 입장에서 이것보다 더 중요한 점은 어떤 정책조정이 실패하여 막대한 예산을 낭비하고 국민들에게 큰 부담이 되는 경우, 도대체 그것이 누구의 잘못인지 알 수 없다는 점이다. 국무총리실, 대통령비서실, 담당 부처 그리고 경우에 따라서는 부총리급인 재정경제원과 통일원 등이 얽혀 돌아가는 정책조정 과정에서 그 책임의 소재가 누구인지 알 수 없다. 우리나라에서 국가적인 대형 사건이 터질 때마다 책임의 소재를 둘러싸고 서로 발뺌하는 현상은 이런 상황과 무관하지 않을 것이다.

국무총리제도에 대해서는 정부형태의 문제와 관련시켜 별도의 연구가 필요하다. 여기서 지적할 수 있는 것은 대통령중심제 아래에서 지금의 제도는 명백히 기형적이라는 점이다. 우리나라 국무총리제도의 변천사를 보더라도 1공화국 출범 때 순전히 정략적인 이유로 출발하여 1955년 다시 정략적인 이유로 없앴으며, 내각제를 채택한 2공화국에서 명실상부한 국무총리제도를 채택하였다가 5・16 직후 내각수반으로 개칭되어 오늘에 이르고 있다. 요컨대 현재 우리의 국무총리제도는 각 부처의 정책을 조정하여 대통령을 보좌해야 한다는 합리적인 근거에서 설치되었다기보다는 설치 당시의 정략적인 필요에서 설치되어 유지되고 있는 것이다. 대통령중심제를 채택하고 있는 지금의 상태에서 국무총리실을 강화해보았자 대통령 비서실과의 갈등관계는 여전히 존재할 수밖에 없으며, 명문화된 제도가 아니라 대통령 개인의 스타일에 따라서 그 권한과 책임이 달라지는 모호한 조직으로 남을 것이다.

문민정부 조직 개편의 핵심은 재정경제원을 신설한 것이다. 재정경제원은 개편 전 우리나라에서 가장 막강한 부처 중의 하나였던 경제기획원과 재무부를 각각 축소하여 단순 통합한 것이다. 그래서 개편 직후부터 이른바 '공룡 부서'의 출현을 우려하는 소리들이 많을 수밖에 없었다. 재정경제원은 우리나라의 세입(세제실)과 세출(예산실) 그리고 금융(금융정책실) 부문에 관한 권한을 모두 가지고 있다. 물론 그 동안 경제기획원과 재무부로 분리되어 있던 재정정책을 한 부서에서 담당하게 함으로써 세입과 세출의 유기적인 연계를 확보하고 더 나아가 금융정책과 조화를 유지하자는 데 통합의 목적이 있다(방석현, 1994).

그러나 누구나 지적하는 바와 같이 우리나라 부처 조직의 가장 큰 문제점은 부처 간의 권한이 지극히 불균형적으로 배분되어 있다는 점이다. 특히 재정경제원 장관은 부총리로서 통합 전에도 실질적으로 국무총리보다 더 막강한 권한을 갖고 있었다. 부처 간의 견제와 균형이 이루어지지 못하고 국가의 중요한 정책이 전적으로 경제논리에 의해서 결정되곤 하였다. 이번 개편으로 재정경제원은 우리나라 경제에 대한 모든 권한을 행사할 수 있는 조직을 갖추게 되었으며 정부 내에서 재정경제원의 의견에 제동을 걸 수 있는 부처는 존재하지 않게 되었다. 그래서 개편 전에도 예산기능은 별도의 예산부를 만들거나 대통령 비서실이나 국무총리실로 이관하고 금융기능에 대해서는 한국은행을 독립시켜 통화신용정책에 대한 역할을 강화하는 방안들이 제시되었다. 이와 함께 업계의 이해관계와는 관계없이 경제분야에 대한 장기적인 정책조정기능을 수행할 국가기획처를 설치하자는 의견도 제시된 바 있다(오연천, 1994).

경제부처의 개편과 관련된 또 하나의 쟁점은 대외통상기능을 한 부처로 집중시킬 것인지 아니면 여러 부처로 분산시킬 것인지의 문제였다. 우리의 경우 개편 전까지는 분산형을 택하고 있었기 때문에 통상과 관련한 부처간 마찰로 국가 전체적인 이익을 손상시키는 경우가 있었다. 이 문제를 해결하는 방안으로 통상산업부를 신설하여 국제통상업무를 주관하도록 하기는 하였으나 각 부처의 통상기능을 통상산업부로 완전히 일원화시키지는 않고 있다. 이에 대하여 우리의 경우 상당 기간 방어적 통상업무에 주력할 수밖에 없으며 모든 부처를 통상 부처화해야 하기 때문에 통상업무의 분산이 바람직하다는 주장과, 자유무역시대를 맞이하여 대외통상외교의 전문화를 위하여 한 부처로 통합시키자는 주장이 양립하고 있다(최병선, 1993: 117).

문민정부 정부조직 개편의 특징이자 가장 결정적인 문제점은 이른바 관리부처(총무처, 법제처, 공보처)를 거의 그대로 유지하고 있다는 점이다. 개편 전에도 총무처 기능 중에서 공무원 인사와 관련된 것은 정부 부처로부터 독립된 인사원 또는 인사위원회를 설치하여 인사정책의 기준과 인사문제에 대한 자문기능을 담당하도록 하자는 의견이 있었다. 공무원 인사문제는 조직 개편 못지 않게 중요한 문제일 뿐 아니라 1960년대 초부터 시행된 현행 인사관리제도와 함께 근본적인 재검토가 필요한 시점에 와 있기 때문이다(김용래, 1994). 법제처와 공보처는 각각 법제실과 공보실로 축소하여 국무총리실로 이관함으로써 불필요한 정부 관리업무를 대폭 축소하여야 한다는 주장이 있었다(서경석, 1994). 특히 지방자치의 가장 큰 장애가 되고 있는 내무부의 지방통제기능을 지방자치단체로 이관하여 지방정부의 예산과 인사에 대한 내무부의 구시대적인 간섭을 대폭 줄여야 하였음에도 불구하고 내무부 조직은 국 수준에서의 부분적인 통합에 그치고 있다. 내무부 외에도 자치단체의 업무와 중복되는 교육부, 농림부, 건설교통부 등의 지방관련 업무도 재검토하여 지방화 시대에 상응하는 조직으로 개편되어야 할 것이다.

4 정부조직 개편의 방향과 전략

위에서 계속 강조한 바와 같이 정부조직 개편은 정부기능의 재정비를 전제로 해야 한다. 지구화 · 민영화 · 지방화 등의 구호에서 보는 바와 같이 최근 우리 정부를 둘러싼 환경은 급격하게 변하고 있으며, 이러한 환경 변화는 중앙정부 기능에 대한 전면적인 재검토를 요구하고 있다. 이제 정부의 역할은 전면에 나서서 국민들에게 직접 서비스를 제공하는 것에서 민간 부문 스스로에 의하여 필요한 서비스가 국민들에게 제공될 수 있도록 뒤에서 조정하는 것으로 바뀌고 있다(Osborne & Gaebler, 1994: 30). 특히 기존의 중앙정부가 수행하던 기능이 현저히 축소되고 있는데, 국외적으로는 WTO와 같은 국제기구들이, 국내적으로는 민간부문과 지방정부가 중앙정부가 수행하던 기능을 대신하고 있다. 중앙정부가 수행하던 기능들에 대한 근본적인 검토 없이 몇 개의 기능을 다른 부처에 붙이고 떼는 단순 통폐합방식의 정부조직 개편으로는 이러한 추세에 대응할 수 없을 것이다.

이를 위해서는 우선 각 정부조직이 '기본적 기능으로 복귀(cutting back to basics)' 하여 기능과 역할에 대한 부단한 재평가를 통하여 불필요하거나 중복된 기능을 과감히 폐지 통합해야 한다. 즉 과거에 하던 업무를 계속하여야 하는가를 제로베이스에서 검토하여 계속하여야 한다면 객관적인 근거를 제시하여야 한다. 이때 다른 부처로 이관할 필요는 없는지, 지방으로 위임할 필요는 없는지 민간에게 위탁할 필요는 없는지를 검토하여야 한다(총무처, 1997: 76). 예컨대 총무처, 재경원, 총리실 등이 중심이 되는 '정부기능평가위원회'에서 정부 각 부처의 기본적 기능을 심의하여 결정하되, 최종적인 판단은 그 업무가 국민들에게 구체적으로 주는 이익과 업무 수행에 들어가는 비용과의 관계를 고려하여야 한다.

정부기능에 대한 재검토와 함께 필연적으로 공무원들의 채용, 승진, 보수, 평가 등에 관한 인사제도의 획기적 개편이 이루어져야 한다. 사실 정부혁신의 관건은 인적 자원인 공무원들의 능력개발에 달려 있다고 해도 과언이 아닌데, 정부의 여러 관리기능 중에서 가장 변하지 않는 부분이 인사제도이다. 공무원 채용승진제도와 교육훈련제도의 획기적 개편이 필요하며 가능하다면 직급제도도 개선해야 할 것이다. 현재의 획일적인 고시제도를 개선하여 각 부처에서 필요한 인력을 보충할 수 있게 만드는 방안도 검토해 볼 만하다. 예컨대 호주의 경우 기존의 중앙인사기관(Public Service Board)을 위원회 조직(Public Service Commission)으로 바꾸는 한편 그 역할과 기능을 대폭 축소하여 인사관리업무 중 고위관리직 인사관리 및 훈련을 제외한 인사관리에 관한 많은 권한을 각 부처의 사무차관이나 산하 단체장에게 위임하였다. 이러한 조직 변경은 각 부처 장관에게 인사권에 대한 자율성을 부여함으로써 부처 사업 추진시 효율성을 높이려는 데 그 목적이 있다. 또한 각 부처 일반 공무원의 채용, 승진, 퇴직, 전임 및 잉여 인력의 감축 등 인사관리의 거의 모든 권한을 각 부처에 위임함으로써 인사관리제도를 간소화하고 신축성을 제고하는 것을 핵심으로 하고 있다. 이에 따라 기존 공무원 인사제도를 담당하던 총무처의 기능과 인원을 대폭 축소할 수 있었던 것이다(문형표, 1995: 134-45).

인사제도를 개혁하는 데 있어서는 공무원 평가제도를 어떻게 개편할 것인지가 관건이다. 외국에서는 공공부문에도 능력별 성과급제도의 도입이 시도되고 있으나 우리의 경우 공공부문은 물론 민간부문도 조직이 너무나 인간적으로 운영되는 경향이 있기 때문에 민간 부문에서도 잘 적용되고 있지 않은 실정이다. 따라서 우리의 경우는 개인간 경쟁을 유도하기보다는 집단 간, 부서 간 경쟁을 유도하는 것이 더 효과적일 것이다. 일종의 성과지표를 마련해 놓고(국민들에게 실질적으로 어떤 도움을 주었는지) 그 과 또는 국의 매년의 실적을 비교 평가하는 방법을 활용하는 것이 바람직할 것이다. 이때 민간부문의 유사한 업무나 모범적인 다른 부서 업무를 기준으로 일종의 벤치 마킹하는 방법도 활용될 수 있을 것이다.

예산제도, 조세제도, 금융제도 등 경제 관련 제도를 정비하는 것도 정부조직 개편의 전제조건이 된다. 재정경제원 예산실은 총리실로 이관하고 금융정책은 한국은행을 독립시켜 담당하도록 하는 안이 설득력 있게 제시된 바 있다. 그러나 제도는 그대로 두고 담당 조직만 바꾼다고 해서 규제 중심의 경제 관련 제도가 변하지는 않을 것이다. 예산제도만 하더라도 중앙 집중적 통제 중심에서 보다 많은 권한을 위임하여 하부기관들이 융통성을 발휘할 수 있도록 개편되어야 한다. 최근 많은 국가에서 발생주의 회계원칙을 도입하여 공공서비스의 구체적인 성과를 측정하려고 시도하고 있는데, 이러한 공공서비스의 측정도 결국은 예산제도의 전면적인 개편이 동시에 이루어져야 가능하다.

예컨대 영국의 경우 1991년 7월 시민헌장(Citizen's Charter)을 공포하고 공공서비스가 사용자의 욕구와 필요에 잘 대응하고 공공서비스의 효과적으로 공급하고 있는지를 평가하기 위하여 시민들에게 제공받는 공공서비스의 기준을 정부에서 미리 부여하고 있다. 즉 공공서비스의 사용자가 합리적으로 기대할 수 있는 명시적인 서비스 수준의 기준을 정하여 발간물 형태로 이를 발표하며, 이러한 기준에 대비한 실적을 평가하여 발표한다. 또한 공공서비스가 어떻게 제공되고, 비용이 얼마이며, 얼마나 잘 제공될 수 있는지 그리고 누가 책임지고 있는지에 대한 정확한 정보를 국민들에게 명확하게 제시하고 있다(황석현, 1995: 194).

표 7-3 정부조직 개편의 전략

	단기적	장기적
전면적	급격한 개편 (혁명적 변화)	청사진적 개편 (기능별 재구성)
부분적	부분적 통폐합	일상적인 개편

우리는 <표 7-3>과 같이 정부조직 개편을 추진하는 네 가지 유형의 전략을 생각해볼 수 있다. 조직 개편의 내용이 부분적인지 전면적인지를 한 축으로 하고, 개편의 과정이 단기적인지 장기적인지를 다른 축으로 하여 아래와 같은 네 개의 전략을 상정할 수 있다. 우선 부분적인 조직 개편은 그것이 단기적이든 장기적이든 정부 부처 내의 조직관리를 담당하는 부서에서 일상적으로 수행하는 업무이다. 문민정부에서 즐겨 사용한 단기적 부분 통폐합의 경우에도 결국은 정부의 주도 아래 이루어진 것에 불과하다. 그러나 부분적 개편이 항상 나쁜 것은 아니다. 부분적 개

편의 최대 장점은 개편의 내용과 과정을 관리할 수 있어서 개편에 따르는 불확실성을 최소화할 수 있다는 점이다(김영평, 1994: 29-30). 부분적 개편이 전면적인 개편보다는 공무원을 비롯한 관련자들의 지지를 확보하기가 상대적으로 용이하기 때문에 현실적으로 개편의 성공 가능성을 증대시킬 수 있다.

전면적이고 단기적인 조직 개편은 정부조직의 혁명적인 변화를 초래하는 경우이다. 군사 쿠데타 직후 기존 정부조직들의 기능이 정지되고 새로운 조직들이 그 기능을 대신하는 경우가 여기에 포함될 수 있을 것이다. 새로운 정권이 들어서자마자 관료들이 저항할 틈을 주지 않기 위하여 전격적으로 정부조직을 개편하는 경우도 이 유형에 해당될 것이다. 일부에서는 우리의 경우에도 관료들의 저항이 워낙 강하기 때문에 이 전략을 사용하여야 한다고 주장하고 있기도 하다.

전면적이고 장기적인 청사진적 조직 개편은 정부기능에 대한 원천적인 재검토를 전제로 한다. 그리고 조정된 기능에 따라서 정부조직의 전면적인 재구성을 시도하는 것이다. 중앙정부와 지방정부 간의 종적인 기능배분과 중앙 부서 사이의 횡적인 기능배분, 그리고 각종 정부산하단체의 역할과 민간부문의 역량 등이 종합적으로 고려된 신중하고도 장기적인 개편안을 마련하는 것이다. 정부기능 수행과 밀접히 관련된 예산제도와 정부조직을 움직이는 공무원 인사제도에 대한 개편방안도 함께 검토되어야 하는 것은 물론이다. 정부 부처는 어느 부처나 너무나 다양하고 많은 기능을 수행하고 있기 때문에 다른 부처와 관련 없이 독립적으로 수행할 수 있는 업무는 많지 않다. 그래서 한 부처의 기능과 조직의 개편은 다른 부처에도 영향을 줄 수밖에 없다.

정부조직 개편을 포함한 넓은 의미의 행정개혁이야말로 21세기 우리의 운명을 좌우할 만큼 중요한 문제이다. 그러나 조급히 서둘 성질의 문제는 결코 아니다. 다음 정권에서 이 문제를 모두 해결할 수도 없는 일이다. 혹자는 다음 대선 후보가 정부조직 개편의 청사진을 미리 제시하고 정권 초에 단기간 안에 정부조직을 개편하여야 한다고 주장하기도 하는데, 필자는 이 주장에 동의하지 않는다. 문제가 중요한 만큼 더 신중을 기해야 한다. 정부조직 개편이 정부의 주도에 의해서가 아니라, 선거운동 기간 중에 정치의제로 등장하여 공론에 부쳐지는 것은 바람직한 일이다. 그러나 정부조직 개편은 한 정권이 그 임기 안에 완료하기에는 너무나 복잡하고 방대한 작업이다. 일본이 정부조직 개편에 대한 장기적인 일정만 제시하고 바로 실행에 옮기지 못하는 것도 이런 이유일 것이다. 우리의 경우에도 최소한 통일에는 대비할 수 있는 장기적인 안목에서 정부조직을 설계하여야 하는 것이다.

사실 정부기능의 재조정과 조직 개편, 그리고 정부의 생산성 향상 논의는 그 강도에만 차이가 있을 뿐 과거에도 항상 있어 왔다. 정부가 존재하는 한 어느 시대 어느 나라에서나 계속될 논의일 수밖에 없다. 따라서 정치적 수사와 동반되어 무슨 거창한 일이나 하는 것처럼 수선을 피울 필요는 없다. 특히 사회변화의 속도가 빠르면 빠를수록 여기에 대응해야 하는 정부의 변화도 더욱 일상화될 것이기 때문에 변화의 일상화 또는 변동관리능력의 향상이 더욱 필요할 수도 있다.

더구나 행정개혁에 있어서 정부조직 개편이 능사는 아니다. 최근 선진국에서도 이른바 기업가형 정부로의 전환을 강조하면서 정부조직 개편을 시도한 바 있으나 실패한 부분이 많이 노출되고 있기도 하다(Osborne & Plastrik, 1977). 조직 개편과 함께 정부의 기능 재정립과 예산제도와 인사제도 등 정부의 운영 체계 전반에 대한 보다 장기적이고 본질적인 개혁방안이 함께 마련되어야 한다. 따라서 새 정부가 들어서서 단시간 내에 당연히 정부조직이 대폭 개편되어야 한다고 생각하는 것은 잘못이다.

5 맺음말

우리의 경우 정권이 바뀔 때마다 정부조직을 개편해왔다. 그리고 그 개편은 언제나 부분적인 통폐합에 그쳤다. 돌이켜보면 건국 초에도 새로운 국가로서 당연히 새로운 정부조직을 구성했어야 함에도 미군정 조직을 그대로 유지하였다. 미군정 조직이 조선총독부 조직을 계승하고 있었음은 물론이다. 지금으로서 당시의 상황을 평가할 수는 없으나 당시 정치인들은 권력구조에만 관심이 있을 뿐 정부조직에는 별 관심이 없었다. 이후 새로운 공화국이 들어설 때마다 조직 개편이 거론되고 실제로 부분적인 개편이 있었다.

내용상으로 보면 문민정부의 조직 개편은 5·16 이후 최대 규모이다. '군사정부' 이후 최대라는 것은 정부조직 개편이 그 만큼 어렵다는 사실을 말해준다. 군사정부에서나 가능했던 일을 우리의 문민정부가 전격적으로 해낸 셈이다. 그러나 이 전격성이 우선 거슬린다. 어느 조직이나 조직 개편은 구성원들의 신분에 결정적인 변화를 초래하기 때문에 얼마간의 비밀을 유지할 수밖에 없다는 점을 이해하지 못하는 것은 아니다. 또한 앞에서도 언급하였지만 이들의 저항이 조직 개편에 가장 결정적인 장애요인이 되는 것도 사실이다. 그러나 문민정부의 조직 개편은 개편의 과정과 방법, 그 내용 등을 전체적으로 볼 때 앞의 정권들과 마찬가지로 졸속이라는 혐의를 두지 않을 수 없다.

물론 문민정부 출범 이후 경제계나 학계에서 정부조직 개편에 대한 산발적인 논의들이 있어왔다. 정부 내에서도 정부조직 문제를 전담하는 부서가 있는 이상 이 문제를 계속 검토해왔을 것이다. 이런 점을 충분히 감안하더라도, 우리가 낸 세금으로 운영되고 조금 과장한다면 우리의 운명까지를 좌우하는 정부조직의 개편을 아무런 여론수렴 과정 없이 이런 식으로 단시간 내에 비밀스럽게 처리할 수는 없다. 다른 나라에서 정부조직을 개편할 때 수년에 걸쳐서 국민들의 여론을 수렴하면서 신중에 신중을 거듭하는 것은 이런 이유 때문일 것이다.

제 8 장

정책에의 시민참여제도 연구

– OECD 국가들을 중심으로 –

시민참여는 시민 일방의 정치적 의사 표현 뿐만 아니라, 정부・시민과의 관계 속에서 이루어지는 일종의 상호작용이다. 참여에 대한 새로운 연구경향을 보더라도 기존의 정부 또는 시민 위주의 일방적 연구에서 벗어나 정부와 시민의 상호관계에 초점을 둔 연구가 수행되고 있다. 이러한 연구의 주된 배경으로는 정책의 질적 향상의 필요성, 정보사회의 도전에 대한 대응, 정책결정과정에의 시민의 요구 반영, 정부의 투명성과 책임성 확보에 대한 시민욕구 충족 등을 들 수 있다.

이 글에서는 정부와 시민 사이의 상호작용에 초점을 두어, 정부와 시민의 관계를 OECD에서 제시한 기준에 따라, 첫째, 정부가 일방적으로 정보를 주는 정보제공 관계, 둘째, 정부와 시민이 양 방향으로 영향을 미치는 협의 관계, 셋째, 양자를 동반자적 관점에서 접근하는 적극적 참여 관계로 나누어 살펴보려고 한다. 정보제공, 협의, 적극적 참여의 세 측면과 관련된 입법, 정책, 기구, 수단(정보통신기술 포함) 등을 살펴보려고 하는 데, 이에 앞서 정책결정에서의 정부와 시민 관계에 영향을 미치는 요인들을 먼저 개괄적으로 정리해보았다.

이 글에서는 OECD 국가들을 중심으로 정책에의 시민참여에 대한 최근의 개념 변화를 살펴보고 시민참여의 유형을 정부・시민 관계라는 틀 속에서 검토하였다. 이를 바탕으로 시민참여제도를 연구하고 발전시키기 위한 일종의 분석 모델을 제시함으로써 향후 우리나라에서 시민들의 정책참여를 활성화하는 데 도움이 되는 참고 자료를 제공하려고 한다.

1 머리말

새로 출범한 정부가 목표로 삼고 있는 국정 이념은 참여정부의 구현이다. 참여정부라는 구호는 국정 전반에 걸쳐 시민참여를 적극 추진하겠다는 의지의 표현으로 생각된다. 더 넓게 보면 새 정부에서 정부와 시민 관계를 새롭게 모색하겠다는 의미로 받아들일 수 있을 것이다. 민주주의 국가에 있어 참여는 어찌 보면 아주 당연하면서도 필수적인 요소임에 틀림이 없다. 그러나 새 정부가 주장하는 참여정부의 구체적 성격에 대하여는 명확한 내용이 제시된 것이 없다. 세부적인 방법론도 제시되지 못하고 있다[1]. 새 정부가 참여정부라는 구호를 내세웠다고 이제까지 우리나라 정치에 있어 시민참여가 전혀 없었다는 것을 의미하는 것은 아니다. 민주주의를 표방하고 있는 국가들의 경우 참여라는 개념은 전혀 새로운 개념이 아니기 때문이다.

시민이 정부에 영향을 미치는 행위인 투표에 대한 참가율이 극히 저조해진 상황에서 전통적 의회민주주의의 위기 문제가 대두되고 있다. 이러한 위기를 맞이하여 시민들의 투표참여보다는 정책참여가 강조되는 것이 세계적인 추세이다. 정책의 투명성과 책임성을 확보하기 위한 일환으로 최근 OECD 국가들의 정책참여에 대한 관심도 고조되고 있다. OECD는 다자간 무역, 다국적기업, 협력적 거버넌스, 부패, 환경정책, 개발협력, 생명공학, 환경안전 문제, 농업, 지역개발, 핵에너지, 정보통신기술 등 국가의 거의 모든 정책에 대한 시민사회의 역할에 관심을 갖고 있다(OECD, 2001e: 3-9). 그러나 시민들의 정책참여가 강조된다고 전통적인 의회민주주의 가치를 부정하는 것은 아니다. 오히려 정책참여를 통하여 의회민주주의를 보완 또는 강화시키는 의미를 지니고 있다고 보여진다.

정부 입장에서도 급변하는 정책 환경에 대응하여 정책결정의 질을 높이고 정책집행을 원활히 하여 정부에 대한 신뢰를 확보하기 위해서는 과거 어느 때보다도

1) 참여정부는 2003년 10월 21일 <주민투표법>을 국회에 제출하였다. 제출된 주민투표법에 의하면 주민들이 지역 문제에 대해서 포괄적으로 주민투표 실시를 직접 발의할 수 있도록 규정하고 있다. 이는 주민참여를 확대하기 위한 참여정부의 구체적인 조치의 하나라고 할 수 있다.

시민들의 도움이 절실해졌다. 특히 최근 정보통신기술(ICT: Information and Communication Technology)의 발달로 시민이 정부에 참여하는 새로운 형식이 출현하고 있어서 정부의 이에 대한 체계적인 대응이 시급한 실정이다. 국내적으로 지난 선거에서 인터넷이 맹위를 떨쳤으며, 이른바 '참여정부'를 표방하고 있는 새 정부도 인터넷을 활용한 시민참여 확대에 많은 관심을 보이고 있다.

민주주의의 공고화(consolidation)가 이루어지고 있는 우리나라의 경우 그 동안 시민들의 참여 욕구가 급속히 증가하여왔다. 최근 시민단체의 적극적인 정책참여 경향을 보면 이미 우리나라의 경우에도 정부와 시민 관계가 재정립되고 있는 것을 실감할 수 있다. 이러한 최근의 학문적 경향과 시대적 변화에도 불구하고 우리나라에서는 참여에 대한 연구가 활발히 진행되고 있지 않은 것이 현실이다. 이 연구는 이러한 맥락에서 시민의 정책참여에 대한 학문적 연구에 기여함은 물론, 구체적인 정책결정에 있어서 정부와 시민 관계가 어떻게 재정립되어야 하는지를 모색하는 데 도움이 되는 참고 자료를 제시하는 것에 그 일차적 목적이 있다.

2 시민참여와 관련되는 요인들

전통적으로 시민참여에 대한 연구는 상대적으로 제한된 정치적 행위에 국한시켜왔다(Verba & Nie, 1972; Abramson & Aldrich, 1982; Brady, Verba & Schlozman, 1995; Timpone, 1998). 예를 들면, 투표 여부, 정치적 집회의 참석 여부, 정당 활동 여부, 정치헌금 여부 등을 들 수 있다. 주로 선거정치와 관련된 것들이 연구대상이었던 것이다. 이러한 연구의 대상이 된 행동들 대부분이 오로지 선거에서 승리하고자 하는 목표만을 추구하기 때문에 정치참여는 단일 차원적이라는 전제가 일반적으로 받아들여졌다. 그러나 이러한 단일 차원적 접근만으로는 참여의 본질을 이해하는 데 많은 어려움이 있고, 새로운 변화에 대한 설명력도 낮아지게 된다.

최근 시민참여에 대한 연구경향을 보면 정치참여라는 단일 차원적 접근에서 벗어나 다양한 차원에서 접근을 모색하고 있다. 예를 들어 연구의 초점을 정부의 정책결정에의 참여에 둔다면, 정치체제의 투입을 구성하는 측면과 정치체제의 산물에 영향을 미치는 측면의 두 가지 측면에서의 참여 연구가 가능할 것이다. 전자와 관련 있는 것으로는 투표, 선거운동, 저항 등의 문제를 다룰 수 있고, 후자와 관련 있는 것으로는 서비스 향상, 공공질서 확립, 정의 실현 등의 문제를 참여와 관련시켜 다룰 수 있을 것이다.

이러한 연구는 정치 체제와 관련된 요소 중에 개인에 초점을 두어 참여와 정치체제의 투입과 산출을 관련시켜 보고자 한다. 이 경우 정치참여의 양식을 적극적 참여자(protestors), 지역활동가(community activist), 정당원과 선거운동원(party and campaign workers), 의사전달자(communicators), 교제전문가(contact specialist), 유권자 및 애국자(voters and patriots), 비활동가(inactive) 등으로 구분하여 정치체제에 대한 투입과 산출에 미치는 활동의 차이를 검토하고 있다(Milbrath & Goel, 1977: 1－34). 이 연구는 정치참여 현상에 대한 분석 수준을 명확히 하고, 참여자들의 참여 여부 결정에 영향을 미치는 요인들을 확인할 수 있게 해주는 장점이 있으나, 우리가 관심을 갖고 있는 정책참여보다는 일반적인 정치참여에 그 강조점이 있는 것 같다.

다른 연구에서는 시민의 정치참여 양식을 다섯 가지 범주로 나누어 살펴보고 있다(Parry, Moyser & Day, 1992: 39－62). 즉 ① 투표, ② 선거운동, ③ 중요한 사회문제나 정치문제에 접근하는 시민들의 집단 활동, ④ 의원·공무원·언론 등과의 접촉, ⑤ 조직화된 정치적 시위 등 다섯 가지 유형으로 나누어 정치참여의 양식을 검토해보는 것이다. 선거과정에서의 투표와 선거운동은 시민이 정부 성과에 대하여 평가하여 그 결과에 따라서 정부에 영향력을 미칠 수 있다는 점에서 의미가 있다. 선거운동은 직접적 투표 행위가 아닌 다른 사람들의 투표에 영향을 미치는 정당이나 후보자 지지, 회합 참석, 모금활동 등을 의미한다. 이 두 가지는 주어진 선거 기간 중 특정 의제를 통한 대중의 동원이라는 특성을 지닌다. 중요한 사회문제나 정치문제에 접근하는 시민들의 연합 활동은 시민들이 개인적으로 행동하지 않는다는 특징이 있다. 이에 반하여 의원·공무원·언론인들과의 접촉을 시도하는 시민활동은 개인 대 정부의 관계로 유형화되며, 시간·목표·활동의 본질을 개인이 정한다는 점에서 의미가 있다. 조직화된 정치적 시위는 가장 최후의 방법으로 시가행진, 집단서명 정치적 파업 등 물리적인 힘을 행사하는 것을 포함한다.

그러나 실질적 시민참여는 시민 일방의 정치적 의사표현뿐만 아니라, 정부 시민과의 관계 속에서 이루어지는 일종의 상호작용이다. 참여에 대한 새로운 연구경향을 보면 기존의 정부 또는 시민 위주의 일방적 연구에서 벗어나 정부와 시민의 상호관계에 초점을 둔 연구가 수행되고 있다(OECD, 2001a). 이러한 연구의 주된 배경으로는 정책의 질적 향상의 필요성, 정보사회의 도전에 대한 대응, 정책결정과정에의 시민의 요구 반영, 정부의 투명성과 책임성 확보에 대한 시민욕구 충족 등을 들 수 있다.

이 연구에서는 정부와 시민 관계의 방향성에 초점을 두어, 정부가 일방적으로 정보를 주는 정보제공 관계, 정부와 시민이 양 방향으로 영향을 미치는 협의 관계, 양자를 동반자적 관점에서 접근하는 적극적 참여관계로 나누어 살펴보려고 한다. 즉 정보제공, 협의, 적극적 참여의 세 측면과 관련된 입법, 정책, 기구, 수단(정보통신기술 포함) 등으로 나누어 살펴보려고 하는데, 이에 앞서 정책결정에서의 정부와 시민 관계에 영향을 미치는 요인들을 먼저 개괄적으로 정리하면 <표 8-1>과 같다.

표 8-1 시민참여와 관련되는 요인들

1. 일반적 요인

- 기본적 시민권에 대한 헌법적·법률적 근거(있음/없음)
- 정부·시민관계의 근거(법/정책/없음)
- 틀을 구상할 때 대중이 관여하는 정도(높음/낮음)
- 기득권 취소 가능성(Reversibility of acquired rights)(높음/낮음)
- 정치적 지지(높음/낮음)
- 행정 내부의 지지(높음/낮음)
- 시민과 시민사회의 요구(높음/낮음)
- 정기적인 검토와 평가(있음/없음)
- 평가에서의 대중의 관여(높음/낮음)

2. 특정적 요인

왜?
- 대중의 관여(의무적/선택적) – 정치적 의미(높음/낮음)

누가?
- 주도자(정치인/공무원/시민사회) – 정부의 수준(중앙/지역/지방)
- 참여에 대한 제한(있음/없음) – 참여의 정도(개방적/폐쇄적)
- 참여를 위한 (높음/낮음) – 정치적 지지(높음/낮음)
- 행정 내부의 지지(높음/낮음)

무엇에?
- 법적 근거(법/정책/행정 결정/없음)
- 영향받는 이익(분산적이고 공적/특정적이고 사적)

- 결정의 시급성(높음/낮음)
- 결정이 영향을 미치는 범위(제한적/보편적)
- 결정이 영향을 미치는 시간(단기/장기)
- 특정 정책분야 쟁점의 집중성(핵심적/주변적)

언제?
- 시점(빠름/늦음) - 기간(짧음/김) - 주기(임기응변적/지속적)

어떻게?
- 사용 가능한 자원(높음/낮음) - 사용 수단(전통적/새로운)
- 통로(상호적/다방면적) - 의사결정과정에서의 영향력(높음/낮음)
- 최종 결정 내용에 대한 영향력(높음/낮음)

OECD, 2001a: 72

<표 8-1>은 시민참여에 대한 기존 연구들에서 시민참여와 관련되는 요인들은 망라하여 추출한 것으로, 시민참여와 관련되는 요인들을 일반적인 요인과 특정적인 요인으로 나누어 제시하고 있다. 특정적인 요인은 다시, 왜 참여하는가, 누가 참여하는가, 어디에 참여하는가, 언제 참여하는가, 어떻게 참여하는가 등으로 나누어 제시함으로써 정부·시민관계의 큰 틀을 이해하는 데 도움을 줄 것이다.

3 정부 · 시민 관계의 개념과 중요성

1) 정부 · 시민 관계의 개념

이 연구는 참여제도를 정부·시민 관계라는 큰 틀 내에서 검토하려는 것이다. 이때 정부·시민관계는 정책결정에서부터 공공서비스의 전달과 소비에 이르기까지 광범위한 영역에 걸쳐 이루어진다. 정부는 다양한 경로를 통하여 시민들과 접촉하고 있으며, 시민들은 개인 또는 시민사회조직(CSO: Civil Society Organization)과 같은 조직화된 집단의 구성원으로 정부와 관계하고 있다.

정부·시민관계는 정책 환경의 복잡성, 정책들 간의 상호 의존성, 시간의 압박 등이 점차 증가하는 상황 하에서 그 중요성이 더욱 커지고 있다. 정부의 입장에서는 정책형성을 둘러싼 어려운 상황을 타개하기 위해서 보다 많은 종류의 정보, 시각, 해결책 등을 발굴하여 정책의 질을 향상시킬 필요가 있다. 이를 위해서 시민들과의 의사소통을 더 많이 신속하게 하고, 보다 나은 정보 관리를 할 수 있는 준비를 갖추어 새로이 부상하고 있는 정보사회의 난제들을 해결하여야만 한다. 정책을 입안하는 과정에서 시민들의 의견을 경청하고 그것을 반영할 수 있도록, 시민들의 의견을 정책과정에 통합시켜야 한다. 한편 정부활동에 대한 대중 및 언론의 감시가 강화되고, 공적인 활동에 대한 기준들이 엄격화되고 강화되면서 정부의 투명성과 책임성을 강화하라는 요구가 증가하고 있기도 하다.

정부·시민 관계는 정책과정(정책기획, 정책실행, 정책평가)의 모든 단계에서 이루어지는 다양한 종류의 의사소통을 포함한다. 이러한 복잡한 관계를 분석하기 위하여 이 연구에서는 OECD 보고서(2001a; 2001b)를 원용하여 정부·시민 관계를 다음과 같이 정의한다(자세한 내용은 <표 8-3> 참조).

• 정보 제공: 단방향의 관계로서 정부는 시민들이 이용할 수 있도록 정보를 생산하여 시민들에게 일방적으로 전달하는 것이다. 여기에는 시민들의 요구에 의해서 제공하는 정부의 '수동적인' 정보제공과 정부가 스스로 시민들에게 특정한 정보를 전파하기 위한 '능동적인' 조치, 두 가지 모두 포함된다.

정 부 ⟶ 시 민

• 협의: 쌍방향의 관계로서 시민들이 정부에 피드백을 제공한다. 협의가 이루어지기 위해서는 시민들의 견해를 물으려는 이슈를 정부가 먼저 정의하고, 협의 대상자들에게 관련 정보를 사전에 충분히 제공하는 것이 필요하다.

정 부 ⟷ 시 민

• 적극적인 참여: 동반자(partner) 관계를 기반으로 하는 것으로 시민들은 정책과정에 적극적으로 관여하는 것이다. 정책대안을 제안하고 정책에 관련된 토의의 방향을 결정하는 과정에서 시민들이 수행할 수 있는 역할이 있다는 것

을 인정하는 것이다. 물론 최종적인 결정이나 정책의 수립에 대한 책임은 정부의 몫이다.

정 부 ⟷ 시 민

시민들에게 정보를 제공하는 것은 이제 모든 국가의 정부들이 공유하고 있는 목표 중의 하나이다. 시민들에게 제공하는 정보의 범위, 양, 질 등은 지난 10년 동안 크게 향상되고 있다. 정책안에 대한 시민들과의 협의와 시민들이 피드백을 제공할 수 있는 기회도 모든 국가에서 느린 속도이기는 하지만 점차 증가하고 있다. 이에 반하여 정책과정에 국민들의 적극적인 참여를 유도하고, 국민들을 동반 관계 차원에서 참여시키려는 노력은 아직까지 일반화되어 있지 않다. 대부분의 정부에서 시범적인 수준에서만 시도되고 있고, 소수의 정부에서 실시하고 있는 실정이다.

2) 정부 · 시민 관계의 중요성

정보제공과 협의, 그리고 적극적 참여를 이용하여, 정부는 시민과의 관계를 강화시키고 있다. 정부는 왜 이렇게 하고 있는가? 양자 사이에 서로 상호 지지하는 데에는 다음과 같은 세 가지 주된 이유가 있다(OECD, 2001b: 18－19).

첫째, 정책의 질을 향상시킬 수 있다. 정부 · 시민 관계가 활성화되면 시민들은 공공문제에 시간과 노력을 투입하도록 고무되어진다. 시민들의 투입을 하나의 자원으로 사용하고 가치를 부여하는 것이다. 정보제공과 협의, 그리고 적극적 참여는 정책결정을 위한 보다 나은 기초를 정부에 제공하여 정부가 학습조직(learning organization)이 되는 것을 가능케 한다. 동시에 시민들이 정책에 대해 잘 알게 되고, 그러한 정책개발에 참여해 왔기 때문에 보다 효과적인 정책집행을 가능하게 할 수가 있다.

둘째, 정부에 대한 신뢰성을 증대시킬 수 있다. 정보제공과 협의, 적극적 참여는 시민들에게 정부의 정책계획에 대해 배우면서 그들의 의견을 알리고, 정책결정과정에 투입을 제공하는 기회를 주고 있다. 참여는 또한 정치적 산출물에 대한 보다 넓은 수용 가능성을 만들어 낸다. 정부는 개방성을 보이게 되고, 이것은 민주국가의 주권자인 시민들에게 정부가 보다 더 신뢰할 만한 것이 되도록 한다. 정부・시민관계의 강화는 정부에 대한 신뢰 형성과 보다 나은 공공정책을 통해 정부의 합법성을 고양시켜 주는 것이다.

셋째, 민주주의의 발전에 기여할 수 있다. 정보제공과 협의, 그리고 적극적 참여는 정부를 보다 투명하고 책임성 있게 만든다. 정부・시민 관계가 강화되면 사회 구성원들의 시민의식의 중요성에 대한 이해가 향상되어, 적극적인 시민의식이 장려되어진다. 이것은 또한 정치토론회나 투표, 협의 등에의 참가와 같은 공공분야에 대한 시민참여를 활성화하는 데 도움이 되며, 이러한 모든 것들은 보다 '강한 민주주의(strong democracy)'로 이르게 된다. 그러나 정책결정과정에 있어서 시민들에게 정보를 제공하고, 협의하고, 참여시키려는 정부의 노력이 대의제 민주주의를 대체할 수는 없으며, 그런 의도를 가지고 있지도 않다. 이런 노력들은 오히려 대의제 민주주의를 보완하고 강화시키는 것이라 할 수 있다.

정부가 시민과의 관계 강화에 주의를 기울이는 것은 정책결정을 둘러싼 상황 변화의 결과이기도 하다. '국가 단위 정부(national government)'가 다루어야 하는 업무는 점점 더 상호 연관되어 매우 복잡지고 있으며, 사회와 시장은 정부에게 과거와는 전혀 다른 새로운 요구를 하고 있으며, 새로운 많은 도전들이 국가적・행정적 경계를 초월하고 있다. 특히 현대의 정보통신기술은 이러한 상호 의존성을 증가시키고 가속화시키고 있다. 이러한 도전들은 '국가 단위 정부'로 하여금 그것이 지방단위든, 지역단위든, 국가나 혹은 세계단위든, 다양한 단위의 정부들과 상호 협력하고 합의를 도출해 낼 것을 요구하고 있다.

결국 정부의 정책결정 환경이 과거에 비해서 현저하게 복잡해진 것이다. 이것은 정부의 업무를 시민들이 이해하고, 정부가 책임성 있게 하는 것을 더 어렵게 만든다. 정부의 제한된 자원은 정책결정과 집행을 스스로 확보하는 것을 어렵게 하고 있다. 투표를 통한 시민들의 영향력이 감소하고 있고, 정부에 대한 신뢰성도 줄어들고 있다. 대의제 민주주의의 결함(deficit)과 정부의 합법성 위기에 대한 논의가 끊이지 않는 것은 이런 이유 때문이다. 이러한 와중에서 정책의 효과성과 합법성에 대한 정부 외부의 압력은 오히려 더 증가하고 있다. 시민들이 정책을 이해하고 지지하지 않으면 좋은 정책을 만들 수도 없을 뿐 아니라 그 정책을 효과적으로 집행할 수 없을 것이라는 것을 정부도 인정할 수밖에 없게 되었다.

시민과의 관계를 강화하는 데 있어 정부는, 문제 확인과 정책개발, 정책결정에서부터 집행과 평가에 이르기까지 모든 정책결정 단계에 영향을 주는 압력에 대응하여야 한다. 이러한 요구에 효과적으로 대응하기 위하여 정부는 다음과 같은 기능을 수행하고 있으며 또 수행하여야 한다(OECD, 2001b: 19-20).

첫째, 정부의 투명성과 책임성 요구에 대응하여야 한다. 정부는 증가하는 시민들의 요구와 미디어와 시민단체들의 정부활동에 대한 감시활동에 대응하여야 한다. 정부가 제공하는 새로운 정책계획, 정책안, 정책집행에 대한 정보 등을 통해서 혹은 경험을 통해서, 시민들은 더 정확하고 보다 나은 최신 정보를 획득하고 있다. 시민들은 이제 과거에 비해서 정부활동에 대한 더 많은 정보를 원하고 있으며 이 정보에 근거하여 정부활동을 더 적극적으로 감시하려고 하는 데, 이는 보다 적극적인 시민의식을 위한 기초가 되는 것이다.

둘째, 시민들은 한발 더 나아가 자신의 견해가 정부에 의해서 고려되기를 원하며, 정부는 시민들의 기대를 충족시켜야 한다. 시민들의 투입을 찾아내어 정책결정과정에 포함시킴으로써, 정부는 자신의 목소리가 전해지고, 자신의 견해가 고려되기를 기대하는 시민들은 만족시키기 위해 노력하여야 한다. 정부의 입장에서는 정책결정에의 참가자 범위를 확대하여 새로운 정보원에 대한 접근이 가능하게 되며, 이해당사자들에게 정책결정에 기여할 수 있는 기회를 더 많이 줌으로써 정책에 대한 자발적인 순응(accommodation)을 확보할 수 있다.

셋째, 시민들의 지지를 회복시킨다. 정부는 선거에서의 꾸준한 투표참여율 저조와 정당원수 감소, 그리고 주요 공공기관에 대한 신뢰도 감소에 대해 적절한 조치를 취하려고 노력하고 있다. 정보제공과 협의, 적극적 참여를 통해서 정부는 시민이 정책결정에 대해 알고, 이해하고 논평하고 참여하는 데 있어서의 장애물을 줄여나갈 수 있다. 정부는 시민이 알고, 행동하는 데 있어서의 문턱을 낮추고 있으며, 시민들로 하여금 정부가 국민에게 봉사하는 것과 같이 마땅히 해야 할 일을 하고 있다는 것을 직접 경험하게 한다. 시민들은 민주사회 내에서 그들 자신의 참여가 효과가 있다는 것을 실감함으로써 정부를 더 지지하게 될 것이다.

3) 정부 · 시민 관계의 제한점

정부 · 시민 관계의 강화는 정부가 보다 나은 공공정책, 정부에 대한 신뢰성 증대, 보다 강한 민주주의를 성취하는 데 도움을 주는 중요한 활동이다. 그러나 거기에는 반드시 비용이 따르기 마련이다. 여기에서는 정부·시민 관계 실무자들이 접하게 되는 세 가지 제한조건(reservation)에 대해 살펴보자. 그리고 그렇게 하는 가운데, 이러한 제한조건들을 극복하기 위해 강조되고 있는 리더십과 리더의 관심의 중요성을 강조하려고 한다(OECD, 2001b: 21-24).

분명한 것은 정보제공과 협의, 적극적 참여가 다른 정부활동과 마찬가지로 시간이나 전문성, 자금과 같은 자원을 꼭 필요로 한다는 것이다. 그러나 정보제공, 협의, 적극적 참여를 통한 상당한 결과를 성취하기 위해 필요한 자원은, 주어진 정책에 소비되는 총량과 비교할 때 대체로 적은 편이다. 이러한 자원들이 잘 쓰여지고 있는가? 만약 더 나은 집행, 더 양질의 정책, 자발적인 순응과 정부에 대한 신뢰성 증대 가능성과 같은 정부·시민 관계 강화의 효과가 가치 있는 것이라면, 이러한 자원들이 잘 쓰여지고 있는 것이다. 잘못 설계되어 집행된 정책들로부터 생겨나는 문제점들을 고려할 때, 정부는 실제로 시민과의 관계 강화가 투자가치가 있다는 것을 알고 있다. 정부는 또한 시민참여가 없으면, 장기적으로 볼 때 정책의 효과성과 합법성, 신뢰성 상실 뿐만 아니라 단기적인 정책실패를 통해, 훨씬 더 많은 비용이 생겨날 수 있다는 것을 점점 잘 알고 있다.

물론 정부가 해야 할 일이 통치하고(다스리고, govern), 정책을 결정하는 것이라는 데는 의심의 여지가 없다. 정보제공과 협의, 그리고 적극적 참여는 정부가 주도권을 쥐고 결정하는 것을 대체하지는 않는다. 정부는 리더십 역할을 갖고 있고, 시민들은 정부가 그것을 수행할 것을 기대한다. 이것은 바로 시민들이 투표를 통해 정부를 선택하는 이유이다. 그러나 문제는 리드(lead)하느냐 마느냐의 여부보다는, 어떻게 리드하느냐 하는 것이다.

일반적으로 정부는 두 가지 방식으로 리더십을 행사할 수 있다. 정부는 한편으로 시민들의 직접적인 관심사나 투입을 무시하고 리더십을 행사할 수 있다. 이것은 필연적으로 정부로 하여금 신뢰성 결여 위기에 처하게 만든다. 정부가 시민의 관심사와 투입에 개방적인 리더십을 행사하여야만 하는 이유는 여기에 있다. 이것은 보다 나은 정책을 개발하고, 합법성과 더 많은 신뢰성을 얻기 위해 정부로 하여금 시민과 시민사회의 보다 광범위한 자원을 사용할 기회를 준다. 이것은 리드하는 것과 경청하는 것이 균형을 이루는 효과적이고 협력적인 리더십에 부합되는 것이다. 정부 · 시민 관계 강화는 정부가 개방적인 방식으로 보다 효과적이고, 신뢰성 있게, 성공적으로 리더십 역할을 수행하는 하나의 수단이다. 정보제공과 협의, 적극적 참여를 사용할 때 정부 리더십의 역할은, 그 접근방법을 선택하고 결정하는 것이다. 어떤 목적을 위해 어떤 도구를 사용할 것인가, 얼마나 많은 자원을 소비할 것인가, 정책결정을 위한 투입을 어떻게 사용할 것인가를 결정하는 것이 필요하다. 관리자의 역할은 이러한 결정을 취할 수 있는 가장 좋은 기반을 리더십에 제공하는 것이다.

정부 · 시민 관계의 강화가 만병통치약은 아니라는 사실이 지적돼야 한다. 시민들의 의견을 취합하여 고려하는 척하기만 하고 실제로 그렇게 하지 않으면 기대에 상반되는 결과를 가져올 수 있고, 오히려 정부와 민주주의에 대한 신뢰성 감소에 이를 수도 있다. 정부 · 시민 관계 강화를 위한 여러 시도들에도 불구하고, 성공을 위해서 관심(commitment)과 리더십이 필요한 이유가 바로 여기에 있다. 정부 내 정치적 수준의 최고관료가 관심을 갖지 않으면, 정보제공과 협의 및 적극적 참여의 주도권이 교착상태에 빠져 정책을 결정하지 못하고 소기의 효과를 성취할 수 없게 된다. 물론 정부 · 시민 관계 강화가 항상 성공한다는 보장은 없다. 시민들에게 정보제공과 협의 및 적극적 참여를 위한 보다 많은 기회를 제공하는 것이 역효과를 야기할 수도 있다. 정책결정을 지연시켜 정부에게 비용이 많이 드는 것일 수 있다. 그러나 그러한 위험성들은 시민을 참여시키지 않을 때의 부정적 효과 및 비용과 비교해보아야 한다.

오늘날 정부가 직면하고 있는 문제는 정부 · 시민 관계의 강화 여부가 아니다. 문제는 어떻게 그것을 전문적이고 성공적으로 해내느냐 하는 것이다. 정부는 일반 시민들의 참여를 필요로 할 때도 있고, 특별한 투입을 위해 특정 집단의 참여를 필요로 할 때도 있을 것이다. 또는 어떤 제한된 유형의 정보에 대해서는 정부가 참여를 보류해 두기를 원할 수도 있다. 어떤 경우든 정부 · 시민 관계의 강화는 정부에서 주의와 관심을 가지고 행해진다면 매우 긍정적인 효과를 낳을 수 있는 중요한 활동임에는 틀림없다.

4 시민참여제도 정비 방안

1) 정부 · 시민 관계의 양상

정보제공은 일방적인 관계로 시민들의 요구에 의한 정보에의 수동적인 접근과 정부에 의하여 정보를 시민들에게 유포하기 위한 능동적인 조치들을 포함한다. 정보 접근을 위해서는 명확한 법적 · 제도적 장치, 독립 감시기구, 강제할 수 있는 사법기관들이 필수적이다. 정보접근은 시민들이 그들의 권리를 잘 알고 이해하여야 하며, 기꺼이 그 권리에 따라 행동할 의사가 있어야 하며 그럴 능력이 있어야 한다. 정부는 시민들의 알 권리와 프라이버시에 대한 개인적 권리, 정보공개가 공익에 반하는 경우 비밀을 유지할 필요성 사이에서 조화점을 찾아야만 한다. 즉 정보접근권, 프라이버시 보호, 공식 비밀에 대한 정보공개 제한 등이 중요한 쟁점인데, 특히 정보통신기술의 급속하게 발달하고 있기 때문에 더욱 그렇다.

협의는 시민들이 정부에게 피드백을 제공하는 쌍방향적 관계이다. 이슈를 정부가 먼저 정의하고 이 정의에 대하여 시민들의 의견을 구하는 데, 이를 위하여 정보가 제공되어야 한다. 정부는 협의를 위하여 이슈를 정의하며, 시민들은 관련 쟁점에 대하여 그들의 입장과 의사를 표시하기 위하여 초대(invite)된다. 많은 국가들에서 협의는 최근에 와서야 공공정책결정에서 중요한 요인으로 인식되기 시작하였기 때문에, 이를 위한 법적 · 정책적 · 제도적 틀들이 아직 개발 중에 있다.

적극적 참여는 시민들이 정책결정의 과정과 내용을 정의하는 데 관여하는 것이기 때문에, 정부와 시민의 동반자 관계에 기초하고 있다. 적극적 참여는, 비록 최종적인 결정과 정책형성의 책임은 정부에 있다고는 하지만, 정책의제를 설정하고, 정책대안을 제시하며, 정책토론을 설계하는 데 있어서 시민들이 정부와 같은 비중으로 참여하는 것이다. 즉 적극적 참여는 시민들이 독자적으로 정책대안에 대해서 토론하고 새로운 정책대안을 제시할 수 있는 능력이 있다는 것을 인정하는 것이다. 정부는 시민들과 공동으로 정책의제를 발굴해야 하며, 시민들과 공동으로 만들어낸 정책제안을 최종적인 결정에 적극적으로 반영하여야 한다. 소수의 국가들만이 이러한 접근방법을 막 도입하고 있기 때문에, 경험적 데이터도 실험적인 수준에 그치고 있다.

정보제공은 시민참여의 기본적인 전제조건이기 때문에 최근 정보공개법(FOI: Freedom of Information Laws)을 채택한 국가들이 급격히 늘어났다. 협의, 즉 시민들의 정책제안에 대해 피드백할 수 있는 기회도 느린 속도로나마 늘어나고 있다. 적극적 참여와 파트너십에 근거하여 정책결정에 시민들이 관여하기 위한 노력은 아직은 미미한 실정이다.

정보제공, 협의, 적극적 참여를 성공적으로 설계하는 첫 걸음은 실현시키기를 원하는 목표를 명백히 정의하는 것이다. 목표 집단(모든 시민, 농촌 공동체, 젊은이 등)을 확인하고 적절한 도구를 선택하는 것 등이 이러한 예가 될 수 있겠다. 모든

표 8-2 정부 · 시민관계의 양상(예시)

		법	정책	기구	수단(정보통신기술 포함)
정보제공	소극적	정보공개법	응답 기간, 요금	• 집행: 모든 행정조직 • 강제: 옴부즈만, 법원	• 등록 • 정보관리체계 • 정부 웹사이트, 포털 사이트
	능동적	정보공개법 (뉴 질랜드,스페인)	통신정책	관련 부서	• TV, 라디오, 인쇄물, 관보, 연보, 소책자 • 인터넷 홍보
협의/환류	비유도	· 행정절차법 · 공시,이의제기	고충관리 및 처리	• 집행: 공보기관 • 강제: 옴브즈만, 법원	• 자료분석 소프트웨어 • 관련자들의 전자우편 주소
	유도	환경영향평가법	• 규제영향평가 • 협의제도	• 정부 부처 • 담당 중앙 부서	• 설문조사, 여론조사 • 공청회, 핵심집단, 시민 패널 • 협의 지침 • 온라인 대화
적극적 참여	정부 주도	국민투표	• 관련 시민들에 대한 정책 • 공사 협력	• 정부 부처 • 담당 중앙 부서	• 협의회 • 시민배심원 • 공개 토론 기간 • 온라인 토론 그룹
	시민 주도	시민 주도 입법	• 정책대안 개발 • 자기 규제	• 시민사회조직 (C SOs) • 학계 · 두뇌집단	· 토론회 · 웹사이트, 온라인 토론 그룹, 전자우편 목록

OECD, 2001a: 28.

나라와 상황에 맞는 어느 한 가지 도구 또는 접근방식은 있을 수 없을 것이다. 여러 도구가 같이 활용되어야 하며 지역 전통과 상황에 맞는 도구가 선택되어야 한다. 활용할 수 있는 자원(재정, 인력 등), 시간, 기술 등도 도구 선택을 제한할 수 있다.

정보에 대한 수동적 접근조차도 시민들이 그들이 찾는 것을 발견할 수 있게 하기 위해서는 도구가 필요하다(카탈로그, 인덱스 등). 정부가 적극적으로 정보를 제공하는 경우에는 여러 다른 류의 제작물(연보, 소책자, 전단지 등)과 전달방식이 필요한데, 직접적인 전달방식(정보센타, 무료 전화번호)과 간접적인 전달방식(미디어, 광고, 시민사회조직 활용)이 있을 것이다.

정부는 여러 범주의 시민들로부터 정책 이슈(여론조사, 의견조사) 또는 정책안과 입법안(공시기간)에 대한 피드백을 얻기 위하여 다양한 도구들을 활용하고 있다. 소수 집단들과 심도 있는 협의를 위해서는 다른 도구를 활용하기도 한다(공청회, 초점집단조사, 시민패널, 워크샵 등). 정책대안을 고려할 때 시민들을 관여시키거나 적극적으로 참여시키기 위해서 학습과 토론을 위한 특별한 도구가 필요하고 구체적인 제안서 작성이 필요하다(시민포럼, 합의체 구성, 시민배심원 등).

이미 정보통신기술이 정부 · 시민 관계에 변화를 초래하고 있다. 대부분 국가들이 정보통신기술의 잠재력을 인식하고 있으며, 정보격차를 줄이려고 노력하고 있으며, 온라인이든 아니든 모든 시민들이 공공영역에 같은 권리로 참여할 수 있도록 노력하고 있다. 정보의 양, 질, 범위 등은 각각 다를지라도, 많은 정부들은 더 많은 정보를 온라인으로 제공하고 있다(정보 웹사이트와 포탈). 피드백과 협의에 있어서 정보통신기술을 활용하는 것은 아직 초보적인 수준에 머물러 있다(정부 웹사이트에 이메일 연결, 이메일 리스트, 온라인 대화 이벤트 등). 소수의 정부만이 정책결정에 시민들을 참여시키는 데 온라인 수단을 활용하기 시작하였다(온라인 토론집단, 상호 게임 등). 정보통신기술을 최대한 활용하기 위해서는 기존의 오프라인 수단과 잘 통합할 필요가 있을 것이다.

현재로서는 어느 국가도 정보제공, 협의, 정책결정에의 시민참여에 대한 정부의 실적을 체계적으로 평가하고 있지 않다. 그러나 모든 국가들이 평가도구를 개발하고 평가능력을 향상시킬 필요성에 대해서는 인식을 같이 하고 있다. 정부 · 시민 관계를 강화시키기 위해 투자하는 시간, 돈, 정열 등과 참여 효과와 정책결정에 미치는 영향을 평가하는 데 기울이는 관심은 국가마다 천차만별이다.

2) OECD 국가들의 경우

대부분의 OECD 국가들은 정보제공, 협의, 적극적 참여에 대한 다양한 제도들을 갖추고 있다. 아래에서는 이 연구의 분석의 틀을 제시하기 전에 OECD 국가들을 중심으로 정보제공, 협의, 적극적 참여 등과 관련된 제도들을 개괄적으로 살펴보고자 한다(OECDb, 2001: 3-4). 이와 함께 참여제도와 관련된 수단 또는 도구의 선택 문제와 정보통신기술의 잠재력을 활용하는 문제, 성과 평가의 문제들도 언급할 것이다.

(1) 정보제공

정보에 대한 접근을 허용하기 위해서는 정확한 법률, 법 적용을 위한 명확한 제도적 장치, 법 집행을 위한 독립적인 감독기관 및 사법기관이 필요하다. 또한 시민들이 자신들의 권리를 알고 이해하고, 이를 기꺼이 행사할 의사가 있어야 하고 실제로 행사할 수 있어야 한다.

정보접근에 관한 법률을 제정하려는 국가들이 최근 들어 급속히 증가하고 있다. 1980년의 경우에는 OECD 국가 중 20%만이 정보공개(자유)에 관한 법률을 가지고 있었다. 1990년의 경우에는 40%로 증가하였고 2000년 말에는 80%에 이르렀다. 일부 OECD 국가들의 경우에는 정보에 대한 접근을 허용하는 것이 원칙이고 기밀로 하는 것이 예외적인 상황이 되었다. 모든 국가들은 공공기관이 보유하고 있는 문서에 대한 접근을 허용하고 있고, 접근이 거부된 경우 항소할 수 있는 장치들을 제공하고 있다.

기본적인 법적 권리는 객관적이고 신뢰성 있는 정보를 제공하겠다는 정부의 의지인 정책을 통해서 부여된다. 정보접근에 대한 수동적인 정책(응답시간 또는 비용청구)과 능동적인 정책(정부의 정보제공 정책) 두 가지 모두가 필요하다. 정보 접근에 관한 법률은 일반적으로 모든 행정기관에 적용된다. 법률의 실행 및 집행은 중앙정부에 의해서 조정되고, 옴부즈맨과 같은 외부기관의 감독을 받을 수 있다.

모든 OECD 회원국들은 국민들의 알 권리와 개인의 프라이버시에 관한 권리 그리고 정보의 공개가 공공의 이익에 반하는 경우 기밀성을 유지해야 하는 필요성

간의 균형을 유지해야 한다. 접근에 대한 권리, 프라이버시의 보호, 공공기밀에 대한 제한들 간의 균형을 유지하는 것은 특히 정보통신기술이 급속하게 발전하는 상황 하에서는 매우 해결하기 어려운 문제이다.

(2) 협 의

시민들과의 협의는 대부분 OECD 국가들에 있어서 최근에 와서야 공공정책 입안의 핵심적인 요소로 인식되고 있고, 여기에 대한 법적 · 정책적 · 제도적 틀은 아직까지 수립되고 있는 과정에 있다.

시민들과의 협의에 관한 법률은 정책입안 과정에서 노동조합과의 협의를 의무화하는 것처럼 그 범위가 제한적일 수도 있고, 일반적인 청원권과 같이 그 범위가 매우 광범위할 수도 있다. 일부 OCED 국가들은 시민들과의 협의할 때 시행령, 지침, 기준 등과 같은 관련 규정과 비공식적인 임무 수행 방법에 의존하고 있다. 일부 국가들은 1995년 OCED의 "정부 규제의 질 개선에 관한 권고안(OCED Council Recommendation on Improving the Quality of Government Regulation)"에 따라 규제를 신설하는 새로운 법규에 대해서 시민들과 협의하도록 의무화하고 있다.

일부 OCED 국가들은 정부, 기업계, 노동계로 구성된 3자 포럼과 같은 협의를 위한 제도적인 장치를 오래 전부터 운영해오고 있다. 또 다른 많은 국가들은 민간사회 단체를 포함한 자문기구와 위원회를 상설 혹은 비상설로 운영하고 있다.

(3) 적극적 참여

적극적인 참여는 시민들이 정책적인 대안을 도출하고 토의할 수 있는 역량이 있다는 것을 인정하는 것이다. 시민들을 적극적으로 참여하도록 하기 위해서는 정부가 정책에 관련된 이슈들을 시민과 공유하고, 시민과 공동으로 창출한 정책안이 최종적인 의사결정 과정에서 고려되도록 해야 한다. 극소수의 OECD 국가들이 이러한 접근방법을 모색하기 시작하였고, 따라서 현재까지의 경험은 매우 제한적인 수준이다.

일부 OCED 국가들은 대중 주도 입법(popular legislative initative)이나 국민이 발의한 국민투표에 관한 법률 등과 같이 시민들이 새로운 법률이나 정책을 제안할 수 있는 권리를 가지고 있다. 이를 위해서는 보통 특정 기간 내에 일정 명수 이상의 유권자들의 서명을 사전에 확보해야 한다. 소수의 OCED 국가들은 시민들과 공동작업단을 구성하여 정책입안 과정에 시민들의 적극적인 참여를 높일 수 있는 새롭고 유연성 있는 방법을 지원하기 위한 정책을 보유하고 있다.

시민들의 적극적인 참여를 유도할 수 있는 유일한 제도적 장치는 존재하지 않는다. 현재까지 존재하는 극소수의 예는 다양한 종류의 정부 차원 및 정책 부문으로부터 나온 것이다. 중앙정책기관이 모범사례를 수집하고, 인식도를 높이고, 가이드라인을 개발하는 역할을 수행할 수 있다.

(4) 수단 또는 도구

정책입안 과정에 정보를 제공하고, 협의하고, 적극적으로 참여시킬 수 있는 성공적인 방안을 개발하기 위해서 필요한 첫 번째 작업은 이러한 노력의 목표를 명확히 하는 것이다. 이러한 명확한 목적을 바탕으로 목표 집단(모든 국민, 농촌 지역, 청소년)을 식별하고 적절한 도구를 선택할 수 있다.

어느 하나의 도구나 접근방법이 모든 국가나 모든 상황에 적합하지는 않을 것이다. 여러 가지 도구를 혼용하는 것이 필요할 것이고, 해당 지역의 전통이나 관행에 적합하도록 수정할 필요가 있을 수 있다. 또한 도구의 선택은 자원(인력 및 예산), 시간, 가용한 기술 등에 따라 달라 질 수 있다.

정보에 대한 '수동적인' 접근에 대해서도 시민들이 자신들이 찾고자 하는 정보를 발견할 수 있도록 해 주는 도구(카탈로그 및 인덱스)가 필요하다. 정부가 정보를 '능동적'으로 제공하는 경우에는 다양한 종류의 제품(연감, 팜플렛, 전단지)과 전달 매카니즘을 사용할 수 있다. 전달 메카니즘의 종류에는 직접전달방법(정보 센터, 수신자부담 전화)과 간접적인 전달방법(언론보도, 광고, 민간사회단체를 중간 매개 조직으로 활용)이 있다.

각국 정부는 폭넓은 계층의 국민으로부터 정책적인 이슈 및 정책안, 입법안에 대한 피드백을 받기 위해서 다양한 도구를 사용하고 있다. 정책적인 이슈에 대한 피드백을 받기 위한 도구의 예로는 의견 조사를 들 수 있고, 정책안과 입법안에 대한 피드백을 받는 도구로는 의견수렴 및 입법예고 등을 들 수 있다. 또한 정부는 소수의 시민들과 긴밀한 의사소통을 통해서 협의하기 위한 도구(공청회, 포커스 그룹(focus group), 시민 패널(citizen panels), 워크숍)를 활용할 수도 있다. 정책심의 과정에 시민들을 참여시키기 위해서 학습, 토의, 구체적인 정책안의 작성 등을 촉진할 수 있는 시민 포럼(citizen's fora), 의견수렴회의(conference), 시민법정(citizen's juries) 등과 같은 도구들을 활용할 수 있다.

(5) 정보통신기술 활용

모든 OECD 국가들은 정보통신기술을 강력한 도구로 인식하고, 정부기관과 시민들을 온라인화하는 데 많은 노력을 기울이고 있다. 많은 사람들이 정보통신기술은 정책입안 과정에 시민들을 참여시킬 수 있는 잠재력을 가지고 있다고 믿고 있지만, 현재 정보통신기술은 전통적인 도구를 보완해 주는 역할만을 수행하고 있다. 대부분의 OECD 국가들은 '정보 격차(digital divide)'를 줄이기 위해서 노력하고 있고, 모든 시민들이 온라인, 오프라인에 관계없이 공공부문에서 동등한 참여권을 누릴 수 있도록 해 줄 필요가 있다는 것을 인정하고 있다.

모든 OCED 국가의 정부는 비록 제공하는 정보의 품질, 양, 범위 등은 크게 다르지만, 보다 많은 양의 정보를 온라인으로 제공하고 있다(정부웹사이트나 포털). 모든 OCED 국가에서 시민들로부터 피드백을 받고 협의하는 데 정보통신기술을 사용하는 것은 여전히 초기 단계이다(정부웹사이트에 전자우편 주소, 전자우편 목록, 온라인 대화 행사). 극소수 OCED 회원국들만이 정책입안 과정에 시민들을 적극적으로 참여시키기 위한 온라인 도구를 실험하기 시작하였다(온라인 토의 그룹, 대화형 게임). 정보통신기술을 최대한 활용하기 위해서는 이미 수립된 오프라인 도구 및 접근방법과의 통합이 필요하다.

(6) 성과 평가

모든 OECD 국가들은 평가를 위한 도구를 개발하고 평가를 위한 자신들의 역량을 향상시킬 필요성을 인식하고 있다. 조사에 의하면 OECD 국가들이 정부·시민 간의 관계를 강화하는 데 투자하는 시간, 예산 및 정열과 정책입안의 효과성 및 그 영향을 평가하는 데 기울이는 노력 간에는 큰 불균형이 존재하고 있다. 현재로서는 어떤 OECD 국가도 정책입안 과정에서 시민들에게 정보를 제공하고, 협의하고, 적극적으로 참여시키기 위한 정부의 성과를 체계적으로 평가하지 않고 있다.

3) 시민참여제도 정비를 위한 분석 모델

위에서 논의한 정부·시민 관계의 양상과 OECD 국가들의 예를 참조하여, 이 연구에서는 우리나라 참여제도를 정비하기 위한 일종의 분석 모델을 <표 8-3>과 같이 제시하고자 한다. 아래 표는 우리나라의 각종 참여제도를 정보제공, 협의 및 환류, 적극적 참여의 세 측면에서 검토하되, 각각에 대하여 관련 법규, 정책, 담당기관, 수단(정보통신기술 포함) 등이 어떠한 것들이 있는지를 먼저 살펴보려고 한다. 정보제공은 위의 논의와 마찬가지로 정부에 의한 수동적 제공과 능동적 제공으로 나눌 것이며, 협의는 위 논의와는 달리 의무적 협의와 자발적 협의로 나눌 것이다. 적극적 참여는 위 논의에서와 같이 정부 주도의 참여와 시민 주도의 참여로 나눌 것이다.

이상의 모든 논의를 종합하여. 우리나라 참여제도의 현황을 살펴보고 문제점을 진단하여 그 개선 방안을 제시하기 위한 일종의 분석 모델을 제시하면 아래와 같다.

표 8-3 시민참여제도 정비를 위한 분석 모델

		법규	정책	기관	수단(정보통신기술 포함)
정보제공	수동적 제공				
	능동적 제공				
협의/환류	의무적 협의				
	자발적 협의				
적극적 참여	정부 주도				
	시민 주도				

우리나라의 경우에도 시민들의 폭 넓은 정책참여를 통하여 정부가 시민들로부터 정책과 관련된 정보, 시각, 해결책 등에 대한 많은 정보와 자원을 얻을 수 있을 것이다. 이러한 정보와 자원을 최대한 활용함으로써 정부의 의사결정의 질을 향상시킬 수 있음은 물론 정부에 대한 시민들의 신뢰를 구축하고 민주주의를 발전시키

며, 나아가 장기적으로 시민들의 능력을 강화시킬 수 있다. 이를 위해 위의 분석 모델은 우리나라 참여제도와 관련된 현황 파악과 문제점 진단은 물론 현행 참여제도 전반에 대한 개선방안을 제시하는 데 도움을 줄 수 있을 것이다.

5 맺음말

정보제공, 협의, 정책결정에의 참여 등은 '좋은 거버넌스(good governance)'에 결정적인 기여를 한다(OECD, 2001c: 1-3). 정책결정의 투명성을 높이고, 대중의 직접적인 감시를 통하여 책임성을 향상시키며, 정부의 의사결정과정의 정당성을 높이고, 다양한 분야의 정보 소스를 활용함으로써 정책결정의 질을 향상시키며, 대중들이 정책을 더 잘 알게 되고 정책설계에 직접 참여함으로써 집행과 순응을 원활하게 한다.

선거 참여율의 지속적 하락, 정당원수의 감소, 주요 공공기관에 대한 신뢰 저하 등을 포함한 여러 요인들이 많은 국가들로 하여금 시민들과의 관계를 강화시키는 데 더욱 관심을 갖도록 하고 있다. 정부에 대한 대중들과 미디어의 감시가 심해지고 공공생활(public life)과 관련된 기준들이 코드(code)화 되고 그 수준이 향상됨에 따라, 정부의 투명성과 책임성에 대한 요구가 더욱 커지고 있다. 많은 국가의 정부들은 대중들의 요구를 정책결정과정에 통합하고, 정책결정에 있어서 시민들의 목소리를 경청하여 그 의견을 받아들이라는 시민들의 기대에 부응해야만 하는 압력을 받고 있다.

위 분석 틀에서 사용하는 용어와 관련하여, 정부가 시민들과 관계를 강화하기 위해서는 우선 아래와 같은 사항들을 명확히 하여야 한다(OECD, 2001a: 11). 첫째, 정보제공에 있어서 정보는 완전하고, 객관적이고, 믿을 수 있고, 적절해야 하며, 발견하기 쉽고 이해하기 쉬워야 한다. 둘째, 협의와 환류는 시민들이 요구를 어디까지 실행에 옮길 것인지, 시민들의 요구에 대한 정부의 의무는 어디까지인지에 대한 명확한 목표와 원칙을 갖고 있어야 한다. 셋째, 적극적 참여는 시민들이 새로운 아이디어와 제안을 제시할 수 있도록 충분한 시간을 갖고 융통성 있게 이루어져야 하며, 정책결정과정에 시민들의 요구를 반영시킬 수 있는 장치들(mechanisms)이

제공되어야 한다.

정보사회의 도래는 우리 정부로 하여금 새로운 정보통신기술(ICTs)을 받아들여 시민들과 더 폭넓고 빠른 상호작용을 할 수 있도록 준비하여야만 하는 부담을 주고 있다(OECD, 2003). 많은 OECD 국가들도 새로운 정보통신기술을 강력한 참여의 수단으로 간주하고 있으며, 행정과 시민들은 "온라인"화 하는 데 많은 노력을 기울이고 있기도 하다. 요컨대, 우리 정부는 시민들을 정책결정에 참여시키기 위한 강력한 법적 · 정책적 · 제도적 장치들을 마련하고, 정보통신가술을 활용할 수 있는 적절한 수단을 개발하며, 그 (참여) 실적을 평가하기 위하여 충분한 시간과 자원을 투자하여야만 한다. 우리 정부가 이러한 조치들을 취하는 데 이 글이 조금이라도 도움이 되기를 기대한다.

제 9 장 헌법 개정 논의와 정부 그리고 행정

민주주의 국가에서 행정은 헌법 내에서 작동한다. 1987년 개정된 지금 헌법은 시간의 흐름을 반영하지 못하여 이미 시대착오적인 것이 되었다. 일종의 상징규범으로서의 의미만 지니고 있던 헌법이 민주주의의 진전으로 현실규범으로서의 역할을 수행할 수 있게 되자 규범과 현실의 괴리를 메우는 일이 시급해졌다. 그 동안 헌법 개정 논의는 정부형태를 포함한 권력구조 변화를 중심으로 이루어져 왔으나 최근 논의는 헌법 전문에서 기본권과 경제 조항에 이르기까지 매우 광범위하고 포괄적이다.

이 글에서는 헌법 조항 중에서 정부와 관련된 조항을 중심으로 현행 헌법 조항의 문제점과 개정 방향을 논의하였다. 현행 대통령제 정부형태가 그대로 유지된다 하더라도, 대통령의 중임 제한, 국무총리제도의 존치 문제, 부총리제도의 위헌 여부, 대통령 자문기구 정리, 감사원 소속 변경 등 해결해야 될 굵직굵직한 문제들이 산적해 있다. 구체적인 논의에 들어가기 전에 최근 헌법 개정 논의가 행정에 주는 포괄적인 의미를 이해하기 위하여 헌정과 행정의 관계를 언급한다. 또한 우리 헌법에서의 정부의 범위를 어떻게 잡고 있는지를 살펴보고 정부의 개념을 명확히 하기 위하여 국가와 정부의 관계를 살펴본다.

1 머리말

그 동안 우리나라에서의 헌법 개정 논의로 주로 정부형태를 포함한 권력구조의 변화를 중심으로 이루어져 왔다. 그러나 최근 논의는 권력구조는 물론 전문에서부터 경제 조항에 이르기까지 매우 광범위하고 포괄적이라는 특징을 지닌다.[1] 심지

1) 개정이 논의되는 주요 조항은 아래와 같다(한겨레 21, 2004년 9월 9일과 월간조선, 2006 1월호 부록에서 발췌).…

전문 : … "대한민국의 건국 이념"… 계승 추가
"자유민주주의적 기본 질서"를 "민주적 기본 질서"로

제1장 총강

제3조(영토 조항): 통일에 장애, 국기, 국가, 수도에 관한 조항 추가
제4조(통일정책): "평화적 통일 지향"과 "영토고권 회복" 명시

제2장 국민의 권리와 의무

제10조(행복추구권): 조항이 너무 다의적이고 막연해서 다른 기본권 확장을 제약
제11조(평등권): 성별, 종교, "신조" 또는 사회적 신분으로
제17조(사생활의 비밀과 자유): 프라이버시권 강화
제19조(양심의 자유): 사상의 자유 추가
제22조(학문과 예술의 자유): "대학의 자율성 보장" 조항 추가
제24조(선거권): 선거 나이 18세로 명시
제27조 1항(법관의 재판독점권): 시민의 재판 참여 봉쇄
제29조 2항 (군인, 군무원, 경찰공무원 등의 배상 청구 금지): 평등권 침해
제32조 4항(여자 근로 부당 차별 금지): 적극적 우대(affirmative action) 규정 명시
제33조 1항(노동 3권): 헌법에 보장한 나라 흔치 않음
제34조 5항(장애인 등 보호): 장애인 인권에 대한 언급 없고 보호대상으로만 간주
제36조 1항(혼인과 가족생활 보장): 동성결혼 발생하는 경우 논란의 여지

제3장 국회

제44조(국회의원 불체포 특권): 비리 협의자 제외 규정 삽입
제45조(국회의원 면책 특권): 고의에 의한 명예훼손 제외 규정 삽입

제4장 정부

제66조(대통령의 지위): "국가의 원수" 표현 삭제
"대통령은 조국의 평화적 통일을 위한 성실한 의무를 진다"를 자유민주적 기본질서에 입각한 한반도의 평화적 통일을 위한 성실한 의무를 진다로
제70조(대통령 임기 및 중임 제한): 임기 4년에 중임 허용

어 헌법 전문의 자유민주적 기본 질서에서 자유라는 표현을 삭제하는 문제, 경제 조항에 자유시장 경제 질서를 기본으로 한다는 표현을 삽입하는 문제들에서는 문구를 둘러싼 이념적 갈등의 소지도 지니고 있다.[2)]

이는 현행 헌법이 1987년 개정되어 18년이라는 절대시간의 흐름을 반영하지 못하고 있기 때문이기도 하지만, 최근 위헌 시비를 둘러싼 일련의 논쟁에서 보는 바와 같이 이제 헌법이 우리의 일상생활에 깊이 침투하고 있기 때문이기도 하다. 일상생활과 유리된 상징규범으로서의 의미만 지니고 있던 헌법이 이제야 비로소 현실규범으로서의 의미를 어느 정도 지니게 된 것이다. 어쩌면 이것은 우리 헌정사에 있어서 정부형태와 같은 권력구조의 변화 못지않은 매우 중요한 의미를 지니고 있는 것인지도 모른다.

헌법에 대한 우리 국민들의 인식을 변화시킨 결정적인 계기는 헌법재판소가 내린 2004년 5월 대통령 탄핵소추 기각 평결과 2004년 10월「신행정수도 건설을 위한 특별조치법」위헌 평결이다. 헌법재판소가 대통령의 직위를 박탈하지 않기로 결정한 것이나 입법부에서 통과된 법률을 무효로 선언한 것은 우리 헌정사에 있어서는 물론 건국 이후 민주주의 발전과정에서 처음 경험하는 것으로 국민들의 관심

제86조(국무총리): 국무총리제 없애고 부통령제 신설
제90조(국가원로자문회의): 폐지
제91조(국가안전보장회의): 국방정책회의로 대체
제92조(민주평화통일자문회의): 통일정책회의로 대체
제93조(국민경제자문회의): 경제과학기술회의로 대체

제5장 법원

제104조 2항(대법원장의 대법관 제청권):

제8장 지방자치

제117조 1항(자치단체 조례제정권): 법령의 범위 내로 한정하여 자치입법권 제약

제9장 경제

제119조 2항(경제에 관한 규제와 조정): 사유재산권 침해

2) 헌법은 사회집단들 사이의 역학관계, 그 가운데에서도 특히 계급적 대항 관계를 일정 부분 반영하고 있어서 본질적으로 이념적 성격을 가질 수밖에 없다(국순옥 1997: 20-21). 그러나 이 글에서의 이념적 갈등은 이러한 수준에서의 논의가 아니라, 우리 사회 일부에서 헌법 전문의 "자유민주적 기본 질서"를 "민주적 기본 질서"로 수정하자고 하며, 다른 일부에서는 경제조항에 "대한민국의 경제 질서는 … 자유시장 경제 질서를 기본으로 한다"는 문구를 넣어야 한다고 주장하는 수준에서의 이념적 갈등의 가능성이다.

을 끌기에 충분한 것이었다. 특히 후자의 사건은 입법부를 위협하는 '사법부의 입법행위(judicial legislation)'이자 행정부를 위축시키는 '사법부의 정책결정(judical policy making)'으로, 미국식의 '제왕적 사법부(Imperial Judiciary)'가 어느 날 갑자기 우리 앞에 나타난 것을 의미한다(최장집, 2004: 8).

그러나 이 글에서는 이러한 복잡한 논의를 하려는 것이 아니다. 이 글에서는 헌법 조항 중에서 정부와 관련된 조항을 중심으로 현행 헌법 조항의 문제점과 개정 방향을 주로 논의한다. 구체적인 논의에 들어가기 전에 최근 헌법 개정 논의가 행정에 주는 포괄적인 의미를 이해하기 위하여 헌정과 행정의 관계를 언급한다. 또한 우리 헌법에서의 정부의 범위를 어떻게 잡고 있는지를 살펴보고 정부의 개념을 명확히 하기 위하여 국가와 정부의 관계를 살펴본다.

헌법의 정부 관련 조항을 검토하는 데 있어서 정부형태 변화의 문제를 논의하지 않을 수 없다. 그러나 이 글은 정부형태 변화에 따른 권력구조 개편 문제를 본격적으로 논의하지는 않는다. 다만 기존 연구에서 상대적으로 소홀히 다루어져 왔던 정부형태와 관련된 제도적·비제도적 요인들을 제시함으로써 헌법 개정에서 정부형태 변경의 문제가 선택의 문제가 아니라 설계의 문제임을 강조하려고 한다.

2 헌정과 행정 그리고 정부

1) 헌정과 행정

이른바 '헌정공학'은 '인민에 의한 지배(rule by people)'에 근거한 민주주의(democracy)와 '법의 지배(rule of laws)'에 근거한 헌정주의(constitutionalism)의 상호관계의 동학을 공학적으로 접근하려는 것이다. 현실에서 민주주의 체제는 헌법으로 구체화된 제도적 형식성, 즉 헌정주의와 인민의 지배라고 하는 민주적 규범 사이의 긴장과 괴리, 모순과 갈등을 포괄하기 때문에 복잡한 다이나믹스를 창출한다(최장집, 2004: 10).

헌법 개정에 대한 이런 접근방식은 사회 전체적으로 민주주의가 충분히 성숙되지 못하여 민주주의와 헌정주의가 충돌하는 양상을 보이고 있는 우리나라와 같은 국가들의 헌법개정을 논의할 때 특히 의미 있는 접근방식이라 할 수 있다. 민주주의 발전과정에서 헌법에 규정된 정치제도들이 민주주의의 공고화에 어떤 영향을 미치는지도 관심의 대상이 되어왔다(Stepen & Skach, 1991: 1). 그러나 이러한 접근방식은 헌법 개정에 대한 논의를 권력구조 변화에 대한 논의로 한정시키는 한계를 지니고 있다.

정치체제에 대한 국민들의 영향력을 확대하기 위하여 민주주의 원리들에 입각하여 현행 헌법을 전면적으로 재설계하는 논의도 중요할 것이다. 그러나 정부에 대한 국민들의 요구가 급격히 증가함에 따라 과부하에 시달리고 있는 정부가 과연 민주주의 원리에 충실하면서 과거의 통치 가능성(governmentality)을 그대로 유지할 수 있는지의 문제도 검토하여야 한다(Crozier, Huntington & Watanuki, 1975: 163−164). 의회의 견제와 고위직 선출만을 통하여 정부의 정치적 책임성을 담보하면서 제한적 정부(limited government)에서 거대한 정부(Big Government)의 문제를 함께 논의해야 할 것이다. 기본적으로 근대 국가의 헌법들이 정치적 책임성을 확보하기 위하여 권력을 통제하려는 것이 주요 목적이라면, 현대 헌법은 권력에 대한 통제 못지않게 국민들의 사회적 기본권 보장과 정부의 효율성 증대도 함께 고려하여야 하기 때문이다.

헌법 개정이 정부의 효율성을 얼마나 증대시킬 수 있을 것인지에 대해서는 의문의 여지가 많다. 헌법과 정부 능력 사이에 무수히 많은 변수가 개입하기 때문에 정부의 능력 향상이, 예컨대 정부형태의 변화가 정책결과에 어떤 직접적인 영향을 주었는지를 정확하게 확인할 수는 없다(Weaver & Rockman, 1993: 9). 더구나 정부의 효율성을 박정희 시대의 '행정적 민주주의'라는 표현에 압축되어 있는 '의회 만능의 폐단을 지향할 수 있는 강력한 정부'로 이해하는 경우, 헌법 개정에서 정부 효율성에 대한 고려는 우리에게 아직은 시기상조라 할 수 있다.

그러나 그 동안 우리 사회의 한편에서 정부의 실패와 시장의 효율성에 대한 강조가 줄기차게 있어왔음을 상기할 필요가 있다, 이번에도 전경련에서는 헌법에 내재된 자유경제 조항과 국가의 규제, 조정 조항의 공존을 비난하며 "헌법 개정 논의에서 경제 조항 손질이 권력구조 개편보다 더 시급하다"고 주장하고 있다. 나아가 이러한 시장 효율성의 공세는 국가와 시장 관계에만 국한하지 않고 국가 영역에까지 강력하게 침투하고 있다(김혜진, 2005: 205). 이번 헌법 개정은 어쩌면 정부 효율성과 시장 효율성의 각축장이 될 가능성마저도 있는 것이다.

헌정공학적 접근이 현대 헌법의 이러한 측면들과 직접 연결될 수는 없겠지만, 민주주의를 넓게 정의하여 민주주의적 절차를 강조하는 '인민에 의한 지배'에서 민주주의의 실질적 내용을 강조하는 '인민을 위한 지배(rule for people)'를 포함하는 것으로 그 외연을 확대할 필요가 있다. 민주주의와 자유주의를 구별하여 다수결 원리에만 집착하는 협의의 민주주의에서 벗어난 모든 인간은 평등하다는 초기 자유주의(liberalism) 사상을 상기해 볼 필요가 있는 것이다(Kennedy, 1985: 13).

이 대목에서 헌정과 행정의 구별이 의미를 지니게 된다. 헌정은 국가의사를 형성하는 것이며 행정은 국가의사를 구체적으로 집행하는 것이다(장지호, 1986). 역사적으로 헌정이 부르주아적 당파성을 지닌 정당과 의회에 근거한 것이라면, 행정은 입헌군주의 가신의 성격을 완전히 벗어나지 못한 관료제와 집정부에 근거한 것이다. 따라서 헌정에서는 국가의사의 내용보다는 국가의사 형성과정에서의 시민참여와 자유 실현이 강조된다. 절차적 민주주의를 강조하는 헌정이 내용적 민주주의를 강조하는 행정보다 우위에서 행정에 대해 한계와 질서를 정해주기 때문에 행정은 헌정에 종속된다.

그러나 행정이 추상적인 헌정 원리를 단순하게 구체화하는 것만을 의미하는 것은 아니다. 헌정은 기본적으로 시민사회, 참여, 자유 등과 같은 추상적 가치의 선언에 불과하고, 이러한 헌정의 내용을 채워주는 역할을 수행하는 것은 행정이다, 내각제적 요소로 지니고 있는 우리 정부의 법률안 제안권이 좋은 사례가 될 수 있다. 헌정의 추상적 가치가 행정의 현실적 가치에 의해서 규정되는 것이며, 이렇게 되면 행정이 헌정보다 우위에 서게 되는 것이다. 그러나 행정의 헌정에 대한 우위를 지나치게 강조하면 시민사회, 참여, 자유와 같은 헌정의 원리들이 말살된다. 따라서 행정 없는 헌정은 내용이 없고 헌정 없는 행정은 정당성이 없다.

행정이 헌정을 규정하는 것은 현실적으로 정부의 의회에 대한 우위로 나타난다. 의회는 사회적 다수세력을 대변하는 당파적 기구이므로 정부가 의회에 종속되면 행정도 당파성을 띠게 되어 그 사회의 지배적 이익을 대변하는 수단이 된다. 이렇게 되면 민주주의에서 요구되는 행정의 정치적 중립성을 기대할 수 없으며, 초당파적인 관점에서 사회적 대립을 조정하는 역할을 수행할 수 없게 된다. 헌정이 우세하면 사회적 소수(약자)를 보호할 수 없고 행정이 우세하면 일반 시민들의 자유가 제약되는 것이다. 행정이 사회적 강자보다는 약자들에게 더 관심을 가져야 하는 이유는 여기에 있으며, 누구도 침해할 수 없는 사회적 기본권을 헌법에 더 구체적으로 규정해야 하는 이유도 여기에 있다.

2) 국가와 정부

정부는 국가의 존재를 전제로 한다. 그래서 헌법의 정부 관련 조항을 논의할 때 국가와 정부에 대한 약간의 사전 지식이 필요하다. 국가에 대한 정의는 여러 측면에서 가능하다. 그러나 어떤 국가 정의에 의하든 국가는 관념, 제도, 조직, 기능의 복합물이라 할 수 있다. 국가는 공공선, 일반의지, 보편적 이타주의 등에 근거한 윤리적 공동체이면서 이를 실현시키기 위한 모든 공적 제도와 조직의 집합물로, 국방, 질서유지, 사회적 안정 등을 제공하는 포괄적인 기능을 수행한다. 여기에 비해서 정부(government)라는 말은 '배를 저어간다' 또는 '방향을 잡아 이끌다'라는 뜻을 지닌 라틴어(guvernare)와 그리스어(kybernan)에서 유래하는 데서 알 수 있듯이 그 국가를 운영하는 구체적인 목표, 방식 및 수단을 의미한다.[3] 어원에 따르면 정부는 집단적 결정을 하고 이 결정을 집행할 수 있는 능력을 의미하기 때문에 공적 조직에만 한정지어 사용하는 개념은 아니다.

그렇다면 국가와 정부의 차이는 무엇인가? 우선 국가는 정부보다 광범위하다. 국가는 공적 영역의 모든 제도와 공동체의 모든 구성원을 포함하는 포괄적 결사체여서 정부는 국가의 부분이다. 국가는 계속적이고 영속적 존재인 데 반하여 정부는 임시적이다. 정부는 교체될 수 있으며, 개혁되기도 하고 다시 형성될 수도 있다. 정부는 결국 국가 권위가 작동되는 수단이다. 국가의 정책을 만들고 수정하는 데 있어서 정부는 국가의 핵심 장치로서 국가의 권위를 영속화한다. 국가는 비인격적으로 권위를 행사해야 하기 때문에 공무원은 관료적 방법으로 충원되고 정치적으로 중립적이어야 한다. 공무원은 당파적인 정부를 위해 일하는 것이 아니라 국민과 국가를 위해서 일해야 한다. 국가는 사회의 공공선 또는 일반 의지를 대변하며, 정부는 특정 시기에 권력을 잡은 사람들의 이념을 대변한다(조현수 역, 2003: 176)

국민들이 기대하는 국가의 성격에 따라서 필연적으로 정부의 역할과 기능, 제

---

3) 흔히 국가를 통치하는 일을 항해술에 비유하는 것은 어원에 비추어 볼 때 아주 적절하다고 할 수 있다.

도들이 달라질 수밖에 없다. 비교론적으로 볼 때 상대적으로 강한 국가와 약한 정부, 약한 국가와 강한 정부가 존재할 수 있는 것이다. 미국에서 국가는 아이디어로서도, 제도로서도, 의식에서도 거의 존재하지 않았다. 미국은 유럽형의 국가를 원하지도, 필요로 하지도, 발전시키지도 않았다(Waldo, 1980: 189). 극단적으로 표현하자면 미국은 국가가 없는 나라이다. 이러한 미국의 무국가성(statelessness)은 헌법에도 반영되어 있다. 미국 헌법은 의회에 관하여 상세하게 규정하고 있는 것을 제외하고는 국가를 구성하는 제도들에 대해서 전혀 언급하지 않고 있다. 미국 헌정제도 설계의 핵심이 다수의 횡포를 방지하기 위하여 의회의 권한을 제한하는 데 있었기 때문인 데(서복경, 2005: 32), 이는 헌법제정 당시 미국이 처한 정치상황에서는 아주 당연한 일이었다. 당시 정치상황에서 미국은 사익과 공익, 반연방주의와 연방주의, 의회와 정부 사이에 견제와 균형을 유지할 필요성이 가장 절실했던 것이다(McSwite, 1997: 81).

미국은 헌법 2조에서 "집행권(the executive power)은 미합중국 대통령에게 귀속된다"라고 규정되어 있을 뿐 그 집행권의 내용에 대해서는 아무런 언급이 없다. 미국 헌법은 제각기 다른 수많은 세력과 이해관계를 이념보다는 실리에 의하여, 대결보다는 타협에 의하여 조화시킬 수 있었다는 장점을 지니고 있다(김운영, 1987: 454). 정부 관련 조항에 있어서 유럽의 많은 나라들이 광의의 정부가 되었든 협의의 정부가 되었든 대통령, 행정부, 내각 등 정부와 관련된 별도의 규정을 가지고 있는 것과는 대조적이다. 유럽 국가들과는 달리 미국에서 의회와 집행부 사이의 관계는 권력분립이라기보다는 일종의 기능 분리 또는 노동 분업에 가까운 것이다(Aberbach, Putnam & Rockman, 1981: 22). 우리나라에 영향을 미치고 있는 미국에서 발원한 민주주의의 한 유형으로서의 헌정 원리를 국가와 정부라는 관점에서 재해석해야 하는 이유는 여기에 있다. 우리에게 더 이상 미국 헌법을 대통령제의 전형으로 받아들일 수는 없는 이유이기도 하다.

우리 헌법에서는 제1조에 "대한민국은 민주공화국이다"라는 국가의 성격 규정에서 출발하여 제2장 국민의 권리와 의무, 제3장 국회, 제4장 정부, 제9장 경제 등의 조항에서 국가의 권리와 의무를 규정하고 있다. 제2장 국민의 권리와 의무에서는 국민의 자유와 권리를 보호하기 위한 국가의 의무를 주로 규정하고 있으며, 제9장 경제에서는 국가의 경제에 관한 권리와 의무를 함께 규정하고 있다.

헌법 제1조의 "대한민국은 민주공화국이다"라는 국가의 성격 규정은 헌법 제정이라는 시원적 정치행위가 전제되지 않고는 변경할 수 없는 헌법의 핵심 구성 원리이자 일반 시민의 정치적 삶을 규정하는 기본적인 정치 원칙으로, 헌법 개정의 대상이 될 수 없는 것으로 받아들여지고 있다(곽준혁, 2005: 4).[4] 민주주의 국가에서 헌법은 이른바 '제한 정부(limited government)'를 확립하고 유지하는 장치이기 때문에 우리 정부는 헌법의 민주공화국의 원리에 구속된다. 따라서 어떤 정부가 들어서더라도 헌법의 국가 관련 규정의 테두리 내에서 작동될 수밖에 없으며, 국가의 역할만 제대로 수행되면 헌법 규정에 가장 충실한 전혀 통치하지 않는 정부가 가장 좋은 정부인 것이다.

그런데 헌법 개정과 관련하여 정부의 범위를 어디까지 잡을 것인지에 대해서 이론이 있을 수 있다. 뒤에서 더 자세히 논의하겠지만, 현행 헌법은 제4장에 정부 관련 조항(제1절 대통령, 제2절 행정부)을 따로 두고 국회(제3장), 법원(제5장), 헌법재판소(제6장), 선거관리위원회(제7장) 등은 정부의 범위 안에 포함시키지 않고 있다.

일반적으로 헌법학자들은 정부의 범위는 크게 네 가지로 나누고 있다(권영성, 2004: 1008). 광의로는 국가 그 자체 또는 공권력을 행사하는 모든 국가기관(government)을 지칭하는 의미로 사용된다. 협의로는 입법부 및 사법부와 대립되는 집행부(the executive)의 의미로 사용되며, 최협의로는 대통령을 제외한 내각을 지칭하는 의미로 사용된다. 경우에 따라서는 경제 주체로서의 국가, 즉 국고(Fiskus)를 지칭하는 의미로 사용되기도 한다. 정부의 개념과 범위는 국가에 따라 다르다. 영국, 프랑스, 미국에서는 정부를 의미할 때 입법부, 사법부, 행정부를 포괄하는 의미로 받아들인다. 그러나 독일에서는 정부를 의회와 대립되는 의미에서의 행정부만을 의미하며, 일본에서는 가장 좁은 의미로 내각만을 의미하는 것으로 사용한다(김태룡 외, 2006: 23). 우리 헌법은 정부에 대통령과 행정부만을 포함하는 것으로 규정하고 있기 때문에 협의의 정부 개념에 입각해 있다고 할 수 있다.

---

4) 민주공화국이라는 규정은 헌법의 핵심 원리, 헌정 질서 전반에 걸친 기본적인 지도 원리이자 근본 규범, 국민주권 이념을 표현한 구조적 원리, 국가의 구조와 체계에 관한 국민적 합의의 결과 등으로 해석되고 있다. 그럼에도 '민주공화국'이 의미하는 바에 대한 학문적 연구는 그리 만족할 만한 수준이 아니다(곽준혁, 2005).

3 정부형태의 문제

정부형태 개편 문제는 권력구조 전반에 대한 변화를 초래하기 때문에 정부와 관련되는 모든 쟁점들에 영향을 미친다. 그러나 정부형태 유형론이나 대통령제와 내각제의 장단점, 우리나라에의 도입 가능성에 대해서는 무수히 많은 논의가 있어 왔기 때문에 추가적인 논의는 하지 않겠다(서복경, 2006; 이규영, 2006; 강원택, 2006; 조정관, 2006; 김연규, 2006). 이러한 논의들은 헌법에 관련된 많은 논의가 그런 것처럼 헌법이 근거하고 있는 원칙들과 현실에서 실제로 나타나는 제도들을 구별하지 않음으로써 논의의 핵심을 명확하게 드러내지 못하고 있다(Judge, 1993: 4). 여기에서는 정부형태 개편 논의를 할 때 고려해야만 하는 제도적·비제도적인 요인들을 제시함으로써 정부형태 개편에 신중을 기해야 한다는 점만을 상기시키려고 한다.

정부형태 개편 논의는 제헌국회부터 산발적으로 계속 제기되어 온 논쟁 중의 하나이다. 주로 정권교체기를 전후해서 일부 정치인과 언론 그리고 여기에 뇌동(雷同)하는 학자들이 당시의 여러 정치적 현안들과 함께 정부형태의 변화 가능성을 슬며시 타진해 보곤 했던 것이다. 그러나 이러한 논의들은 정부형태의 변화에 따른 권력구조 개편의 현실 정치적 이해관계와 그것이 미치는 현실 정치적 파급효과에만 관심을 두면서 자신들의 이해관계와 그것이 미치는 현실 정치적 파급효과에만 관심을 두면서 자신들의 이해관계에 따라서 상식적인 수준에서 두 제도의 특정한 측면만을 강조하여 부각시키는 데 불과하였다(김영민, 2004: 178).

예컨대, 대통령제는 정치권력을 집중시키는 경향이 있으므로 더 강력하고 안정적인 정부를 유지할 수 있다는 주장이나, 내각제는 사회의 다양한 이익을 대표할 수 있어서 사회적 갈등을 해소하기에 더 유리한 제도라는 주장들이 그것이다(박창재, 1995: 128). 그러나 이제 대통령제와 내각제 문제는 이런 식의 단편적인 논의에서 그칠 일이 아니다. 우리가 추구하는 정치적 목표 — 정치적 정통성 유지, 정치와 정부의 안정, 책임정치 구현, 국민참여 확대, 지역차별 해소 등 — 에 비추어 어느 제도가 더 우리에게 적합한 제도인지를 세밀하게 검토할 필요가 있다. 대통령제와 내각제에도 여러 가지 변종이 존재하므로 두 제도 중 어떤 제도를 선택할 것인지의 문제라기보다는 우리가 추구하는 정치적 목표에 비추어 정부형태를 어떻게 설계할 것인지의 문제이기 때문이다.

정부형태를 설계하는 데 있어서는 대통령제와 내각제의 장단점을 각각 비교하기보다는 정부형태의 변화와 다른 정치제도와의 관계를 종합적으로 살펴보아야 한다. 정부형태의 변화는 다른 정치제도 — 정당제도, 선거제도, 의회제도, 공무원제도, 지방자치제도 등 — 들과 서로 영향을 주고받는다. 따라서 정치제도 각각에 대한 단편적인 검토가 아니라, 이 제도들을 어떻게 재설계할 것인지에 대한 종합적인 검토가 꼭 필요하다(김영민, 2004: 179). 다른 정치제도들과의 관련성을 무시한 채 미국식 대통령제 또는 영국식 의원내각제를 도입한 많은 나라들의 정치적 실패를 반복할 필요가 없기 때문이다.

대체로 라틴아메리카 지역에서는 대통령제가 지속적으로 붕괴하였고, 아시아와 아프리카 지역에서는 내각제가 실패를 계속하였다(Linz & Valenzuela, 1994). 따라서 정부형태에 대해서 라틴아메리카를 대상으로 연구하는 경우에는 내각제를 주장하게 되고 아시아와 아프리카를 대상으로 연구하는 경우에는 대통령제를 주장하는 경향이 있다(립셋, 1991: 97). 미국의 정치제도를 거의 그대로 모방한 라틴아메리카 국가들에서 대통령제가 제대로 작동하지 못하는 이유가 제도 자체에 있다기보다는 제도와는 독립적인 다른 요인들 — 경제, 사회, 역사, 문화 등 — 에 있다는 주장도 상당한 설득력을 지니고 있다.

그러나 미국의 대통령제는 대통령제 중에서도 아주 예외적인 경우에 속한다는 점을 강조할 필요가 있다. 미국은 다른 대통령제 국가들과는 다른 선거제도와 정당제도, 강력한 상원과 대법원의 존재, 연방제 등 매우 독특한 정치제도를 가지고 있다. 정치제도의 운영과 관련해서도 이데올로기적 경직성의 결여 또는 융통성, 약하고 느슨한 정당, 지역 중심 정치의 활성화 등의 측면에서 다른 국가들과는 매우 다른 양상을 띠고 있다(린츠, 1991: 106-107).

내각제 내에서의 변종은 대통령제보다 훨씬 더 다양하게 나타난다. 흔히 영국식 내각제를 내각제의 전형으로 간주하고 있으나 군주권(입법권, 통수권)과 통치권(사법권, 행정권)의 분화로부터 시작된 입헌군주제에 입각한 영국식 내각제는 300여 년 이상의 오랜 기간에 걸쳐 형성되어 온 매우 특이한 제도이다(강재호 역,

2002: 14). 제정, 왕정, 공화정을 어렵게 넘나들다 이원집정부제라는 독특한 제도에 도달한 프랑스와 늦은 국가 통일 후 입헌군주제로 출발하여 현재와 같은 내각제로 정착한 독일의 경우에도 각각 그 나라의 독특한 정치 역정을 반영하고 있다.

이렇게 볼 때 우리나라에서 대통령제냐 내각제냐의 문제는 어느 하나의 제도를 선택하는 문제가 아니라, 우리 실정에 맞는 새로운 제도를 설계하는 문제임을 분명하게 알 수 있다. 그리고 위에서 언급한 바와 같이 새 제도를 설계할 때 다른 정치제도들과의 관련성을 반드시 고려하여야 한다. 개괄적으로나마 이러한 요인들을 제시하는 이유는, 위에서 언급한 것처럼 특정한 측면만을 강조하여 두 제도를 평가하는 데 따르는 오류를 최대한 피하고, 대통령제와 내각제와 관련된 제도적·비제도적 정치 양상의 상호 관련성과 복잡성을 강조하기 위해서이다. 이러한 전체적인 윤곽 아래에서 두 제도가 가지고 있는 특정한 측면에 더 깊이 있는 연구가 이어져야 할 것이다.

마지막으로 두 제도를 검토할 때 남북관계의 변화, 나아가 통일 이후의 남북통합을 염두에 둘 필요가 있다는 점을 추가로 지적하고 싶다. 반드시 정부형태 때문만은 아니겠지만, 예멘이 대통령제 하에서 통일을 하였으나 통합을 위한 권력배분 과정에서 갈등이 내란으로 이어졌으며, 독일은 냉전적 대결구도 하에서도 유지했던 의원내각제를 근간으로 통일 이후 권력구조의 재편과정에서 자연스러운 권력분산이 가능했다(이규영, 2005: 61).

어떠한 대통령(내각)제도 어떠한 내각(대통령)제보다 더 민주적 안전성을 유지할 수 있으며 더 효율적으로 운영될 수 있다고 주장할 수는 결코 없다. 또한 순수한 대통령제와 순수한 내각제라는 극단적인 이분법을 전제하고 둘 중 하나의 선택을 강요할 수도 없다. 위에서 제시한 제도적·비제도적 요인들과의 관련성은 어디까지나 이론적 수준의 논의에 불과하다. 더구나 정부의 실질적인 통치능력(government capabilities)을 결정하는 것은 대통령제와 내각제 여부보다는 정부의 구체적인 정책결정에 영향을 미치는 체제 내적 요인이라는 주장도 상당한 설득력을 지니고 있다(김영민, 2004; Amold, 1979; Ripely & Franklin, 1980; Gunther & Mughan, 1993). 이제 대통령제가 유지된다고 가정하고 헌법의 정부 내부 구조 관련 조항들의 문제점을 더 구체적으로 논의해 보자.

4 정부 관련 규정 개정 논의

우리나라 헌법에서는 정부의 구조를 자세히 규정하고 있다. 정부는 대통령을 정점으로 하여 국무총리, 국무위원, 행정각부 및 감사원으로 구성되고, 집행에 관한 주요 정책을 심의하는 기구로 국무회의를 설치하고 있으며, 대통령의 자문에 응하기 위한 각종 자문회의를 두고 있다. 그러나 집행에 관한 실질적 권한은 대통령 한 사람에게 집중되어 있고, 국무총리, 국무위원, 행정각부의 장 등은 단지 대통령을 보좌하기 위한 보좌기관이다(권영성, 2004: 1009). 아래에서는 현행 헌법의 정부 내부 구조와 관련되는 규정의 개정 논의에 있어서 주요 쟁점에 대해서 논의하려고 한다, 현행 헌법의 정부 관련 규정은 아래와 같다

제4장 정부
　제1절 대통령(제66조－제85조)
　제2절 행정부
　　제1관 국무총리와 국무위원(제86조－제87조)
　　제2관 국무회의(제88조－제93조)
　　제3관 행정각부(제94조－제96조)
　　제4관 감사원(제97조－제100조)

정부 관련 규정 중 쟁점이 되는 부분은 위에서 논의한 정부형태 문제 외에도 첫째, 대통령 임기 및 중임 제한과 부통령제 신설, 둘째, 국무총리제도의 존치 여부, 셋째, 부총리제도 위헌 여부, 넷째, 대통령 자문기구(국가원로자문회의, 국가안전보장회의, 민주평화통일자문회의, 국민경제자문회의, 국가과학기술자문회의) 설치, 다섯째, 감사원의 국회로의 소속변경 등이다. 물론 위의 쟁점들은 대통령제가 유지된다고 전제하고 있기 때문에 내각제 또는 또 다른 정부형태로 바뀐다면 전혀 다른 논의를 해야 할 것이다. 또한 각각의 쟁점들이 서로 밀접하게 연결되어 있기 때문에 각각 개별적으로 검토하기보다는 국가, 정부, 대통령, 행정부 등을 포함한

종합적인 검토가 필요하다. 여기에서는 일단 대통령제를 중심으로 하는 기존 헌법 체계가 유지된다고 가정하고 각각의 쟁점에 대한 필자의 의견을 제시한다

1) 대통령과 부통령

현행대로 대통령제가 유지된다면 대통령의 임기 및 중임 제한 문제와 부통령제의 신설과 이에 따른 국무총리제의 존치 여부와 국무총리제를 유지할 경우 국무총리의 위상 등이 문제된다. 현행 국무총리제에 대해서는 제도 자체에 대해서도 많은 문제점들이 지적되어 왔으며, 제도 운영에 대해서는 더 많은 문제점들이 지적되어 왔기 때문에 별도로 검토하기로 한다.

대통령의 임기 및 중임 제한 문제에 대해서는 학계와 정치계에서 대체적으로 '임기 4년에 연임 허용' 쪽으로 합의가 모아지고 있는 것 같다. 다만 대통령선거와 관련하여 현행 선거 주기를 조정하여 대통령과 국회의원의 선거를 동시에 실시하여 분점정부의 출현 가능성을 낮추어 정부와 의회관계의 안정성을 높이자는 주장이 설득력 있게 제기되고 있다(김용호, 2004). 대통령의 지위와 관련하여 일부에서는 '대통령은 국가의 원수이며'라는 표현을 삭제하자고 주장하고 있으나, 대통령제가 유지되는 한 대통령이 정부수반으로서의 역할뿐만 아니라 헌법에서 부여한 대내외적인 국가원수로서의 역할을 수행하여야 하므로 굳이 삭제할 이유가 없을 것이다.

국무총리를 폐지하고 부통령을 두자는 데 대해서는 그렇게 많은 논의가 이루어지지 않고 있다. 부통령을 둘 경우 부통령의 권한, 선출방법, 지위 등이 문제된다. 부통령은 대통령을 보좌하고 대통령 궐위 시에 대통령직을 승계한다는 데에는 이견이 있을 수 없다. 부통령 선출방법에 대해서는 국민이 직접 선출하는 방법과 대통령이 임명하는 방법이 있을 수 있다. 국민이 직접 선출하는 경우 대통령과 단일투표로 할 것인지 대통령과 별도의 복수투표로 할 것인지의 문제가 있을 수 있는데, 부통령의 실질적 권한이 크지 않기 때문에 단일투표제로 하는 것이 적절할 것 같다. 부통령제를 실시하고 있는 대부분의 국가에서도 국민들이 직접 선출하는 단일투표제를 실시하고 있다(서복경, 2005: 40-45). 부통령을 대통령이 임명하는 경우 의회의 동의 또는 승인을 받게 하는 국가들이 일부 있으나 국민들이 직접 선출하는 경우 이러한 문제는 발생하지 않을 것이다.

2) 국무총리제도 존치

국무총리제도에 대해서도 정부형태의 문제와 관련하여 별도의 연구가 필요하다. 우선 지적할 수 있는 것은 대통령중심제 아래에서 지금의 제도는 명백히 기형적이라는 점이다. 우리나라 국무총리제도의 변천사를 보더라도 1공화국 출범 때 순전히 정략적인 이유로 출발하여 1955년 다시 정략적인 이유로 없앴다. 내각제를 채택한 2공화국에서 명실상부한 국무총리제도를 채택하였다가 5 · 16 직후 내각수반으로 개칭되어 오늘에 이르고 있다. 요컨대 현재 우리의 국무총리제도는 각 부처의 정책을 조정하여 대통령을 보좌해야 한다는 합리적인 근거에서 설치하였다기보다는 순전히 정략적인 필요에서 설치하여 지금까지 유지되고 있는 것이다.

대통령중심제를 채택하고 있는 지금의 상태에서 국무총리실을 강화해 보았자 대통령 비서실과의 갈등관계는 여전히 존재할 수밖에 없다. 이렇게 되면 국무총리는 명문화된 규정과 제도가 아니라 대통령 개인의 스타일에 따라서 그 권한과 책임이 달라지는 모호한 형태로 남을 것이다. 최근 국무총리실을 강화했음에도 불구하고 그 효과에 대해서는 단정적으로 말할 수 없다. 정부 전체의 정책조정과 관련해서 국무총리가 행정 각부에 대한 통할권을 갖고는 있지만 통할의 범위와 권한이 어디까지인지 명백하지 않다, 각 부처를 분할하여 담당하는 국무총리 국무조정실 내부의 업무 분업은 대통령 비서실의 업무 분업과 유사하다. 업무의 한계가 명확하지 않기 때문에 어떤 정책조정에 대해서 대통령 비서실이 직접 나서면 국무총리실은 할 일이 없어진다.

우리나라 국무총리는 대통령(비서실)과 각부 장관 사이에서 '있어도 그만 없어도 그만'인 존재로 전락할 가능성은 언제든지 남아 있다. 경제정책의 경우에는 경제정책조정회의 의장인 부총리 겸 재정경제부장관이 정책조정에 대한 실질적인 권한을 행사하고 있다, 또한 정부 전체에 대한 예산권은 기획예산처에서 쥐고 있기 때문에 각 부처는 국무총리실보다는 기획예산처에 더 의존해야 한다. 이런 상태에서는 국무총리실을 아무리 강화해도 국무총리의 실질적인 위상은 변화지 않는다. 아마도 현행 헌법에서 국무총리의 가장 중요한 역할은 대통령을 대신해서 책임을 지고 물러나는 일이다. 대통령은 권한을 행사하되 책임은 지지 않고, 국무총리는 권한은 없되 책임은 져야 하는 것이다. 이런 권한과 책임의 불일치 현상이 때로는 대통령의 독주를 조장하는 요인으로 작용하기도 하였다(조석준, 1997: 129).

국민들의 입장에서 이것보다 더 중요한 점은 어떤 정책조정이 실패하여 막대한 예산을 낭비하고 국민들에게 큰 부담이 되는 경우, 도대체 그것이 누구의 잘못인지 알 수 없다는 점이다. 대통령(비서실), 국무총리(실), 부총리, 담당 부처 등이 얽혀 돌아가는 정책조정 과정에서 그 책임의 소재가 누구인지 알 수 없다. 우리나라에서 IMF와 같은 국가적인 대형 사건이 터질 때마다 책임의 소재를 둘러싸고 서로 발뺌하는 현상은 이런 상황과 무관하지 않다. 국무총리제도가 정부의 효율성을 감소시키는 것은 물론이고 민주주의 국가의 기본 원리인 책임정치의 실현에도 장애가 될 가능성이 있는 것이다.

3) 부총리제도 위헌 여부

우리 헌법에는 부총리제도에 관한 근거 규정이 없다. 그럼에도 정부조직법에 근거하여 재정경제부 장관, 교육인적자원부 장관, 과학기술부 장관 등 3인이 부총리를 두고 국무총리가 특별히 위임하는 사무를 처리하게 하고 있다, 헌법에 국무총리, 국무위원, 행정 각부의 장 등에 관한 근거규정이 있을 뿐 부총리에 대한 근거규정이 없는데도 불구하고 하위법인 정부조직법에서 부총리를 두고 있는 것은 위헌의 소지가 있다.

부총리가 국무총리와 행정 각부의 장의 중간에 위치하는 직위이며 행정각부의 장에 관한 규정을 헌법에 두고 있음을 감안할 때, 헌법에서는 부총리 직위의 존재를 상정하지 않고 있다. 그러나 우리나라 정부조직법(제19조의 2)에는 국무총리가 특별히 위임하는 사무를 처리하게 하기 위하여 부총리 3인을 두며, 부총리는 국무위원으로 보하며, 재정경제부 장관, 교육인적자원부 장관 및 과학기술부 장관이 각각 겸임하도록 하고 있다. 헌법에서 만들 것을 상정하지 않은 직위를 하위법인 정부조직법에서 만든다는 것은 명백히 위헌이다(조석준, 1997: 49). 따라서 부총리를 없애거나 부총리에 관한 근거규정을 마땅히 헌법에 두어야 한다. 참고로 부총리제도도 국무총리제도와 마찬가지로 5 · 16 이후 군사정권 최고회의에서 현역 군인들이 법률적인 검토 없이 급조해서 만든 것이 오늘날까지 지속되고 있는 것이라는 점을 지적해둔다.

정부조직법(제16조)에 근거하여 국가정보원법에 의해 대통령 소속하에 설치된 국가정보원도 위헌의 소지가 있다. 국가정보원은 기능의 중요성으로 보아 행정 각부에 속하는 어느 부처 못지않게 중요한데, 그 장이 국무위원이 아니기 때문에 행정 각부는 아니다. 국가정보원장은 지위나 보수 면에서 부총리 대우를 받고 있다. 따라서 부총리제도에 대한 위헌논리는 정부조직법에 의해서 설치된 국가정보원에도 그대로 적용될 수 있다. 국가정보원도 행정 각부의 하나로 하고 국무위원으로 임명하여 국무총리 통할 하에 들어가게 하거나, 어떤 부의 보조기관 또는 소속 청으로 하여 그 부의 지휘·감독을 받게 하여야 한다(조석준, 1997: 48).[5] 국가정보원은 구체적인 업무수행을 위하여 대통령령을 정할 수 있는데, 현재로서는 국가정보원장이 국무위원이 아니기 때문에 자기 조직 소관 행정명령을 심의할 국무회의에 참석할 수 없는 모순이 생긴다.

4) 대통령 자문기구 설치

현행 헌법에는 대통령 자문기구로 국가안전보장회의(제91조)를 두어야 하며, 국가원로자문회의(제90조), 민주평화통일자문회의(제92조), 국민경제자문회의(제93조)를 둘 수 있게 하고 있다. 과학기술의 혁신과 정보 및 인력개발을 통하여 국민경제 발전에 노력하기 위하여 필요한 자문기구를 둘 수 있으며(제127조), 이 조항에 근거하여 국가과학기술자문회의를 두고 있다.

국가안전보장회의는 국무회의의 전심기관으로, 국가안전보장과 관련된 대외정책, 군사정책과 국내정책의 수립에 관하여 대통령의 자문에 응하는 기구이다(제91조). 대통령을 의장으로 국무총리, 통일부장관, 외교통상부장관, 국방부장관, 국가정보원장 및 대통령이 정하는 약간의 위원으로 구성한다(국가안전보장회의법, 제2조). 국가원로자문회의에 관한 규정은 5공화국 출범 초 신설된 국정자문회의가 6공화국 출범 직후인 1988년 확대·개편된 것으로. 전두환 전대통령이 1988년 의장직을 사퇴하면서 현재까지 사문화된 규정이다. 민주평화통일자문회의는 민주평화통일정책 수립에 관하여 대통령의 자문에 응하는 기구로(제92조), 주민이 선출한 지역대표와 정당, 직능단체, 주요 사회단체 등의 직능분야 대표급 인사로서 국민의 통일의지를 성실히 대변하여 대통령에게 건의하고 자문에 응할 수 있는 인사 중에

---

5) 조석준(1997: 48)은 이 방법에 의해서도 국가정보원이 충분히 기능을 수행할 수 있을 뿐만 아니라, 헌법 개정 없이 위헌의 소지를 해소할 수 있기 때문에 후자의 방법에 찬성한다.

서 대통령이 위촉하는 7천인 이상의 자문위원으로 구성한다(민주평화통일자문회의법 제3조). 국민경제자문회의는 국민경제의 발전을 위한 중요 정책의 수립에 관하여 대통령의 자문에 응하는 기구로(제93조) 의장 1인, 부의장 1인, 당연직위원 5인 이내, 위촉위원 30인 이내 및 지명위원으로 구성한다(국민경제자문회의법 제3조). 국가과학기술자문회의는 헌법상의 기구는 아니지만 헌법의 근거 조항에 의하여 의장 1인, 부의장 1인을 포함한 30인 이내의 위촉위원과 지명위원으로 구성한다(국가과학기술자문회의법 제3조).

헌법상의 대통령 자문기구에 관한 조항은 현재 사문화된 것도 있고, 무려 7천명의 자문위원으로 구성된 민주평화통일자문회의처럼 그 역할과 기능이 모호한 조직도 있다. 국민경제자문회의와 국가과학기술자문회의도 활동 실적이 부진하고 업무내용이 관련 부처와 중복되는 부분이 많아서 상징적인 의미를 제외하고는 큰 의미를 찾을 수 없다. 헌법기관이라는 이유만으로 이들 회의체 조직들의 사무처가 수행하는 업무에 비해서 상대적으로 방대한 정원과 예산을 유지하고 있는 것은 국가의 예산 낭비라는 측면에서도 검토되어야 한다. 국가원로자문회의는 당연히 폐지되어야 하며, 국가안전보장회의와 민주평화통일자문회의는 권한과 구성을 더 구체화할 필요가 있다. 활동이 미미한 국민경제자문회의와 국가과학기술자문회의는 국가경제과학기술자문회의로 통합하는 방안을 생각해 볼 수 있다.

최근 우리 사회에서 쟁점이 된 바 있는 헌법기관이 아닌 대통령 소속 자문기구와 관련해서는 “대통령 직속의 국가기관의 설치는 헌법에 근거한 경우에 한한다”라는 조항을 신설해야 한다는 주장이 있다(헌법포럼, 2005). 대통령 직속의 헌법과 법률적 정당성을 지니지 못한 대통령 소속 위원회를 양산하여 헌법에서 정한 국무회의의 기능을 약화시키는 반헌법적인 행태를 막기 위한 규정을 두어야 한다는 것이다.

5) 감사원 소속 변경

현행 헌법에 의하면 감사원은 국가의 세입·세출의 결산, 국가 및 법률이 정한 단체의 회계검사, 행정기관 및 공무원의 직무에 관한 감찰 등을 담당하는 대통령 소속 기관이다. 감사원은 국가의 세입·세출의 결산을 해마다 검사하여 확인하고 그 결과를 대통령과 다음 연도 국회에 보고하여야 한다. 감사원의 회계검사 업무는 국가, 지방자치단체, 정부투자기관 등의 회계를 검사하여 그 집행에 적정을 기하게 하기 위한 것으로, 회계검사 대상은 필요적 검사사항과 선택적 검사사항으로 구분된다. 필요적 검사대상은 감사원에서 반드시 검사하여야 하는 사항으로서 국가 및 지방자치단체 등 38,700여개 기관의 회계업무가 이에 해당한다. 선택적 검사사항은 감사원이 필요하다고 인정하거나 국무총리의 요구가 있을 때 검사할 수 있는 사항으로 국고수납대리점(금융기관) 등 29,300여개 기관의 회계업무가 이에 해당한다. 직무감찰은 행정기관 등의 사무와 그 소속 직원의 직무에 관한 감찰을 할 수 있는 권한을 가지고 있다. 직무감찰은 공무원의 비위 적발을 위한 비위 감찰뿐만 아니라 법령·제도 또는 행정관리상의 모순이나 문제점의 개선 등에 관한 기능이 포함된다.

감사원은 크게 회계검사와 직무감찰이라는 두 가지 이질적인 업무를 수행하고 있다. 회계검사는 국민의 재산권과 관련되는 것으로, 국민의 대표만 할 수 있는 권한인 데 반하여 직무감찰은 행정부 내부의 일상적인 자체 감사로 인한 비위 적발과 행정제도 개선을 목표로 하고 있다. 따라서 결론부터 말하자면 회계검사 업무는 하루 속히 국회로 이관하여야 한다. 최근 감사원법과 국회법을 개정해서 국회가 감사원의 결산 보고를 예산국회에서 한 번만 보고받을 것이 아니라 언제든지 수시로 보고받을 수 있게 함으로써 결산에 대한 국회의 통제권을 강화하려는 움직임이 있지만 이것으로는 근본적인 문제를 해결할 수 없다.

예산을 편성·집행하는 행정부에서 결산과 회계검사 업무를 같이 담당하는 것은 기본적인 사회통념상의 상식에 어긋난다. 작은 친목단체에서도 총무는 회장이 임명하더라도 감사는 총회에서 단체회원들이 직접 선출하는 것은 회비는 회장이 쓰지만 결산은 회비를 내는 회원들이 직접 선출하는 사람이 하여야 한다는 취지이다. 기억하기에는 이미 오래 전부터 대통령선거에서 유력 후보들이 이구동성으로 대통령이 되면 감사원의 회계검사 기능을 국회로 이관하겠다는 공약을 내걸고 막상 당선된 이후 실행에 옮기지 못하였는데, 이는 현 대통령의 경우에도 마찬가지이다.

5 맺음말

그 동안 우리나라 헌법 개정에 대한 논의는 주로 정치적 목적에서 정부형태를 포함한 권력구조 개편에만 관심을 집중시켜 왔다. 그러나 최근의 개편 논의는 헌법 전문에서 경제조항에 이르기까지 매우 광범위하고 포괄적인 특징을 지닌다. 이제 우리 헌법도 선진국을 모방하는 것에서 벗어나 우리에게 적합한 새로운 설계가 필요한 시점에 이른 것이다. 그 동안 상징규범으로서만 존재하던 헌법이 헌법재판소의 일련의 평결이 보여주는 바와 같이 현실 규범으로서의 효력이 발휘하게 되자 이러한 필요성이 더욱 시급해졌다.

어떤 제도든지 새로운 제도를 설계할 때 그 제도의 기본적인 취지를 이해하여야만 한다. 근본적으로 '인민에 의한 지배'에 근거한 민주주의와 '법의 지배'에 근거한 헌정주의(constitutionalism)는 갈등할 수밖에 없는지? 이른바 '헌정주의적 민주주의(constitutional democracy)'는 불가능한 건지? 국가의사를 형성하는 헌정과 국가의사를 집행하는 행정의 바람직한 관계는 무엇인지? 국가의 성격에 따라 정부에게 기대되는 역할과 기능이 어떻게 다른지? 등은 헌법 개정을 논의할 때 반드시 짚고 넘어가야 할 주제들이다.

정부형태 개편 문제는 헌법 개정의 가장 중요한 쟁점 중 하나이다. 그 동안의 정부형태 개편 논의는 현실 정치적 이해관계에 따라서 대통령제, 내각제 또는 이원집정부제 등 정부형태 유형론을 중심으로 이루어져 왔다. 그래서 정부형태와 밀접히 관련된 제도적 요인들을 — 정당제도, 선거제도, 의회제도, 공무원제도, 지방자치제도 등 — 종합적으로 다루지 못하고 정부형태의 특정한 측면만을 부각시키는 한계를 보이고 있다. 그러나 이제 정부형태 개편문제는 서구에서 발달한 정부형태의 한 유형을 우리가 선택하는 문제가 아니라 우리 실정에 맞는 정부형태를 새롭게 설계하는 문제이다. 새로운 제도를 설계할 때 정부형태와 관련되는 제도적 요인과 비제도적 요인들과의 관련성에 대한 세부적인 논의가 충분히 이루어져야 할 것이다.

대통령제가 유지된다 하더라도 현행 헌법은 정부와 관련되는 조항에 있어서 몇 가지 심각한 문제를 지니고 있다. 대통령 임기와 중임 제한 문제, 부통령제 신설과 국무총리제도의 존치 여부, 부총리제도 위헌 여부, 대통령 자문기구의 존폐 문제, 감사원의 소속 변경과 권한 등, 그 동안 지적되어 온 문제점들이 정리되어야 한다. 정부 관련 조항에 포함되어 있지는 않지만 현행 우리 헌법의 내각제적 요소인 국무총리와 국무위원에 대한 국회의 해임 건의권, 극회의원의 국무위원 겸직, 행정부의 법률안 제안권 등을 그대로 둘 것인지에 대한 추가적인 검토도 있어야 한다. 위의 쟁점들은 현행대로 대통령제가 유지된다고 전제하고 있기 때문에 정부형태가 내각제 또는 또 다른 형태로 바뀐다면 전혀 다른 논의가 필요한 것은 물론이다.

정치제도를 바꾼다고 오랜 시간을 두고 형성된 정치문화와 정치행태가 바로 개선되기를 기대할 수는 없다. 모든 제도는 그 제도를 운영하는 사람들에게 익숙한 문화적 환경과 행태적 특성 속에서 작동된다. 제도보다 문화와 행태를 강조하는 이른바 '정치문화론자'들은 서구의 정치제도는 완벽에 가깝다고 전제하고, 정치제도가 정치문화에 미치는 영향보다는 정치문화가 정치제도에 주는 (악)영향에만 관심을 기울여 왔다. 이들은 주로 비서구 국가들의 전통문화가 서구에서 도입된 정치제도의 작동을 어떻게 방해하고 있는지에 관심을 두어왔던 것이다. 이 글에서 제도, 문화, 행태 사이의 복잡하고 고전적인 논의를 재론할 수는 없다. 다만 현행 헌법의 정부 관련 조항을 개정한다고 해서 빠른 시일 안에 우리 정부는 민주성과 효율성이 동시에 갑자기 높아질 것이라고 기대하기는 어렵다는 점을 마지막으로 지적하고 싶다.

제 10 장 한국 복지국가 발달의 전제 조건

이 글에서의 주장은 간단하다. 몇몇 복지정책을 새롭게 도입한다고 해서 한국 복지국가가 발달하는 것은 아니라는 것이다. 정치적 이익을 앞세워 전체적인 청사진 없이 그때그때 임기응변적으로 새로운 정책을 도입한다면 오히려 복지국가 발달을 저해할 것이다. 지금처럼 각 정치세력이 경쟁적으로 복지정책을 확대하려 한다면 정책의 실현 가능성도 없을 뿐 아니라 복지정책 전체의 균형도 문제가 될 것이다. 따라서 이 글에서는 개별적 복지정책을 다루기보다는 거시적인 맥락에서 한국 복지국가가 발달하기 위한 몇 가지 전제 조건들을 제시하였다.

이 글에서는 한국 복지국가 발전의 전제 조건으로 세 가지를 제시하였다. 첫째, 한국 사회에서 복지 논쟁이 소모적인 이념 논쟁에서 벗어나 실용적인 탈이념 논쟁으로 전개되어야 한다. 둘째, 서구 선진 복지국가에서 경험한 바와 같이 복지국가는 국민들의 합의 없이는 발전할 수 없으므로 한국 복지국가도 사회를 균열시키기보다는 사회 통합에 기여하여야 한다. 셋째, 현재 여러 부처에서 실시하고 있는 단편적인 복지정책의 중복과 쏠림 문제를 해결하기 위하여 통합적인 복지정책을 실시하여야 한다.

1 머리말

한국 사회에 복지 논쟁이 한창이다. 늦은 감은 있지만 다행이다. 그 동안 성장에 가려 복지는 상대적으로 뒷전으로 밀려나 있었다. 이제라도 한국 사회에서 국민들의 복지 문제가 논쟁의 중심이 되는 것은 지극히 당연한 일이고 바람직한 일이다. 그런데 논쟁의 구도에 문제가 있다. 몇 가지 단편적인 복지정책을 둘러싸고 여러 정당들이 자기들이 먼저 하겠다고 경쟁을 하는 형국이다.

정치권의 쟁점 중 하나는 선별적 복지냐 보편적 복지냐의 문제이다. 한 쪽에서는 선별적 복지를, 다른 쪽에서는 보편적 복지를 주장하고 있다. 그러나 이 논쟁은 지금에 와서 별 의미가 없다. 복지는 이제 교육복지, 문화복지, 정보복지, 환경복지 등의 표현에서 보는 바와 같이 국민 모두의 일상과 관련이 있기 때문에 선별적 복지가 될 수 없다. 선진 복지국가들의 경우 선별적이라는 말은 이미 오래 전에 사라졌다. 복지가 어차피 한정된 재원으로 이루어지기 때문에 정책의 우선순위가 문제될 뿐이다.

이 글에서의 주장은 간단하다. 몇몇 복지정책을 새롭게 도입한다고 해서 복지국가가 발전하는 것은 아니라는 것이다. 정치적 이익을 앞세워(표를 의식하여) 전체적인 청사진 없이 그때그때 임기응변적으로 새로운 정책을 도입한다면 오히려 복지국가 발전을 저해할 것이다. 지금처럼 각 정치세력이 경쟁적으로 복지정책을 확대하려 한다면 정책의 실현 가능성도 없을 뿐 아니라 복지정책 전체의 균형도 문제가 될 것이다. 따라서 이 글에서는 개별적 복지정책을 다루기보다는 거시적인 맥락에서 한국 복지국가가 발전하기 위한 몇 가지 전제조건들을 제시하려고 한다.

이러한 전제조건들은 물론 한국적인 맥락에서 제기되는 것들이다. 그러나 유독 한국 사회에서만 문제되는 것은 아니다. 선진 복지국가들의 경우에도 이미 도래한 저성장, 고실업 시대와 함께, 새롭게 맞이하는 저출산, 고령화, 양극화 등, 이른바 '신사회 위험(new social risks)'에 대처하기 위해서 복지체제 전반의 변화를 모색하고 있다. 전후 선진 복지국가 모델은 몇 가지 사회적 가정에 입각해 있었는데, 이러한 가정들이 변화하였다.[1)] 무엇보다도 복지국가는 가계(household) 단위를 남성이 여성과 자녀를 책임지는 이른바 '남성생계부양자(male breadwinner) 모델'에 입각해 있었으나, 여성 고용 증가, 단독 가구 증가, 비정규직 확대 등으로 이 모델의 유효성이 상실되었다. 전통적 복지국가에서 복지를 책임지고 있던 가족, 국가, 시장 사이에 새로운 변화가 일어나고 있는 것이다(Daly, 2004: 136-144). 더구나 경제성장이 둔화됨에 따라 빈곤 노동층 증가, 실업 장기화, 복지비용 증가 등으로 복지국가의 새로운 활로를 모색하지 않을 수 없게 되었다.

복지국가로 제대로 발전하기 위해서는 그 사회가 지향해야 하는 근본적인 가치에 대한 합의가 전제되어야 한다. 사회가 나아가야 할 방향에 대한 사회적 합의에 따라 복지체계 전반에 대한 재설계가 이루어져야 하는 것이다. 몇몇 복지정책을 단편적으로 수정하거나 새로운 복지정책을 도입한다고 해서 복지국가로 발전할 수는 없기 때문이다. 한국 사회가 지향해야 할 가치의 문제는 정치적 이념 문제와 관련되어 있다. 따라서 이 글에서는 정치적 이념 문제를 먼저 다룰 것이다. 한국 사회에 만연된 이념 논쟁의 문제점을 지적하고 복지국가로 발전하기 위해서는 시대착오적인 이념 논쟁에서 벗어나야 한다고 주장할 것이다.

이념 논쟁은 필연적으로 사회를 균열시킨다. 발전된 복지국가가 사회 통합을 목표로 한다면 복지정책을 둘러싼 이해관계자들의 경쟁보다는 전체 국민들의 사회적 합의 형성이 중요하다. 복지는 부와 소득의 재분배를 통해 사회적 평등과 정의를 실현시킴으로써 사회 균열을 극복하고 사회 통합을 실현을 목적으로 하기 때문이다. 이 글에서는 선진 복지국가들이 사회적 합의를 형성해간 과정을 살펴보고 한국에서 어떻게 하면 사회적 합의를 이루어낼 수 있을 것인지를 고민할 것이다. 이 글에서의 강조점은 한국 복지국가는 사회적 약자만을 보호하는 것이 아니라 대부분의 국민을 보호해야 하며 따라서 사회 통합에 기여해야 한다는 것이다.

한국 사회가 지향해야 할 가치의 문제가 정치적 이념과 사회 통합의 문제와 관련되어 있다면, 복지체계 전반에 대한 재설계의 문제는 구체적인 복지 프로그램들을 어떻게 체계적으로 연결해야 하는지의 문제와 관련된다. 복지체계 전반에 대한

1) 제솝(Jessop, 2002)은 자본주의 국가의 변화를 "포드주의적 성장 모델에 적합한 '케인즈주의 복지 국민국가(Keynesian Welfare National State)'에서 포스트 포드주의적 확대재생산 모델에 적합한 '슘페터주의 워크페어 포스트 국민국가 체제(Schumpeterian Workfare Postnational Regime)'로의 변화"로 요약한다. 그러나 이 글에서는 자본주의 국가의 재구조화에 대한 거시적인 논의는 하지 않는다.

재설계의 문제와 관련하여, 이 글에서는, 한국 복지국가는 '사회보장 및 안전'을 확보하고 '건강'한 상태에서 적절한 '교육'을 통하여 '고용'을 유지하게 할 수 있는 복지정책을 실시하며, 이를 지원할 수 있는 각종 '사회서비스'를 제공하는 국가로 발전하여야 한다고 주장할 것이다. 이를 위하여 현재 각 부처에 단편적으로 실시되는 복지정책들을 통합하여야 한다고 주장할 것이다.

2 이념 논쟁에서 탈이념 논쟁으로

복지 문제는 본질적으로 이념적 성격을 지니고 있다(George & Page, 1995; 김유진, 2010). 국민들의 복지를 추구하는 데 있어서 자유와 평등의 조화될 수 있을 것인지 또는 대립하는 것인지 등과 같은 해묵은 논쟁에서 보는 바와 같이, 복지 문제는, 과학의 문제라기보다는, 본질적으로 인간의 가치관과 결단의 문제이다. 그런데 논란의 여지는 있을 수 있으나 근대 이후 인간을 지배하던 기존 이념들의 시대는 이미 지나갔다. 사회가 존재하는 한 사회가 추구하는 가치와 관련된 이념들이 완전히 사라질 수 없으나, 과거의 이념들은 우리가 맞이하는 새로운 문제들을 예상하지 못한 것이었다. 과거의 이념들은 환경, 여성, 평화, 정보, 유전공학 등이 초래하는 첨단적인 문제들에 대한 해법을 제시하지 못한다. 자본주의니 사회주의니 하는 극단적인 이념들의 편견에서 벗어나야 하며 보다 현실적인 시각에서 복지 문제를 다루어야 한다.

이 점과 관련하여, 복지 문제는 정치적·경제적·사회적 문제들의 복합물이어서 관점에 따라 다양한 시각이 존재할 수밖에 없다는 점을 우선 인정하는 것이 중요하다(Blau with Abramovitz, 2010). 복지는 전적으로 개인이 해결해야 할 과제이며, 국가는 개인의 생명과 재산을 보호만 하고 개인의 자유는 최대한 보장해야 한다는 주장이 한 극단의 시각이다. 이에 반하여 복지는 집단적으로 해결해야 하며, 국가가 적극적으로 개입함으로써 개인적 자유를 실현하기 위한 조건을 먼저 만들어야 한다는 주장이 다른 극단의 시각이다. 개인의 자유를 강조하는 것에서 알 수 있듯이 두 시각이 자본주의를 인정하고 있다면, 더 극단적으로 자본주의에서 개인의 복지 해결은 불가능하며 사회주의로의 이행만이 복지를 해결할 수 있다는 주장도 있다(O'Connor, 1973; Gough, 1979; Offe, 1984).

역사적으로 볼 때, 복지국가의 전성기는 1945년 세계가 두 개의 진영으로 분열됨에 따라 자본주의의 내적 안정 및 공고화를 통한 이념 경쟁의 결과이다(Johnson, 1987: 18-19). 두 진영 간의 체제 경쟁이 자본주의 복지국가의 발전을 촉진시키는데 결정적인 영향을 준 것은 사실이다. 그러나 일국 내에서는 이념 간 경쟁만 있었던 것은 아니다. 복지국가의 발전은 사회구성원들의 요구와 함께 정당들의 복지국가에 대한 강력한 실천 의지의 결과이다. 영국에서는 '사회적 합의(social consensus)', 독일에서는 '사회시장(soziale market)'과 같은, 정파를 초월한 초당적 입장에서 강력한 복지국가 이념을 시행하였다.

이 대목에서 복지국가가 처음부터 자본주의와 함께 등장한 것은 아니라는 점을 상기할 필요가 있다(Pierson, 1991; 김태성 · 성경륭, 2004). 복지국가는 자본주의적 산업화가 지체된 독일에서 출발하게 되는데, 후발 자본주의 국가인 당시 독일의 사회적 상황은 자본주의가 태동한 선발 자본주의 국가들과는 판이하게 달랐다. 자본주의가 태동하던 산업혁명 전후의 시기에는 생산수단을 소유한 자본가들의 철저한 이윤 추구의 논리가 경제체제의 운영 원칙이었다. 생산수단을 소유하지 못한 노동자들은 사회적 위협에 노출된 채 생활해야만 했다. 사회주의는 자본주의 사회에서 나타나는 인간 소외추구의 인간성 유린을 극복하기 위해 혁명을 통한 공산주의 사회의 건설만이 대안이라고 보았다. 그러나 사회주의 사회의 정치 독재와 경제 파탄은 사회주의가 자본주의의 문제점을 해결하는 현실적 대안이 되지 못했음을 보여주고 있다.

복지국가가 자본주의와 함께 등장한 것이 아니라면 그리고 현실 사회주의가 실패하였다면, 복지국가의 문제를 이념 문제로 접근할 필요가 없다. 한국 사회에서 복지 이야기가 나오면 무슨 거창한 이념 논쟁이라도 되는 듯이 과장하는 사람들이 있다. 그러나 서구와 비교할 때 한국 사회에서의 이념 논쟁은 어차피 반쪽 논쟁에 불과하다. 분단 현실에서 한국인들은 이념을 스스로 선택할 자유가 없었다. 남한이든 북한이든 주어진 체제의 정당성에 대해 의심한다는 것은 상상할 수 없었다. 언제부터인가 이념적 양극화를 우리 사회의 병폐 중 하나라고 하는데, 이는 맞지 않는 말이다. 한국 사회에는 이념의 발상지인 서구적 의미의 이념적 양극화라기보다는 비슷비슷하게 혼합된 이념 내에서의 의견 차이만 존재할 뿐이다. 한국 사회에서

모처럼 조성된 복지 논쟁을 소모적인 이념 논쟁으로 끌고 가지 말아야 할 이유는 여기에 있다.[2)]

이념 논쟁을 피하기 위하여 국가의 일과 정권의 일을 구분해서 생각해볼 필요가 있다. 국가의 일은 어느 정당이 집권하더라도 마땅히 해야 할 국가의 의무이다. 정권의 일은 집권 정당의 성격에 따라 해도 되고 안 해도 되는 그런 일이다. 두 일 모두 정부를 통하여 실행되기 때문에 구분하기가 쉽지 않다. 그러나 우리 헌법에는 국민의 권리와 함께 국가의 의무를 상세하게 규정해 놓고 있다. 지금 한국 사회에서 논의되는 복지의 수준은 국가의 의무에 가깝다. 무상 급식이라는 표현보다 의무 급식이라는 표현이 더 적절한 이유는 여기에 있다. 선진 복지국가들은 굳이 복지라는 말을 쓰지 않더라도 우리가 말하는 의무 급식, 의무 의료, 의무 교육을 국가가 당연히 해야 하는 일로 받아들인다. 이런 문제들을 굳이 이념 논쟁으로 끌고 가지 않는다. 초중등 교육은 물론 대학 교육을 국비로 책임지는 것을 당연한 것으로 받아들이는 국가들도 있다. 그들 나라에서 이 정도 수준의 복지는 이념의 문제와 관련되기보다는 일종의 문화의 문제로 국민들의 의식 속에 정착되었다.

한국 사회에서 대권 후보든, 정당이든, 지식인이든, 일반 국민이든 복지 논쟁에 활발하게 참여하는 것은 바람직한 일이다. 복지 논쟁이 활발해지고 복지 의식이 성숙될 때 우리도 복지를 이념 문제로 보기보다는 의식과 문화의 문제로 보게 될 것이다. 그렇게 되면 한국 사회에서 만연된 복지를 둘러싼 사회 균열을 넘어서 복지의 본래의 목표인 사회 통합의 길로 접어들 수 있을 것이다.

3 사회 균열에서 사회 통합으로

이념 논쟁은 필연적으로 사회를 균열시킨다. 한국 사회에서 복지 논쟁이 사회 통합에 기여하기보다는 사회 균열을 촉진시키고 있는 것은 그런 이유 때문이다. 선진 복지국가들과 비교하면 한국 복지국가는 출발 단계임에도 불구하고 복지국가를

2) 조현수(2007)는 자유주의자인 노직(Nozick, 1974)을 인용하면서 "과연 한국 사회가 '부는 정당하게 획득되고 양도되어야 하며, 정당하지 않게 획득되었거나 양도되었다면 그 불공평함은 시정되어야 한다'는 자유주의의 기본 전제를 갖추고 있는 사회인지 의심스럽다"고 한국 사회를 비판한다.

부정적으로 바라보는 시각이 여전히 존재하고 있다. 복지의 근본 목적이 사회통합에 있는데도 증세 논쟁, 양극화 논쟁, 정부 규모 논쟁 등에서 보는 바와 같이 사회를 균열시키는 것으로 작용하고 있는 것이다. 한국 복지국가는 이제 막 태동 단계(송호근 · 홍경준, 2006)라는 점에서 볼 때 사회적 약자 혹은 소외 세력들을 체제 내로 흡수함으로써 사회적 균열구조를 지양하고 사회 통합에 기여해야 한다.

한국 사회는 복지국가의 규범적 토대인 사회적 신뢰 부족과 정치적 전제조건인 '합의의 정치(politics of consensus)' 부재로 사회 균열이 날로 심화되고 있는 실정이다.[3] 성장과 복지에 대한 이분법적 사고도 여전히 사라지지 않고 있다. 성장과 복지, 평등과 효율의 동시 추구가 가능하며, 오히려 불평등이 효율과 성장 및 사회통합을 저해하는 것임에도 불구하고. 선진 복지국가의 경우 복지는 단순한 빈곤 구제 시스템이 아니라 '미래에 대한 사회적 투자'로 인식한 지 오래되었다(주 스웨덴 대사관, 2006; 김인춘, 2007). 그들은 복지정책 또는 제도라는 말이 들어가지 않더라도 국민들의 인간다운 생활을 위한 고용, 교육, 건강, 사회보장 등에 대한 다양한 사회적 인프라가 이미 갖추어져 있다. 오랜 시간에 걸쳐 다양한 사회적 인프라를 폭 넓게 갖추어온 복지 선진국과 한국 복지제도를 맞비교할 수는 없는 이유이기도 하다.

복지국가는 전체 사회구성원들을 평등화하고자 함이 아니라 이들의 안정적이고 인간적인 삶의 필수적인 조건을 창출하고자 함에 그 근본 목적이 있다. 구체적으로 복지국가는 국민들에게 인간다운 생활을 할 수 있도록 국가가 실시하는 다양한 사회정책의 체계를 의미한다. 자본주의 경제체제에서 가난, 질병, 무지 등으로 고통 받는 사회적 약자를 보호하는 기능을 담당하는 가장 중요한 제도이기도 하다.

복지국가의 발달은 국가의 경제발전 수준, 정치적 세력 관계, 사회적 합의 여부 등에 따라 그 범위와 내용이 달라진다. 따라서 같은 자본주의 경제체제를 유지하더라도 복지국가의 발달의 양상은 국가마다 다를 수밖에 없다. 복지국가의 초창기에 자본주의 경제체제를 유지하면서 산업재해보험, 공공부조제도 등을 도입한 국가들이 극심한 자본주의의 폐해를 효과적으로 축소하기 시작하였다. 현대 복지정책의

3) '합의의 정치'는 1951년 선거에서 승리한 영국 보수당 버틀러(Butler, R.)가 노동당 게이츠컬(Gaitskell, H.)의 정책을 유지한 데서 유래한 말로 버츠컬리즘(Butskellism)으로 불리기도 한다. 이후 영국은 1970년대 경제위기가 올 때까지 양대 정당은 물론 자본가 계급과 노동자 계급 사이에 '합의의 정치' 시대가 지속되었다(Power & Hewitt, 2002: 30－32).

효시라 할 수 있는 1880년대 프러시아의 건강보험, 산업재해 보험, 노년 연금보험 등이 그 예이다(Rimlinger, 1971). 이러한 제도들은 사회적 약자의 보호보다는 정치적·행정적 목적이 더욱 강하게 작용하였다. 점증하는 사회민주주의와 공산주의 혁명 세력으로부터 프러시아 국가를 보호하려는 것이 정치적 목적이라면, 분산된 지방 권력을 축소시키고 중앙 권력을 확대하려는 것이 행정적 목적이었다.

스웨덴 등 노르딕(Nordic) 국가들은 프러시아와 대조적으로 사회적 약자의 보호에 더 역점을 두면서 복지국가를 출발시켰다. 이들 복지국가는 노동조합을 기반으로 한 사회민주주의 정당이 주도적 역할을 하면서 성립되었다. 그러나 노르딕 국가들의 사회민주당은 농민, 도시의 중산층과 광범위한 사회적 연합을 구성하면서, 이들의 복지적 필요도 대부분 수용하여 왔다(Baldwin, 1990). 영국의 경우 전후 애틀리가 이끄는 노동당 정권이 국민의료서비스(NHS: National Health Service)와 다양한 소득보장정책을 수립하여 현대 복지국가의 전형을 완성하였다. 이는 제2차 세계대전을 경험한 영국 중산층이 자신들이 직면한 잠재적 위협으로부터 스스로를 보호하기 위한 선택을 배경으로 하고 있다. 전후 영국의 복지국가도 노동당 정부와 그 지지 세력을 넘어 광범위한 사회적 합의에 기초하고 있는 것이다.

결국 복지국가는 소수의 약자 보호를 위한 시혜적 제도일 뿐만 아니라, 정치적·경제적 사회 주도 세력 혹은 세력들의 연합을 기반으로 자신의 정치적 목적과 사회적 보호를 위한 매우 현실적인 제도이다. 복지국가와 사회 통합의 관계는 이중적 성격을 지니는 것이다. 한편으로 복지국가는 사회적 약자에 대한 보호를 통해 사회적 통합을 성취하는 정책적 수단으로 기능하여야 한다. 그러나 이러한 기능 수행을 위해 복지국가가 탄탄한 제도적 기반을 갖추기 위해서는, 사회적 약자 뿐 아니라 다양한 사회계층을 아우르는 사회 통합적 정치 세력의 주도적 역할이 필수적이다.

현대 복지국가의 일차적 목적은 잠재적 위협으로부터 대부분의 시민을 보호하는 것이다. 그리고 특히 사회적 약자의 지위에 처한 사람을 보호하는 과정에서 이차적 효과로서 재분배 효과가 나타난다. 미국의 '아동부양가족부조(AFDC: Aid to Families with Dependent Children)' 정책의 실패의 예에서 보듯이(Mead & Beem (eds.), 2005: 14-16) 개인의 경제적 차이를 인정(자본주의)하고 정책적 선택을 존중(민주주의)하는 체제하에서는 재분배를 일차적 목적으로 하는 복지국가가 지속가능하지 않다. 이와 같은 역사적 경험, 이론적 검토, 제도에 대한 분석 등을 통해서 보면 결국 복지국가는 광범위한 사회적 통합 세력에 의해 추진되었고, 그들이 잠재적 수혜자로서 혜택의 대상자였다. 동시에 사회적 약자에게 보호의 혜택을 주어 그들이 사회적 주류로부터 배제되지 않도록 하였다. 복지국가가 지속 가능하기 위해서는 사회를 균열시키기보다는 사회를 통합하는 방향으로 발전하여야 하는 것이다.

한국 복지국가는 단기에 급속한 변화를 거쳐 온 만큼 많은 문제점을 갖고 있으며 다양한 정책적 개선이 필요하다. 그러나 새로운 정책의 도입이건 기존 정책의 수정이건 정책적 개선의 필요성을 제기하면서 사회를 균열시키는 극단론을 상정할 필요는 없다. 극단론은 복지정책은 물론 복지국가 전체의 제도적 신뢰성을 심각히 훼손하는 의도하지 않은 결과를 초래할 수 있기 때문이다. 국민연금이 멀지않은 장래에 재정 파탄에 빠진다거나 국민건강보험의 부담이 기하급수적으로 늘어날 것이라는 비관적 전망 등이 그 예이다. 다른 정책과 마찬가지로 복지정책이라는 구체적인 제도는, 그 제도 안에 묵시적인 사회적 합의와 그러한 합의가 형성된 당시의 사회구조적 요인들이 반영되어 있다. 30년 전과 비교하여 한국 사회의 사회경제적 구조에 변화가 있는 것은 당연한 일이며 이에 따라 복지제도와 사회적 합의의 수정은 자연스러운 것이다. 이러한 합의의 수정 과정에서 사회 균열보다는 사회 통합이 자연스럽게 이루어질 수 있어야 할 것이다.

4 단편적 복지정책에서 통합적 복지정책으로

1) 통합적 복제정책의 체계

복지정책이 사회 통합에 기여하기 위해서는 한국 사회가 지향해야 하는 방향을 먼저 설정하고, 여기에 맞추어 복지의 각 분야를 모두 아우를 수 있는 통합적 복지정책이 필요하다.[4] 통합적 복지정책에는 국민들의 사회보장, 안전, 건강은 물론 한

4) 현재 우리나라 복지정책은 보건복지부 등 16개 부처에서 298개 사업이 시행되고 있다. 이 중 보건복지부가 가장 많은 131개 사업(44.0%)을 시행 중이며, 국가보훈처(38개), 여성가족부(22), 고용노동부(21), 교육과학기술부(19) 순으로 시행하고 있다. 이 밖에도 행정안전부(15), 국토해양부(12), 지식경제부(9), 방송통신위원회(7), 농림수산식품부(6), 금융위원회(5), 문화체육관광부(4), 산림청(3), 환경부(3), 중소기업청(2), 국세청(1) 등에서 각각 복지정책을 시행하고 있다. 이런 산

그림 10-1 통합적 복지정책의 부문별 체계[5)]

국 사회가 당면하고 있는 교육과 고용에 대한 해결책도 함께 포함되어야 하며, 이를 지원할 수 있는 각종 사회서비스 정책도 동시에 실시하여야 한다. 한국 복지국가는, "'사회보장 및 안전'을 확보하고 '건강'한 상태에서 적절한 '교육'을 통하여 높은 '고용'을 유지하며, 이를 지원할 수 있는 각종 '사회서비스'를 제공하는 국가"로 발달하여야 한다. 한국 복지국가가 지향해야 하는 통합적 복지정책의 전체적인 윤곽은 아래와 같이 제시할 수 있다(정부혁신지방분권위원회, 2006; 정책기획위원회, 2006; 이성재 편저, 2007; 복지국가소사이어티, 2010; 김연명 외, 2011 등).

첫째, 사회보장 및 안전과 관련해서는 공공부조체계 분리 개편 및 내실화가 우선 필요하다. 국민기초생활보장의 수급 자격을 현재의 일반적 공공부조에서 장애인 · 노인 · 아동 등의 범주를 중심으로 특화하는 범주적 공공부조로 전환하는 것이다. 사각지대를 해소하기 위하여 특화된 수급 대상자 규모를 확대하고 급여 수준을 상향 조정하여야 한다. 근로 능력이 있는 빈곤층은 실업부조의 형태로 별도 관리하되, 직업훈련, 자활 등 일자리 제공을 위한 사업과 효과적으로 연계하여야 한다. 사회적 취약계층, 즉 비정규직 임시 · 일용근로자 및 영세사업장의 저임금 근로자들

만한 복지정책 운영이 복지 급여의 '중복'과 '쏠림' 현상을 초래하고 있다(이만우 · 김영수, 2012).

5) 이 그림은 기존 연구들을 참고하여 필자의 문제의식에 따라 한국 복지정책을 전체적으로 재구성한 것이다. 이하에서는 각 부문에서 현재 한국 사회에서 쟁점이 되는 사안을 중심으로 부문별 복지정책을 논의하려고 한다. 논의의 범위가 넓긴 하지만, 논의의 전체적인 맥락은 기존 복지정책의 '정비, 연계, 통합'을 통하여 국민들에게 보편주의적 복지 서비스를 제공해야 한다는 것이다.

에 대한 최저선의 일자리를 보장하고 및 고용보험을 보완하는 새로운 사회부조 프로그램(실업부조)을 도입하여야 한다. 이렇게 되면 국민기초생활보장제도와 고용보험제도가 연계되어 선진국형 실업부조제도로 발전시켜 나갈 수 있을 것이다.

둘째, 건강과 관련해서는 무엇보다도 국민건강보험의 보장성을 OECD 평균 수준을 목표로 확대하여야 한다. 이와 함께 민간 부문 보건의료 서비스는 불필요한 규제를 철폐하여 산업화를 촉진함으로써 국제적인 의료기술 경쟁력을 확보할 필요가 있다. 공공부문과 민간부문의 역할 분담과 관련하여, 공공부문은 예방의학, 기초의학, 가정의학, 응급의학 등, 예방적 · 재난적 차원의 가치재 성격이 있는 분야에 집중하여 인프라를 조성할 필요가 있다.

셋째, 교육에 대한 국민최저선(national minimum)을 보장하여야 한다. 아동교육에서는 보육 재정의 분절화와 정치적 당파성 극복이 과제이다. 아동교육 투자가 타 교육 단계에 비해 비용 효과적이기 때문에 비효율적인 구조를 개선하여, '보육의 교육화'와 '교육의 보육화'가 동시에 이루어질 수 있도록 하여야 한다. 초중등 교육의 수요자 만족도 제고를 위해 지방교육 성과 평가체제가 도입되어야 한다. 고등교육과 평생교육을 통한 인력개발이 가능하도록 지원을 대폭 확충하여야 한다. 고등교육에 대한 투자는 국가경쟁력의 제고 차원에서 접근해야 하며 정부 부처 간 예산 조정, R&D와 인력개발의 통합이 이루어져야 한다.

넷째, 고용을 안정시키고 양질의 일자리(decent work)를 창출하기 위해서는 노동시장에서의 기회와 결과에 있어서 사회적 불평등의 해소가 전제되어야 한다. 이를 위해서 노동시장 취약계층에 대한 국가의 적극적인 정책 개입과 보호가 필요하다. 여성 고용 차별 해소와 여성 고용 증대, 노동 능력 있는 고령자, 장애자 등에 대한 고용기회 보장, 시간제노동, 파견노동, 재택근로 등 다양하고 유연한 고용형태 도입 등도 계속 추진하여야 한다.

다섯째, 다양한 사회서비스 제공을 위한 국가의 책임성을 더 강조할 필요가 있다. 선진국의 경우 사회서비스의 지방화 · 민영화 경향이 나타나고 있으나, 제도적 인프라가 거의 전무한 우리 실정에는 맞지 않는다. 사회서비스 발달 초기에 지방정부에 전권을 위임한 앵글로색슨형 복지국가의 경우, 사회서비스 부문의 효율적 전달체계가 확보되지 못한 경험을 참고할 필요가 있다. 따라서 현 단계에서는 공공부문의 책임성 원칙에 입각하여 재정 및 전달체계를 중앙정부를 정점으로 합리화 ·

일원화하여야 한다. 지방자치단체의 역할이 강화되는 현실을 감안하여 일정 부분 이양하더라도 사회서비스 제도가 확립된 분야에 한정하여야 한다. 이 경우에도 법적 최저 수준을 제시하거나 집행 상황을 감시·감독하는 등 중앙정부의 지도와 관리 하에 수행되어야 한다.

사회서비스 제공을 위한 국가의 책임을 강조한다고 해서 사회서비스를 무작정 확대할 수는 없다. 사회서비스와 밀접한 관련이 있는 고용보험의 실업급여와 건강보험의 보장성 등을 함께 고려하면서 부문별로 강화할 필요가 있다. 고용가능성(employability) 증진을 위한 적극적 노동시장 프로그램을 강화하면서 실업부조와 실업보험 수급에 연계할 필요가 있다. 노동시장 프로그램의 법적 가이드라인을 법제화하고 평가·관리·감독하는 기능을 중심으로 중앙정부의 역할을 조정하여야 한다. 지방자치단체가 중심이 되어 지역사회에 기반한 다양한 형태의 서비스 제공자의 등장을 촉진할 필요가 있는데, 초기에는 투자의 관점에서 적극적인 공공지출을 감수하되 인프라가 성숙되면 점차 지역사회의 복지혼합(welfare mix) 기제를 활용함으로써 지나친 공공지출을 억제하여야 한다.

2) 통합적 복지정책의 과제

첫째, 무엇보다도 국민들의 최저 수준의 생활을 보장하기 위해서 「국민기초생활보장법」에서 보장하는 국민기초생활 수준을 높여야 한다. 근로자들에 대해서는 「근로자복지기본법」 상의 근로자 생활 향상 수준을 적정선으로 하여 선진국 수준으로 지속적으로 향상시켜야 한다. 근로자 복지의 향상은 임금의 향상에만 의존할 수 없으며 기본적인 생활유지를 위해 필수적으로 수반되는 주거비용, 자녀학자금, 의료비용 등의 사회적 분담을 통하여 임금 의존도를 줄이는 것이 사회적인 과제이다. 이를 위하여 주택 공급과 주택자금 융자 등 주거안정 사업을 지속적으로 추진하고, 저소득가구 자녀학자금의 융자 지원과 의료부조를 통한 예외적 의료비용의 사회적 분담 및 지원 등을 제도화하여야 한다. 특히 주거안정 사업은 우선적으로 빈곤층을 위한 임대주택 공급을 늘리되 장기적으로는 주거의 사회화 전략을 통해 사회안전망의 기본을 충족하도록 하여야 한다.

둘째, 근로자들의 건강을 보호하기 위하여 산업재해 및 안전사고가 최소화되도록 산업재해 예방이 잘 이루어지고 작업장, 유해물질 등으로 인한 직업병으로부터 자유로운 녹색 일터 및 작업 환경을 지향할 필요가 있다. 근로자들이 산업재해 및 안전사고가 선진국 수준으로 최소화된 안전한 작업장에서 일할 수 있도록 산재예방과 산업안전보건 시스템이 완비되어야 한다. 산재근로자에 대한 재활 서비스를 현대화하여 직업훈련, 재취업훈련, 재활훈련 및 관련 서비스 체계를 선진화하여야 한다. 이와 함께 조세에 기반한 공공의료 서비스 체계를 강화하고, 보건소의 기능을 강화하여 공공보건의료의 전달체계로 적극 활용하여야 한다. 모든 국민들의 일상적인 건강과 직결되는 식품, 의약품에 대한 종합적인 관리체계 구축도 시급하다. 식품안전은 오래 전부터 관리 일원화가 추진되어 왔으나 아직까지 여러 부처에서 품목별로 각각 관리하고 있는 실정이다. 특히 국민 건강을 위하여 증가하고 있는 수입 식품 안전관리 대책이 시급하다는 지적이 계속되어 왔으나 수입 식품 검역도 여전히 여러 부처에서 분리 관리되고 있다. 의약품은 안전관리와 관련 산업 발전을 동시에 추진해야 하는 이중의 어려움이 있으나 국민 건강을 최우선으로 해야 할 것이다.

셋째, 교육 분야는 국가 인적 자원 종합 관리라는 측면에서 정규교육, 평생교육, 직업교육 연계체계가 구축되어야 한다. 교육과학기술부는 정규 교육 정상화와 교육격차 해소에 전념하고, 평생교육은 지역단위 평생학습체계를 강화하여 지역단위 중심으로 이루어질 수 있도록 유도하여야 한다. 특히 향후 중요성이 더 커질 것으로 예상되는 직업교육은 산업 연계, 고용 가능성 제고를 가능하게 하는 방식으로 적극적 노동시장정책의 일환으로 다룰 필요가 있다. 다원화된 직업교육체제를 정비하여 직업교육 이수 후 바로 고용과 직접 연계될 수 있도록 일원화하여야 하며, 산업 현장 수요에 맞게 실업계 고등학교와 전문대학 교육체계를 개편하여 실무에 직접 투입할 수 있는 인력을 양성할 수 있어야 한다.

넷째, 고실업 시대를 맞이하여 실업에 대한 사회안전망을 더욱 강화하여야 한다. 실업자에 대한 사회안전망은 실업기간의 소득보전을 위한 실업급여 내실화, 재취업 촉진을 위한 공공취업 서비스 선진화, 장기실업자에 대한 재취업 훈련 시스템 정비, 실업 예방 및 취약계층에 대한 고용보장을 위한 적극적인 고용안정 사업 활성화 등 많은 과제를 포함하고 있다. 근로자의 삶의 질 향상을 위해서 근로시간을 단축하고 휴일·휴가제도를 개선하여야 한다. 연간 총 근로시간을 노사 자율에 의해서 선진국 수준으로 단축할 수 있도록 유도하여야 한다. 법정근로시간의 단축과 더불어 주휴제 및 연·월차 휴가제도를 개선하여 근로자들의 여가생활을 선진국화 하여야 한다. 기업연금제도를 통한 노후소득보장 체계를 강화하기 위하여, 현행 법정퇴직금제도를 고용보험 및 국민연금 등 사회보장제도와 연계하여 근로자의 퇴직 후 생활안정을 보장하는 방향으로 개선하되, 퇴직연금제도로 전환하여 국민연금과 함께 노후소득의 2층 보장체계로 발전시켜야 한다.

다섯째, 사회서비스 제공과 관련하여 현재 쟁점이 되고 있는 보육 서비스는 영유아부터 청소년까지, 국가가 보육·양육·교육의 환경을 조성하는 보편적인 정책을 추진하여야 한다. 여성의 사회참여에 대한 기회 보장과 보육의 사회화를 위해 공공부문 보육체계가 확대되어야 한다. 방과 후 프로그램 활성화로 전인적인 능력계발과 학령기 유소년의 보육 수요를 흡수하여 교육의 보육화를 이루어야 한다. 특히 저소득층 영유아에 대해서는 그들의 나머지 생애주기에도 영향을 준다는 점을 고려하여 중앙정부의 적극적인 역할이 지속적으로 필요하다. 노인·장애인 돌봄서비스에 대한 국가 책임을 천명하고 전 국민 대상의 보편적 서비스 인프라를 확충하여야 한다. 요양을 보험방식으로 설계한 현 상태에서 공공부문의 서비스 인프라를 확충하지 못하면 건강보험의 전철을 밟을 가능성이 매우 크다. 즉 보험은 국가가 관리하고 서비스 인프라는 민간에 맡겨질 경우, 서비스 공급자인 민간의 수가 상승 압력으로 비용 조정의 문제를 가지고 갈 수밖에 없다. 비용뿐 아니라 전달 인프라도 공공부문에서 확립할 경우에만 효율적인 서비스 비용 유지가 가능하다. 장기적인 요양만을 보험 방식으로 하고, 단기적인 돌봄은 지방자치단체의 의무로 하여 인프라는 조세로, 운영비는 소득에 따른 차등 이용료 부과(sliding system)로 하는 혼합 지불 방식으로 해결하는 방안을 모색할 필요가 있다.

결론적으로 한국 복지국가는 국민 모두에게 편익이 돌아가는 보편주의적 복지서비스를 제공할 수 있어야 한다. 그러나 보편주의를 지향한다고 해서 반드시 전통적인 방식의 균등 배분(flat-rate distribution) 전략을 고집할 필요는 없다. 동일한 내용과 질의 복지 서비스를 전 국민에게 보장하면서도 차등 이용료(sliding-scale fee system)를 활용하여 재정 부담은 소득 누진적으로 할 수도 있기 때문이다. 보편주의를 일거에 실시할 경우 발생하는 급격한 비용 증가가 우려된다면 단계적으로 대상 범위(coverage)를 넓힐 수도 있다. 예컨대 사회보험은 대상 범위를 위로부터 확장시키고 사회서비스는 아래로부터 확장시키는 방법이다. 현재 사회보험 이외의 사회복지제도는 선별적으로 대상을 제한하고 있는데, 보편주의 방식의 도입은 복지 관련 조세 저항을 낮추는 효과를 기대할 수 있다.

현재 사회보험은 대체로 안정된 중산층 근로자를 중심으로 형성되어 있고 이들의 기여금 중심으로 운영되어 중산층 근로자가 주 수혜 대상이다. 국민연금은 저소득・자영업자를 중심으로 광범위한 사각지대가 형성되어 있고, 고용보험은 가입대상자가 아닌 신규로 노동시장에 진입하고자 하는 청년과 영세사업장 근로자, 고령인구는 대상에서 제외되어 있는 실정이다. 따라서 현금 급여의 합리적 조정과 사회서비스 부문 확충에 대한 국가의 책임을 확실히 할 필요가 있다. 사회보장 개념을 소득보장에서 생활보장으로 확장하여, 낮아지는 부분은 국민들에 대한 사회서비스 확대로 충당할 필요가 있다. 동일한 비용 지출로 서비스 고용 창출 등 다양한 경제 친화성을 확보하는 전략을 구사해야 하는 것이다. 전통적 복지에 해당하는 연금 수준은 낮추되, 이를 통해 절감된 비용은 의료・교육 등 기존 사회지출, 보육・장기요양・직업훈련・평생학습 등, 저출산고령사회의 새로운 사회복지 서비스를 확충하는 방향으로 나아가야 한다

복지를 위한 국가의 역할 확대가 필요하지만, 정치적・경제적 문제를 동시에 고려하는 방안이 함께 마련되어야 한다. 복지국가의 확장은 사회 통합의 정치적 문제인 동시에, 성장 동력 유지 및 활성화, 예방적 사회비용 지출로의 전환 등과 연계되는 경제적 문제이기도 하다. 따라서 정치적 지지 확보가 용이하고 성장자원에 대한 투자와 사회적 일자리 창출 등 생산적 의미가 큰 사회서비스 분야의 보편화가 우선적인 과제가 되어야 한다. 동일한 욕구에 대하여 가능하면 단순 현금급여보다는 복지국가의 정치・경제적 지속 가능성을 높이는 효과가 큰 사회서비스 방식을 우선적으로 사용할 필요가 있는 것이다.

5 맺음말

이 글에서는 한국 복지국가 발전의 전제조건으로 세 가지를 제시하였다. 첫째, 한국 사회에서 복지 논쟁이 소모적인 이념 논쟁에서 벗어나 실용적인 탈이념 논쟁으로 전개되어야 한다. 둘째, 서구 선진 복지국가에서 경험한 바와 같이 복지국가

는 국민들의 합의 없이는 발전할 수 없으므로 한국 복지국가도 사회를 균열시키기보다는 사회 통합에 기여하여야 한다. 셋째, 현재와 같은 단편적인 복지정책을 지양하고 통합적인 복지정책을 실시함으로써 복지정책의 중복과 쏠림 문제를 해결하여야 한다.

이념 논쟁에서 탈이념 논쟁으로 전개되기 위해서는 한국 사회가 지향해야 하는 가치에 대한 사회적 합의가 우선 필요하다. 한국 사회가 지향해야 하는 가치와 관련하여 한국 사회를 지배하는 이른바 '성장 신화'에서 벗어나야 한다. 한국 사회는 그 동안 경제성장을 위해서 너무나 많은 중요한 가치들을 희생하여 왔다. 경제성장만 되면 누구나 잘 살게 될 것이라는 막연한 기대가 아직도 만연되어 있다. 경제보다 우월한 가치인 인권, 평화, 안전, 복지 등의 가치들이 뒷전에 밀려나 있다. 수단가치인 경제성장이 궁극적으로 이루려 하는 목표 가치를 억눌러 왔던 것이다.[6] 빈곤층을 돕는다는 명목으로 우선 성장을 해야 한다는 과거의 주장은 더 이상 유효하지 않다. 한국 사회는 성장 과정에서 다른 나라와 경쟁에서 비교 우위를 확보하기 위하여 노동자들은 볼모로 잡아두면서, 지금 당장 필요한 그들의 기본권 보장에는 별 관심이 없었다.

사회 통합과 관련하여 복지는 이중적 성격을 지닐 수밖에 없다는 점을 다시 강조하고 싶다. 복지국가는 국가의 개입이라는 수단을 통해 사회의 부 혹은 소득의 재분배를 시도하는 것이다. 이러한 기능을 잘 수행하기 위해서는 사회적 약자 뿐 아니라 다양한 사회계층을 어우르는 사회 통합적 정치세력의 주도적 역할이 필수적이다. 복지정책이 경제적 고려 외에 사회 통합을 위한 정치적 고려도 병행해서 설정하여야만 하는 이유이기도 하다. 복지 문제에 대한 사회적 합의 부재에 따른 불필요한 갈등을 완화하기 위해서 정부 또는 국회 내에 사회적 협의체 성격의 기구를 설치할 필요가 있다. 사회적 협의체는 국가와 시민사회의 '연계된 자율성'을 바탕으로 국가 경쟁력과 사회통합을 동시에 달성할 수 있도록 하는 조정 역할을 수행할 수 있을 것이다.

이 글에서는 한국 복지정책이 나아가야 하는 전체적인 방향을 논의함으로써 발

6) '생태적 복지국가'를 주장하는 홍성태(2007: 426-436)는 "이제 우리는 풍요나 발전을 단순히 경제성장이 아니라 복지, 문화, 자연 등을 포함하는 복합적인 관점에서 파악하여야 한다"고 하면서, "복지국가는 반생태적 성장과 개발을 통하여 이루어졌다. 복지국가라는 개념이 낡았다는 인상을 주는 이유는 이 때문이기도 하다"고 주장한다.

전된 한국 복지국가의 윤곽을 제시하였다. 문제의 제기에서 밝힌 바와 같이 한국 복지국가가 발전하기 위해서는 기존 정책을 수정하거나 새로운 정책을 추가하는 수준에서 끝낼 일이 아니다. 지금처럼 복지정책을 여러 부처에서 단편적으로 추진하면 중요한 정책 과제들이 서로 상충하는 모순이 발생할 수 있다. 고용 창출과 실업률 저하, 출산율 증대와 고령화 대비, 재정 건전성 확보와 복지비 증가 등은 각각 추구될 수 없는 것들이다. 따라서 한국 복지국가는 기존 정책들을 수정하거나 새로운 정책을 추가하는 단편적 복지정책으로 이루어질 수 없으며 통합적인 관점에서 복지정책 전체를 재설계하여야 한다.

마지막으로 중앙정부의 사회통합 능력을 강화하고 관련 부처의 산만한 복지정책을 조정하기 위해서 사회 부총리제의 도입을 제안하고 싶다. 이렇게 되면 경제부처와 동등한 위치에서 경제정책과의 연계를 도모할 수 있을 것이다. 고용이 복지정책과 유기적으로 연계될 수 있도록, 노동, 복지, 여성 기능을 통합한 단일 부처를 신설하는 것을 적극 검토하여야 한다. 사회보험 관련 공단들을 통합하여 관리하는, '사회보험감독원'과 같은 독립 기구 신설도 필요하다. 사회서비스는 법적 가이드라인이 확보되고 제도적 인프라가 구축될 때까지 지방자치단체로 이양하지 않고, 당분간 중앙정부에서 주도하여야 하기 때문에, 이를 통합 관리하는 '사회서비스감독원'을 독립 기구로 설치할 필요도 있다. 사회부총리 산하에 사회정책을 총괄하는 '사회복지부'를 신설하고, 실제 집행 기능은 양대 감독원에서 수행토록 사회복지 관련 조직을 일원화하는 방안을 추진하여야 하는 것이다.

한국 복지국가는 한국 사회가 직면하고 있는 노령화, 저출산, 양극화, 가족구조 변화, 새로운 직업구조 등의 사회적 도전을 극복할 충분한 준비가 되어 있지 않다. 한국 복지국가를 구성하고 있는 복지정책 중요한 프로그램들은 서로 중복되거나 새로 도입된 복지정책들은 정책집행의 경험이 일천하여 많은 문제점이 존재하는 것도 사실이다. 그러나 이것이 복지정책의 근본적 잘못을 의미하거나 복지국가 존재의 정당성이 없음을 의미하는 것은 아니다. 시간을 갖고 한국 사회가 지향하는 가치에 대한 사회적 합의를 형성하여 사회 통합을 이루고, 단편적인 복지정책을 조정하여 효과적으로 통합해 나간다면 한국의 복지국가는 공고한 기반을 갖고 발전해 나갈 수 있을 것이다.

제 11 장 한국 현대 관료제의 형성과 특징

관료제는 행정학의 가장 중요한 연구 대상 중 하나이다. 관료제를 어떻게 정의하느냐에 따라 연구 범위가 결정되겠지만 행정학 연구 초기에서는 '행정 연구는 곧 관료제에 관한 연구'여서 행정과 관료제를 혼용해서 쓰기도 하였다. 사회과학에서 거시(巨視) 이론보다는 미시(微視) 이론에 관심이 집중되면서 관료제와 같은 넓은 범위의 개념에 대한 연구가 현저히 줄었지만, 현대 사회에서 관료제가 갖는 중요한 함의는, 이미 막스 베버에 의해서 제기된 이후, 여전히 사회과학의 중심 주제가 될 수밖에 없다. 이러한 전통에 따른다면 현대 행정의 문제는 곧 현대 관료제의 문제이기 때문에 한국 현대 관료제의 형성과정과 특징을 살펴보는 것은 의미 있는 일이라 하겠다.

관료제가 한국의 사회변동 과정에서 어떤 역할을 수행하였는지는 많은 논란의 대상이 되어왔다. 이러한 논의들의 대체적인 결론은 관료제의 발전 지향성과 문제해결 능력은 지속적으로 성장하여 경제발전에는 기여하였으나, 관료제가 다른 부문에 비하여 과대 성장하여 정치발전에는 부정적인 영향을 주었다는 것이다. 한국 현대사의 뚜렷한 특징인 권위주의 심화와 급속한 산업화의 주역이 바로 관료제라는 주장이다. 이 글에서는 해방 이후 한국의 정치변동이 관료제에 미친 영향을 중심으로 국가의 성격 변화에 따른 한국 현대 관료제의 변천과정을 살펴보고 이를 근거로 한국 현대 관료제의 몇 가지 특징을 언급하려고 한다.

1 예비적 논의

박근혜 정부가 출범하였다. 대통령 취임 후 50여일 지나도록 정부를 구성하지 못하였다. 정부조직법이 국회에 계류되어 있어서 개편이 예상되는 부처의 장관 자리가 오랜 동안 공석으로 남아 있었다. 첫 국무총리 후보자의 자진 사퇴에 이어 가까스로 국무총리가 정해졌으나, 국정의 최고 심의기관인 국무회의는 취임 후 2주가 지나서야 겨우 개최되었다. 새로 생긴 해양수산부는 장관 후보자의 심각한 자질 문제로 심지어 여당에서도 '어렵다'는 반응을 보이다가 부서 출범 후 한 달 가까이 지나서야 대통령에 의해서 임명이 강행되었다. 여야가 전례 없는 국정 공백의 책임을 두고 공방을 계속하였으나 어쨌든 국정의 최종 책임은 대통령의 몫일 수밖에 없다. 자칭 '준비된 대통령'이 전혀 준비가 되어 있지 않았던 것이다.

초대 장차관 후보자들의 면면을 보면 박근혜 정부의 성격을 짐작할 수 있다.[1) 한국 관료제를 실질적으로 운영하는 장차관 35명 가운데 26명(74%)이 관료 출신이다. 정치를 배제하고 '일하는 정부'를 강조했던 이명박 정부 첫 내각 41명 중 관료 출신이 27명(66%)을 차지한 것과 비교해도 매우 높은 수치이다(한겨레. 2013. 3. 18.). 부처에 소속되어 있으면서도 부처와 독립적인 업무를 수행하여 외부 기용이 많았던 차관급 외청장 17명 중에도 11명이 관료 출신이다. 정무적 기능이 강해 역대 정부에서 대통령과 손발을 맞춰온 정치인 출신을 주로 기용하였던 청와대 비서관 40명 중에도 관료 출신이 16명이나 된다.

과거 정부에 비하여 대통령 주변에 관료 출신들이 대거 포진하고 있다는 것은

1) 관료제에 대한 연구는 논의의 수준이라는 측면에서 크게 세 가지로 나누어질 수 있다. 첫째는 개인 수준에서의 논의라 할 수 있는 것들로, 관료 개개인의 출신 성분, 의식, 태도 등에 관한 연구이다. 둘째 부류의 연구들은 조직 수준에서의 논의이다. 조직 수준의 논의는 다시 두 가지로 나누어질 수 있는데, 하나는 국무회의, 대통령 비서실, 안전행정부 등과 같이 하나의 조직 또는 기관을 분석 단위로 하는 경우이고, 다른 하나는 관료조직 전체를 분석 단위로 하는 경우이다. 셋째는 국가 수준의 논의로, 관료제의 '국가기구(state apparatus)'적 성격을 중시하여 국가관료제(state bureaucracy)와 사회 각 부분간의 관계를 구조적으로 파악하려고 한다(김영민, 1998). 현실에서는 세 가지 수준이 복합되어 나타나기 때문에 어느 한 가지 수준의 논의만으로는 관료제에 대한 이해가 불충분하다고 할 수 있다.

어떤 의미인가? 우선 국가를 운영하는 데 관료들이 가지고 있는 전문성을 최대한 활용하겠다는 의미로 받아들일 수 있다. 정치인, 교수, 기업인, 언론인들을 기용하여 관료조직을 쇄신하고 국가를 변화시키기보다는 안정적인 국정 운영을 택한 것이다. 관료는 특정 분야에 전문성이 있는 직업공무원 중에서도 주로 고위직을 지칭한다.[2] 이들의 전문성을 강조하기 위하여 기술관료(technocrat)라는 용어를 사용하기도 하며, 특히 경제 분야에 전문성이 있는 관료를 경제관료(econocrat)라 부르기도 한다. 주변에 기술관료들이 많다는 것은 대통령이 정치보다는 행정을 중요시 한다는 것이다. 국정 운영에 있어서 정치적 소통을 통하여 국민들의 의견을 수렴하는 일보다는 관료들의 전문성에 의존하여 대통령의 의지를 관철시키는 일에 더 비중을 두겠다는 의미로 받아들일 수 있다.

장차관을 관료 출신으로 할 것인지, 정치인 출신으로 할 것인지에 대해서는 논란의 여지가 있다. 장차관은 정무직으로 고도의 정책결정 업무를 담당하거나 이러한 업무를 보조하는 공무원이기 때문에 일반 직업공무원의 범위에 포함되지 않는다. 일반적으로 차관은 관료 출신이 적당하다는 데는 이견이 별로 없다. 부처의 내부 사정을 잘 아는 그 부처 출신 직업공무원을 임명하여야 차관이 부처를 장악한 상태에서 장관을 보좌할 수 있다는 것이다. 장관에 관해서는 의견이 엇갈린다. 장관의 임무가 대통령의 국정 철학을 부처를 통하여 실현하는 것이라면 관료 출신을 임명하기보다는 정치인 출신으로 임명하는 것이 더 설득력이 있다. 정치인 출신 관료(policrat)는 대통령과 정치적 운명을 같이하며 자신이 맡은 부처뿐 아니라 국정 전반에 대해 책임을 진다. 헌법에서 국정 최고 심의기구인 국무회의를 먼저 구성하고 국무위원 중 장관을 임명하게 하는 취지도 이런 이유 때문이다. 장관은 편의상 한 부처를 맡고 있을 뿐 국정 전반에 대한 정치적 식견을 갖추고 있어야 한다는 것이다.

장관이 정치적으로 임명되더라도 얼마 지나지 않아 관료들에게 포획(捕獲)되는 일이 발생한다. 부처 소속 차관 이하 관료들은 한 식구이다. 처음부터 한 부처에서 관료 생활을 했기 때문에 유대감이 끈끈하다. 업무에 대한 전문적 지식에 관한 한 정치관료보다는 기술관료가 우위에 있다. 업무 수행에 결정적인 역할을 하는 오랜

2) 관료는 중앙정부에도 있고 지방정부에도 있다. 그러나 이 글에서는 중앙정부의 고위직 관료만을 논의의 대상으로 한다.

기간 형성된 부처 특유의 노하우도 기술관료들이 훨씬 더 잘 안다. 장관의 임기가 다른 나라에 비하여 유난히 짧기 때문에 관료들은 잠시 거쳐 갈 장관의 지시보다는 자신이 소속한 관료조직의 이해관계에 더 민감하다. 장관이 처음에는 대통령의 의지를 부처에 관철시키는 일을 하다가 나중에는 관료조직의 의견을 대통령에게 전달하는 역할을 하게 된다. 이렇게 되면 국가의 운영이 관료조직의 손아귀에 들어가게 될 가능성이 커진다.

박근혜 정부의 중앙 관료조직은 17부 3처 17청으로 이명박 정부의 15부 2처 18청보다 부처 수가 약간 증가하였으나 역대 정부와 비교할 때 그 변화 폭은 크지 않다. 특기할 만한 점은 청와대에 장관급 기관으로 대통령비서실과 함께 대통령경호실과 국가안보실이 설치되었다는 것이다. 전 정부에서는 대통령실장만 장관급이었는데 장관급 두 자리가 증가하여 청와대의 조직과 권한이 더 커졌다. 전 정부와 마찬가지로 권한이 막강한 감사원, 국가정보원, 방송통신위원회들을 여전히 대통령 소속으로 하고 있다. 대통령 소속기관의 수가 많고 권한이 크다는 것이 오히려 대통령의 실질적인 권한 행사를 제한할 수 있다는 지적이 있어왔다. 대통령도 사람이기 때문에 물리적 업무 처리 능력에 한계가 있어서 업무량이 많아지면 그 권한을 아래로 위임할 수밖에 없다. 대규모 관료조직에서는 지도자가 모든 결정을 다하려고 하면 부하에게 모든 결정을 의존해야 하는 아이러니가 발생한다.

대규모 관료조직의 특성인 이른바 관료주의는 이러한 경향을 강화시킨다. 관료는 국가보다는 관료조직을 위하여, 관료조직보다는 자기 자신을 위하여 일하는 성향이 있다. 여기서 문제는 관료주의이다. 관료조직을 통해서 지배되는 국가에서 발생하는 독특한 의식 상태와 행동 양식인 관료주의는, 비밀주의, 형식주의, 획일주의, 번문욕례(繁文縟禮), 선례 답습, 법규 만능, 창의 결여, 직위 남용 등등의 부작용을 유발한다(http://ko.wikipedia.org/). 관료조직이 대규모화함에 따라 구성원 개개인의 의사와는 관계없는 조직 자체의 독자적 존재성을 지니게 된다. 관료조직이 관료 개개인에 대하여 초월적으로 군림하게 되는 동시에 조직 외부의 일반 국민들에 대해서도 과도한 지배력을 발휘하게 된다. 대통령과 장관들의 성패 여부는 관료조직에 만연된 이러한 관료주의를 어떻게 극복할 것인지에 달려 있다.

관료조직이 아니라 국가관료제 전체를 논의의 대상으로 삼는 경우 문제가 더 복잡해진다. 이때 관료제는 국가기구, 즉 국가 권력이 행사되는 모든 조직과 제도의 집합을 의미한다. 정부관료제 외에도 의회와 법원은 물론 국가가 관리 또는 규제하는 교육기관, 언론기관, 금융기관들을 포함하는 광범위한 개념이다. 국가기구로서의 관료제를 논의하는 데 있어서는 관료들이 누구인지, 관료조직의 내부적 특성은 무엇인지는 중요하지 않다. 구조적인 관점에서 국가와 자본, 국가와 노동, 국가와 시민사회의 관계에서 국가가 수행하는 자본 축적, 정당화, 규제 기능들을 문제 삼는다. 거시적인 시각에서 국가구조, 국가형태, 국가능력들을 비교하거나 역사적인 시각에서 국가의 성격 변화를 추적한다.

국가관료제가 한국의 사회변동 과정에서 어떤 역할을 수행하였는지는 많은 논란의 대상이 되어왔다. 이러한 논의들의 대체적인 결론은 국가관료제의 발전 지향성과 문제해결 능력은 지속적으로 성장하여 경제발전에는 기여하였으나, 국가관료제가 다른 부문에 비하여 과대 성장하여 정치발전에는 부정적인 영향을 주었다는 것이다. 한국 현대사의 뚜렷한 특징인 권위주의 심화와 급속한 산업화의 주역이 바로 국가관료제라는 주장이다. 국가관료제가 한국 사회에 끼친 부정적 영향은 한 때 활발히 논의된 바 있는 국가론에 근거하여 관료제를 국가기구로 보는 시각에서 한층 뚜렷이 부각된다. 이 경우 한국 국가관료제는 권위주의, 자본 집중, 사회균열과 같은 한국 사회가 당면하고 있는 심각한 문제들을 야기한 주범으로 간주된다. 아래에서는 주로 정치변동이 관료제에 미친 영향을 중심으로 국가의 성격 변화에 따른 한국 현대 관료제의 변천과정을 살펴보고 이를 근거로 한국 현대 관료제의 몇 가지 특징들을 언급하려고 한다.[3]

2 한국 현대 관료제의 형성과 변화

1) 국가 형성기(1948-1961)

한국 현대 관료제는 일제 식민통치로부터 해방된 1945년부터 출발한다.[4] 해방 이후 과도(過渡) 행정기구를 설치하는 등 조선총독부를 인수하여 해체하려는 민족적 시도가 있었음에도 불구하고 미군정이 실시됨으로써 통제와 억압을 주요 임무

3) 국가의 성격 변화에 대한 시기 구분은 안병영(2006)을 참고하였다.
4) 이하 제3공화국까지는 김영민(1998)에 의존하여 수정하였다.

로 하던 일제 관료조직이 그대로 승계된다. 일본이 패망함으로써 당연히 해체되어야만 하는 관료조직이 그대로 온존하였을 뿐 아니라 한 동안은 일제시대 관료들이 그대로 자리를 차지하고 있었다. 해방과 동시에 가장 먼저 제기된 문제가 행정권 이양 문제였다. 해방 전에 이미 분열되어 있던 독립운동 세력들은 행정권 이양 문제에 합의로 보지 못한 채 좌익세력에 의하여 건국준비위원회라는 일종의 과도 행정기구가 성립된다. 해방 후 최초의 준(準) 관료조직이라 할 수 있는 건국준비위원회는 몇 차례의 기구 개편과 인적 구성의 변화를 거쳐 조선인민공화국으로 이어진다.

남한 내 유일한 합법 정부임을 자처한 미군정은 우익 인사들을 중심으로 관료를 구성하여 남조선과도정부를 성립시킨다. 미군정에 의해서 충원된 관료들은 한민당이라는 특정 정치세력을 대변하는 인사들로서 충원되었기 때문에 관료제의 국민 대표성이라는 측면에서도 많은 문제가 있었다. 미군정은 사회복지와 같은 당면한 행정수요를 충족시키기 위해 관료조직의 부분적인 개편을 계속하였으나 전체적으로 조선총독부 조직의 골격을 크게 벗어나지 못하였다. 직위분류제와 같은 미국식 관리제도도 도입하려고 노력하였으나 실제 행정관리에 있어서는 조선총독부의 관례대로 이루어지는 경우가 많았기 때문에 기대하였던 효과를 발휘하지 못하고 행정의 혼란을 가중시켰다(박동서, 1961). 서구의 관료제와는 달리 아시아적 관인지배(mandarinism)의 전통을 가지고 있는 한국 관료제의 토양에 미국식 관리제도의 갑작스런 이식은 많은 부작용을 초래하였다.

대한민국 정부 수립과 함께 관료조직을 개편할 수 있는 기회를 다시 한번 맞이하였다. 새로운 헌법이 제정되고 정부가 수립됨으로써 관료제를 새롭게 제도화 할 수 있는 기회가 온 것이다. 그러나 국회에서 정부조직을 심의하는 과정에서 몇 가지 논란을 제외하고는 조선총독부 조직을 약간 변형한 미군정 시대의 남조선과도정부 조직을 답습함으로써 결국 식민지 관료조직의 골격에서 탈피하지 못하였다. 권력구조에 집착한 정치권의 무관심과 관료조직의 중요성에 대한 인식의 결여, 그리고 무엇보다도 시간적 촉박성의 이유로 충분한 검토 없이 관료조직을 재조직하였다. 국회의 심의과정에서 내무부와 같은 몇몇 부서 조직에 대한 논란이 있었으나 전반적으로 미군정 시대 남조선과도정부의 조직을 답습할 수밖에 없었다. 이후 관료조직은 국 수준의 약간의 변화를 제외하고는 한국전쟁 이후까지 계속 유지된다.

제1공화국 초기의 관료제 운영은 대통령이 소수의 관료들을 활용하여 개인 통치를 공고히 하고자 하는 통치자 개인 지배의 관료제의 양상을 띠는 것이었다. 고위 관료의 대부분은 독립운동가, 교육자와 같은 행정경험이 전혀 없는 정치관료의 성격을 지니고 있었으며 전적으로 통치자의 개인적 신임도에 의해서 선발되었다. 대부분의 정책결정에 대통령이 직접 관여하였기 때문에 관료제의 역할이 극도로 위축되어 고도로 통합된 정치체제에서 강한 정치적 통제를 받는 방어적 관료제(defensive bureaucracy)의 성격을 지니고 있었다.[5] 관료제의 운영에 있어서도 철저히 대통령 개인의 지배도구로서 기능하도록 강요되어 관료제가 정권 유지의 도구로서의 역할을 충실히 수행하였다.

한국전쟁은 관료제를 변신시키는 결정적인 계기로 작용하였다. 전쟁 피해를 복구해야 하는 현실적 필요성도 절박했지만 이미 한계에 도달한 체제위기를 극복하기 위해서도 관료제의 변신은 필연적인 것으로 받아들여졌다. 전쟁 피해 복구를 위하여 경제 관련 조직을 강화하고 경제 분야의 기술관료를 기용하는 등 관료제를 쇄신시키려는 기운이 일어났다. 경제 부처를 강화하기 위하여 부흥부 신설을 주요 내용으로 하는 관료조직 개편이 이루어졌으며 정부 수립 이후 처음으로 여러 부처에서 경제 복구를 위한 중장기계획들을 실행하여 몇몇 계획들은 비교적 높은 성과를 나타내기도 하였다. 고위 관료의 구성에 있어서는 일제 때 실무 경험이 있는 인물들이 기용되어 경제 복구를 위한 중요한 결정들이 이들의 손에 의해서 이루어졌다.

한국 관료제는 이번에는 전쟁이 아니라 정쟁(政爭)에 휘말리게 되면서 오로지 정권 연장을 통한 권력 재생산에만 관심이 있는 관료 출신 정치인들의 정치도구로 전락하게 된다. 이들은 고위 관료의 선발과 승진에 막대한 영향력을 발휘하였으며 심지어 장관들의 임명에 있어서도 이들의 추천 없이 이루어지는 경우가 거의 없었다. 제1공화국 후기의 정치적 격동으로 말미암아 대통령 주위의 몇몇 과두 정치가들 손에 의해서 관료제가 전횡되는 과두 관료정치가 횡행하게 되는 것이다. 관료제의 쇄신을 가로막는 정치적 혼란은 제1공화국 몰락, 제2공화국 성립과 붕괴로 이어지면서 관료제의 정상적인 발전을 가로막는다. 4·19 의거, 자유당 정권의 몰락, 과

5) 정치체제의 특성이 통합적인지 분산적인지, 관료제에 대한 정치적 통제가 강한지 약한지에 따라 관료제의 권한과 역할이 달라진다. 셀프는 이러한 기준에 따라서 관료제를 유형화하고 있는데, 방어적 관료제는 통합된 정치체제에서 강한 정치적 통제를 받는 관료제를 의미한다(Self, 1985).

도정부 성립, 제2공화국의 탄생과 붕괴로 이어지면서 한국 관료제를 둘러싼 불우한 정치적 환경이 계속되었다.

민주주의의 기치 아래 탄생된 제2공화국 시기에 관료제에 몇 가지 중대한 변화가 있었다. 단명으로 끝난 민주당 정부 하에서도 민주주의와 경제제일주의를 반영하는 의욕적인 관료제 개편안이 마련되었으며, 직업공무원제를 확립하고 공무원의 정치적 중립성을 보장하기 위한 시도들이 이루어졌다. 권력구조의 변화에 따른 대대적인 관료조직 개편이 있었는데 중요한 점은 개편의 내용보다도 개편 과정에서 민간인 대표들을 참여시키는 것과 같은 민주적 절차를 존중하였다는 점이다. 민주주의와 함께 경제제일주의는 제2공화국 관료제가 지향하여야 할 또 하나의 중요한 목표였다. 이를 달성하기 위하여 장단기 경제개발계획을 수립하고 대규모 공공사업을 추진하였으며 경제기획원의 창설을 골자로 하는 경제 관련 조직의 개편을 모색하였다. 장관을 비롯한 고위 관료에도 권력 지향적이기보다는 과업 지향적 성격의 인물들이 대거 기용되었으며 유능한 관료를 채용하기 위하여 관료제 하부 계급의 일부를 개방하였다. 그러나 제1공화국이 남긴 정치적 유산의 처리, 정권 내부인 민주당 신구파의 정쟁, 경제 침체와 사회적 혼란과 같은 정치사회적 격동은 관료제로 하여금 자신들에게 기대되는 시대적 역할과 자신들을 에워싼 불우한 정치적 환경 사이에서 갈피를 잡지 못하게 하였다. 결국 관료제를 쇄신시키려는 제2공화국의 시도들은 관료제를 둘러싼 불우한 정치적 환경 속에서 좌절될 수밖에 없었다.

2) 권위주위적 발전국가기(1961-1987)

소수의 군 장교들에 의해서 주도된 5·16 군사쿠데타는 이미 예정된 것이었다. 전쟁을 치루면서 이미 비대해질 대로 비대해진 군 조직은 약간의 자극만 주어진다면 언제든지 폭발할 만반의 준비를 갖추고 있었다. 예상된 폭발이 현실화되자 그 탄환이 관료제를 피해가지 않았다. 5·16 군사쿠데타는 해방 이후 한국 관료제의 변신을 강요하는 가장 충격적인 사건이었다. 모든 국가기구를 장악한 군부에 의하여 헌법이 개정되고 십여 차례의 관료조직 개편이 이루어졌으며 많은 군 출신자들이 고위 관료로 진출하였다. 군부가 정한 숙정 기준에 따라 민간 관료들이 대대적으로 파면되었으며 공무원인사제도가 전면적으로 개혁되고 군에서 실시하던 기획제도가 관료조직에 도입되는 혁명적 조치들이 잇달아 취하여졌다.

관료조직 개편과정에서 제3공화국의 전 기간에 걸쳐 정치권력과 행정권한을 독점하였던 이른바 초거대조직(supra-ministerial agency)이 출현하였다. 초거대조직은 정부조직이면서 일반적인 정부조직을 초월하여 자신에게 공식적으로 부여된 업무와는 관계없이 전체 정부조직에 전방위적 영향력을 행사하는 조직이다. 중앙정보부는 정치적 통제와 억압을, 경제기획원은 경제적 목표 달성을, 대통령비서실은 국가관료제 전체를 조정하는 역할을 부여받았다. 초거대조직의 내부 구성은, 중앙정보부는 군 출신자와 현역 군인에 의해서 장악되었고 경제기획원은 민간인 기술관료들의 산실이었으며 대통령비서실은 군 출신과 기술관료들이 혼합되어 있었다. 세 개의 초거대조직들은 대통령의 강력한 지원 아래 국가의 중요한 정책결정에 영향력을 행사하여 국가관료제 전체를 일사불란하게 움직이게 하는 역할을 수행하였다.

5 · 16이 관료제에 준 가장 큰 충격은 해방 이후 처음으로 군 출신 관료(milicrat)가 대거 등장하였다는 사실이다. 2년 6개월 동안 지속된 군정 기간은 물론 제3공화국 전 기간에 걸쳐서 장 · 차관 등 정무직과 국 · 과장과 같은 고위 관직에 다수의 군 출신자가 충원되었다. 다른 제3세계 군부통치 국가들과 마찬가지로 5 · 16 이후의 한국 군부체제도 민간인 기술관료의 협조 없이는 기능할 수 없는 것이었다. 체제의 정당성을 보완하기 위하여 경제성장을 가장 우선적인 발전목표로 삼았기 때문에 경제 분야 기술관료들의 적극적인 활용이 필수적인 것이었다. 기술관료들의 입장에서는 비록 정권의 정당성에 대해서는 회의적이었지만 정치적 실권자들의 지원 아래 그들의 능력을 발휘할 수 있는 절호의 기회를 맞이한 셈이었다. 실제로 제1 · 2공화국과는 달리 전문성을 지닌 직업관료 출신이 장관으로 더 많이 기용되었다. 경제기획원을 중심으로 하는 경제 부처에는 전문성이 인정된 일단의 경제관료 집단이 형성되어 군 출신 관료와의 역할 분담 아래 군부관료체제(military bureaucratic regime)를 성립시켰다.

군 출신 관료와 민간인 기술관료의 연합으로 특징지어질 수 있는 군부관료체제는 취약한 정치적 정당성을 보전하기 위하여 관료 주도의 경제성장 전략인 이른바 관료적 발전주의(bureaucratic developmentalism)를 추구하게 된다. 이는 1960년대 한국을 포함한 많은 제3세계 국가에서 만연되기 시작한 군부의 신직업주의(new professionalism)와 밀접한 친화력을 보인다. 군부의 신직업주의에 의하면 사명감과 전문성을 겸비한 군부만이 국가 발전의 담당자가 될 수 있으며 군부통치가 경제성장에 유리하다는 것이다. 군부관료체제는 군부의 신직업주의와 관료들의 발전주의가 결합되어 자유, 인권, 복지들의 가치를 뒤로 하고 오로지 성장에만 매진하는 체제였다. 실제로 호의적인 국제 환경에 편승하여 제3공화국의 군부관료체제는 연평균 성장률 9%에 가까운 놀라운 수량적 경제성장을 이룩하였다.

급속한 경제성장은 대통령으로 하여금 관료제의 발전관리 능력을 과신하게 만들어 초거대조직을 정점으로 한 관료제의 일사불란한 운영 방식을 성공적인 것으로 받아들이게 하였다. 이러한 상황에서 모든 정치권력을 자신에게 집중시켜 관료제를 장악하고 있던 박정희는 관료제가 유신이라는 정치적 충격을 흡수할 수 있는 충분한 능력을 보유하고 있다고 확신할 수 있었으며 실제로 유신체제를 우리 역사상 가장 철저한 기술관료적 정치체제로 만들어 놓았다. 한국 관료제는 제1공화국에 이어서 다시 한번 통치자를 위한 정치적 담보물의 기능을 충실히 수행하게 된 것이다.

유신체제는 공화국으로 부르기 어려운 체제였다. 전국비상계엄과 국회 해산을 통한 유신체제의 성립은 일종의 친위 쿠데타였다. 입법권이 없는 비상국무회의에서 유신헌법을 공고하였으며 선거법과 정당법과 같은 중요한 정치 관련법을 통과시켰다. 국민들이 직접 뽑지 않은 대통령이 국회의원의 1/3을 실질적으로 지명하였으며 대법원장을 포함한 법관들을 임명하였다. 헌법 개정 논의를 전면 금지하고 체제를 유지하기 위한 긴급조치들이 연이어 선포되어, 국가를 군대로, 국민을 군인으로 간주하여 통치하는 일종의 병영국가(garrison state)를 방불케 했다.[6)]

유신체제의 내부 붕괴를 기화로 신군부 세력에 의지하여 집권한 전두환 정부도 기본적으로 병영국가의 모습에서 탈피하지 못하였다. 낮은 경제성장률과 높은 물가 상승률을 기록하는 극심한 경기침체 상황에서 출발한 전두환 정부는 박정희 시대 관 주도 경제개발의 한계를 어느 정도 인식하고 있었다. 정책 목표를 경제성장보다 경제안정에 두고 관 주도 경제에서 시장경제로의 전환을 모색하기 위하여 경

6) 병영국가는 라스웰이 문민국가(civilian state)와 대비하여 만든 용어로, 군국주의와 관료적 통제가 결합되어 사회 전체가 군대처럼 운영되는 국가를 의미한다(Lasswell, 1941). 한국에서의 용례(한홍구, 2002)는 "한반도의 긴장이 극도로 고조되자 …, 박정희는 오히려 향토예비군을 창설하여 비대해진 군을 그대로 유지하는 데 그치지 않고 이 땅에 '병영국가'를 건설했다(한겨레, 2002. 2.28.)"로 본래적 의미와 다르게 사용되었다.

제의 근본적인 개혁을 주장하는 다수의 경제관료를 등용하였다. 하지만 여전히 군 출신 관료들의 영향력은 줄지 않았으며 그들의 영향력 아래 경제 분야 기술관료가 포진하고 있었다. 기본적으로 박정희 시대의 군부관료체제가 그대로 지속되었던 것이다.

전두환 정부는 정권 초기부터 작은 정부를 지향하였다. 정부조직법을 개정하여 중앙행정기관과 소속기관의 조직과 인력을 정비하고 중앙과 지방의 고위직을 대폭 감축하였다. 유신체제에서 비대해질대로 비대해진 대통령비서실 조직을 축소하여 경제수석비서를 하나로 통합하였으며 장관 대우 특별보좌관을 모두 없앴다. 정통성이 없는 전두환 정부는 관료조직을 축소함으로써 관료들에 대한 국민들의 불만을 해소하여 국민적 지지를 얻을 필요가 있었다. 관료 사회의 청렴성과 공정성을 유난히 강조하여 공직자윤리헌장과 공직자윤리법을 제정한 것도 이와 무관하지 않다. 축소 지향적인 개혁 단행에도 불구하고 전두환 정부 후기 관료조직과 인력 규모는 축소되지 않았다. 중앙 행정기관의 수는 정권 후기에 다시 늘어났고, 인력의 경우도 집권 초기보다 오히려 증가하였다. 다른 정부도 아니고 전두환 정부가 관료조직 축소에 실패한 것은 한국 사회에서 관료들의 이익에 반하는 정책을 실행에 옮기는 일은 아무도 할 수 없다는 것을 의미하는지도 모른다. 관료조직의 예산과 인원은 항상 늘어나는 경향이 있다는 것은 법칙을 넘어 철칙에 가까운 것이다.

3) 민주국가로의 이행기(1987-1998)

6월 항쟁 이후 민주화 과정에서 탄생한 노태우 정부는 한국 사회에서 권위주의를 청산하겠다고 공언하였다. 헌법을 개정하여 입법부의 기능을 강화하고 사법부에 헌법재판소를 설치하여 행정부를 견제하게 함으로써 권위주의 시대의 행정부 독주를 마감하고 국가기구 간 권력 균형을 유지하려고 하였다. 민영화를 통하여 정부와 민간의 역할을 재정립하고, 지방자치를 부활하여 중앙과 지방 관계를 재조정하였으며, 노동조합, 이익집단, 시민단체, 언론들과 같은 시민사회 영역의 자율성을 확대하는 일련의 조치들을 취하여 적어도 외형상으로는 민주주의에 한 걸음 다가갔다. 권위주의를 청산하고 민주화를 추진하라는 국민들의 시대적 요구를 더 이상 외면할 수 없었던 것이다.

민주주의 확대는 관료제를 위축시킨다. 특히 시민사회의 활성화는 정치 영역이 확대되고 행정 영역이 축소되어 관료와 관료조직의 권한이 축소된다는 것을 의미한다. 중앙정부의 관료들은 권위주의 시대에 자신이 행사하던 권한의 일부가 의회로, 지방으로, 시민사회로 넘어가는 것을 목격해야만 했다. 국민들의 민주화 요구는 행정에도 적극적으로 반영되어 다수의 민간인이 참여하는 행정개혁위원회를 설치하였다. 행정개혁위원회에서는 민주화 추진 및 인권보장, 민간의 자율성과 창의성 신장, 권위주의 행태의 배제 등을 행정개혁의 기본 방향에 포함시켰다. 전두환 정부에 이어서 작은 정부라는 구호 아래 관료조직의 대대적인 감축을 시도하였다. 그러나 전두환 정부와 마찬가지로 정권 초기에는 관료조직을 대대적으로 감축하다가 후기에는 다시 확대시키는 악순환이 거듭되었다.

정부 규모의 축소, 확대와 관계없이 노태우 정부는 시장을 비롯한 민간 부문에 정부 개입을 줄여야 한다는 신자유주의의 주장을 적극적으로 받아들였다. 한국에서는 경제 분야와 같이 개입이 상대적으로 많은 부분은 줄이고 복지 분야와 같이 개입이 상대적으로 적은 분야는 늘려야 함에도 불구하고. 시장만능주의라는 표현이 적절하게 함축하고 있는 바와 같이 신자유주의자들은 시장 효율성을 만병통치약으로 받아들인다. 시장이 효율적이기 위해서는 공정한 규칙의 존재와 그 규칙에 대한 신뢰가 필수적인데, 그 규칙과 신뢰는 시장에서 자체적으로 만들어지기보다는 사회 구성원 전체가 동의하는 정치적 과정을 거쳐야 하는 것이다. 시장이 마치 독립된 섬처럼 사회에서 벗어나 있을 수는 없기 때문이다.

내용이야 어떻든 개혁은 문민정부의 트레이드 마크였다. 군인사개혁, 교육개혁, 사법개혁, 노사개혁, 규제개혁, 금융개혁과 같이 정부가 수행하는 모든 기능에다 개혁이라는 글자를 갖다 붙였다. 상식적인 사람이 보아도 일개 정권이 감당한다는 것이 도무지 말이 안 되는 역사 바로 세우기에까지 개혁의 미명(美名)이 뻗쳤다. 이것은 그 동안 우리 역사가 뒤집어져 있었다는 문제의식의 소산이기도 하지만 건국 이후 최초의 민주정부라는 정치적 수사를 뒷받침하기 위한 것이기도 하였다. 문민정부 초기의 신한국 창조와 중기 이후의 세계화라는 정치적 수사는, 문민정부에서 취해진 부분적인 개혁 조치들과의 구체적인 연관성과는 관계없이 문민정부의 각종 개혁조치에 명분을 제공하였다.

행정개혁도 여기서 예외일 수 없었다. 정권 초기 신한국 창조를 위한 행정개혁에서 중기 이후 세계화를 위한 행정개혁으로 구호가 바뀌었다. 그러나 행정개혁의 구체적인 내용이 어떻게 신한국 창조와 세계화에 기여한다는 것인지에 대해서는 아무런 설명이 없었다. 그 명분이 다른 나라를 흉내 낸 것이거나 어느 날 즉흥적으로 나온 것이어서 명분이 갖춰야 하는 최소한의 철학과 논리조차 갖추지 못한 것이었다. 일부 개혁 조치들의 단편적이지만 의미 있는 성과에도 불구하고 문민정부가 전체적인 국정 운영에서는 실패했다고 비판받는 이유의 상당 부분은 여기에 있다.

김영삼 정부에서도 고위 공직자 재산 공개, 공직자윤리법 개정, 국민고충처리위원회 설치 운영, 공공기관의 정보공개에 관한 법률 및 행정절차법 제정과 같은 관료제를 개혁시키려는 의미 있는 조치들이 있었다. 그러나 이러한 조치들은 민주주의 국가의 기본 틀을 갖추는 일과 관련된 것들이지 신한국 창조 또는 세계화와 같은 화려한 정치적 수사와는 애초부터 거리가 먼 것들이다. 위의 조치들은 오랜 동안 지속된 군부관료체제 아래서 행정이 국민을 행정의 주체라기보다는 통치의 대상으로만 간주해오던 것을 비로소 바로 잡는다는 의미를 지니고 있다. 비정상적인 것을 정상으로 바꾸는 아주 초보적인 성격의 조치들이지 결코 새로운 것을 창조하거나 세계로 나아가기 위한 새로운 조치들은 아닌 것이다.

행정개혁의 핵심이라 할 수 있는 관료조직 개편도 마찬가지이다. 5·16 이후 최대 규모의 개편이라는 김영삼 정부의 관료조직 개편의 명분도 역시 세계화였다. 정권 초기에 잠깐 논의되다가 잠잠하던 개편 논의가 김영삼 대통령의 세계화 선언으로 갑자기 현실화되었다. 그 결과는 재정경제원 같은 막강한 경제 부처의 출현과 내무부 같은 관리 부처의 유지, 환경처의 환경부로의 형식적 승격 또는 해양수산부 신설과 이에 따른 농림수산부의 농림부로의 명칭 변경이 고작이었다. 이때 거둔 유일한 성과는 관료조직의 일부 감축과 관료 수의 약간의 감소였으나, 전 정부들과 마찬가지로 문민정부를 통틀어서 보면 얼마 지나지 않아 이 성과도 상쇄된 것으로 나타났다. 관료들에게 조직 축소와 인원 감축은 소속 조직의 권한이 줄어드는 것이기도 하지만 자신의 승진 기회도 적어지는 것을 의미하기 때문에 결사적으로 저항하는 것이다.

4) 국가 재편기(1998-현재)

IMF 경제위기는 한국 사회 전반에 심각한 충격을 주었다. 지금까지 추구해온 경제발전 전략에 근본적인 변화가 요구되어 국가의 기능과 역할을 시급히 재정립해야만 했다. 경제위기를 초래한 정부에 대한 국민들의 불신은 극에 달했으나 원망만 하고 있기에는 당장 닥친 환란의 파고가 너무 높았다. 한국 헌정 사상 최초로 정권 교체가 이루어졌으나 새로 출범한 정부를 국민의 정부로 명명하는 것을 제외하고는 정권 교체의 의미를 음미하거나 정권 교체를 환호할 틈도 없었다. 김대중 정부의 지상 과제는 오로지 경제위기를 빠르게 극복하여 경제를 회복시킴으로써 국민들에게 안정감과 신뢰감을 주는 것이었다.

정부에 대한 불신은 과거와는 달리 단순한 행정개혁이 아니라 공사 부문 전반에 대한 개혁 요구로 나타났다. 김대중 정부는 금융개혁, 기업개혁, 노동개혁, 공공개혁을 4대 개혁과제로 선정하고, 금융산업 구조 조정, 기업 투명성 강화, 노동 유연성 제고, 공공부문 효율성 향상들을 적극적으로 추진하였다. 1년 만에 위기 상황을 극복하고 경제 주권을 어느 정도 회복하였으나 그 대가도 만만치 않았다. 각 분야의 개혁들이 원래의 의도대로 성과를 나타내지 못하고 부작용을 초래한 것도 문제지만, 김대중 정부의 개혁 조치가 한국사회에 신자유주의의 그림자를 더 강하게 드리워지게 하였다는 점이 더 큰 문제였다.

김대중 정부의 공공부문 개혁 방향은 작지만 효율적으로 봉사하는 정부였다. 봉사하는 정부는 그렇다 치더라도 문제는 효율적인 정부였다. 정부의 효율성과 공공성을 어떻게 조화시킬지의 문제는 정부가 존재하는 한 가장 근본적인 질문 중의 하나이다. 효율성을 지나치게 강조하면 공공성이 희생되기 마련인데 김대중 정부가 그런 경우였다. IMF를 불러들인 정부에 대한 불신이 워낙 크다보니 정부에 기업의 경영 방식을 적극적으로 도입하였다. 정부에서 하던 일은 대폭 민간에게 위탁하였으며 일부의 업무는 민간으로부터의 아웃소싱(outsourcing)에 의존하였다. 개방형 임용제, 계약직 공무원제, 성과급제들을 확대하여 정부와 정부 외부와의 경쟁은 물론 정부 내부에서의 경쟁도 촉진시켰다. 봉사하는 정부를 구현하기 위하여 행정서비스 수요자인 국민을 고객으로 간주하여 정부기관마다 고객헌장을 제정하고 시민들의 만족도를 평가하였으나 이것도 결국 시민과 정부의 관계를 고객과 기업의 관계의 틀로 이해하려는 것이었다.

김대중 정부에 막 들어와서 대폭적인 관료조직 개편이 있었다. 개편의 방향은 물론 작은 정부를 구현하기 위한 조직 축소와 인력 감축이다. 정부 출범 전에 이미 정부조직개편심의위원회를 구성하여 대대적인 부처 수준의 개편을 확정하였으며,

이 안에 근거하여 국과(局課) 수준의 하부 조직을 축소하였다. 역대 정부와 마찬가지로 정권 초기에는 충격적일 만큼 과감한 기구 축소와 인력 감축을 시도하였으나 얼마 지나지 않아 정부의 규모는 다시 확대되기 시작하였다. 대통령 소속으로 중앙인사위원회를 신설하고, 국무총리 소속으로 기획예산처와 국정홍보처를 확대, 개편하였다. 정권 초기에 없앴던 경제부총리와 교육부총리를 신설하여 재정경제부와 교육인적자원부를 부총리급 기관으로 승격시키고, 여성특별위원회를 확대하여 여성부를 신설하였다. 김대중 정부에서도 예외 없이 정권 후기에 이르러서는 관료조직과 관료들의 수는 오히려 확대되는 결과를 낳았다. 김대중 정부에서도 작은 정부는 그야말로 구호에 불과하였던 것이다.

참여정부의 출현은 우리를 환호하게 만들기도 하였지만 당혹스럽게 하는 측면이 있었던 것 같다. 김대중 정부까지는 군부 종식, 형식적 민주주의로의 이행, 민주주의의 공고화로 진행되는, 군부통치를 경험한 국가들에서 일반적으로 나타나는, 따라서 사회과학적 인식의 테두리 내에서 어느 정도 이해할 수 있는 일이었다. 그러나 김대중 정부와 노무현 정부 사이에 무언가 빠진 듯한 느낌을 지울 수 없다. 참여정부의 갑작스런 출현에는 일종의 역사적 불연속 부분이 있는 것 같은데, 참여정부의 출현이 우리 사회에 정착된 제도화된 참여에 의해서 이루어진 것이 아니라, '붉은 악마' 식의 즉흥적이고 반발적인 참여의 산물인 측면이 분명 있기 때문이다. 노무현 정부 내내 일말의 불안감을 떨쳐버릴 수 없었던 이유는 여기에 있으며, 국민들이 연이어서 변화보다는 안정을 강조하는, 진보적이기보다는 퇴행적인 정권을 선택하게 되는 이유의 일부도 여기에 있다.

노무현 정부는 개혁보다 더 큰 변화를 모색하기 위하여 표현이 강한 혁신이라는 용어를 선호하였다. 정권 초기에 대통령 자문기구로 정부혁신지방분권위원회를 설치하고 행정개혁, 인사개혁, 전자정부, 재정세제, 지방분권, 기록관리들의 분야를 주요 혁신과제로 설정하였다. 참여정부를 지향한 노무현 정부는 국가의 운영의 새로운 방식으로 정부, 시장, 시민사회의 협치를 강조하였다. 이는 국가 운영의 획기적 변화를 의미하는데, 과잉 발달된 국가 영역을 축소하고 시민사회 영역을 확대하여 국정 운영의 주체를 국가에서 시민사회로 바꾸겠다는 야심 찬 시도였다. 국가영역을 축소한다고 해서 정부의 역할을 줄이려 한 것은 아니다. 노무현 정부는 그동안 당연히 받아들여져 왔던 작은 정부라는 구호를 공식적으로 포기하고 정부가 국민에게 도움이 되는 일 잘하는 정부가 되기 위해서는 정부 규모가 확대될 수도 있다고 생각하였다.

작은 정부라는 구호가 관료제 개혁의 핵심 목표로 등장한 전두환 정부 이후부터 작은 정부가 주장되는 서구의 현실과 우리의 현실이 판이하게 다르다는 점을 지적하면서 이 이론의 한국적 적실성에 대한 의문이 제기되어 왔다. 복지국가의 팽창에 따른 서구의 큰 정부와는 달리 한국의 경우는 결코 큰 정부가 아니며 국민들의 복지문제 해결에 국가가 더 적극적으로 개입하여야 하기 때문에 작은 정부를 추구할 필요가 없다는 것이다. 노무현 정부에서 작은 정부, 큰 정부 논쟁이 확산되자 대통령이 직접 나서서 정부의 입장을 밝히고 역대 정부와는 달리 정권 초기부터 관료조직의 규모를 꾸준히 확대해왔다. 정권 초기부터 중앙 관료조직을 확대하였고 관료 수도 늘려 중앙정부 기준으로 역대 정부에서 가장 큰 규모의 정부를 유지하였다. 노무현 정부는 관료조직 개편에 적극적이지 않아서 역대 정부들에 비해서 조직 개편 횟수도 적었고 조직 개편 규모도 작았다. 김대중 정부의 관료조직의 골격을 그대로 유지하면서 소방방재청, 방위사업청, 행정중심복합도시건설청과 같이 행정 수요가 증가되는 분야의 조직을 신설하였다.

노무현 정부는 관료조직 개편보다는 관료조직 운영에 더 관심이 많았다. 대통령 스스로 역대 대통령 중 관료조직 운영에 가장 큰 관심을 보였다. 정부혁신지방분권위원회에서는 정부혁신의 목표로 효율적인 정부, 투명한 정부, 봉사하는 정부, 함께 하는 정부, 분권화된 정부로 설정하였다(정부혁신지방분권위원회, 2007a). 효율, 투명, 봉사는 전 정부에서도 강조하는 목표였으나 참여와 분권은 역대 정부와 차별화되는 목표였다. 참여를 확대하기 위하여 행정정보화, 전자투표제, 온라인 국정참여제도들을 도입하여 국민들이 누구나 국정 운영에 참여할 수 있는 기반을 마련하였다. 주민투표제, 주민소송제, 주민소환제를 시행하여 주민들의 적극적이고도 실질적 참여를 통하여 직접민주주의를 실현하려고 하였다(정부혁신지방분권위원회, 2007b). 공직 사회를 개방하여 관료조직에 민간인 참여를 촉진하기 위하여 개방형 임용제를 확대하였는데 실제로도 시민사회 활동가들이 관료조직의 고위직에 대거 임용되었다. 지방분권은 노무현 정부에서 가장 역점적으로 추진하던 국정 목표 중 하나였다. 중앙정부의 권한을 지방으로 분산하여 지방정부의 기능과 역할을 강화하고 지방의 활력을 되살림으로써 국가 전체의 균형적인 발전을 도모하고자

하였다. 어느 정도 예상된 일이지만 노무현 정부의 혁신적인 조치들에 대한 기득권층의 저항과 반발은 그 예상을 훨씬 뛰어 넘었다. 대통령 탄핵과 행정수도 이전에 대한 위헌 판결에서 보는 바와 같이 이들의 저항과 반발은 헌법적 수준의 것으로 국가의 기본을 흔들 만한 정도였다. 이런 상황에서 치러진 선거에서 이명박 정부가 등장한 것은 어쩌면 당연한 일인지도 모른다.

이명박 정부의 등장으로 주춤하던 신자유주의가 화려하게 부활하였다. 경제성장을 통한 국가 발전을 유일한 목표로 하는, 본질적으로 퇴행적인 성격을 지니고 있는 이명박 정부는 자신의 퇴행을 신자유주의라는 유행으로 덮으려 하였다. 이명박 정부는 재벌 위주의 경제정책, 법인세 및 종합부동산세 인하, 공기업 민영화와 같은 시장 중심적인 정책으로 일관하였다. 국가 운영에 있어서 법치주의를 확립한다는 명분으로 정부의 권위를 지나치게 강조하여 시민사회를 무시하거나 억압하였다. 외형적으로는 박정희 시대의 권위주의적 발전국가로 회귀하였으나 국가에 대한 사명감, 엄격한 공직기강, 청렴성 강조와 같은 발전국가가 갖고 있던 최소한 미덕조차 상실하였다. 신자유주의에 충실한 이명박 정부에서 관료조직을 대폭 축소한 것은 자연스러운 일이다. 정권 초기에 대통령비서실과 정책실을 대통령실로 통합하고 기획재정부 장관이 겸임하던 경제부총리제를 폐지하였으며, 정보통신부와 과학기술부를 폐지하고 그 업무를 정보통신위원회와 교육부로 각각 이관하였다. 이명박 정부의 관료조직 개편에는 통합, 폐지, 이관들의 표현에서 보는 바와 같이 축소 일변도의 작은 정부 기조가 그대로 유지되었다. 작은 정부는 국민에게 큰 피해를 주지도 않았지만 큰 도움도 되지 않는데도 말이다.

3 한국 현대 관료제의 특징

한국 현대 관료제의 역사는 대체적으로 다음과 같은 요인들에 의해 영향을 받아왔다.[7] 우선 관료들의 권위주의적인 의식과 행태는 유교적인 관존민비 사상의 영향에서 완전히 벗어났다고 할 수 없다. 아직도 일부 관료들은 자신의 행위 동기를 합리성에 근거를 두고 있는 근대적 의미의 관료라기보다는 왕에게 맹목적으로

7) 이하는 김영민(1996, 2008)에 의존하여 수정하였다.

충성하였던 중국의 관인(mandarin)과 유사한 측면이 있다. 민과 관이 평등하다는 생각이 관념적으로는 받아들여지고 있으나 아직도 일반 국민들은 관공서에 가면 아무런 이유 없이 위축된다. 관료들은 근거 없는 우월감을 갖고 있어서 국민에 대한 봉사(civil servant)보다는 정권 또는 상사에 대한 봉사를 우선한다. 민주화의 진전과 함께 고객 위주의 행정이 아무리 강조되어도 이러한 우월감은 관료 집단의 내부 사회화 과정을 통하여 신입 관료들에게 지속적으로 전승되고 있다. 여기에다 모든 상황 정의를 정부가 독점하던 개발연대의 경험은 관료들의 권위주의적인 의식과 행태를 더욱 강화해주었다. 논란의 여지가 많지만 필자의 피상적인 관찰로는 중앙 관료보다는 지방 관료가, 고위 관료보다는 하위 관료들이 더 권위주의적인 경우가 있는데, 이는 아마도 이들이 일반 시민들과 접촉할 기회가 상대적으로 많고 따라서 관료로서의 자기 신분을 수시로 부각시켜야 하기 때문인지도 모르겠다.

관료조직의 구성과 운영은 일제시대의 유제를 답습하였거나 일본의 조직 형태와 운영 원리를 모방하는 경우가 많았다. 해방 후 한 동안 조선총독부 조직을 그대로 사용한 것은 그렇다 치더라도, 정부 수립과 함께 최초의 관료조직을 구성하는 데 있어서도 미군정 시대에 도입된 새로운 조직보다는 조선총독부와 일본 정부조직에 더 의존하였다. 국회에서 정부조직법에 대한 일 주일 여에 걸친 간단한 논의 끝에 국민들에 대한 감시, 통제, 동원에 활용되던 조선총독부 조직이 다시 살아났다. 관료조직뿐 아니라 관료들의 인사행정의 근거가 되는 국가공무원법도 몇 군데의 자구 수정을 제외하고는 일본의 법규를 그대로 번역하여 사용하기 시작하였다. 이후에도 관료조직의 개편 또는 관료제도의 변화가 있을 때마다 미국보다는 일본의 경우를 참조하는 경우가 더 많았다. 최근 변화가 있었지만 관료 채용제도에 있어서도 일본식의 고등고시와 보통고시가 오랜 동안 지속되었으며 인사제도의 근간도 일본과 같이 엄격한 계급제에 입각하고 있었다. 한국 관료조직의 가장 전형적인 의사결정 방식으로 여전히 행정 업무 처리의 표준적인 절차가 되고 있는 결재제도 역시 일본의 품의(稟議)제도를 거의 그대로 모방한 것이었다.

관료제가 표방하는 형식적인 이념 또는 추구하는 가치는 미국의 압도적인 영향을 받아왔다. 관료제가 추구해야 하는 최종적인 목표로 합리성, 효과성, 민주성, 능률성, 합법성들이 이른바 행정이념이라는 이름으로 제시되고 있다. 이러한 이념들은 한국의 현실에서 자생적으로 형성된 것이라기보다는 미국 민주주의의 전개과정과 행정에 대한 관점의 변화를 반영하는 것이기 때문에, 우리 상황에서는 이러한 이념들 간의 관련성을 재음미해볼 필요가 있다. 예컨대 문민정부 출범과 함께 이제 한국도 민주주의가 어느 정도 달성되었기 때문에 관료제의 민주화가 가장 중요한 관심사가 되어야 한다는 주장이 있었는데, 한국 사회가 민주화 되었다는 점에 동의한다면 이제부터의 관심은 관료제의 민주화가 아니라 오히려 관료제의 능률화에 모아져야 했다. 민주화로 관료제에 대한 정치적 통제가 충분히 이루어지는 경우 관료제는 본연의 역할인 적은 예산으로 효과를 극대화하는 능률성만 추구하면 되는 것이기 때문이다. 해방 이후 미국식 민주주의의 형식적 도입과 함께 한국 관료제는, 5·16 직후 한 때 행정적 민주주의라는 본말이 전도된 구호가 등장한 것을 제외하고는 행정 민주화 또는 민주적 행정을 구호로 내세우지 않은 적이 없었다. 그러나 한국 관료제는 오랜 동안 국민들을 행정의 주체로서 여기기보다는 행정지도의 대상으로 간주하여 왔다. 한국 관료제는 오랜 시간 민주주의를 외면해왔기 때문에 행정의 주체인 국민이 처음부터 고려 대상에서 제외되었다.

민주성이라는 행정이념뿐 아니라 한국 관료제에는 무수히 많은 미국식 행정제도와 관리기법이 도입되어 왔다. 그러나 오늘날 한국 관료제가 과연 얼마나 미국과 유사하게 되었는가는 여전히 의문으로 남는다. 미국에서 도입된 수많은 행정제도와 관리기법들이 한국 관료제에 얼마나 수용되었는가에 대해서 부정적으로 평가할 수밖에 없기 때문이다. 한국의 필요에 의해서 미국 행정제도나 관리기법들을 의도적으로 도입하는 경우에도 그 제도와 기법들이 지닌 본래의 의의와는 다른 형태로 운영되거나 형식적으로 모방하는 데 그치는 경우가 허다하였다. 현재 한국 정부에서 사용하는 목표관리(MBO), 전략적 성과관리(BSC), 고객관계관리(CRM)들의 관리기법들도 이러한 비판에서 자유로울 수 없다. 이러한 관리기법들이 제대로 작동하지 않자 조직문화가 문제라며 미국에서 주로 기업을 대상으로 개발된 조직문화 이론들을 한국 관료제에 적용하는 어리석음이 반복되고 있는 것이다.

최근까지 유행하고 있는 작은 정부의 신화도 여기에서 예외일 수 없다.[8] 근대 자유민주주의는 애초부터 정부에 대한 불신에서 출발하였기 때문에 정부가 존재하

8) 작은 정부는 큰 정치를 전제로 한다. 정치가 활성화되어 제 기능을 다하면 정부는 정치권에서 결정해준 내용을 집행만 하면 된다. 이런 의미에서 작은 정부를 하기 위해서 국회의원과 지방의원의 수를 줄여야 한다는 주장은 논리적으로 맞지 않다. 작은 정치와 작은 정부는 공적 영역의 축소를 의미하는데, 공적 영역이 축소되면 시장으로 대표되는 사적 영역이 확대될 수밖에 없다.

는 한 언제나 큰 정부보다는 작은 정부를 선호하였다. 한국의 경우에도 이미 제1공화국 때부터 관료조직을 개편할 때마다 조직 감축이 단골 메뉴였다. 전두환 정부 이후 노무현 정부를 제외한 한국의 역대 정부는 작은 정부를 줄기차게 주장하여 왔다. 그러나 아이러니컬하게도 역대 정부에서 정권 초기에는 관료조직을 과감하게 축소하지만 정권 말기에 보면 어김없이 관료조직이 확대되었다. 정권 초기의 의욕적인 개혁이 정권 말기에 다시 개혁 이전의 상태로 돌아가거나 더 상황이 악화되는 과정이 지속적으로 반복되었다. 여기에 한국 관료제를 이해하는 열쇠가 숨어 있다. 한국에서 유행한 작은 정부의 구호는 관료제의 이해관계를 극복하지 못한 것이다.

민주국가로의 이행과 국난 수준에 이르는 IMF 경제위기는 관료조직은 물론 국가 전체의 성격 변화를 요구하였다. 권위주의국가에서 탈권위주의국가로, 형식적 민주국가에서 실질적 민주국가로, 발전국가에서 복지국가로의 변화는 시대적 요구였다. 이 시점에서 한국에 신자유주의 물결이 들이닥쳤다. 신자유주의를 주창할 수밖에 없었던 서구의 정치경제적 현실과 배경에 대한 비판적 검토 없이 국가 활동의 전 분야에 신자유주의를 무차별적으로 받아들여졌다. 한국 사회에는 아직도 신자유주의가 배회하고 있으며 신자유주의에 기반을 둔 작은 정부의 구호가 여전히 생명력을 유지하고 있는 이유이기도 하다. 작은 정부 구호는 어느 날 불현듯 나타난 것이 아니라 특정 국가의 상황과 필요에 따라 강조되는 정도만 달라지는 것이다. 한국에 큰 정부가 필요하다면 큰 정부를 주장할 수도 있다는 말이다.

요컨대 한국 현대 관료제는 한국 현대사가 경험한 서로 융합될 수 없는 매우 이질적인 요인들에 의해서 영향받아 왔다. 그래서 특정한 사회과학이 전제하고 있는 현실적 배경과 맥락에 대한 비판적 이해 없이, 특정한 개념이나 이론에 의해서 한국 관료제를 분석하려 든다면, 이러한 논의들은 기껏해야 한국 관료제에 대한 부분적이고 피상적인 관찰에 그칠 수밖에 없다. 필자의 판단으로는 한국 관료제를 정확하게 이해하기 위해서는 한국에서 나타나는 부분적인 현상들을 서구의 이론으로 재단할 것이 아니라 한국 현대사가 한국 관료제에 미친 특수 한국적인 요인들을 사실적으로 기술하는 일이 더 중요하다고 생각한다. 이런 의미에서 어쩌면 한국 현대 관료제는 우리가 알고 있는 기존의 사회과학 지식체계 안에 포섭될 수 없는 것인지도 모른다.

제 12 장 한국행정 60년, 연구 대상과 방법

해방 이후 현대 한국행정의 변천과정을 어떻게 정리할 것인가? 한국행정은 우리 역사가 경험한 서로 융합될 수 없는 매우 이질적인 요인들에 의해서 영향을 받아왔다. 현대 한국행정에는 조선시대 유교적 전통, 일제 강점기 이후 최근까지의 일본 행정, 해방 이후 미국에서 도입된 행정이념과 행정관리기술 등, 매우 복합적인 요인들이 내재되어 있다. 그래서 서구에서 발달한 어떤 특정한 사회과학 연구 방법이 전제하고 있는 맥락과 배경에 대한 비판 없이, 특정한 개념이나 이론에 의해서 한국행정을 분석하려 든다면, 이러한 연구들은 기껏해야 한국행정에 대한 부분적이고 피상적인 관찰에 그칠 수밖에 없다.

이 글에서는 우선 한국행정을 역사적으로 정리한 대표적인 기존 연구를 살펴본 후, 현대 한국행정과 행정학의 특징을 비판적인 관점에서 개괄하였다. 이어서 한국행정 60년의 역사를 정리하는 시점에서 연구의 대상을 어디까지 잡을 것인지를 고민해보기 위하여 행정의 범위 문제를 재론하였다. 현대 한국행정의 변천과정을 정리하는 데 있어서는 무엇보다도 역사학과 (행정학을 포함한) 사회과학의 공동 연구가 절실하기 때문에 역사학과 사회과학의 관계를 논의한 후, 위의 논의들이 한국행정 60년 연구에 주는 시사점은 무엇인지를 언급하였다.

1 머리말

정부수립 60주년을 맞이하여 여러 학문 분야에서 60년의 우리 현대사를 정리하고 있다. 파란만장의 한국 현대사에서 행정의 역할을 무시할 수 없다. 행정학을 전공해서 그런지 모르지만 필자는 한국 현대사에 가장 큰 영향력을 미친 집단을 꼽으라면 주저 없이 공무원 집단을 든다. 노동자, 기업인, 군, 대학생, 지식인, 정치인, 공무원 등 한국 현대사에 영향을 미친 여러 집단 중에서 공무원 집단이 현재 한국의 모습을 있게 하는 데 가장 큰 역할을 수행했다고 생각한다. 긍정적이든 부정적이든 오늘의 대한민국 모습은 공무원 집단을 빼놓고는 생각할 수 없다. 해방 이후 국가 형성, 산업화, 민주화 시기를 거치면서 공무원들은 주역 또는 조역으로 자신의 역할을 톡톡히 수행하였으며, 때로는 기꺼이 악역을 감당하기도 하였다. 해방 이후 현대 한국사회를 온전히 이해하고 이해시키기 위해서 한국 사회과학자들에게는 그 간의 한국행정의 변화를 체계적으로 정리할 의무가 부과되어 있는 것이다. 한국행정 60년을 정리하는 일차적 의의는 여기에 있다.

그렇다면 한국행정 60년을 어떻게 정리할 것인가? 60년이라는 긴 세월을 사회과학 또는 행정학에서 받아들여지는 하나의 연구 방법으로 접근하는 것은 일단 불가능해 보인다. 60년의 한국행정은 우리 역사가 경험한 서로 융합될 수 없는 매우 이질적인 요인들에 의해서 영향을 받아왔다. 현대 한국행정에는 조선시대 유교적 전통, 일제 강점기 이후 최근까지의 일본의 행정, 해방 이후 미국에서 도입된 행정이념과 행정관리기술 등, 매우 복합적인 요인들이 내재되어 있다. 그래서 서구에서 발달한 어떤 특정한 사회과학 연구 방법이 전제하고 있는 맥락과 배경에 대한 비판 없이, 특정한 개념이나 이론에 의해서 한국행정을 분석하려 든다면, 이러한 연구들은 기껏해야 한국행정에 대한 부분적이고 피상적인 관찰에 그칠 수밖에 없다.

거시 역사적으로 보자면 조선시대, 일제시대, 현대로 구분하여 현대 행정 60년을 조선시대와 일제시대와 연결하여 비교, 정리하는 것도 한 방법이 될 수 있다. 그러나 이러한 접근은 사회과학이라기보다는 역사학 연구에 더 가깝다. 한국행정사 연구가 중요하지 않은 것은 아니지만 현재로서는 현대 60년만을 대상으로 그 동안 한국행정에서 일어났던 일들을 사회과학에서 개발된 개념과 이론을 총 동원하여 정리할 수밖에 없다. 그렇다고 60년 지속된 엄연한 역사를 무시할 수만도 없다. 현대 행정 60년을 정리하자면 주제에 따라 역사적 서술이 불가피하기 때문이다.

이 글에서는 우선 한국행정을 역사적으로 정리한 대표적인 기존 연구를 살펴본 후, 현대 한국행정과 행정학의 특징을 비판적인 관점에서 개괄한다. 이어서 한국행정 60년의 역사를 정리하는 시점에서 연구의 범위를 어디까지 잡을 것인지를 고민해보기 위하여 행정의 범위 또는 대상의 문제를 재론한다. 60년의 한국행정을 정리하는 데 있어서 무엇보다도 역사학과 (행정학을 포함한) 사회과학의 소통과 공동연구가 절실하기 때문에 역사학과 사회과학의 관계를 논의한 후, 위의 논의들이 한국행정 60년 연구에 주는 시사점은 무엇인지를 언급한다.

2 선행 연구: 한국행정의 역사적 분석

우리나라 현대 행정을 통시적으로 정리한 대표적인 책으로는 1969년 한국행정문제연구소에서 펴낸 <한국행정의 역사적 분석, 1948-1967>과 1987년 서울대학교 행정대학원에서 펴낸 <한국행정의 역사적 분석, 1968-1984>을 들 수 있다. 앞의 책은 제1부 서설, 제2부 행정과 환경, 제3부 분야별 행정, 제4부 행정관리, 제5부 결론으로 구성되어 있으며, 뒤의 책은 제1부 서설, 제2부 행정과 환경, 제3부 분야별 행정, 제4부 정책과 행정관리, 제5부 결론으로 구성되어 있어서, 전체적으로 유사한 체계를 갖추고 있다.

세부 목차에 있어서도 제1부와 제2부는 완전히 동일하다. 문제는 제3부 분야별 행정과 제4부 행정관리(1987년판은 정책과 행정관리) 부분이다. 우선 분야별 행정을 더 강조할 것인지 행정관리를 더 강조할 것인지의 문제가 제기될 수 있다. 1969년판에서는 "종래 행정학의 중심 관심이 되던 행정관리는 부수적인 위치를 차지하게 되고 관리적 측면은 오로지 행정의 주체가 되는 정책과 사업의 수단으로서만 그 의미를 찾게 되는 것"이라고 하면서 행정관리보다 분야별 행정의 중요성을 강조하고 있다. "이 책의 중심이 되는 제3부 부문별 행정은 지난 20년 동안의 행정 각 부문의 정책과 사업을 중심으로 하는 행정 분석이 주가 되고 있으며 제4부 행정

관리는 제3부를 지원하는 내용으로 되어 있다. 이것이 아마도 우리나라 행정을 다룬 문헌에서는 처음 시도되는 이 책의 하나의 특색이라 할 수 있겠다(이한빈, 1969: 10)"라고 덧붙이고 있다.

제3부 분야별 행정의 세부 주제를 보면 1969년판에는 경제행정, 안보행정, 외무행정, 복지행정, 과학기술행정, 교육문화행정, 지방행정으로 나누고, 경제행정을 다시 농림수산행정, 상공행정, 교통체신행정, 건설행정, 재무행정으로, 안보행정을 다시 공안행정과 국방행정으로 각각 나누어 전체적으로 12개 분야의 행정으로 나누어 기술하고 있다. 1987년판에서는 교통체신행정을 교통행정과 체신행정으로, 경제행정, 자원행정, 통일정책, 보건의료행정, 노동행정, 문교행정, 문화공보행정 등을 별도로 기술하여 전체적으로 19개 분야로 나누고 있다(<표 2-1> 참조).

표 12-1 한국행정의 역사적 분석(1969년, 1987년) 목차 비교

1969년〈한국행정…1948-1967〉	1987년〈한국행정…1968-1984〉	비교
제1부 서설	**제1부 서설**	
제1장 서론	제1장 서론	
제2장 사적 배경	제2장 사적 배경	
제2부 행정과 환경	**제2부 행정과 환경**	
제3장 행정과 사회	제3장 행정과 사회	
제4장 행정과 경제	제4장 행정과 경제	
제5장 행정과 정치	제5장 행정과 정치	
제3부 분야별 행정	**제 3부 분야별 행정**	
제6장 경제행정	제6장 농림수산행정	
제1절 농림수산행정	제7장 상공행정	
제2절 상공행정	제8장 교통행정	분리
제3절 교통체신행정	제9장 체신행정	분리
제4절 건설행정	제10장 건설행정	
제5절 재무행정	제11장 경제행정	분리
제7장 안보행정	제12장 재무행정	
제1절 공안행정	제13장 공안행정	
제2절 국방행정	제14장 자원행정	분리
제8장 외무행정	제15장 통일정책	추가
제9장 복지행정	제16장 국방행정	

제10장 과학기술행정	제17장 외무행정	
제11장 교육문화행정	제18장 복지행정	
제12장 지방행정	제19장 보건의료행정	분리
제4부 행정관리	제20장 노동행정	분리
제13장 최고관리	제21장 과학기술행정	
제14장 기획	제22장 문교행정	분리
제15장 조직	제23장 지방행정	
제16장 인사행정	제24장 문화공보행정	분리/통합
제17장 예산	**제4부 정책과 행정관리**	
제18장 공보행정	제25장 정책과정	추가
제5부 결론	제26장 기획	
제19장 행정 역할의 시대별 변천	제27장 조직	
제20장 행정발전과 행정윤리	제28장 인사행정	
제21장 정치발전과 행정발전	제29장 예산	
제22장 통관 및 전망	제30장 평가	추가
	제31장 통제	추가
부록 I 정부기구 연혁표 I	제32장 행정개혁	추가
부록 II 역대 각료	제33장 행정윤리	변경
부록 III 행정 연지(年誌)	**제5부 결론**	
	제34장 행정 역할의 시대별 변천	
	제35장 통관 및 전망	
	〈부록〉	
	I. 정부기구 연혁표	
	II. 역대 대통령·국무총리·각부처장관의 취임연월일, 재임기간표	보완
	III. 행정 연지(年誌)	

* 음영 표시는 서로 다른 부분

제4부 행정관리 부분은 1969년판에는 최고관리, 기획, 조직, 인사행정, 예산, 공보행정 등 6개 주제로 나누었으나, 1987년판에는 정책과정, 평가, 통제, 행정개혁 등을 추가하고 1969년판 결론에 있던 행정발전과 행정윤리를 행정윤리로 변경하여 총 9개 주제로 늘렸다. 1969년 판에서 특이한 점은 결론에서, 1987년판에도 포함된 행정 역할의 시대별 변천, 통관 및 전망과 함께 행정발전과 행정윤리, 정치발전과 행정발전을 별도의 주제로 다루고 있다는 점이다.

한국행정 60년을 정리하는 이번 연구는, <한국행정의 역사적 분석 1, 2>, <한국행정학회 50년>, <지방자치행정 50년사>등을 비교·검토한 후 <한국행정 60년, 1948-2008>이라는 제목 아래, 제1부 총론, 제2부 역사적·환경적 맥락, 제3부 공공관리, 제4부 지방행정·준정부조직·북한행정, 제5부 공공정책으로 구성하였다. 책의 본론에 해당하는 제3부, 제4부, 제5부에는 각각 24개, 7개, 27개의 세부 주제들이 포함되어 있어서 한국행정 60년을 총 망라하여 정리하고 있다. 부록에는 <사건과 인물>이라는 제목 아래에서 한국행정 60년과 관련된 연표와 역대 대통령, 국무총리, 장관, 국회의장단, 대법원장, 헌법재판소장 등의 인물들을 수록하고 있다.

3 현대 한국행정과 행정학

역사적으로 볼 때 한국행정은 대체적으로 크게 다음의 요인들에 의해서 영향을 받아왔다.[1] 우선 공무원들의 권위주의적인 의식과 행태는 유교적인 관존민비 사상의 영향에서 완전히 벗어났다고 할 수 없다. 아직도 일부 공무원들은 행위 동기를 합리성에 근거를 두고 있는 근대적 의미의 관료(bureaucrat)라기보다는 왕(상관)에게 맹목적으로 충성하는 중국의 관인(mandarin)과 유사하다. 관과 민이 평등하다는 생각이 관념적으로는 받아들여지고 있으나, 아직도 일반 국민들은 관공서에 가면 아무런 이유 없이 위축되며 공무원들은 근거 없는 우월감을 갖고 있다. 공무원들은 국민에 대한 봉사(civil servant)보다는 정권 또는 상사에 대한 봉사를 우선하였다.

한국사회의 민주화의 진전과 국민들의 정치의식의 향상으로 고객 우위의 행정이 아무리 강조되어도, 이러한 우월감은 공무원 집단의 내부 사회화 과정을 통하여 신입 공무원들에게 지속적으로 전승되고 있다, 여기에다 국내외 모든 문제에 대한 상황 정의를 정부가 독점하고 있던 개발연대의 경험은 공무원들의 권위주의적인

1) 이하에서는 필자가 쓴 "한국 행정학의 반성"(1996, 한국행정학회 창립 40주년 기념 학술대회)과 "한국 최초의 현대행정학자 정인흥의 행정사상: 국가와 관료제 이론을 중심으로"(1992, 한국행정학보)에서, 한국행정60년을 정리하는 데 도움이 되는 행정의 범위와 접근방법에 관련되는 내용을 수정, 보완하여 재정리하였다.

의식과 행태를 더욱 강화해주었을 것이다. 필자의 피상적인 관찰로는 중앙 공무원보다는 지방 공무원이, 고위직 공무원보다는 하위직 공무원들이 더 권위주의적인 것으로 보이는데, 이는 아마도 이들이 일반 시민들과 접촉할 기회가 상대적으로 많고 따라서 공무원으로서의 자기 신분을 수시로 부각시켜야 하기 때문인지도 모르겠다.

정부조직의 구성과 구체적인 운영 관행은 일제 식민지 시대의 유제를 답습하거나 현재 일본의 조직 형태와 운영 원리를 모방하는 경우가 대부분이었다. 해방 후 조선총독부 조직이 그대로 부활한 것이나, 정부 수립 이후 우리나라 최초로 정부조직을 구성하는 데 있어서도 미군정 시대에 도입된 새로운 제도들을 무시하고 조선총독부와 일본 정부조직에 전적으로 의존하여 구성한 것 등이 이러한 예에 속한다(조석준, 1969: 420－421). 국회에서 정부조직법에 대한 일 주일여에 걸친 간단한 논의 끝에 일제시대에 우리 국민들에 대한 감시, 통제, 동원에 활용되던 조선총독부 조직이 건국 이후 다시 살아났는데, 이는 우리 사회의 많은 다른 분야와 마찬가지로 행정 분야에서도 일제시대의 잔재를 청산하지 못한 대표적인 예라 할 수 있다.

정부조직뿐 아니라 우리나라 전체 공무원들의 인사행정의 근거가 되는 국가공무원법도 몇 군데의 자구 수정을 제외하고는 일본의 법규를 그대로 번역하여 사용하기 시작하였다. 이후 정부조직의 개편 또는 공무원 제도의 변화가 있을 때마다 미국보다는 일본의 경우를 참조하는 경우가 더 많았다. 최근 많은 변화가 있었지만, 공무원채용제도에 있어서도 각종 고등고시와 보통고시가 오랫 동안 지속되었으며, 인사제도의 근간도 비교적 엄격한 계급제에 입각하고 있었다. 우리나라 행정기관의 가장 전형적인 의사결정 방식으로 여전히 행정 업무 처리의 표준적인 절차가 되고 있는 결재제도 역시 일본의 품의제도를 거의 그대로 모방한 것이다.

행정이 표방하는 이념 또는 추구하는 가치와 추상(형식)적인 운영 원리는 미국의 압도적인 영향을 받아왔다. 우리나라의 거의 모든 행정학 개론서에는 행정이 추구해야 하는 최종적인 목표를 '행정이념'으로 소개하면서 합리성, 효과성, 민주성, 능률성, 합법성 등을 제시하고 있다. 그러나 이것들을 병렬적으로 나열하여 사전적인 의미 해설 정도로 간단히 언급할 것이 아니라 이러한 개념들을 행정이념으로 강조하게 된 역사적 배경을 충분히 설명해야 한다. 이러한 이념들은 한국의 현실에서 자생적으로 형성된 것이라기보다는 미국 민주주의의 전개과정과 행정에 대한 관점의 변화를 반영하는 것이기 때문에, 우리 상황에서는 이러한 이념들 간의 관련성을 재음미해 볼 필요가 있기 때문이다. 단순논리로 말한다면, 문민정부 출범과 함께 많은 행정학자들이 이제 우리도 민주주의가 어느 정도 달성되었기 때문에 '행정의 민주화'가 행정학의 가장 중요한 관심사가 되어야 한다고 주장하였는데, 우리 사회가 민주화 되었다는 점에 동의한다면 이제부터 행정학의 관심은 '행정의 민주화'가 아니라 오히려 '행정의 능률화'에 모아져야 한다.

해방 이후 미국식 민주주의의 형식적 도입과 함께 한국행정은, 5·16 직후 한때 '행정적 민주주의'라는 본말이 전도된 구호가 등장한 것을 제외하고는, 한 번도 행정 민주화 또는 민주적 행정을 구호로 내세우지 않은 적이 없었다. 그러나 문민정부에 들어서 행정기관에서 유행하는 용어로 표현한다면, 한국 행정학은 국민들을 '행정의 주체'로서 다룬 적이 한 번도 없었다. 그들은 언제나 행정지도의 대상에 불과하였다. 한국 행정학의 사회에 대한 인식 수준은 계속 낮아 이들 논의가 가치 비판적 차원에서 본격화되지 못하였으며, 특히 행정 고객에 대한 정향성의 결핍 때문에 고객 중심의 행정이라는 구호는 있었으나 고객 중심의 행정학은 한 번도 없었다(안병영, 1983: 156-160). 한국 행정학은 민주성에 대한 가치 결손 때문에 행정 고객이 연구대상에서 처음부터 탈락하는 경우가 허다하였던 것이다. 이러한 상황에서 기존의 행정학은 미국식 민주주의 가치와 행정관을 열심히 전파함으로써 여기에 접근할 수 있는 일부 학자, 공무원, 지배계층들에게 지적인 허영심 또는 허위의식만을 심어 주었다.

민주성이라는 행정이념뿐 아니라 우리나라 행정학 책에는 무수히 많은 미국식 행정제도와 관리기법을 소개하여 왔다. 그러나 오늘날 한국행정이 과연 얼마나 미국행정과 유사하게 되었는가는 여전히 의문으로 남는다. 미국에서 도입된 민주성을 확보하기 위한 행정제도들과 능률성을 증진시키기 위한 관리기법들이 한국행정에 얼마나 수용되었는가에 대해서 부정적으로 평가할 수밖에 없기 때문이다. 미국 행정제도나 관리기법들은 의식적으로 계획하여 도입하는 경우에도 그 제도와 기법들이 지닌 본래의 의의나 도입의 취지와는 다른 형태로 운영되는 경우가 적지 않았다. 미국 행정제도와 관리기법의 무리한 도입이 때로는 한국행정에 형식주의를 증가시키는 요인으로 작용하는 측면들도 적지 않았다(정용덕, 1996). 미국 행정학이 도입되기 전부터 미국식 행정관리제도들이 먼저 도입되기 시작하였다. 이미 미군정 시절에 미국식 중앙 인사행정기관을 모방한 '인사행정처'가 설치되었으며, 공무원 임용 원칙과 공무원 근무 규정이 마련되었다. 현재 운영되고 있는 미국식 직위분류제도와 근무성적평정제도도 이때부터 도입되기 시작하였다. 당시에도 이 제도들이 우리 실정에 전혀 맞지 않았기 때문에 제대로 운영되지 못하였으며, 운영되더라도 매우 형식적으로 운영되어 행정에 많은 혼란을 초래하였다(박동서, 1961: 112).

1970년대 후반부터 도입되기 시작하여 현재 한국 행정학에서 주류를 형성하고 있는 관리과학과 정책과학도, 우리나라 행정과정처럼 역사적인 요인이 많이 개입되고 예상할 수 없는 변수가 많은 경우, 이들 새로운 연구 경향이 우리나라의 행정문제를 해결하는 데 얼마나 도움을 주었는지에 대해서는 의심스러울 수밖에 없다(안병영, 1983: 156). 보편성이 높고 불변 이론적인 것이라 하더라도 더 이상 서구에서 어떤 이론이 유행한다고 해서 우리나라에서도 같은 이론이 유행하는 후진성을 반복할 필요는 없다. 우리 사회처럼 짧은 시간에 급격한 정치사회적 변동을 경험한 경우 이러한 과정에서의 행정의 본질은 절대적으로 관리과학이나 정책과학으로 해명될 성질이 아니기 때문이다. 현재 우리 정부에서 유행하는 목표관리(MBO), 전략적 성과관리(BSC), 고객관계관리(CRM), 식스 시그마(6-Sigma) 등의 관리기법들도 이러한 비판에서 자유로울 수 없다. 더구나 이러한 관리기법이 제대로 작동하지 않자 조직문화가 문제라며 미국 기업을 대상으로 개발된 조직문화 이론들을 우리나라 정부 조직에 적용하는 어리석음이 반복되고 있는 것이다.

요컨대, 그 간의 한국행정은 우리 역사가 경험한 서로 융합될 수 없는 매우 이질적인 요인들에 의해서 영향받아 왔다. 그래서 어떤 특정한 사회과학 연구 방법이 전제하고 있는 '배경적 과정(background assumptions)'에 대한 비판 없이, 특정한 개념이나 이론에 의해서 한국행정을 분석하려 든다면, 이러한 연구들은 기껏해야 한국 행정에 대한 부분적이고 피상적인 관찰에 그칠 수밖에 없다. 따라서 필자의 판단으로는 한국행정 60년을 정리하기 위해서는 그 동안 우리의 행정 현실을 규정하고 있던 '특수 한국적'인 역사적 요인들을 사실적으로 기술하는 일이 무엇보다도 중요하다고 생각한다. 이런 의미에서 어쩌면 한국행정 60년은 우리가 알고 있는 기존의 사회과학 지식체계 안에 포섭될 수 없는 것인지도 모른다.

4 연구의 대상: 행정의 범위

한국행정 60년을 정리하려면 연구의 대상, 즉 행정의 범위를 어디까지 잡을 것인지에 대한 논의를 재론해볼 필요가 있다. 어떤 학문 분야의 연구 대상이나 범위는 누군가가 미리 규정하거나 명령을 내릴 수 있는 성질의 것은 아니다. 행정학 분야에서 학문적 훈련(academic discipline)을 쌓은 학자가 관심을 가진 문제라면 모두 행정학의 연구대상이 될 수 있다(강신택, 1996: 5). 행정학자들은 명시적으로든 묵시적으로든 행정의 범위를 의식하고 있기 때문에, 행정의 범위는 행정학자들의 연구를 모두 포괄하여 설정하면 되는 것이다.

그러나 행정 현상은 행정학자가 존재하기 전부터, 행정학이 하나의 분과 학문으로 성립되기 전부터 이미 존재하고 있었다. 행정학자들이 등장하기 전부터 '현상으로서 행정'은 이미 존재하고 있었으며, 행정의 범위가 어느 정도 설정되어 있었다. 정인흥(1960: 56)에 의하면 "행정의 사실로서의 존재는 국가의 성립과 동시적이라 할 수 있는 것이며, 따라서 행정의 존재는 고대국가의 성립과 동시에 시인된다." 고대 이래로 국가가 존재하는 한 행정이 존재하고, 행정이 존재하는 한 일정한 규모의 관료제가 존재하였다는 것이다.

행정과 관료제가 사실로서 존재한다고 해서, 이들에 대한 연구(또는 접근방법)가 존재하고 있었던 것은 아니다. 고대국가에서의 행정은 정치와 분리되지 않은 상태에 있었으며, 윤리, 종교, 법률 또는 이들의 혼합물로 연구(또는 접근)되었다. 예컨대, 고대 중국에서는 행정이 유교적 윤리의 일부로서, 로마에서는 법률의 일부로서 접근되었을 뿐이다. 정치권력이 분산되어 있던 중세 봉건사회에서 군주의 관심은 행정에 의한 내치보다는 영토 확장을 위한 외치에 있었다. 국가의 행정은 군주 개인의 재산 관리에 한정되어 있었으며, 관리적 성격의 행정은 국가에서보다는 오히려 교회에서 활발히 이루어졌다.

절대군주국가는 봉건 영주들이 지니고 있던 분산된 정치경제적 권력을 절대군주의 단일 지배체제로 편입하는 과정에서 성립하는 것이므로 강력한 상비군과 중앙집권적 관료제의 기반 없이는 불가능한 것이다. 강력한 상비군을 통하여 봉건 영주들의 분권적 지배를 타파하여 정치권력을 통일하였다면 중앙집권적 관료제를 통하여 절대군주국가를 유지할 수 있었다. 거대한 규모의 상비군과 관료제를 보유하기 위해서 절대군주는 많은 부를 축적하고 있을 필요가 있었는데, 절대군주시대의 국가 정책이 이른바 '중상주의(mercantilism)'로 나타나는 것은 이러한 이유 때문이다.

중상주의는 화폐경제의 등장에 따른 자본의 원시적 축적기의 경제정책을 뒷받침하는 사상으로 절대군주의 보호 아래 국내 자본을 육성하는 한편 강력한 보호무역주의를 통하여 국부를 증진시키는 것을 목표로 한다. 이를 위하여 국가재정을 비롯하여 치안, 국방, 군사, 상공업, 노동, 물가 등 전국적인 규모의 행정을 필요로 하게 되었다. 이제 중세 가산(家産) 관리와 같은 단순한 행정기술로는 급격히 확대된 새로운 행정수요를 도저히 감당할 수 없게 되었던 것이다(정인흥, 1960: 63-65). 중상주의를 성공적으로 추진하기 위해서는 특히 국가 재정에 대한 전문적인 지식이 가장 시급하였는데, 국가재정 확충을 위한 행정기술의 하나로서의 관방학의 성립은 이러한 배경을 바탕으로 하고 있다.

관방학이 전형적인 절대군주국가인 영국, 프랑스, 스페인 등에서가 아니라 절대군주국가의 후발국인 프로이센과 오스트리아에서 출발하는 이유는 무엇일까? 선발국과 비교할 때 프로이센과 오스트리아는 자본주의의 출발도 늦었을 뿐 아니라 절대군주국가의 성립도 늦었다. 따라서 이들 나라는 절대군주국가 건설에 필요한 여러 제도들을 의도적, 계획적, 목적의식적으로 만들 수밖에 없었으며, 이를 위해 관방관리들에게 행정에 대한 체계적인 지식과 기술을 교육시킬 필요가 절실하였던 것이다.

이와 같이 관방학의 전통에 뿌리를 두고 있는 독일 행정학에서의 행정의 범위는 국가의 거의 모든 활동을 포괄하는 매우 광범위한 것이었다. 전기 관방학의 경우, 다른 유럽 국가들에 비하여 정치경제적으로 후진국의 상태를 벗어나지 못하고 있던 독일에서 국가 권력의 강화를 통한 국부의 증가를 도모하기 위한 것이어서, 현실적으로 절대군주의 군주권 강화를 위한 모든 국가 활동이 포함될 수밖에 없었다. 국가 활동의 분화에 대한 인식과 함께 그 내용이 더 세분화되고 체계화된 후기 관방학도, 슈타인의 예에서 보는 바와 같이 행정은 국가의사를 실현하는 단순한 수단이 아니라 국가의사의 창조까지를 포함하는 매우 광범위한 영역을 포괄하는 것이었다.

주지하는 바와 같이 우리가 지금 대학에서 연구하고 강의하는 현대적 의미의 행정학은 미국에서 출발되었다. 독일 관방학과 마찬가지로 미국에서 행정학이 대두한 것도 미국의 특수한 정치상황을 반영하고 있다. 당시 미국은 부패한 정당 정치로부터 행정을 독립시킬 필요성과 함께, 엄격한 삼권분립체제를 완화하여 행정에 권력을 통합시킬 — 또는 입법부 우위의 정치체제에서 행정부 우위의 정치체제로 전환시킬 — 필요가 절실하였다. 이 대목에서 강조되어야 할 것은 입법부 우위의 정치체제에서 행정부 우위의 정치체제로의 전환은 역설적으로 미국 민주주의의 발달을 전제로 하고 있다는 점이다.

미국에서의 행정학의 성립은 한편으로는 정당정치에 기초한 민주주의 전통을 파괴하지 않고 그대로 유지하면서, 다른 한편으로는 행정권을 확대하고 강화하여 정치의 극대화를 초래하지 않는 방법을 안출하기 위한 것이었다(정인흥, 1969: 355). 당시 미국 상황에서 정치로부터의 행정의 독립과 행정권의 강화는 어디까지나 민주주의가 어느 정도 진전된 상태에서나 가능한 것이며, 이러한 전제 아래에서만 행정의 독자성이 인정될 수 있는 것이었다. 따라서 출발 당시의 미국 행정학은 국가 또는 공공 행정과 기업 행정을 구별하지 않고 행정의 범위를 공사 조직의 관리의 문제로 한정하였다. 초기 미국 행정학을 이른바 '정치행정 이원론' 또는 '기술적 행정학'으로 부르는 것이나, 현재 미국 행정학이 연구방법은 매우 세련되어 있는 데 반하여, 연구의 대상과 범위라는 측면에서 모호한 상태로 남아 있는 것은 이러한 이유 때문일 것이다.

독일 관방학과 비교할 때 미국 행정학의 가장 큰 특징은 행정학이 국가의 존재를 전제로 하고 있지 않다는 점이다. 이미 미국은 건국 초기부터 의도적으로 유럽 국가들과는 전혀 다른 형태의 국가(또는 국가행정)를 계획하고 있었다. 미국 헌법에는 의회에 관해서 상세한 기술을 담고 있는 반면, 대통령에게 행정권(executive power)이 있다고 하고 있을 뿐 행정제도와 조직, 예산, 관리, 기획, 공무원 등 행정(administration)과 관련된 용어는 전혀 찾아볼 수 없다(정용덕, 1996). 독일 관방학이 국가의 모든 활동을 연구대상으로 삼은 데 반하여 미국 행정학은 적어도 초기에는 국가 활동과는 아무런 관련이 없었다. 오히려 미국에서 행정학의 출발은 행정을 국가 활동으로부터 분리하려는 시도로서의 성격을 지니고 있었다. 부패한 국가

(권력)로부터 행정을 보호하고 행정의 전문성과 계속성을 유지하려는 것이 행정학을 독립 학문으로 출발시키는 가장 큰 이유였다.

독일과 미국의 예에서 보는 바와 같이 각국의 역사적 경험과 정치적 상황에 따라 행정에 대한 개념 정의가 각각 달라진다고 할 수 있다. 독일 관방학의 연구 대상은 국가 활동 전체를 포괄하는 매우 광범위한 데 반하여, 미국 행정학에서는 국가를 배제하고 공사 조직의 관리 문제에 그 연구대상을 한정하고 있었다. 따라서 미국 행정학을 받아들여 답습한 바 있는 한국 행정학은 행정의 개념을 정의하는 데 있어서 적어도 다음과 같은 두 가지 점에서 오류를 범해왔다고 할 수 있다.

우선 미국 행정학에서의 행정의 정의는 처음부터 국가(또는 공공)행정과는 거리가 멀었다는 점이다. 우리와 같이 강력한 국가로서의 전통을 지니고 있는 경우 공행정과 사행정은 그 목표와 제도, 운영방식들이 명백히 다를 수밖에 없는 데 반하여, 국가를 배제하고 있는 미국 행정학의 경우에는 공(公)과 사(私)의 구별에 의미를 두기보다는 행정(관리)에 중요한 의미를 부여하고 있는 것이다. 또한 미국 행정학은 정당정치와 민주주의가 어느 정도 진전된 바탕 위에서만 성립할 수 있는 것이었다는 점이 지적되어야 한다. 행정이념과 관련하여 미국 행정학은 행정의 능률성만을 추구하고 있다는 비판을 받아왔다. 그러나 민주주의가 어느 정도 발달된 상태에서의 행정의 능률성은 행정의 민주성의 원리에 부합하는 것이다. 민주주의를 제대로 실시되지 않고 있는 국가들의 경우 행정의 능률성 추구는 오히려 그 사회를 민주주의에서 멀어지게 하는 데 기여할 수밖에 없는 것이다. 민주주의가 성숙하지 못한 상태에서 도입되어 박정희 시대에 과잉 발전된 우리나라 행정학은 아마도 여기에 해당하는 대표적인 사례라 할 수 있다.

여기서 우리는 연구대상의 객관적 존재하는 것과 그 대상을 연구하려고 하는 주관적 필요성을 구분해서 생각해 볼 필요가 있다. 어느 나라나 행정 현상이 존재하는 한 행정학의 연구대상은 객관적으로 항상 존재하고 있다. 그러나 그 대상이 있다고 해서 바로 행정학이 성립하는 것은 아니다. 그 대상을 연구할 주관적 필요성이 있을 때에만 행정학이 성립하는데, 행정학과 같은 실천적 성격의 학문은 연구대상이 객관적으로 존재한다는 조건보다는 왜 특정한 시기에 그 대상을 연구하려 하는지에 따라서 연구의 범위가 결정된다(정인흥, 1960: 55). 행정연구의 필요성은 특정 국가와 특정 시대에 따라 다를 수밖에 없으며, 결국 행정이라는 개념은 역사적으로 구성되고 재구성되는 '역사적 구성물(historical constructs)'에 불과한 것이다.

5 연구의 방법: 사회과학과 역사학

행정을 포함한 사회과학의 모든 개념들이 역사적 구성물이라면 사회과학에는 보편적인 이론이 존재하지 않는 것인가? 보편적 불변 이론이 있느냐 없느냐의 문제는 사회과학뿐 아니라 자연과학에서도 방법론적으로 쟁점이 되고 있는 문제이다. 일종의 지식이론에 관한 난해한 논쟁들을 소개하는 것은 필자의 능력도 부족하거니와 이 자리에 적절하지도 않다. 다만 앞의 논의에서 '행정'개념의 역사성과 이론의 배경적 가정(또는 사회적 맥락)을 강조한 것에서 암시한 바와 같이 필자는 사회과학에서 보편적 이론이 존재한다는 것을 의심하는 입장에 가깝다. 그렇다고 사회에 보편적인 현상이 존재하지 않는다고 주장하는 것은 아니다. 어떤 현상이 보편적이냐 아니냐는 현상 자체에서 얻어지는 판단이 아니라 연구자가 보편과 특수를 어떻게 해석하느냐에 달려 있는 문제이며, 이때 연구자의 판단은 그 사회의 역사적이고 사회적인 배경 속에서 결정된다. 어떤 행정학자가 어떤 현상을 한국행정에서만 나타나는 특수한 현상이라고 판단하였다면 그 판단 속에는 이미 행정 현상의 보편성에 대한 인식이 전제되어 있다고 말할 수 있다. 보편성에 대한 인식이 전제되어야 특수성을 인식할 수 있고, 특수성에 근거를 두어야 보편성을 발견할 수 있기 때문이다. 이 지점에서 보편적 이론을 지향하는 사회과학과 개별적 특수성을 강조하는 역사학의 협동 연구가 필요하다.

단순화시켜 말하면 사회과학과 역사학의 소통은 두 갈래에서 이루어져 왔다(이수훈 옮김, 1996: 63-66). 하나는 '사회과학적 역사학(social science history)'으로 불릴 수 있는 것으로, 사회과학에서 개발된 개념인 사회변동, 계급, 역할 기대와 같은 개념을 사용하거나 사회과학의 세련된 계량적 방법을 동원하여 역사를 분석하는 것이다. 역사학자들은 역사 속의 사건, 개인적 동기, 제도들에 대해서는 잘 알고 있으나, 역사 속에 감추어진 장기적인 사회변화 과정을 분석하는 데에 익숙하지 않다. 사회과학적 역사의 일차적 관심은 과거에 대한 개별적 자료로 일반법칙을 뒷받침하거나 수정하는 데 있으면, 최종적인 목표는 역사 속에 나타난 일반법칙을 정립하는 것이다.

다른 하나는 역사 연구를 통하여 사회에 보편적으로 나타나는 일반법칙(예컨대 사회기능 또는 사회구조)을 검증, 수정, 재구성하는 데 관심이 있는 것이 아니라, 역사를 더 정확하게 해석하기 위하여 사회과학에서 개발된 일반법칙을 활용하는 '역사적 사회과학(historical social science)' 분야이다. 이들의 일차적 관심은 어디까지나 역사의 정확한 이해에 있으며 사회과학에서 개발된 일반법칙들은 역사를 이해하기 위한 도구에 불과하다. 역사적 사회과학에서는 비역사적인 사회과학이, 역사를 강조하던 사회과학 초기의 훌륭한 전통을 상실하면서, 서구에서 개발된 개념과 이론들을 서구와는 전혀 다른 현상과 문화들을 분석하는 데 무분별하게 적용하는 오만한 자기 확신을 보였다고 비판한다. 더 나아가 사회과학에서 영원불변의 보편적인 일반법칙을 전면적으로 부인하기도 한다.

사회과학적 역사학과 역사적 사회과학은 별개의 과정이라기보다는 서로 순환하는 과정이다. 이런 순환 과정을 통하여 개별 기술적(idiographic)인 역사학과 법칙 정립적(nomothetic)인 사회과학이 서로 결합할 수 있다. 즉 사회적 실재에 관한 모든 유용한 기술(記述)은 필연적으로 역사적인 상황의 구체성 뿐만 아니라 연구대상인 구조의 연속적이며 끝없는 변화까지를 고려해야 한다. 동시에 장기 지속에 관한 사회과학적인 구조적인 설명을 추구하지만 그런 설명이 영원하지도 영원할 수도 없다는 전제에 기초하여야 한다(유희석 옮김, 2007: 201). 논의 전개를 위하여 더 단순화시켜 말하자면 사회과학적 역사학은 과거의 역사에서 현재의 사회과학 개념과 이론을 (재)구성하는 것을(더 과학적, 덜 역사적), 역사적 사회과학은 현재의 사회과학 개념과 이론을 활용하여 과거의 역사를 더 정확하게 이해하는 것을(덜 과학적, 더 역사적), 상대적으로 강조한다.

역사학과 사회과학의 소통과 관련하여 역사를, 사건(event) 중심의 단기적 역사, 국면(conjuncture) 중심의 중기적 역사, 구조(structure) 중심의 장기적 역사로 구분하는 것도 의미가 있다(신용하, 1982: 260-270). 전통적 역사학자들이 관심을 가졌던 단기적 역사는 짧은 시간의 개별적 사건에 초점을 두고 있는 신문기사 또는 연대기에 가깝다. 중기적 역사는 사회경제사가들이 10년, 20년 또는 50년의 주기적 변동의 원인과 결과에 몰두하는 것과 같이, 여러 요인들이 어느 시점에서 결합됨으로써 벌어지는 국면을 문제 삼는다. 구조는 장기간에 걸쳐서 형성되어 특정

시대 인간의 경험으로는 벗어날 수 없는 한계를 설정하는 것으로 지리적 제약, 문명, 자본주의의 위기, 생산성의 한계 등이 이에 해당한다. 그러나 역사 연구에서 단기 지속, 중기 지속, 장기 지속을 명확히 구분하는 것은 매우 어려운 문제이다. 다만 사건에 대한 연구에서는 국면과 구조에 대한 사회과학적 분석을, 구조에 대한 연구에서는 사건과 국면에 대한 역사적 해석을 함으로써 역사학과 사회과학의 소통이 가능할 것이다. 사회과학 없는 역사학은 맹목적이며 역사학 없는 사회과학은 공허하기 때문이다(신용하, 1982: 17).

최근 사회과학에서 유행하는 이른바 '역사적 제도주의(historical institutionalism)'는 역사학과 사회과학을 소통시키는 좀더 구체적인 방법을 제시한다. 역사적 제도주의자들은 제도를 공식적, 비공식적 절차(procedures), 관행(routines), 규범(norms), 관습(conventions) 등을 포괄하는 개념으로 넓게 정의한 후, 제도 변화에 영향을 미치는 요인들이 무엇인지를 규명하려고 한다. 즉 제도와 행태 사이의 관계, 제도 변화 과정에서의 권력의 비대칭성 문제, 제도의 경로 의존성과 의도하지 않은 결과들, 사상 또는 신념이 제도에 미치는 영향 등을 분석하려고 한다(Hall & Taylor, 1996: 938-942). 이들에 따르면 제도는 점진적이고 지속적으로 변화하며, 상황 종속적이고 동태적인 특성을 지니고 있다. 또한 제도는 반드시 내부에서 자생적으로 형성되는 것은 아니며, 때로는 외부로부터 도입되거나 강요되기도 한다(김종성, 2007: 16). 역사적 제도주의가 제도와 의도(institution vs. intention), 맥락과 행동(context vs. conduct), 구조와 행위자(structure vs. agency)라는 이분법에 빠져 있다는 비판을 받고는 있지만(Hay & Wincott, 1998: 953), 기본적으로 역사적 전통과 문화 등 과거의 제도를 독립변수로 현재의 제도를 설명하려고 한다는 점에서 한국행정 60년을 정리하는 데 이론적 자원으로 활용될 수 있는 것이다.

6 한국행정 60년 정리의 문제

위의 논의들에 근거하여 한국행정 60년을 정리하는 데 고려해야 하는 몇 가지 쟁점에 대한 의견을 정리하여 추가하는 것으로 이 글을 마무리하려고 한다. 첫째, 사회과학과 역사학의 관계를 한국행정 60년 정리에 적용하면, 과거의 행정에서 새로운 개념과 이론을 구성할 것인지(일종의 '행정역사학'), 현재의 개념과 이론으로 과거의 행정을 서술할 것인지(일종의 '역사주의적 행정학')의 문제로 귀착된다. 그런데 행정 현상 중에는 장기간 지속하는 것, 중기적으로 지속하는 것, 단기적으로 지속하는 것이 있을 수 있다. 한국행정 60년 정리에 있어서 장기적 역사는 일단 제외하더라도 중기 또는 단기적으로 지속하는 것 중에는 ① 과거에는 있다가 사라진 것(군부관료체제), ② 과거로부터 그대로 또는 변형되어 현재까지 지속되는 것(행정개혁, 정부혁신), ③ 과거에는 없었는데 새롭게 나타난 것(전자정부)들이 있을 수 있다. 일반적으로 중기적으로 지속되는 ②는 역사적 현상을 개념화하여 이론을 구성하고 이 이론을 과거에 적용해 볼 수 있으나, 단기적으로 지속되는 ①과 ③은 한국행정의 역사를 사실에 충실하게 서술하되, 행정학에서 개발된 기존의 개념과 이론들을 활용할 수 있을 것이다.

둘째, 한국행정 60년을 총망라하여 정리하기 위해서는 한국 현대사를 전공하는 역사학자들은 물론 관련 사회과학자들과의 공동 연구가 필수적이다. 행정학 내부에서도 세부 전공이 다르면 서로 학문적 교류가 점점 불가능해지고, 행정학이 종합학문임에도 불구하고 인접학문으로부터 오히려 가장 폐쇄적이라는 비판을 받고 있는 실정이지만, 한국행정 60년을 정리하는 일은 인접 사회과학의 도움 없이는 불가능하다. 행정과정 분야는 그렇다 하더라도 분야별 정책 또는 행정 분야로 들어가면 그 분야를 전공하면서 정책과 행정에 관심이 있는 학자들과의 소통과 협력이 필수적이다.

셋째, 한국행정 60년 정리의 핵심은 60년의 행정과정(정책과정과 행정관리)과 60년의 행정내용(정책 분야별 행정)이 될 것이다. 굳이 연결시키자면 행정과정은 행정관리를 행정학의 핵심으로 보았던 미국 행정학의 전통과, 행정내용은 국가 활동 전체를 행정을 보는 독일 관방학의 전통과 연결된다고 볼 수 있겠다. 앞에서 언급한 바와 같이 선행 연구들은 행정내용을 상대적으로 강조하면서 행정과정은 이를 지원하는 의미를 두고 있다. 한국행정연구원의 한국행정 60년 연구는 정책 분야별 행정에 앞서 정책과정과 행정관리를 먼저 편성하고 있다. 이 점에서 미국식의 행정 관점이 반영되어 있는 것으로 이해해도 될 것이다.

넷째, 행정과정과 행정내용을 같은 방법으로 접근할 것인지, 다른 방법으로 접근할 것인지의 문제도 제기될 수 있다. 우리의 논의를 빌리자면 행정과정은 행정역사학적 접근(더 과학적, 덜 역사적)이, 행정내용은 역사주의적 행정학 접근(덜 과학적, 더 역사적)이 강조되어야 하며, 그렇다면 행정과정에는 더 분석적인 방법이, 행정내용에는 더 기술적인 방법이 동원되어야 한다. 물론 행정과정 중에서도 예컨대, 인사행정, 재무행정, 조직관리처럼 더 분석적으로 접근할 주제가 있으며 정책과정, 행정통제, 행정개혁처럼 더 기술적으로 접근할 주제가 있다. 행정내용 중에도 대외정책, 법질서, 경제정책처럼 더 분석적으로 접근할 주제가 있으며 산업정책, 사회복지정책, 교육문화정책처럼 더 기술적으로 접근할 주제가 있을 것이다.

다섯째, 시기 구분의 문제를 어떻게 할 것인지를 결정해야 한다. 공화국별로 할 것인지, 국가형성기, 산업화기, 민주화기로 할 것인지, 행정학 도입 이전과 이후를 구분할 것인지 등, 60년의 짧지 않은 역사를 다루는 데 있어서 시기 구분은 매우 중요한 의미를 지니고 있다. 여기서도 행정과정과 행정내용을 같은 기준으로 할 것인지, 다른 기준으로 할 것인지의 문제를 고민해 보아야 한다. 새로운 제도가 도입되어 지속될 때까지를 추적해야 하는 행정과정은 굳이 공화국(또는 정권)별로 구분할 필요는 없으나, 행정내용은 공화국별로 차이가 날 수 있기 때문에 공화국별로 정리하는 것도 한 방법이라 할 수 있다. 시기 구분의 문제는 행정과정이 되었든 행정내용이 되었든 세부 주제에 따라 달라지겠지만 단기간 지속하는 사건 중심의 역사를 쓸 것인지, 중기적으로 지속하는 국면 중심의 역사를 쓸 것인지를 한번쯤 고민해볼 필요가 있다.

여섯째, 북한행정을 어떻게 다룰 것인지도 고민할 필요가 있다. 정부수립 60년을 맞이하여 한국 행정학자들이 북한행정의 변화를 체계적으로 정리하는 것도 큰 의미가 있다고 생각한다. 북한행정 60년을 정리하는 것 자체만으로도 매우 어려운 작업이 되겠지만 정부수립 60년을 맞이하여 북한행정을 우리 방식으로 정리하는 일은 한국 행정학자들에게 부여된 의무라 할 수 있다.

한국행정 60년을 정리하는 방대한 작업은 일회성에 그치지 않고 지속적으로 이루어져야 한다. 60주년을 기념하는 책 몇 권을 출판하거나 세미나를 몇 차례 한다고 해서 완성될 일이 아니다. 행정과정, 행정관리, 정책, 분야별 행정, 북한행정 등 한 주제 내에서도 무수히 많은 세부 주제가 도출될 수 있다. 이러한 세부 주제에 관한 지속적인 정리 작업으로 자료가 축적되고, 이를 근거로 새로운 개념이 구성되고 이론이 정립될 때 비로소 한국 행정학의 체계가 완성될 수 있을 것이다.

참고문헌

제1장

강신택(1971). 한국행정학사 서설. 「한국정치학회보」, 4.
______(1987). 행정학연구방법의 변천과정과 앞으로의 방향. 「한국행정학보」, 21(1).
______(1995). 「사회과학 연구의 논리: 정치학 행정학을 중심으로」. 서울: 박영사.
______(1996). 한국 행정학의 과제. 「한 · 일 행정학의 발전과 전망 워크샵 자료」.
교육부(1996). 「교육통계연보」.
김광웅(1979). 사회과학연구방법의 토착화에 관한 소고: 정치학 · 국제정치학 · 행정학분야. 「행정 논총」, 서울대행정대학원, 17(2).
김병섭(1995). 한국행정의 실증연구: 조직론 분야. 「1995년도 동계학술대회논문집」, 한국행정학 회.
김영민(1992). 한국 최초의 현대 행정학자 정인흥의 행정사상: 국가와 관료제 이론을 중심으로. 「한국행정학보」, 26(3).
김윤상(1996). 부끄러운 행정학회. 「한국행정학회 소식」, 65.
김행범(1995). 행정학 실증연구: 정책집행분야. 「1995년도 동계학술대회 논문집」, 한국행정학회.
박동서(1961). 「한국 관료제의 역사적 전개」. 서울: 한국연구도서관.
______(1967). 한국 행정학의 현황과 역할. 「한국정치학회보」, 2.
______(1978). 행정학연구의 현황과 평가. 「한국정치학회보」, 12.
백완기(1978). 한국행정학의 학문적 정립문제: 과학주의 입장에서. 「한국정치학회보」, 12.
______(1987). 한국적 행정이론의 성립가능성 모색. 「한국정치학회보」, 21(2).
안병영(1979). 한국의 행정현상과 행정학연구의 주체성. 「한국정치학회보」, 13.
______(1983). 한국행정학의 '탈정치'적 접근과 문화적 편향성. 「사회과학」, 성균관대학교

사회 과학 연구소.
이달곤(1995). 지방행정 실증 연구. 「1995년도 동계학술대회 논문집」, 한국행정학회.
이종범(1977). 행정학의 토착화에 관한 논거. 「한국행정학보」, 11.
______(1979). 한국행정학 연구의 방향과 과제: 문화적 차이의 개념을 중심으로. 「한국정치학회보」, 13.
______(1986). 「국민과 정부관료제」. 고려대 출판부.
이한빈 외(1969). 「한국 행정의 역사적 분석, 1948-1967」. 서울: 한국행정문제연구소.
장지호(1986). Lorenz von Stein의 행정학: 서설적 고찰. 「논문집」, 5, 인하대학교 사회과학연구소.
조석준(1969). 조직. 이한빈 외, 「한국행정의 역사적 분석, 1948-1967」, 서울: 한국행정문제연구소.
______(1989). 우리나라 행정학의 방향. 「행정논총」, 27(2), 서울대 행정대학원.
정용덕(1996). 미국 행정(학)의 무국가성이 한국의 행정(학) 발전에 미친 영향. 「한・일 행정학의 발전과 전망 워크샵 자료」.
정인흥(1955). 「행정학」. 서울: 제일문화사.
______(1960). 「행정학」. 서울: 박영사.
______(1969). 행정학의 방법론적 연구. 「한국행정학보」, 3.
하태권(1995). 행정학 실증연구: 인사행정 분야. 「1995년도 동계학술대회 논문집」, 한국행정학회.
辻清明 外(1982). 「行政理論」. 東京大出版會(최영출 옮김), 서울: 대영문화사.

Benton, T.(1975). *Philosophical Foundations of the Three Sociologies*(안상헌 옮김, 「사회과학의 철학적 기초」). 서울: 풀빛.
Hahn Been Lee & Sin Taek Kang(1982). Development of the Study of Public Administration in Korea. in Bun Woong Kim & Wha Joon Rho(eds.), *Korean Public Bureaucracy*. Seoul: Kyobo Publishing Inc..
Jong S. Jun(1983). Korean Public Administration: Education and Research. *IRAS*, 49(4).
Marn Jai Cha(1981). Is Indigenous Korean Public Administration Possible?: A Look at American Public Administration. presented at KPSA-AKPSNA fourth joint conference.
______(1985). A Sequel to Indigenization of Public Administration: Implications to Research and Education. presented at KPSA-AKPSNA sixth joint conference.
Paige, G.(1961). Research at the Graduate School of Public Administration, Seoul National University, 1959-1960. Terminal Report(서울대 행정대학원).
Sintaek Kang(1970). A Prologue to a Survey of the Study of Public Administration in Korea. 「행정논총」, 8(1), 서울대 행정대학원.
Stanford, M.(1986). *The Nature of Historical Knowledge*. New York: Basil Blackwell Inc..

Wallerstein, I. et al.(1996). *Open the Social Sciences*(이수훈 옮김, 「사회과학의 개방」, 서울: 당대).
Wesley E. B. & A. Zomorrodian(1986). Towards Indigenous Theories of Administration: An International Perspective. *IRAS*, 52(4).

제2장

* 이 논문의 참고 문헌에서는 정인흥 선생의 저작 목록을 정리하였다. # 표시는 이 글에 인용된 문헌이다.

1. 정치학 일반

#(1956a). 「정치학」. 제일문화사.
#(1957a). 「정치학원론」. 제일문화사.
(1958). 북 레뷰: 민병태 저, '정치학'. 「사상계」(8월호).
(1959). 「정치와 행정(공역)」. 박영사.
(1959). 「정치학 사전(공편)」. 경향출판사.
(1971). 한국정치학의 과제. 「한국정치학회보」, 5.
#(1975). 「정치학대사전(공편)」. 박영사.

2. 정치사상

#(1955a). 「근대정치사상사」. 양문사.
#(1956b). 「정치사상사」. 박영사.
(1956). 민주주의와 국가권력. 「자유세계」, 4.
(1963). 정치적 혼조를 극복하는 길: 아나키즘의 극복과 마키아어벨리즘의 추방. 「신사조」(7월호).
(1965). 독일의 자유주의 : 칸트를 중심으로. 「국민대학보」, 국민대학교.
#(1972a). 「서구정치사상사」. 박영사.
#(1976). 「정치사상가평전」. 박영사.
(1976). 버크의 정치철학에 관한 연구. 「성균관대 논문집」, 23.
#(1981). 「정치사상가평전」, 양영각.

3. 행정학 일반

#(1955b). 「행정학」. 제일문화사.

#(1957b). 현대행정론. 「사상계」(3월호).
(1957). 관방학의 이념적 기초. 「신흥대 정외학보」(창간호).
(1958). 「현대행정론(공역)」. 법문사.
(1959). 「행정학강요(공역)」. 을유문화사.
(1959). 북레뷰 : 디모크 저, '행정철학'. 「사상계」(4월호).
#(1960). 「행정학」. 박영사.
(1962). 복지행정의 기초적 이론이 관견. 「재정」(9월호).
(1963). 행정조직의 합리성. 「국민대학보」, 국민대학교.
(1965). 한국행정제도 개혁사. 「고시계」(7월호).
(1966). 인사기관으로서의 영국 재무부의 기구와 기능에 관한 고찰. 「대구대 논문집」, 6.
(1968). 행정학의 방법론적 연구(성균관대학교 박사학위 논문).
(1969a). 행정의 내재적 책임론. 「학술원 논문집」, 8.
(1969). 「행정학입문」. 성지출판사.
(1969b). 행정학의 방법론적 연구. 「한국행정학보」, 3.
(1970). 서독의 행정조직에 관한 소고. 「성균관대 논문집」, 15.
(1971). 「신고 행정학」. 박영사.
(1980). 행정의 내부적 책임론. 「조달」(12월호), 4.

4. 국가 및 관료제

#(1958). 관료제도의 맹점. 「사상계」(11월호).
#(1959). 민주주의의 반역자냐 실천자냐: 행정국가에 있어서의 관료제. 「사상계」(9월호).
(1960). 4월혁명과 관기 확립. 「국회보」, 29.
#(1965). 한국관료제의 특질. 「정경연구」(8월호).
(1966). 헤겔의 국가이론의 근대성. 「권오익 박사 환력(還曆) 논문집」.
#(1971). 행정국가론. 「성균관대 논문집」, 16.
#(1972b). 행정국가에 관한 개념론. 「성균관대 논문집」, 17.

5. 지방자치

#(1961). 「지방자치론」. 박영사.
(1967). 카나다의 지방자치에 관한 연구. 「성균관대 논문집」, 12.
(1968). 카나다에 있어서의 지방자치기구에 관하여. 「지양(芝陽) 신기석박사 환갑기념 학술논문집」.

* 선생의 글 외에 이 논문에 인용된 문헌

유훈(1982). 정인흥 교수를 추모함. 「한국행정학보」, 16.
장지호(1986). Loren von Stein의 행정학: 서설적 고찰. 「논문집」, 5, 인하대 사회과학연구소.

제3장

강민(1983). 관료적 권위주의의 한국적 생성. 「한국정치학보」, 12.
권인준(1978). 남북한 정치 행정 엘리트의 충원유형 비교연구(고려대 석사학위논문).
권종국(1982). 한국 근대화 과정에 있어서의 군부엘리트의 참여에 관한 연구: 제3공화국을 중심으로(서울대 석사학위논문).
김견(1986). 종속적 발전사회에의 국가의 역할 및 성격: 한국의 중화학 공업화 과정을 중심으로(서울대 석사학위논문).
김광웅(1986a). 한국사회 변동의 이해를 위한 관료적 발전주의 시론. 「관료와 발전」, 평민사.
______(1986b). 관료와 시민: 관료와 시민의 의식구조. 「관료와 발전」, 평민사.
김영평(1985). 산업화의 맥락에서 본 한국 관료제의 행방. 「한국정치학회보」, 19.
김운태(1966). 우리나라 고급 공무원에 관한 실태조사 분석과 한국관료제의 개혁을 위한 제언. 「행정논총」, 4(2), 서울대.
김해동(1972). 관료부패에 관한 연구 Ⅰ, Ⅱ. 「행정논총」, 10(1), 서울대.
______(1974). 한국공무원의 형식주의적 태도에 관한 연구. 「행정논총」, 12(1), 서울대.
______(1978). 한국 관료제의 전통 문화적 제요인. 「행정논총」, 21(1), 서울대.
노정현(1980). 한국근대화와 관료엘리트: 그 성분과 가치체계. 「한국근대화론: 문제와 전망」, 박영사.
박동서(1968). 한국행정부의 고급관리자의 자격조사. 「행정논총」, 6(2), 서울대.
______(1973). 한국 고급 행정관의 성분의 변천. 「행정논총」, 4, 동국대.
______(1977). 한국의 관료제와 정치발전. 「한국정치학회보」, 11.
______(1978). 「한국행정론」. 법문사.
______(1980). 한국 장관의 역할과 책임. 「한국행정의 발전」, 법문사.
박종주(1986). 한국근대화와 국가 코포라티즘적 통제: 제 3-4공화국을 중심으로(서울대 박사학위논문).
박현채(1986). 「한국경제구조론」, 일월서각.
배명구(1988). 대통령 비서실의 구조와 역할에 관한 연구: 경제비서관을 중심으로(서울대 석사학위 논문).
백완기(1982). 「한국의 행정문화」. 고려대 출판부.
손정웅(1976). 한국 국무위원의 충원 분석, 1948-72(서울대 석사학위논문).
안병만(1987). 정부엘리트와 그 변동. 한국정치학회편, 「현대한국정치론」, 법문사.

안용식(1978). 한국 고급 공무원의 모빌리티(mobility)에 관한 연구(연세대 박사학위논문).
유광호(1985). 한국 관료제에 대한 의회의 통제. 한국의회발전연구회, 「의정자료」, 8.
유훈(1966). 한국 고급 공무원의 사회적 배경. 「행정논총」, 4(2), 서울대.
이규태(1986). 한국관료제의 대표성에 관한 연구(서울대 석사학위논문).
이광종(1981). 한국관료의 역기능적 행태에 관한 고찰. 「행정논총」, 19(1), 서울대.
_____(1986). 한국관료의 행정책임과 통제에 관한 연구: 감사원에 의한 통제를 중심으로 (서울대 박사학위논문).
이성형(1985). 국가, 계급 및 자본축적: 8.3조치를 중심으로(서울대 석사학위논문).
이한빈(1967). 해방 후 한국의 정치변동과 관료제의 발전. 「행정논총」, 5(1), 서울대.
이한빈(1968). 「사회변동과 행정」, 박영사.
임도빈(1985). 한국 행정관료의 퇴직 후 이동성에 관한 연구(서울대 석사학위논문).
임현진(1987). 현대 한국의 국가 자율성: 도구적 가능성과 구조적 한계. 「현대 자본주의와 공동체 이론」, 한길사.
전수일(1984). 관료부패 연구: 사회 문화적 접근. 「한국행정학보」, 18(2).
정인흥(1965). 한국관료제의 특질. 「정경연구」(8월호).
정정길(1987). 국무회의의 허와 실. 「월간조선」(9월호).
_____(1988). 경제장관회의와 정책결정. 「행정논총」, 26(2), 서울대.
조석준(1967). 결정작성에 있어서의 갈등이론과 한국행정. 「행정논총」, 5(2), 서울대.
_____(1970). The Korean Bureaucracy: Authority and Policy Formulation Process. 「행정논총」, 8(1), 서울대.
_____(1973). 한국행정조직의 동태적 연구. 「행정논총」, 11(1), 서울대.
_____(1975a). 한국중앙관서의 조직규모와 비관리층화 및 참모비의 관계에 관한 연구. 「행정논총」, 13(2), 서울대.
_____(1975b). 조직형태론과 한국조직형태에 관한 연구. 「행정논총」, 13(2), 서울대.
_____(1977). 한국중앙관서간의 교호작용에 관한 연구. 「행정논총」, 15(1), 서울대.
차두삼(1984). 한국 군사엘리트와 정치발전에 관한 연구(서울대 석사학위논문).
최장집(1985). 과대성장국가의 형성과 정치균열의 구조. 「한국사회연구 3」, 한길사.
_____(1988). 「한국의 노동운동과 국가」, 열음사.
한상진 외(1985). 「한국사회변동과 국가의 역할에 관한 연구: 관료적 권위주의를 중심으로」. 현대사 회연구소.
황인정(1970). 「행정과 경제개발」, 서울대 출판부.

Bark Dong Suh & Chae Jin Lee(1976). Bureaucratic Elite and Development Orientations. *Political Leadership in Korea*, Suh Dae-Sook & Chae Jin Lee(eds.), University of Washington Press.
Eisenstadt, S. N.(1963). *The Politial Systems of Empires*. New York: Free Press.

Fainsod, M.(1963). Bureaucracy and Modernization: Russian and Soviet Case. *Bureaucracy and Political Development*, LaPalombara, J.(ed.), Princeton Univ. Press.

Kim Young Jong(1986). *Bureaucratic Corruption*. Seoul: Chun Choo Gak.

Heady, F.(1984). *Public Administration: A Comparative Perspective*. New Yrok: Marcel Dekker.

Marx, F. M.(1961). *The Administrative State: An Introduction to Bureaucracy*. The University of Chicago Press.

Oh Suk Hong(1965). *Administrative Measures for Controlling Negative Bureaucratic Behavior: the Counter-Corruption Campaigne of the Korean Government*(unpublished working paper).

Self, P.(1985). *Political Theories of Modern Government: It's Role and Reform*. London: George Allen & Unwin.

Song Tong Kun(1978). Bureaucracy and Political Development: South Korea(Ph.D. Dissertation New York University).

Yoon Woo Kon(1982). The Effect of Personality on Bureaucratic Behavior in the Case of South Korea(Ph.D. Dissertation, New York University).

제4장

Arnold, R. D.(1979). *Congress and the Bureaucracy: a Theory of Influence*. New Heaven: Yale Univ. Press.

Bondel, J.(1995). Toward a Systemic Analysis of Government-Party Relationships. *International Political Science Review*, 16(2).

Casar, M. A.(1995). Party-Government Relations: The Case of Mexico. *International Political Science Review*, 16(2).

Casino, C.(1995a). Party Government: The Search for a Theory-Introduction. *International Political Science Review*, 16(2).

______(1995b). Party Government in Latin America: Theoretical Guidelines for an Empirical Analysis. *International Political Science Review*, 16(2).

Castles, F. G. & R. Wildenman(eds.)(1986). *The Future of Party Government*. Berlin: De Gruyter.

Crepso, J. A.(1995). The Liberal Democratic Party in Japan: Conservative Domination. *International Political Science Review*, 16(2).

Hirst, P.(1994). *Associative Democracy: New Forms of Economic and Social Governance*.

Cambridge: Polity Press.
Jones, C. O.(1977). *An Introduction to the Study of Public Administration*. Belmont: Wadsworth Publishing Inc.
Katz, R. S.(1986). Party Government: A Rationalistic Conception. *The Future of Party Government*. Castles, F. G. & R. Wildenman(eds.), Berlin: De Gruyter.
Landry, R.(1993). Administrative Reform and Political Control in Canada. *International Political Science Review*, 14(4).
Linz, J. J. & A. Valenzuela(eds.)(1994). *The Failure of Presidential Democracy*. The Johns Hopkins Univ. Press.
Morlino, L.(1995). Consolidation and Party Government in Southern Europe. *International Political Science Review*, 16(2).
Ripley, R. B. & G. A. Franklin(1980). *Congress, the Bureaucracy, and Public Policy*. Illinois: The Dorsey Press.
Stepan, A. & C. Skach(1993). Constitutional Frameworks and Democratic Consolidation: Parliamentarism versus Presidentialism. *World Politics*, 46(1).
Weaver, R. K. & B. A. Rockman(1993). Assessing the Effects of Institutions. Weaver, R. K. & B. A. Rockman(eds.), *Do Institutions Matter?: Government Capabilities in the United States and Abroad*, Washington: The Brookings Institution.
Weaver, R. K. & B. A. Rockman(eds.)(1993). *Do Institutions Matter?: Government Capabilities in the United States and Abroad*. Washington: The Brookings Institution.

제5장

곽경희 역(1991). 의회조사능력의 강화. 「국회도서관보」, 28(6).
국회사무처 입법조사국(1987). 「주요국 의회의 사무처 조직과 기능」.
______(1989), 「주요국 의회의 입법과정과 법제기구」.
김부영 편역(1988). 일본 국립국회도서관: 조사 및 입법고사국을 중심으로. 「국회도서관보」, 25(2).
김용구 편(1992). 주요국 국회의 의원보좌관 제도. 「입법조사월보」, 207.
박동서(1980). 국회사무처 개편방안. 「행정논총」, 18(2), 서울대.
오명경 편역(1987). 프랑스 의회도서관. 「국회도서관보」, 24(4).

淺野一朗 編著(1988). 「國會事典」. 有斐閣.
「國會議員要覽」(日本)(平成 3年 6月 版).

Campbell, S. & J. Laporte(1981). The Staff of the Parliamentary Assemblies in France. *Legislative Studies Quaterly*, 6(4).

Congressional Quarterly(1991). *How Congress Works*. New York: Congressional Quarterly Inc.

Laundy, P.(1989). *Parliament in Modern World*. Vermont, U. S. A.: Dartmouth Publishing Co.

Priou, M. J.(1983). Introductory Note for Discussion on Members: Assistants, Constitutional and Parliamentary Information. Inter-Parliamentary Union.

Silk, P.(1989). *How Parliament Works*, London: Longman.

Ryle, M. T.(1981). The Legislative Staff of the British House of Commons. *Legislative Studies Quarterly*, 6(4).

Ryle, M. T. & P. G. Richard(eds.)(1988). *The Commons under Scrutiny*, London: Routledge.

Worthley. J. A.(1975). Public Administration and Legislature: Past Neglect, Present Probe. *Public Administration Review*, 35(3).

제6장

김영민(1994). 입법보조기관에 대한 비교연구: 연구조사기능을 중심으로. 「논문집」, 12, 인하대.

김헌(1994). 「의원내각제: 이론과 실제」. 은하출판사.

린츠, J.(1991). 내각책임제를 선호한다. 「계간 사상」(겨울호).

립셋, S. M.(1991). 정치문화를 중심으로 봐야 한다. 「계간 사상」(겨울호).

박찬욱(1992). 내각구성에 관한 이론과 실제: 서구 의회민주주의 국가를 중심으로(한국의회발전연구회 연구논문).

백창재(1995). '대통령제-내각제' 논쟁의 허와 실. 「국가전략」, 1(2), 세종 연구소.

성낙인(1990). 의원 내각제의 이론적 기초. 「사회과학연구」, 10(2), 영남대학교.

______(1995). 내각제 논의의 허와 실. 「다리」(봄호).

송우 편(1990). 「한국헌법 개정사」. 집문당.

신명순 · 조정관 공역(1995). 「내각제와 대통령제」. 나남.

안경환(1991). 의원내각제와 정치적 소수자: 영국의 경우. 「법과 사회」, 4.

최장집(1985). '변형주의'와 한국의 민주주의. 「사회비평」, 13.

Aberbach, J. D., R. D. Putnam, & B. A. Rockman(1981). *Bureaucrats and Politicians in Western Democracies*. Harvard University Press.

Arnold, R. D.(1979). *Congress and Bureaucracy.* Yale University Press.

Blondel, J.(1985). *Government Ministers in the Contemporary World.* Sage.

Blondel, J. & J. A. Thiebault(1988). The Study of Western European Cabinets. *European Journal of Political Research*, 16(2).

Cansino, C.(1995). Party Government in Latin America: Theoretical Guidelines for an Empirical Analysis. *International Political Science Review*, 16(2).

Casar, M. A.(1995). Party－Government Relation: the Case of Mexico. *International Political Science Review*, 16(2).

Gunther R. & A. Mughan(1993). Political Institutions and Cleavage Management. Weaver, R. K. & B. A. Rockman(eds.), *Do Institutions Matter?: Government Capabilities in the United States and Abroad*, The Brookings Institution.

Laver, M. & K. M. Shepsle(eds.)(1994). *Cabinet Ministers and Parliamentary Government.* Cambridge University Press.

Lijphart, A.(1984). Measures of Cabinet Durability. *Comparative Political Study*, 17.

Linz, J. J. & A. Valenzuela(eds.)(1994). *The Failure of Presidential Democracy.* The Johns Hopkins University Press.

Mezey, M. L.(1983). The Function of Legislatures in the Third World. *Legislative Studies Quarterly*, 8(4).

Morlino, L.(1995). Consolidation and Party Government in Southern Europe. *International Political Science Review*, 16(2).

Remmer, K. L.(1995). New Theoretical Perspectives on Democratization. *Comparative Politics*, 28(1).

Ripley, R. B. & G. A. Franklin(1980). *Congress, the Bureaucracy, and Public Policy.* the Dorsey Press.

Rockman, B. T.(1994). Legislative－Executive Relations and Legislative Oversight. *Legislative Studies Quarterly*, 9(3).

Sartori, G.(1994). Neither Presidentialism nor Parliamentarism. Linz, J. J. & Valenzuela A. *The Failure of Presidential Democracy.* The Johns Hopkins University Press.

Schofield, N.(1993). Political Competition and Multiparty Coalition Governments. *European Journal of Political Research*, 23.

Shin, D. C.(1994). On the Third Wave of Democratization. *World Politics*, 47(1).

Stepan, A. & C. Skach(1994). Presidentialism and Parliamentarism in Comparative Perspective. Linz, J. J. & Valenzuela A. *The Failure of Presidential Democracy.* The Johns Hopkins University Press.

Suleiman, E. N.(1994). Presidentialism and Political Stability in France. Linz, J. J. & Valenzuela, A. *The Failure of Presidential Democracy.* The Johns Hopkins University

Press.
Weaver, R. K. & B. A. Rockman(eds.)(1993). *Do Institutions Matter?: Government Capabilities in the United States and Abroad*. The Brookings Institution.

제7장

강신택 · 김광웅 편(1993). 「행정조직 개혁: 정부의 개편방안」. 서울대 행정대학원.
국회 행정위원회(1995). 「역대 정부조직변천 자료집」. 국회 사무처.
김광웅 외(1992). 새정부의 정부형태와 정부조직(한국행정학회 발표문).
김영평(1994). 행정개혁의 논리와 방향. 김영평 · 최병선 편저, 「행정개혁의 신화와 논리」, 나남출판.
김영평 · 최병선 편저(1994). 「행정개혁의 신화와 논리」, 나남출판.
김용래(1994). 「정부조직법 중 개정법률안 공청회(1994.12.20.) 자료」.
김현구(1993). 혁신년대를 위한 행정개혁론. 「신동아」(9월호).
문형표(1995). 호주: 새로운 정부건설. 이계식 외, 「정부혁신」, 한국개발연구원.
방석현(1994). 「정부조직법 중 개정법률안 공청회(1994.12.20.) 자료」.
삼성경제연구소 옮김(1996). 「선진 행정의 길」. 삼성경제연구소.
서경석(1994). 「정부조직법 중 개정법률안 공청회(1994.12.20.) 자료」.
서원석 편(1996). 「한국행정 사료집」. 한국행정연구원.
오연천(1994). 「정부조직법 중 개정법률안 공청회(1994.12.20.) 자료」.
오석홍(1995). 「행정개혁론」. 박영사.
유일호(1995). 미국: 정부의 재창조. 이계식 외, 「정부혁신」, 한국개발연구원.
이계식 외(1995). 「정부혁신」, 한국개발연구원.
조석준(1997). 「한국행정조직론」. 법문사.
전학병 편(1985). 「일본 행정개혁의 기본 방향과 추진 현황」. 산업연구원.
정용덕(1995). 한국의 정부조직 개편. 「한국정책학보」, 4(1).
총무처 직무분석기획단 편저(1997). 「신정부혁신론: OECD국가를 중심으로」. 동명사.
최병선(1993). 산업 통상 · 행정조직의 개편방향. 강신택 · 김광웅 편, 「행정조직 개혁: 정부의 개편방안」, 서울대 행정대학원.
황성현(1995). 영국: 고객주의 행정. 이계식 외, 「정부혁신」, 한국개발연구원.

Levin, M. A. & M. B. Sanger(1994). *Making Government Work*. Jossey-Bass Inc.(삼성경제연구소 옮김).
Osborne, D. & P. Plastrik(1997). *Banishing Bureaucracy: The Five Strategies For Reinven-*

ting Government. Addison-Wesley Publishing Company, Inc.
Osborne, D. & T. Gaebler(1994). *Reinventing Government.* Addison-Wesley Publishing Company, Inc.

제8장

Abramson, Paul R. & John H. Aldrich(1982). The Decline of Electoral Participation in America. *American Political Science Review*, 76.
Brady, Henry E., Sidney Verba, & Kay L. Schlozman(1995). Beyond SES: Resource Model of Political Participation. *American Political Science Review.* 89.
Milbrath, Lester W. & M. L. Goel(1977). *Political Participation.* Chicago: Rand McNally College Publishing Company.
OECD(2001a). *Citizens as Partners: Information, Consultation and Public Participation in Policy-Making.*
______(2001b). *Citizens as Partners: OECD HANDBOOK ON INFORMATION, CONSULTATION AND PUBLIC PARTICIPATION IN POLICY- MAKING.*
______(2001c). Engaging Citizens in Policy-Making: Information, Consultation and Public Participation, *PUMA Policy Brief*, No. 10.
______(2001d). Why citizens are central to good governance, *OECD Policy Brief.*
______(2001e). Civil Society and the OECD, *OECD Policy Brief.*
______(2003). Engaging Citizens Online for Better Policy-Making, *OECD Policy Brief.*
Parry, Geraint, George Moyser, and Neil Day(1992). *Political Participation and Democracy in Britain.* Cambridge Univ. Press.
Timpone, Richard J.(1998). Structure, Behavior, and Voter Turnout in the United States. *American Political Science Review*, 92.
Verba, Sidney, Kay Lehman Schlozman, Henry Brady, and Norman H. Nie(1993). Citizen Activity: Who Participates? What do They say? *American Political Science Review*, 87.
Verba, Sidney and Norman H. Nie(1972). *Participation in America: Political Democracy and Social Equality.* Harper and Row Publishers.

제9장

강원택(2005). 권력구조와 국가 원수의 역할(한국정치학회 춘계학술회의).

강재호 역(2002). 「일본의 행정과 행정학」. 부산대학교출판부.
국순옥 옮김(1983). 마르틴 크릴레, 「민주적 헌정국가의 역사적 전개」. 종로서적.
______ 엮음(1992). 「자본주의와 헌법」. 까치.
______(1997). 헌법해석의 기본 시각. 「헌법해석과 헌법실천」. 민주주의법학연구회 편. 도서출판 관악사.
곽준혁(2005). 헌정체제의 두 가지 원칙: 민주주의와 공화주의(한국정치학회 춘계학술회의).
권영성(2004). 「헌법학원론」. 법문사.
김연규(2005). 비교 시각에서 본 한국의 분권형 대통령제 : 한국 대통령제의 내각제화(한국정치학회 춘계학술회의).
김영민(2000). 정부형태와 관련된 제도적 요인들. 김영민, 「한국행정학의 반성」, 인하대학교출판부.
김용호(2004). 2003년 헌정위기의 원인과 처방: 제3당분점정부와 대통령 - 국회간의 대립. 진영재 편저. 「한국 권력구조의 이해」, 나남출판.
김혜진(2005). 헌정체제의 변화와 개헌의 정치과정(한국정치학회 춘계학술회의).
린츠, J.(1991). 내각책임제를 선호한다. 「계간 사상」(겨울호).
립셋, S. M.(1991). 정치문화를 중심으로 봐야 한다. 「계간 사상」(겨울호).
박영훈(1994). 대통령중심제하에서의 국무총리(실)의 역할과 기능에 관한 연구. 「한국행정연구원 연구보고서」(KIPA 연구보고 94 - 13).
백창재(1995). 대통령제 - 내각제 논쟁의 허와 실. 「국가전략」, 1(2), 세종연구소.
서복경(2005). 권력기관 간 견제와 균형의 제도화(한국정치학회 춘계학술회의).
송우 편(1990). 「한국헌법개정사」. 집문당.
신명순 · 조정관 공역(1995). 「내각제와 대통령제」. 나남출판.
이규영(2005). 의원내각제 원리와 한국에서의 도입 가능성(한국정치학회 춘계학술회의).
장지호(1986). Lorenz von Stein의 행정학: 서설적 고찰. 「논문집」, 5, 인하대학교 사회과학연구소.
조석준(1997). 「한국행정조직론」. 법문사.
조정관(2006). 한국 권력구조 개편 논의: 대통령제의 정상적 작동을 향한 개헌론(한국정치학회 춘계학술회의).
조현수 옮김(2003). 「정치학」. 성균관대학교출판부.
최장집(1985). 변형주의와 한국의 민주주의. 「사회비평」(13).
______(2004). 민주주의와 헌정주의: 미국과 한국. 박상훈 · 박수형 옮김. 「미국헌법과 민주주의」, 후마니타스.
「월간조선」. 2006년 1월호 부록. 헌법 포럼.
「한겨레 21」. 2004년 9월 9일.

Aberbach, J. D., R. D. Putnam, & B. A. Rockman(1981). *Bureaucrats and politicians in*

Western Democracies. Harvard University Press.
Arnold, R. D.(1979). *Congress and Bureaucracy.* Yale University Press.
Crozier, M. J., S. P. Huntington, & J. Watanuki(1975). *The Crisis of Democracy*, New York University Press.
Gunther R. & A. Mughan(1993). Political Institutions and Cleavage Management in *Do Institutions Matter?: Goverment Capabilities in the United States and Abroad*(Weaver, R. K. & B. A. Rockman(eds.). The Brookings Institution.
Hirst, P.(1994). *Associative Democracy: New Forms of Economic and Social Governance.* Polity Press.
Judge, D.(1993). *The Parliamentary State.* Sage Publication.
Kennedy, E.(trans.)(1985). *The Crisis of Parliamentary Democracy*(Schmit, C.). The MIT Press.
Linz, J. J. & A. Valenzuela(eds.)(1994). *The Failure of Presidential Democracy.* The Johns Hopkins University Press.
McSwite, O. C.(1997). *Legitimacy in Public Administration: A discourse Analysis.* Sage Publication.
Ripely, R. B. & G. A. Franklin(1980). *Congress, the Bureaucracy, and Public Policy.* The Dorsey Press.
Stepan, A. & C. Skach(1993). Constitutional Frameworks and Democratic Consolidation: Parliamentarism versus Presidentialism. *World Politics*, 46(1).
Waldo, D.(1980). *The Enterprise of Public Administration.* Chandler & Sharp Pubishers, Inc.
Weaver, R. K. & B. A. Rockman(eds.)(1993). *Do Institutions Matters?: Government Capabilities in the United States and Abroad.* The Brookings Institution.

제10장

김수행 · 신정완 편(2007). 「자본주의 이후 새로운 사회」. 서울대학교 출판부.
김연명 외(2011). 「대한민국 복지」. 두리미디어.
김유진 옮김(2010). 세리 버먼, 「정치가 우선한다」. 후마니타스.
김인춘(2007). 「스웨덴 모델, 독점자본과 복지국가의 공존」. 삼성경제연구소.
김태성 · 성경륭(2004). 「복지국가론」. 나남.
복지국가소사이어티 편저(2010). 「대한민국 복지국가를 부탁해」. 도서출판 밈.
송호근 · 홍경준(2006). 「복지국가의 태동」. 나남.
이만우 · 김영수(2012). 현행 복지급여의 '중복' 및 '쏠림' 현상 개선책. 국회 입법조사처. 이슈와 논점 509호.
이성재 편저(2007). 「복지국가 혁명」. 도서출판 밈.
정부혁신지방분권위원회(2006). 국가의 복지 제공 기능 강화 방안. 미간행 보고서.
정책기획위원회(2006). 「선진복지한국의 비전과 전략」. 동도원.
조현수(2007). 복지국가의 이념. 인하대 사회과학연구소. 미간행 발표문.
홍성태(2007). 한국 사회의 발전과 생태적 복지국가. 김수행·신정완 편. 「자본주의 이후 새로운 사회」. 서울대학교 출판부.

Baldwin(1990). *The Politics of Social Solidarity: Class Bases of the European Welfare States, 1875–1975*. Cambridge University Press.
Blau, J. with M. Abramovitz(2010). *The Dynamics of Social Welfare Policy*. Oxford University Press.
Daly, M.(2004). Changing Conceptions of Family and Gender Relations in European Welfare States and the Third Way. in Lewis, J. & R. Surender. *Welfare State Change*. Oxford University Press.
Deakin, N., C. Jones–Finer & B. Matthews(eds.)(2004). *Welfare and the State*. Routldge. London.
George V. & R. Page(1995). *Modern Thinkers on Welfare*. Prentice–Hall.
Gough, I.(1979). *The Political Economy of the Welfare State*. London: Macmillan.
Jessop, B.(2002). *The Future of the Capitalist State*. Polity Press.
Lewis, J. & R. Surender(2004). *Welfare State Change*. Oxford University Press.
Mead, L. M. & Beem, C.(eds.)(2005). *Welfare Reform and Political Theory*. Russel Sage Foundation. New York.
Norman, J.(1987). *The Welfare State in Transition*. The University of Massachusetts Press. Amherst.
Nozick, R.(1974). *Anarchy, State and Utopia*. Oxford: Blackwell.
O'Connor, J.(1973). *The Fiscal Crisis of the State*. New York. St. Martin's Press.
Offe, C.(1984). *Contradictions of the Welfare State*. Cambridge. Mass.: MIT Press.
Pierson, C.(1991). Origins and Develpment of the Welfare State, 1880–1975. in Deakin, N., C. Jones–Finer & B. Matthews(eds.)(2004). *Welfare and the State*. Routldge. London.
Power, M. & M. Hewitt(2002). *Welfare State and Welfare Change*. Open University Press. Buckingham.
Rimlinger, G.(1971). *Welfare Policy and Industrialization in Europe, America and Russia*. Wiley. New York.
Stein, R. et. al.(2011). *The Korean State and Social Policy*. Oxford University Press.
Wahl, A.(2011). *The Rise and Fall of the Welfare State*. London: Pluto Press.

제11장

김영민(1996). 한국 행정학의 반성(한국행정학회 창립 40주년 기념 학술대회).
______(1998). 한국의 정치변동과 관료제, 1945－'72: 연구의 경향과 방향. 「논문집」, 16, 인하대학교 사회과학연구소.
______(2008). 접근방법. 한국행정연구원 편, 「한국행정 60년, 1948－2008: 배경과 맥락」, 법문사.
박동서(1961). 「한국관료제도의 역사적 전개」, 한국연구원.
안병영(2006). 시대별 국가 과제와 행정학의 대응 분석. 한국행정학회 편, 「한국행정학 50년, 1956－2006」, 조명문화사.
정부혁신지방분권위원회(2007a). 「참여정부의 혁신과 분권」.
______(2007b). 「정부혁신의 새물결」.
한겨레. 2002. 2. 28., 2013. 3. 18.

Self, P.(1985). *Political Theories of Modern Government: It's Role and Reform*, London: George Allen & Unwin.
Lasswell, H. D.(1941). THE GARRISON STATE. *American Journal of Sociology*(46/4).

제12장

강신택(1996). 한국 행정학의 과제. 「한・일 행정학의 발전과 전망 워크샾 자료」.
김영민(1992). 한국 최초의 현대 행정학자 정인흥의 행정사상; 국가와 관료제 이론을 중심으로. 「한국행정학보」, 26(3).
______(1996). 한국 행정학의 반성(한국행정학회 창립 40주년 기념 학술대회).
김종성(2007). 한국행정 60년의 접근방법. 「한국행정 60년 세미나 자료집」, 한국행정연구원.
박동서(1961). 「한국관료제도의 역사적 전개」, 한국연구원.
신용하 편(1982). 사회사와 사회학. 서울: 창작과 비평사.
안병영(1983). 한국행정학의 탈정치적 접근과 문화적 편향성. 「사회과학」, 성균관대학교 사회과학연구소.
유희석 옮김(2007). 이매뉴얼 월러스틴, 「지식의 불확실성」. 서울: 창비.
이수훈 옮김(1996). 이매뉴얼 월러스틴 외, 「사회과학의 개방」. 서울: 당대.
이한빈(1969). 서론. 이한빈 외. 「한국 행정의 역사적 분석, 1948－1967」. 서울: 한국행정문제연구소.
정용덕(1996). 미국 행정(학)의 무국가성이 한국의 행정(학) 발전에 미친 영향. 「한・일 행정학의 발전과 전망 워크샵 자료」.
정인흥(1960). 「행정학」. 서울: 박영사.
______(1969). 행정학의 방법론적 연구. 「한국행정학보」, 3.
조석준(1969). 조직. 이한빈 외. 「한국 행정의 역사적 분석, 1948-1967」. 서울: 한국행정문제연구소.
조석준 외(1987). 「한국행정의 역사적 분석, 1968-1984」. 서울대학교 출판부.
한국지방행정연구원(1999). 「지방자치 · 행정 50년사」.
한국행정학회 · 한국지방자치학회(2006). 한국행정학회 50년. 「한국행정학회 · 한국지방자치학회 춘계공동 학술대회 발표 논문집」.

Hall, P. A. & R. C. R. Taylor(1996). Political Science and the Three New Institutionalisms. *Political Studies*, 44.
Hay, C. & D. Wincott(1998). Structure, Agency and Historical Institutionalism. *Political Studies*, 46.

김영민

서울대학교에서 행정학 박사학위를 취득하고 현재 인하대학교 행정학과 교수로 재직하고 있으며 주요 관심 분야는 한국행정, 한국정부, 복지국가, 복지정책 등이다.

한국 행정학의 반성
-한국행정의 정치적 맥락-

펴낸날 제1판 제1쇄 2016년 8월 31일
지은이 김영민
펴낸이 임춘환
펴낸곳 도서출판 대영문화사
주소 서울특별시 용산구 청파로 61길 5(청파동 1가) 제일빌딩 2층
등록 1975년 12월 26일 제3-16호
전화 (02)716-3883, (02)714-3062
팩스 (02)703-3839
홈페이지 http://www.dymbook.co.kr

ISBN 978-89-7644-573-5
값 15,000원